데이터베이스 SQL 프로그래밍
「MySQL 실습」

MySQL/Workbench 실습에
의한 DB 실무 능력

| 홍봉희 편저 |

부산대학교출판문화원

데이터베이스 SQL 프로그래밍

「MySQL 실습」

MySQL/Workbench 실습에 의한 DB 실무 능력

초판 인쇄 2022년 8월 24일
초판 발행 2022년 8월 31일

편저 홍 봉 희

펴낸이 차 정 인
펴낸 곳 부산대학교 출판문화원

출판등록 제1983-000001호 1983. 11. 10.
주소 부산광역시 금정구 부산대학로63번길 2 (우편번호 46241)
대표전화 (051) 510 - 1932
전송 (051) 512 - 7812
메일 pnupress@pusan.ac.kr
홈페이지 https://press.pusan.ac.kr/

※ 잘못된 책은 구입처에서 교환해 드립니다.

ISBN 978-89-7316-751-7 03000

이 도서는 부산대학교 출판문화원 강의교재 개발 지원 사업(2022-2)의 지원으로 제작되었습니다.

머리말

최근 full stack 웹개발자에 대한 수요가 급증하면서 SQL 프로그래밍과 DB 설계 구축이 SW 개발자의 필수 요건이 되고 있다. 백엔드 웹개발의 필수 요소가 DB이며 데이터베이스 설계, SQL 코딩, DB 성능, 그리고 DB와 자바/C++/C#, R의 연동 사용은 상식으로 요구되고 있다.

데이터베이스는 이론 과목이 아니다. 대부분의 기존 도서는 이론적인 설명 위주로 되어 있다. 문제는 데이터베이스를 공부하였지만 실제 DBMS를 사용하여 SQL을 구사할 줄 모르면 사상누각에 불과하다. 실제 DBMS를 사용하여 데이터베이스 테이블을 정의하고 SQL를 사용하는 실습을 통하여 데이터베이스 개념을 익히고 웹개발 시에 DB 구현이 가능한 실습이 중요하다.

이 책은 기존 데이터베이스 도서 중에서 데이터베이스에 대한 설명이 가장 잘되어 있는데 C.J.Date의 "An Introduction to Database Systems(2004년 개정판 이후에 새로운 개정판이 없음)"을 토대로 MySQL 실습 내용을 추가하여 작성하였다. C.J.Date의 기존 책을 번역한 것이 아니고 MySQL 실습을 위해 필요한 부분만을 발췌 정리하였다. 데이터베이스 개념에 대한 설명 내용은 각종 데이터베이스 시험에 필요한 기본 지식을 모두 포함하였다.

데이터베이스 실습을 위해 Oracle은 www.oracle.com에서, MySQL은 www.mysql.com에서 download받아 설치한다. 이 책에서 MySQL을 선택한 이유는 open source 라이선스로 무료로 사용 가능하고, Unix, Linux, Window 등의 다양한 운영체제를 사용할 수 있고, 표준 SQL을 지원하며, C/C++, Java, C#, PHP 등의 프로그래밍 언어에서 연동하여 사용할 수 있는 API를 지원하고, 다중 사용자와 다중 thread를 지원하여 웹개발에서 자주 사용되기 때문이다.

이 책이 기존 데이터베이스 책과 차이가 나는 가장 큰 특징은 데이터베이스 개념을 공부하면서 동시에 MySQL를 사용하여 모두 실습하여 학습할 수 있도록 구성되어 있다. 따라서 이 책을 끝까지 학습하게 되면 웹개발에 필요한 DB 지식과 기술, DB 설계, SQL 프로그래밍 처리에 필요한 DB 지식과 기술을 완료하게 된다. 특히 웹개발에서는 트랜잭션 처리의 ACID가 가장 중요한 요소이며 이에 관련 locking의 이해와 실습이 중요하다.

수집된 빅데이터 처리는 SQL과 유사한 형태의 HiveQL 등을 사용한다. 따라서 빅데이터 분석 처리를 위해서는 수집된 데이터 테이블에 대한 SQL를 구사할 수 있는 능력을 갖추는 것이 필요하다.

데이터베이스 실전 프로젝트에 사용될 수 있는 실무 능력은 데이터베이스 설계 및 구현으로 EER 모델링과 Normal Form의 설계, SQL 구사 능력, 응용 개발 능력으로 stored procedure와 trigger 그리고 동적 SQL 구사 능력, 데이터베이스 성능에 관련된 index과 partition 그리고 트랜잭션 처리 locking, 자바 DB 연동/C++ DB 연동 프로그래밍 능력을 갖추어 웹개발 전문가 및 데이터베이스 설계 전문가로 성장하기를 기대한다.

2022년 8월 홍봉희

목차 / CONTENTS

1장 우분투 MySQL 설치

2장 MySQL Workbench 사용

3장 Database 개념

8장

Relational calculus 기반의 SQL

9장

Integrity와 EER

10장

View 처리

11장

Stored Procedure 프로그래밍

1장

우분투 MySQL 설치

1장 우분투 MySQL 설치

대부분의 web server에서 DB 사용은 필수적이다. 그런데 이러한 web server는 Linux 기반의 open source 운영체제인 Ubuntu를 사용하는 것이 편리하다. Ubuntu server는 윈도우와 같은 그래픽 사용자 인터페이스(GUI)가 아니므로 terminal에서 명령어를 사용해야 한다. Ubuntu를 download 받을 때 일반 버전이 아닌 LTS(Long Term Support: 5년간 장기적으로 지원받을 수 있는) 버전을 사용한다. web server의 대부분이 Linux로 이루어졌으므로 문제가 발생할 때마다 구글링으로 자료를 얻거나 해결책을 찾기가 용이하다. 전 세계의 다양한 수많은 개발자들이 만든 리눅스 기반의 수많은 package를 사용할 수 있는 이점이 있다.

Ubuntu를 사용하는 방법으로 윈도우 환경에서 WSL(Windows Subsystem for Linux)은 경량 가상화 기술을 사용해 리눅스를 구동할 수 있다. 다른 방법은 VirtualBox 또는 VMware와 같은 가상화 머신을 사용하는 방법이다. WSL을 사용하여 Ubuntu 설치는 간단하나 MySQL server 설치에 환경 설정 문제가 복잡하여 추천하지 않는다. 가상화 머신으로 널리 사용되는 VirtualBox를 사용하여 MySQL server를 설치한다. VMware는 기본적으로 상용 유료 버전(Workstation Pro)이지마는 비상업적 개인 및 학생들에게 무료 버전인 Workstation Player를 제공한다. VirtualBox 자체는 일반적인 공개 라이선스(GPL: General Public License)에 따라 무료 버전이나 확장팩(VirtualBox Extension Pack)을 추가 설치하게 되면 유료 버전으로 전환되어 주의가 필요하다. VirtualBox를 사용하다가 오류 등의 문제 해결을 위하여 잘 못 클릭하게 되면 본인도 모르게 확장 팩이 설치되어 본인도 모르는 사이에 불법SW를 사용하게 되는 문제가 발생할 수 있다.

Oracle VM VirtualBox 관리자 화면에서 설정 > 확장 > 확장 팩을 선택하여 'package 삭제'를 선택하여 확장 팩을 제거한다.

1.1 VirtualBox 가상 머신 설치

1. www.virtualbox.org를 방문한다.
2. 좌측 메뉴 Downloads 클릭하거나 중앙의 "Download VirtualBox 6.1"을 클릭한다.

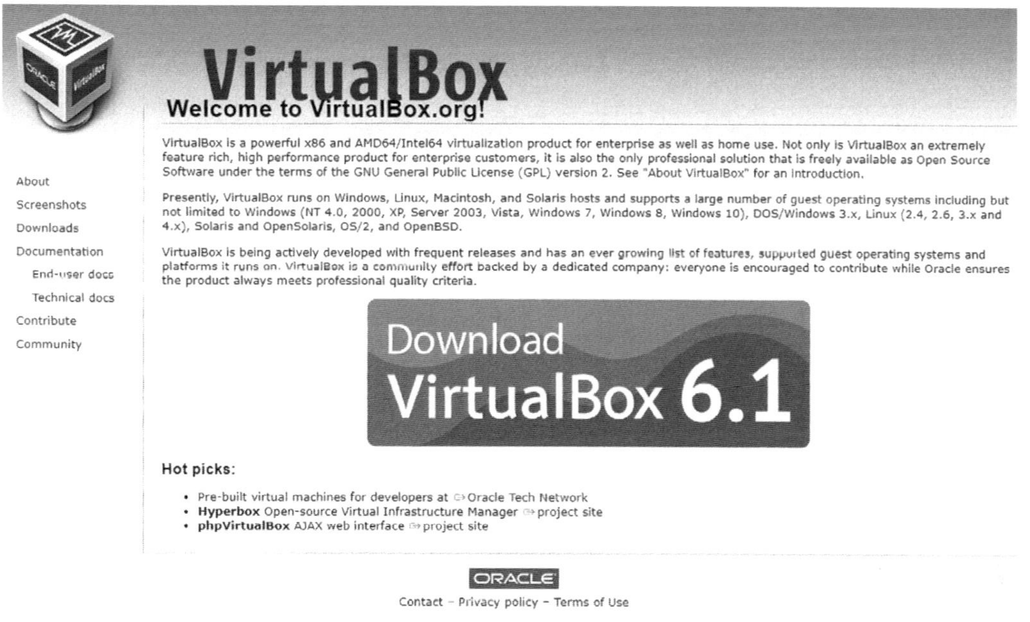

그림 1.1 VirtualBox 다운로드[23].

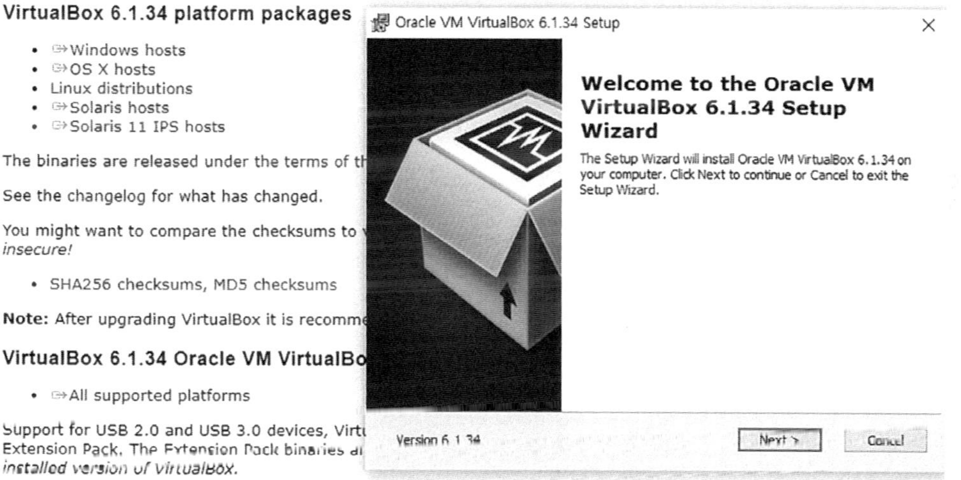

그림 1.2 VirtualBox의 Windows hosts 버전 선택.

3. VirtualBox 6.1.34 platform packages에서 Windows host를 클릭하면 "Oracle VM VirtualBox 6.1.34 Setup" 파일이 다운로드 되고 이 파일을 클릭하면 우측과 같은 설치 창이 뜬다. Next를 누르면 Custom Setup 창으로 바뀌고 default로 VirtualBox Application으로 되어 있으면 Next를 다시 누른다. 계속 Next를 누르고 Install을 누르면 그림 1.3과 같이 VirtualBox 설치 종료 창을 보게 된다.

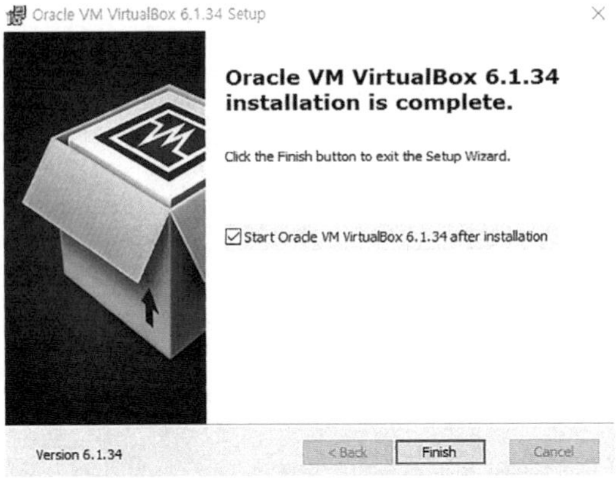

그림 1.3 Oracle VM VirtualBox 설치 완료.

4. Oracle VM VirtualBox 관리자 창이 그림 1.4와 같이 나타나면 상단의 '새로 만들기'버튼을 클릭한다.

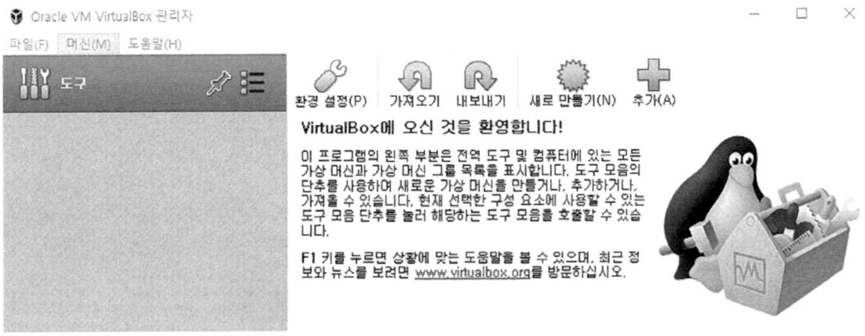

그림 1.4 Oracle VM VirtualBox 관리자 설치 완료.

5. 가상머신 만들기 창이 그림 1.5와 같이 나타난다. 이름은 임의 이름이 가능한데 아래 예는 MyDB로 입력하였고 종류는 Linux로, 버전은 Ubuntu (64-bit)를 선택한다.

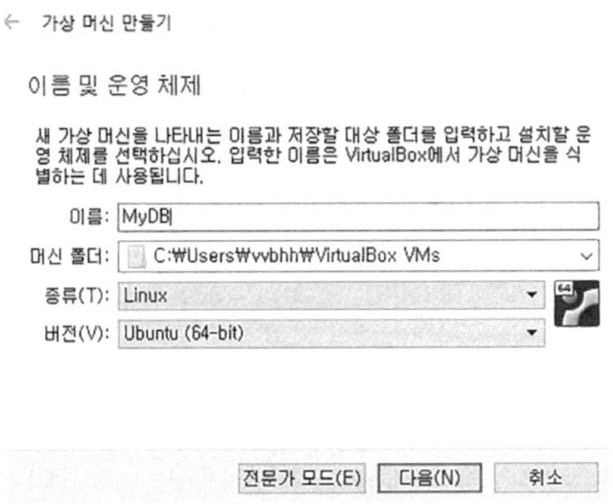

그림 1.5 가상 머신 만들기의 Linux, Ubuntu 선택.

6. 가상 머신 만들기 창에서 메모리 크기 설정 화면이 나오면 4096MB(8GB 이상 설정이 가능하지만 4GB도 충분함)로 설정한다.

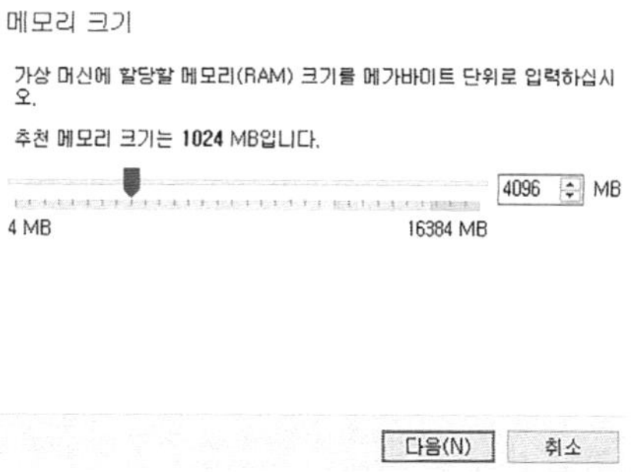

그림 1.6 가상 머신 만들기의 메모리 크기를 4GB 선택.

7. 가상 머신 만들기 창에서 하드 디스크를 설정하는 화면이 나타난다. "지금 새 가상 하드 디스크 만들기(C)"를 선택한다.

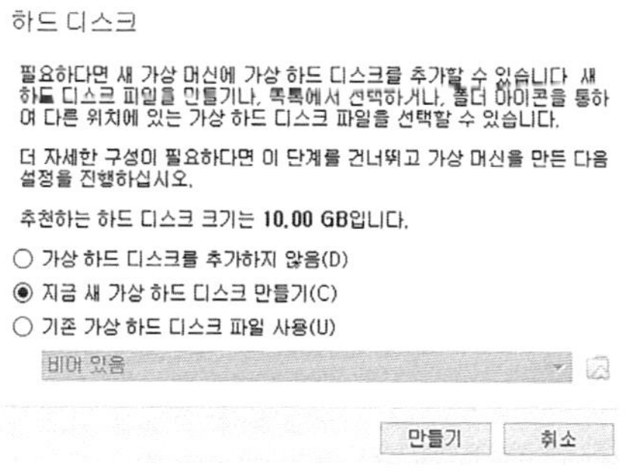

그림 1.7 가상 머신 만들기의 새 가상 하드 디스크 만들기 선택.

8. 가상 하드 디스크 만들기 창에서 하드 디스크 파일 종류를 선택하는 화면이 나타난다. 아래 화면처럼 "VDI(VirtualBox 디스크 이미지)"를 선택한다.

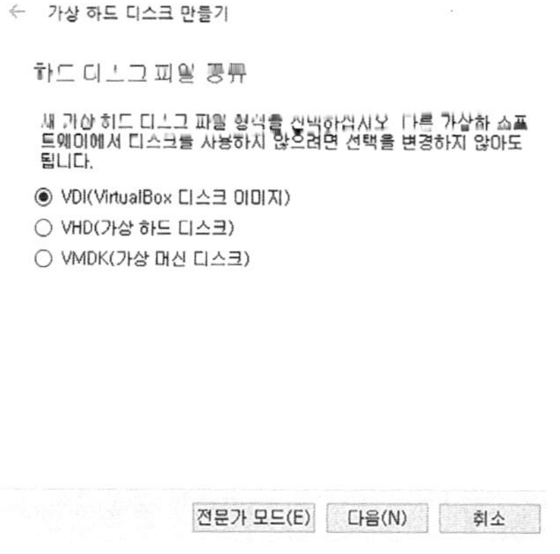

그림 1.8 가상 머신 만들기의 하드 디스크 파일 종류 선택.

9. 가상 하드 디스크 만들기 창에서 물리적 하드 드라이브에 저장 화면이 나타난다. 고정크기를 선택한다.

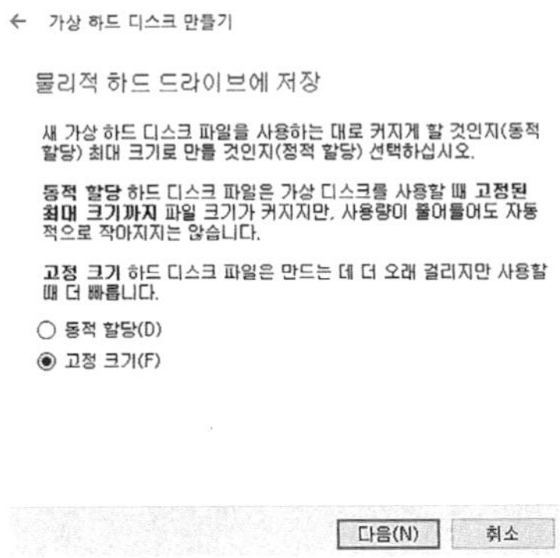

그림 1.9 가상 머신 만들기의 고정 크기 하드 디스크 파일 선택.

10. 가상 하드 디스크 만들기 창에서 파일 위치 및 크기를 설정하는 화면이 나타난다. 여기에서 크기를 50GB 이상으로 설정하는 것을 추천한다.

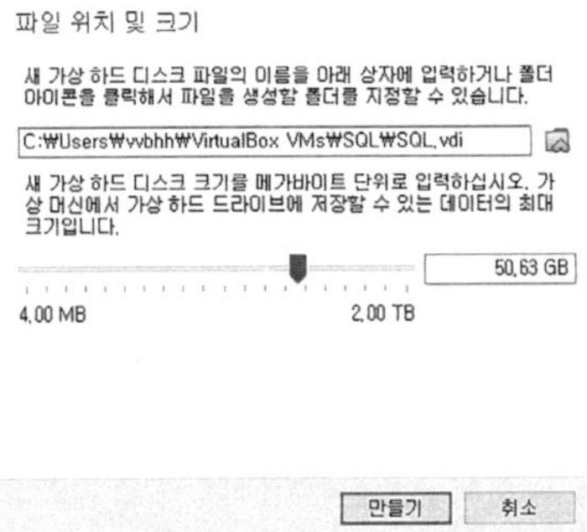

그림 1.10 가상 머신 만들기의 파일 크기 선택.

11. 가상 하드 디스크 만들기 작업을 진행하며 다소 시간이 걸린다.

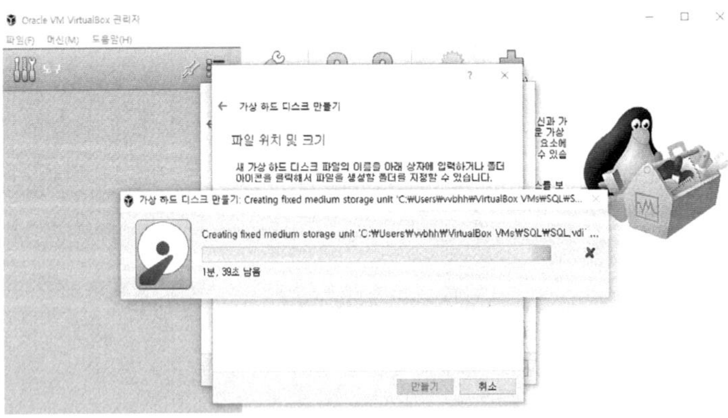

그림 1.11 가상 머신 생성 작업.

12. 가상 머신이 생성된 화면이 그림 1.12와 같이 나타난다. 오른쪽 위에 검정 화면에 입력한 MyDB 이름이 가상머신 이름으로 나타난다.

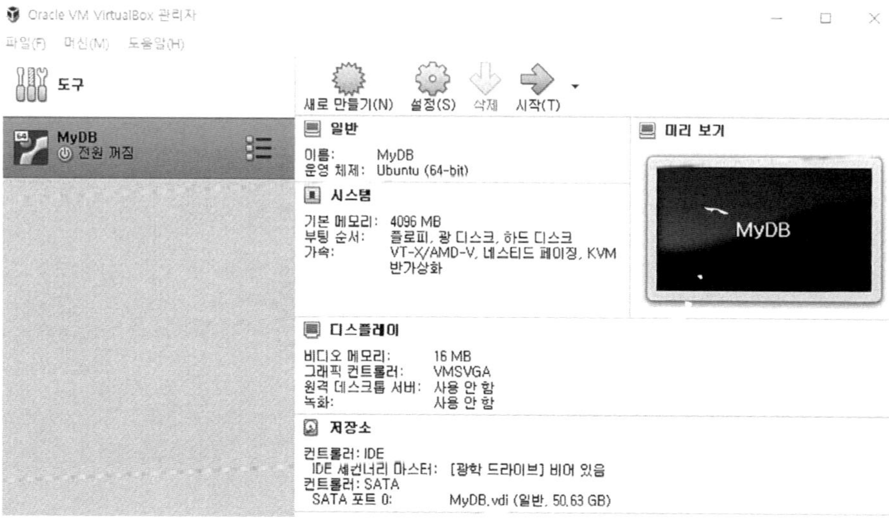

그림 1.12 Oracle VM VirtualBox 관리자 생성 완료.

13. 설치된 가상 머신의 삭제는 상단의 머신 메뉴를 클릭하여 삭제 버튼 클릭하면 가상 머신만 삭제된다. VirtualBox 자체의 삭제는 윈도우 설정에서 앱제거를 사용하여 프로그램 제거를 통해야 한다.

14. 오라클 VM VirtualBox 확장 팩 불법 사용이 안 되도록 Oracle VM VirtualBox 관리자에서 파일 > 환경설정 > 확장에서 확장 package가 없도록 삭제한다. VirtualBox 사용하다가 문제 해결을 위해 나도 모르게 설치되는 경우가 있으므로 가상 머신 시작할 때마다 확인하는 것을 권장한다.

15. 가상 머신의 디스플레이 설정, 즉 디스플레이 크기 비율 조정은 설정 > 디스플레이에서 크기 조정 비율을 설정한다.

16. Oracle VM VirtualBox 관리자에서 오른쪽 위의 시작 버튼을 눌러 가상 머신 세션을 열지 못하는 경우가 발생할 수 있다. 이런 경우에는 PC 부팅하면에서 F2, F10, F11, F12 + Delete 등을 눌러 BIOS 창에 진입해야 한다. 여기서 virtualization 옵션을 활성화해야 한다. 가상화 활성화는 CPU > 고급 > Intel(VMX) 가상화 기술을 활성화시키고 변경 저장 후 재시동하면 된다.

그림 1.13 PC 가상화 활성화 설정.

1.2 우분투 설치

1. https://ubuntu.com/download/desktop를 방문하여 다운로드를 받는다[24]. 우측 하단의 download 버튼을 누르지 말고 past releases에 대한 "see alternative downloads"를 선택한다. 22.04 LTS 버전은 mysql-workbench가 지원되지 않고 있다(지원될 경우에는 22.04 버전 사용 가능하나 교재 편집 시점에는 미지원 상태)

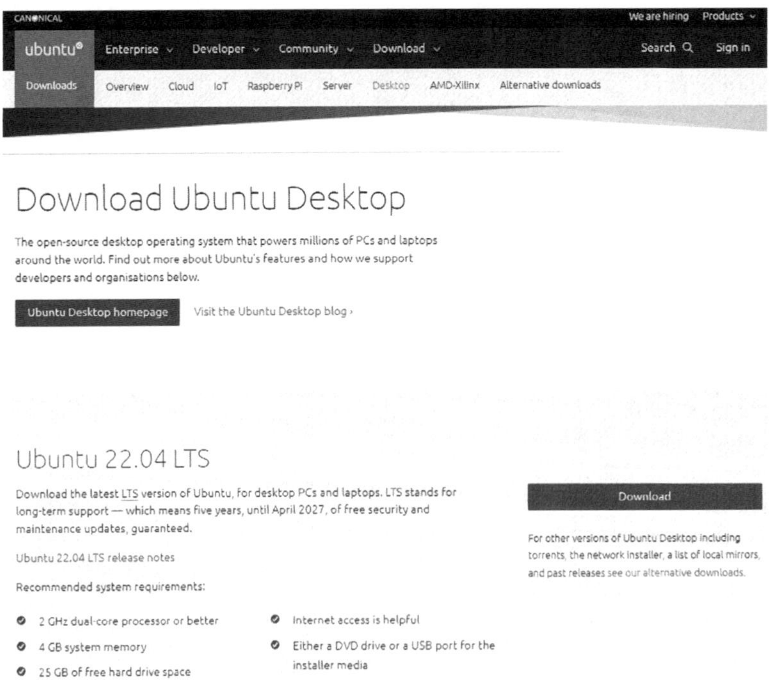

그림 1.14 우분투 다운로드[24].

2. Alternative downloads 창이 뜨면 아래로 내려가고 "Past release and other flavours" 아래에 우측의 "Ubuntu 20.04 LTS(Focal Fossa)"를 선택한다. 그러면 "Ubuntu 20.04.4 LTS(Focal Fossa)" 창이 나타나고 "Select an image"에서 "Desktop image"로서 "64-bit PC(AMD64) desktop image"를 누른다. 다운로드 창이 뜨고 ubuntu-20.04.4-desktop-amd64.iso 파일을 다운로드한다. 다운로드하는 데 대략 10분 정도 걸린다. 내PC > 다운로드 폴더에 파일 ubuntu-20.04.4-desktop-amd64.iso이 다운로드 받았는지 확인한다.

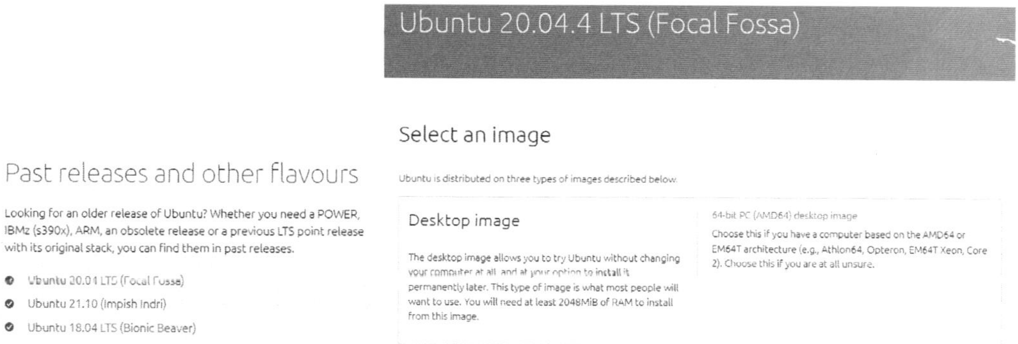

그림 1.15 우분투 20.04 (Focal Fossa) 버전 선택.

우분투 버전의 구분은 Ubuntu 20.04.4 LTS이라는 버전 이름과 Focal Fossa라는 Code Name을 사용한다. LTS는 Long Term Support로서 open source의 장기간 지원이라는 용어이다. 우분투에서 버전을 확인하는 방법은 "$lsb_release -a"을 사용한다.

List of releases

Ubuntu Website release cycle page

Current

Version	Code name	Docs	Release	End of Standard Support	End of Life
Ubuntu **22.04 LTS**	Jammy Jellyfish	Release Notes	April 21, 2022	April 2027	April 2032
Ubuntu 21.10	Impish Indri	Release Notes	October 14, 2021	July 14, 2022	July 14, 2022
Ubuntu **20.04.4 LTS**	Focal Fossa	Changes	February 24, 2022	April 2025	April 2030
Ubuntu 20.04.3 LTS	Focal Fossa	Changes	August 26, 2021	April 2025	April 2030
Ubuntu 20.04.2 LTS	Focal Fossa	Changes	February 4, 2021	April 2025	April 2030
Ubuntu 20.04.1 LTS	Focal Fossa	Changes	August 6, 2020	April 2025	April 2030
Ubuntu 20.04 LTS	Focal Fossa	Release Notes	April 23, 2020	April 2025	April 2030
Ubuntu **18.04.6 LTS**	Bionic Beaver	Changes	September 17.2021	April 2023	April 2028
Ubuntu 18.04.5 LTS	Bionic Beaver	Changes	August 13, 2020	April 2023	April 2028

그림 1.16 우분투 버전과 Code Name.

3. Oracle VM VirtualBox 관리자 창에서 우측 상단의 "시작" 버튼을 클릭한다. 그러면 그림 1.17과 같이 시동 디스크 선택 화면이 나타난다. 디스크 모양의 노란색 버튼을 클릭하면 광학 디스크 선택기가 열린다. 여기서 추가 버튼을 누르면 내PC > 다운로드 폴더에 방금 다운로드 받은 파일을 선택하면 된다. 이때 내PC > 다운로드 폴더에 "ubuntu-20.04.4-desktop-amd64.iso" 파일 이름을 확인한다. 시동 디스크 선택 화면에서 맨 처음 시작할 때는 비어 있고 기존에 설치하

였으면 구 버전이 남아 있을 수 있다. 입력창 우측의 디스크 모양을 클릭하면 광학 디스크 선택기 창이 뜬다. 시동 디스크 선택이 완료되면 시작 버튼을 누르면 설치 시간이 걸린다. 우분투 리눅스 설치 과정이 나타날 때까지 기다려야 한다. 아래 화면 갈무리는 종전에 다운로드 받은 "ubuntu-20.04.3-desktop-amd64.iso"이지마는 LTS로서 ubuntu-20.04.4를 사용한다. 우분투는 open source로서 버전이 지속적으로 upgrade되므로 version을 확인하고 설치하는 것이 필요하다.

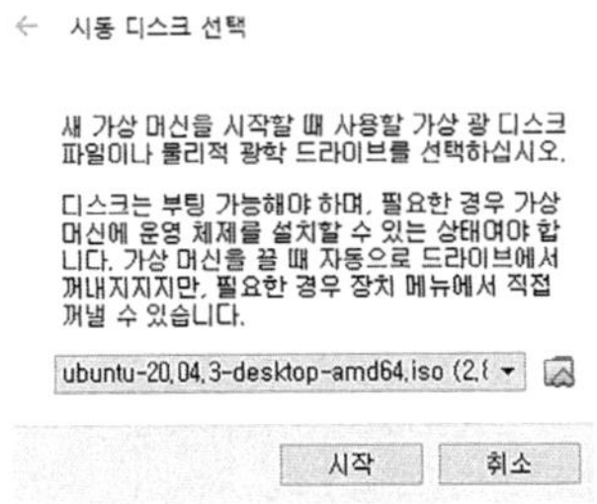

그림 1.17 시동 디스크에서 우분투 20.04.3 선택.

4. 우분투 리눅스 설치 과정은 "Install Ubuntu"을 선택하여 시작한다. 우분투 설치 처리 시간이 다소 걸린다. "키보드 레이아웃" 화면이 나타날 때까지 기다린다. 좌측 언어 메뉴에서 스크롤하여 한국어를 선택하면 한국어 설명을 바뀐다. Ubuntu 설치 메뉴를 눌러 설치를 시작한다.

그림 1.18 우분투 리눅스 설치 시작.

Ubuntu 설치 버튼을 누르면 설치 > 키보드 레이아웃 선택이 나타나고 우측 하단에 "계속하기"를 눌러 다음 단계로 진행한다. 그런데 그림 1.19와 같이 "계속하기" 버튼이 나타나지 않을 때 먼저 화면 크기를 확대하여(마우스로 우측 하단을 잡고 아래로 이동)도 나타나지 않으면 다음과 같이 처리한다.

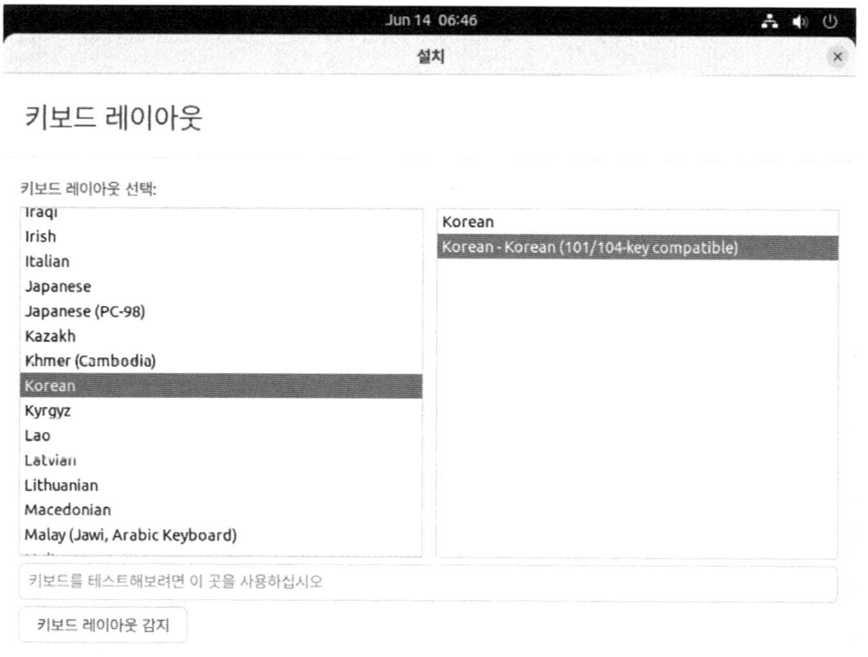

그림 1.19 키보드 레이아웃에서 한국어 선택.

설치 과정에서 하단에 다음(Next) 버튼이 나타나지 않으면 virtual box에 설정 버튼을 클릭한다. 이때 가상 머신 창을 닫는 것이 필요한 데 "전원 끄기"를 선택하여 닫아야 한다. 그런 다음 Oracle VM VirtualBox 관리자에서 설정 버튼을 클릭한다. 가상머신창 > 설정 > 디스플레이 > 화면 > 그래픽 컨트롤러를 설정 변경을 처리한다.

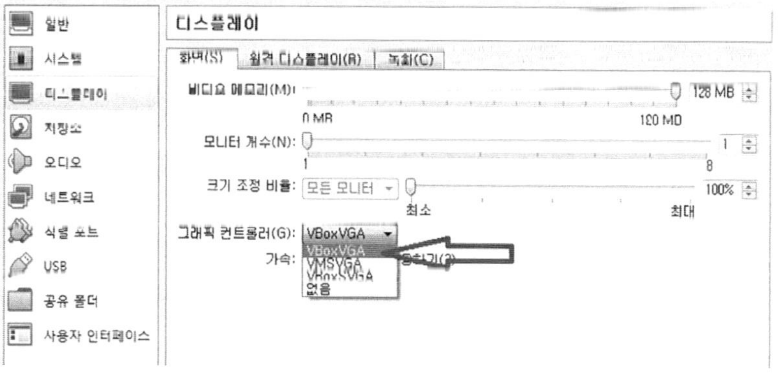

그림 1.20 키보드 레이아웃 설정 화면에서 계속하기 버튼이 안보일 경우 처리.

디스플레이 > 화면 > 그래픽 컨트롤로 에서 VBoxVGA를 선택한다. 다시 가상 머신 창을 켜고 (시작버튼을 눌러서 Ubuntu 설치를 다시 한다) [MyDB]이 가상머신이라고 하면 [MyDB] 보기 > 가상화면 > 800×600 크기를 1024×768 등으로 변경하면 하단에 계속하기(Next)가 보이면 정상적으로 설치가 가능하다. 우측 하단의 계속하기 버튼을 누른다.

설치 화면 창이 "업데이트 및 기타 소프트웨어"로 바뀌면 일반 설치를 선택하고 Ubuntu 설치 중 업데이트 다운로드를 선택한다. "설치 형식"에서 디스크를 지우고 Ubuntu 설치를 선택한 다음에 "지금설치"를 누른다. 설치 화면 창에서 "어디에 거주하고 계십니까?"로 바뀌면 한국 시간대를 확인하고 "계속하기"를 누른다. 다시 설치 화면 창이 "당신은 누구십니까?"에서 이름을 입력하면 컴퓨터 이름과 사용자 이름 선택이 자동으로 처리된다. 암호는 최대한 간단한 형태(예: 1234)로 입력하는 것이 우분투에서 su 명령어 처리마다 암호 입력을 간단하게 처리할 수 있다. 우분투 설치 작업이 시간이 상당히 걸리며 상단의 설치 끝내기 누르면 우분투 가상 머신 창이 뜬다. 설치 완료 창이 나타나고 "지금 다시 시작" 버튼을 누른다.

Ubuntu 가상 머신 설치 후에 가상머신 창에 메뉴가 나타나지 않고 마우스 우측 클릭하였을 때 반응하지 않을 때에 다음 작업으로 해결한다. 먼저 가상 머신 창을 파일 > 닫기로 "가상 머신 닫기"에서 "시스템 전원 끄기"를 선택하여 종료한다. 다음에 Oracle VM VirtualBox 관리자 창에서 상단에 있는 설정 > 디스플레이 > 화면 > 그래픽 컨트롤로에서 VMSVGA를 선택한 후에 확인 버튼을 누른 후 우분투 가상 머신을 재가동하면 먹통 화면창 문제가 해결된다.

5. 우분투 가상 머신 실습

리눅스 터미널을 띄우기 위해 마우스를 바탕 화면에 놓고 우측 마우스 버튼을 클릭하거나 ctrl+alt+t를 눌러 터미널을 연다. 우분투 가상 머신의 디스플레이/키보드 환경 설정을 위해서 좌측 하단의 9개 점 바둑판을 클릭하면 제공되는 앱이 나타난다. 상단 탐색 창에서 setting 선택하면 설정 화면으로 이동 가능하다. Settings > Displays > Resolution 을 변경하여 화면을 해상도와 크기를 조절한다, 특히 노트북 사용 시에는 화면 폰트 크기, 윈도우 창 크기를 설정 변경하는 것이 필요하다.

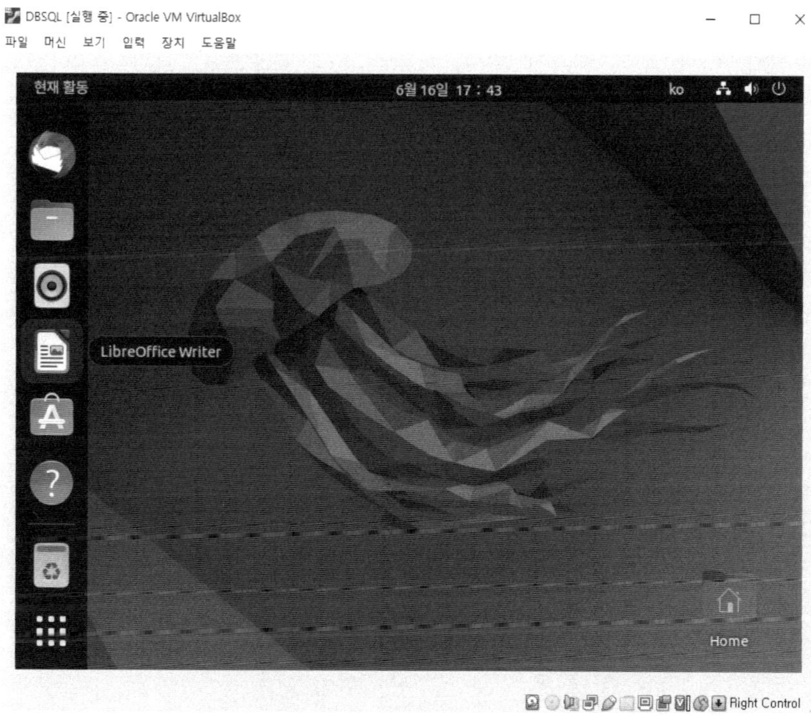

그림 1.21 우분투 시작 화면.

그림 1.22 우분투 화면 크기, 해상도 조절.

1.3 우분투 MySQL 설치

1. 우분투 서버 업데이트 및 mysql -server 설치

```
$sudo apt-get update
$sudo apt-get install mysql-server
```

정상으로 설치되면 최종 메시지가 "processing triggers ..." 등이 나타난다.

2. MySQL 기본 세팅을 위해 다음 command를 터미널에서 실행한다.(화살표▲를 사용하여 이전 명령어 재사용 또는 수정)

```
$sudo ufw allow mysql
$sudo systemctl start mysql
$sudo systemctl enable mysql
```

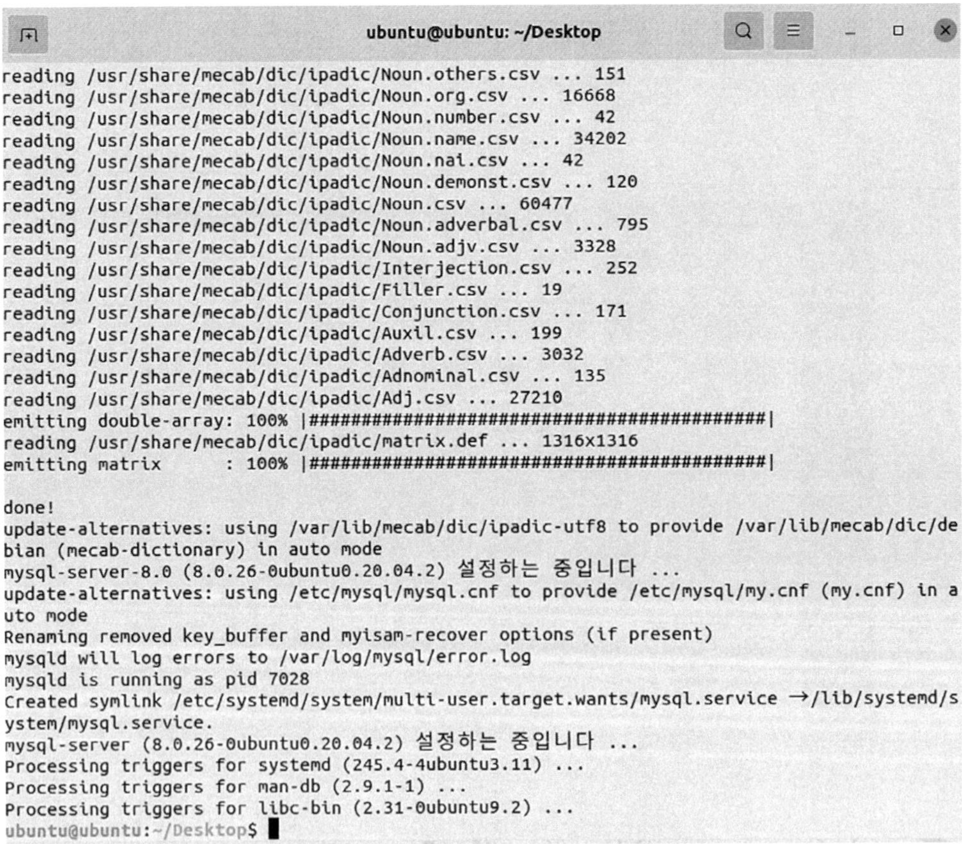

그림 1.23 MySQL 설치 완료 화면.

1) 외부 접속 기능 설정 (포트 3306 open)
2) MySQL 실행
3) Ubuntu 서버 재시작시 MySQL 자동 재시작

3. MySQL 접속

```
$sudo /usr/bin/mysql -u root -p 또는 $sudo mysql -u root -p
```

비번은 우분투 비번과 동일하며 우분투 비번이 없으면 자동으로 통과된다. MySQL 터미널 모드로서 mysql>가 나타난다.

4. MySQL 버전 확인을 위해 show 명령어를 사용하는 데 명령어 끝에 mysql>show ***; 을 입력해야 한다.

```
mysql> show variables like "%version%";
```

5. mysql 비번을 변경하기 위해 alter를 사용한다.

```
mysql> alter user 'root'@'localhost' identified by '1234';
```

exit를 사용하여 mysql을 종료한 후에 다시 mysql을 구동한다.

```
ubuntu@ubuntu:~/Desktop$ sudo ufw allow mysql
Rules updated
Rules updated (v6)
ubuntu@ubuntu:~/Desktop$ sudo systemctl start mysql
ubuntu@ubuntu:~/Desktop$ sudo systemctl enable mysql
Synchronizing state of mysql.service with SysV service script with /lib/systemd/systemd-sy
sv-install.
Executing: /lib/systemd/systemd-sysv-install enable mysql
ubuntu@ubuntu:~/Desktop$ sudo /usr/bin/mysql -u root -p
Enter password:
Welcome to the MySQL monitor.  Commands end with ; or \g.
Your MySQL connection id is 8
Server version: 8.0.26-0ubuntu0.20.04.2 (Ubuntu)

Copyright (c) 2000, 2021, Oracle and/or its affiliates.

Oracle is a registered trademark of Oracle Corporation and/or its
affiliates. Other names may be trademarks of their respective
owners.

Type 'help;' or '\h' for help. Type '\c' to clear the current input statement.

mysql> 
```

그림 1.24 MySQL 구동 터미널.

```
mysql> show variables like "%version%";
+--------------------------+-----------------------------+
| Variable_name            | Value                       |
+--------------------------+-----------------------------+
| admin_tls_version        | TLSv1,TLSv1.1,TLSv1.2,TLSv1.3 |
| immediate_server_version | 999999                      |
| innodb_version           | 8.0.26                      |
| original_server_version  | 999999                      |
| protocol_version         | 10                          |
| replica_type_conversions |                             |
| slave_type_conversions   |                             |
| tls_version              | TLSv1,TLSv1.1,TLSv1.2,TLSv1.3 |
| version                  | 8.0.26-0ubuntu0.20.04.2     |
| version_comment          | (Ubuntu)                    |
| version_compile_machine  | x86_64                      |
| version_compile_os       | Linux                       |
| version_compile_zlib     | 1.2.11                      |
+--------------------------+-----------------------------+
13 rows in set (0.01 sec)

mysql> 
```

그림 1.25 MySQL 버전 확인.

```
$sudo mysql -u root -p;
```

[sudo] hong 암호:는 super user에 대한 암호이며 Enter password:는 mysql의 root 사용자에 대한 암호이다. 자동 login으로 설정한 경우에는 [sudo] hong 암호:가 생략된다.

```
hong@hong-VirtualBox:~$ sudo mysql -u root -p
[sudo] hong 암호:
Enter password:
Welcome to the MySQL monitor.  Commands end with ; or \g.
Your MySQL connection id is 10
Server version: 8.0.29-0ubuntu0.22.04.2 (Ubuntu)
```

그림 1.26 sudo 암호와 mysql root 암호.

6. 사용자 등록 및 권한 설정

1) 사용자 정보 확인

```
mysql> select user, host, authentication_string from mysql.user;
```

```
mysql> select user, host, authentication_string from mysql.user;
+------------------+-----------+------------------------------------------------------------------------+
| user             | host      | authentication_string                                                  |
+------------------+-----------+------------------------------------------------------------------------+
| debian-sys-maint | localhost | $A$005$Xb`M17/w T[H{◆bYoZYAEb8owzyWw5HmqTItB/DQFnFrHszabwBVASN.C |
| mysql.infoschema | localhost | $A$005$THISISACOMBINATIONOFINVALIDSALTANDPASSWORDTHATMUSTNEVERBRBEUSED |
| mysql.session    | localhost | $A$005$THISISACOMBINATIONOFINVALIDSALTANDPASSWORDTHATMUSTNEVERBRBEUSED |
| mysql.sys        | localhost | $A$005$THISISACOMBINATIONOFINVALIDSALTANDPASSWORDTHATMUSTNEVERBRBEUSED |
| root             | localhost |                                                                        |
+------------------+-----------+------------------------------------------------------------------------+
5 rows in set (0.00 sec)
```

그림 1.27 mysql user, host 정보.

2) warehouse 데이터베이스 만들기

mysql〉 create database warehouse;

```
mysql> create database warehouse;
Query OK, 1 row affected (0.00 sec)

mysql> show databases;
+--------------------+
| Database           |
+--------------------+
| information_schema |
| mysql              |
| performance_schema |
| sys                |
| warehouse          |
+--------------------+
5 rows in set (0.01 sec)

mysql> ▌
```

그림 1.28 데이디베이스 생성과 확인.

mysql〉 show databases;

3) warehouse 데이터베이스를 사용할 계정 owner 만들고 확인한다.

mysql〉 create user 'owner'@'localhost' identified by '1111';
mysql〉 flush privileges;
mysql〉 select user, host, authentication_string from mysql.user;

```
mysql> create user 'owner'@'localhost' identified by '1111';
Query OK, 0 rows affected (0.01 sec)

mysql> flush privileges;
Query OK, 0 rows affected (0.00 sec)
```

그림 1.29 데이터베이스에 사용자 생성.

flush privileges는 grant table을 reload하여 변경 사항을 즉시 반영한다. create user로 수정된 변경 사항을 grant table에 flush한다.

```
mysql> select user, host, authentication_string from mysql.user;
+------------------+-----------+----------------------------------------------------------------------+
| user             | host      | authentication_string                                                |
+------------------+-----------+----------------------------------------------------------------------+
| debian-sys-maint | localhost | $A$005$Xb`M17/w T[H{◆bYoZYAEb8owzyWw5HmqTItB/DQFnFrHszabwBVASN.C |
| mysql.infoschema | localhost | $A$005$THISISACOMBINATIONOFINVALIDSALTANDPASSWORDTHATMUSTNEVERBRBEUSED |
| mysql.session    | localhost | $A$005$THISISACOMBINATIONOFINVALIDSALTANDPASSWORDTHATMUSTNEVERBRBEUSED |
| mysql.sys        | localhost | $A$005$THISISACOMBINATIONOFINVALIDSALTANDPASSWORDTHATMUSTNEVERBRBEUSED |
[nL5qElO1t3fkB.XtIlSzAs6k1Df8JcJBlfstdRsiQ0O3rkUHh. |
| root             | localhost |                                                                      |
+------------------+-----------+----------------------------------------------------------------------+
6 rows in set (0.00 sec)

mysql> ▌
```

그림 1.30 생성자 변경 사항의 확인.

4) warehouse 데이터베이스를 사용할 계정 owner에 권한 부여

```
mysql> grant all privileges on warehouse.* to 'owner'@'localhost';
```

```
mysql> grant all privileges on warehouse.* to 'owner'@'localhost';
Query OK, 0 rows affected (0.00 sec)
```

그림 1.31 생성된 사용자에게 권한 부여.

```
mysql> flush privileges;
mysql> show grants for 'owner'@'localhost';
```

```
mysql> flush privileges;
Query OK, 0 rows affected (0.00 sec)

mysql> show grants for 'owner'@'localhost';
+-----------------------------------------------------------+
| Grants for owner@localhost                                |
+-----------------------------------------------------------+
| GRANT USAGE ON *.* TO `owner`@`localhost`                 |
| GRANT ALL PRIVILEGES ON `warehouse`.* TO `owner`@`localhost` |
+-----------------------------------------------------------+
2 rows in set (0.00 sec)

mysql> ▌
```

그림 1.32 사용자에게 부여된 권한 조회.

1.4 우분투 MySQL Workbench 설치

1. MySQL Workbench는 무엇인가?

MySQL Workbench는 SQL 개발과 관리, DB 설계, 생성, 유지를 위한 단일 개발 통합 환경이다. MySQL DB를 위한 GUI를 제공한다. 데이터베이스 설계를 시각적으로 처리할 수 있다. visual SQL 실행과 MySQL 서버에 connect를 관리한다. 그리고 DB migration과 ER 모델링을 지원한다.

2. MySQL 재가동

MySQL의 종료는 exit으로 우분투 종료 후에 sudo mysql -u root -p; 가 동작하지 않는 경우에 아래와 같이 재설정 처리 한 후에 한 터미널에서 구동시켜 둔다.

```
$sudo ufw allow mysql
$sudo systemctl start mysql
$sudo systemctl enable mysql
$sudo mysql -u root -p
```

3. MySQL Workbench 설치

Workbench 설치를 위한 다른 터미널을 열어 시작한다.

$ sudo apt install mysql-workbench

"E:mysql-workbench package를 찾을 수 없습니다"라는 에러 메시지

```
ubuntu@ubuntu:~/Desktop$ sudo apt install mysql-workbench
패키지 목록을 읽는 중입니다... 완료
의존성 트리를 만드는 중입니다
상태 정보를 읽는 중입니다... 완료
E: mysql-workbench 패키지를 찾을 수 없습니다
```

그림 1.33 MySQL-Workbench 설치 오류 발생.

wget 설치로 "mysql-workbench package를 찾을 수 없습니다" 문제를 해결한다.

$ sudo apt update

$ sudo apt -y install wget

$ wget https://dev.mysql.com/get/mysql-apt-config_0.8.15-1_all.deb

$ ls -lh mysql-apt-config_0.8.15-1_all.deb

$ sudo apt install ./mysql-apt-config_0.8.15-1_all.deb

실행하면 아래와 같이 "mysql-apt-config 설정 중입니다" 화면이 나타난다. 현재 선택된 configuration은 "MySQL Server & Cluster(Currently selected: mysql-8.0)"을 보여주고 있다. 이 화면에서 enter를 누르면 "mysql-8.0"을 선택하는 화면이 나타난다. 다시 enter를 누르면 설정 첫 화면으로 다시 이동한다. 화살표 키로 "ok"로 이동한 후에 enter를 누르면 선택이 종료된다.

```
ubuntu@ubuntu:~/Desktop$ sudo apt update
무시:1 cdrom://Ubuntu 20.04.3 LTS _Focal Fossa_ - Release amd64 (20210819) focal InRelease
기존:2 cdrom://Ubuntu 20.04.3 LTS _Focal Fossa_ - Release amd64 (20210819) focal Release
기존:4 http://archive.ubuntu.com/ubuntu focal InRelease
기존:5 http://security.ubuntu.com/ubuntu focal-security InRelease
기존:6 http://archive.ubuntu.com/ubuntu focal-updates InRelease
패키지 목록을 읽는 중입니다... 완료
의존성 트리를 만드는 중입니다
상태 정보를 읽는 중입니다... 완료
74 packages can be upgraded. Run 'apt list --upgradable' to see them.
ubuntu@ubuntu:~/Desktop$ sudo apt -y install wget
패키지 목록을 읽는 중입니다... 완료
의존성 트리를 만드는 중입니다
상태 정보를 읽는 중입니다... 완료
wget is already the newest version (1.20.3-1ubuntu1).
wget 패키지는 수동설치로 지정합니다.
0개 업그레이드, 0개 새로 설치, 0개 제거 및 74개 업그레이드 안 함.
```

그림 1.34 우분투 package 갱신.

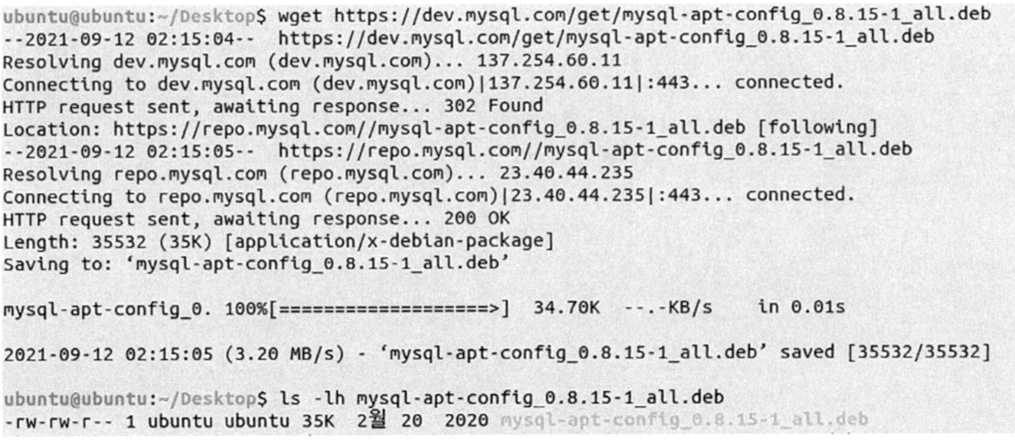

그림 1.35 mysql-apt-config 설치.

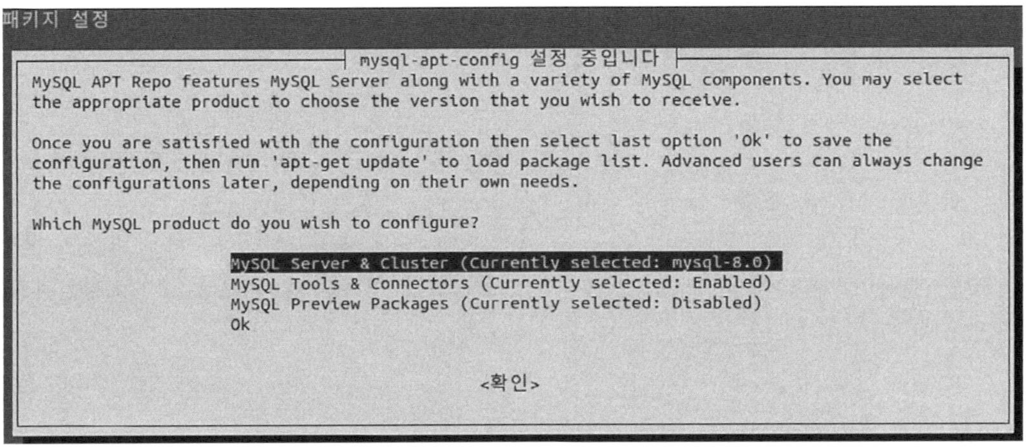

그림 1.36 mysql-apt-config 설정.

mysql-apt-config 설정이 완료되면 우분투 터미널 화면이 다음과 같이 다시 나타난다. config 설정을 반영하기 위해 apt update를 실행한다.

```
$ sudo apt update
```

다음 서명들이 공개키가 없기 때문에 인증할 수 없다는 오류 메시지가 나타난다. 이러한 오류는 우분투 기존 버전에는 나타나지 않은 문제가 새로 나타나는 경우이다. 이 문제를 해결하기 위해 google 검색으로 해결 방법을 찾는다. mysql, ubuntu 모두가 open source 이므로 버전에 따라 전에 오류가 없던 것이 새로 발생할 때 google 검색을 해결 방법을 찾는 연습이 필요하다.

```
ubuntu@ubuntu:~/Desktop$ sudo apt install ./mysql-apt-config_0.8.15-1_all.deb
패키지 목록을 읽는 중입니다... 완료
의존성 트리를 만드는 중입니다
상태 정보를 읽는 중입니다... 완료
주의, './mysql-apt-config_0.8.15-1_all.deb' 대신에 'mysql-apt-config' 패키지를 선택합니다
다음 새 패키지를 설치할 것입니다:
  mysql-apt-config
0개 업그레이드, 1개 새로 설치, 0개 제거 및 74개 업그레이드 안 함.
0 바이트/35.5 k바이트 아카이브를 받아야 합니다.
이 작업 후 35.8 k바이트의 디스크 공간을 더 사용하게 됩니다.
받기:1 /home/ubuntu/Desktop/mysql-apt-config_0.8.15-1_all.deb mysql-apt-config all 0.8.15-1 [35.5
kB]
Selecting previously unselected package mysql-apt-config.
(데이터베이스 읽는중 ...현재 191249개의 파일과 디렉터리가 설치되어 있습니다.)
Preparing to unpack .../mysql-apt-config_0.8.15-1_all.deb ...
Unpacking mysql-apt-config (0.8.15-1) ...
mysql-apt-config (0.8.15-1) 설정하는 중입니다 ...
Warning: apt-key should not be used in scripts (called from postinst maintainer
script of the package mysql-apt-config)
OK
ubuntu@ubuntu:~/Desktop$ █
```

그림 1.37 mysql-apt-config package 설치.

오류가 발생할 때 어느 부분을 capture하여 googling할 것인가는 자신만의 경험과 knowhow를 가져야 한다. 그림 1.38의 터미널 화면에서 검은색 부분을 capture하여 googling 한다. 우분투의 FireFox 브라우저에서 google를 사용한다.

```
bonghee@bonghee-VirtualBox:~/바탕화면$ sudo apt update
[sudo] bonghee 암호:
받기:1 http://repo.mysql.com/apt/ubuntu focal InRelease [12.9 kB]
오류:1 http://repo.mysql.com/apt/ubuntu focal InRelease
  다음 서명들은 공개키가 없기 때문에 인증할 수 없습니다: NO_PUBKEY 467B942D3A79BD29
받기:2 http://security.ubuntu.com/ubuntu focal-security InRelease [114 kB]
기존:3 http://kr.archive.ubuntu.com/ubuntu focal InRelease
받기:4 http://kr.archive.ubuntu.com/ubuntu focal-updates InRelease [114 kB]
받기:5 http://kr.archive.ubuntu.com/ubuntu focal-backports InRelease [108 kB]
패키지 목록을 읽는 중입니다... 완료
W: GPG 오류: http://repo.mysql.com/apt/ubuntu focal InRelease: 다음 서명들은 공개키가 없기 때문에 인증
할 수 없습니다: NO_PUBKEY 467B942D3A79BD29
E: The repository 'http://repo.mysql.com/apt/ubuntu focal InRelease' is not signed.
N: Updating from such a repository can't be done securely, and is therefore disabled by default.
N: See apt-secure(8) manpage for repository creation and user configuration details.
bonghee@bonghee-VirtualBox:~/바탕화면$
```

그림 1.38 우분투 package 갱신에 공개키 오류 발생.

구글에 오류 메시지를 검색하니 apt-get update할 때 공개키가 없기 때문에 인증할 수 없는 문제에 대한 해결 방법을 사용한다.

그림 1.39 구글링에 의한 공개키 해결방법.

공개키는 다르기 때문에 오류 메시지에 표현된 공개키를 사용하여 그림 1.40과 같이 실행한다. 공개키만 오류 메시지에 나타난 값을 사용하여 다음과 같이 실행한다.

사용자마다 또는 우분투 버전에 따라 공개키 값을 다를 수 있습니다

```
$ sudo apt-key adv --keyserver keyserver.ubuntu.com --recv-keys 5DC22404A6F9F1CA
```

그림 1.40 설치된 우분투의 공개키를 사용한 갱신.

```
bonghee@bonghee-VirtualBox:~/바탕화면$ sudo apt-key adv --keyserver keyserver.ubuntu.com --recv-keys 467B942D3A79BD29
Executing: /tmp/apt-key-gpghome.bWFdiXoT3c/gpg.1.sh --keyserver keyserver.ubuntu.com --recv-keys 467B942D3A79BD29
gpg: key 467B942D3A79BD29: public key "MySQL Release Engineering <mysql-build@oss.oracle.com>" imported
gpg: Total number processed: 1
gpg:               imported: 1
bonghee@bonghee-VirtualBox:~/바탕화면$ 
```

그림 1.41 우분투 공개키를 사용한 apt-key의 갱신.

공개키 문제가 해결되었으므로 다시 apt update를 다시 실행한다.

```
$sudo apt update
```

다음에 mysql-workbench를 구동하면 설치가 되지 않았다는 메시지를 보게 된다. mysql-workbench-community를 사용하여 재설치한다.

```
$ mysql-workbench
$ sudo apt install mysql-workbench-community
```

이제 비로소 mysql-workbench package가 설치가 완료된다.

```
$ mysql-workbench
```

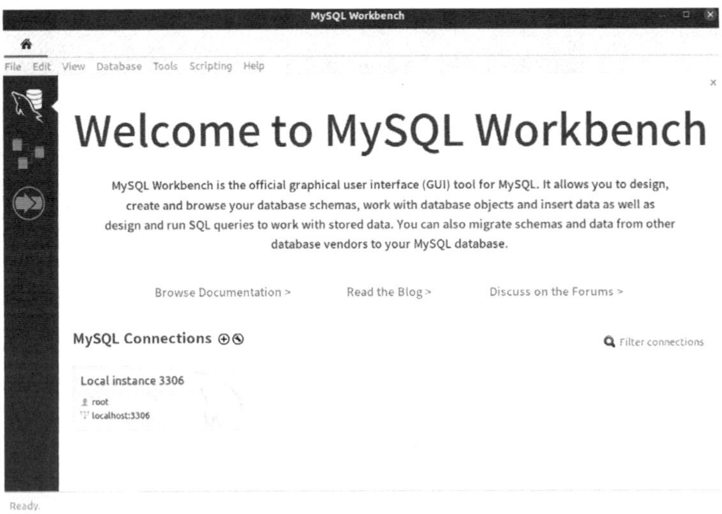

그림 1.42 mysql-workbench 구동.

4. MySQL Workbench 사용

"Welcome to MySQL Workbench" 화면에서 좌측 하단의 "MySQL Connections" 하단의 "Local instance 3306" box를 선택한다. 이때 다음과 같은 "Cannot Connect to Database Server" 라는 접속에러를 해결해야 한다.

mysql-workbench 화면을 닫고 기존 터미널 mode에서 다음 명령어를 실행한다.

```
$ sudo /usr/bin/mysql -u root -p
mysql> alter user 'root'@'localhost' identified with mysql_native_password by '1234';
mysql> grant all privileges on *.* to 'root'@'localhost';
mysql> flush privileges;
mysql>exit
```

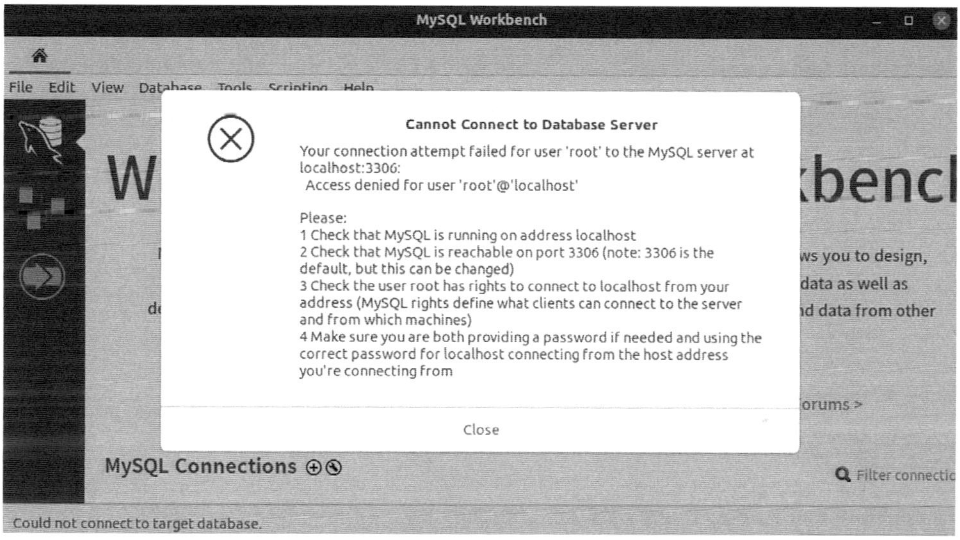

그림 1.43. Workbench의 connect 에러.

기존 터미널에서 MySQL을 종료한다. 다른 터미널에서 다음 명령어를 실행한다.

```
$ sudo ufw allow out 3306/tcp
$ sudo ufw allow in 3306/tcp
$mysql-workbench
```

"Welcome to MySQL Workbench" 화면에서 "Local instance 3306"을 누르면 그림 1.44와 같이 "Connect to MySQL Server" 접속하는 화면이 나타난다.

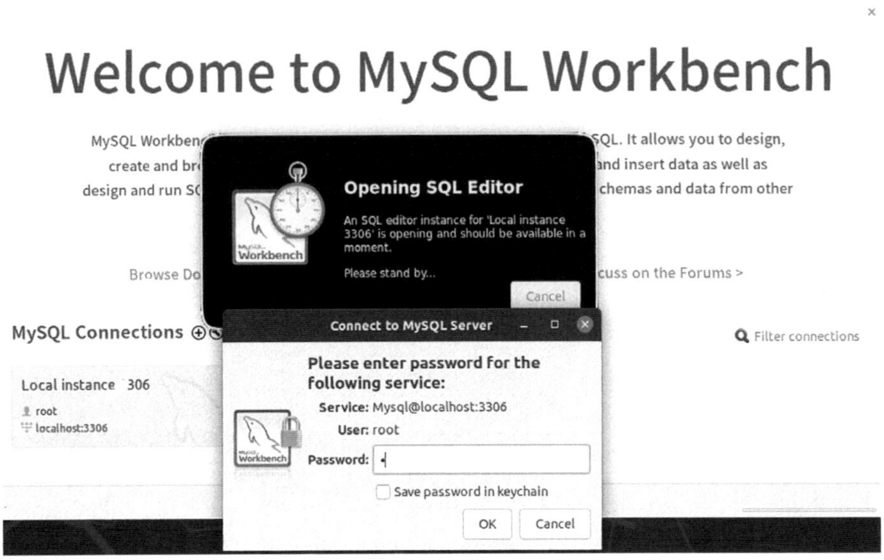

그림 1.44 Workbench 접속위한 암호 입력.

우분투 환경에서 MySQL Workbench 도구를 아래와 같이 사용할 수 있다.

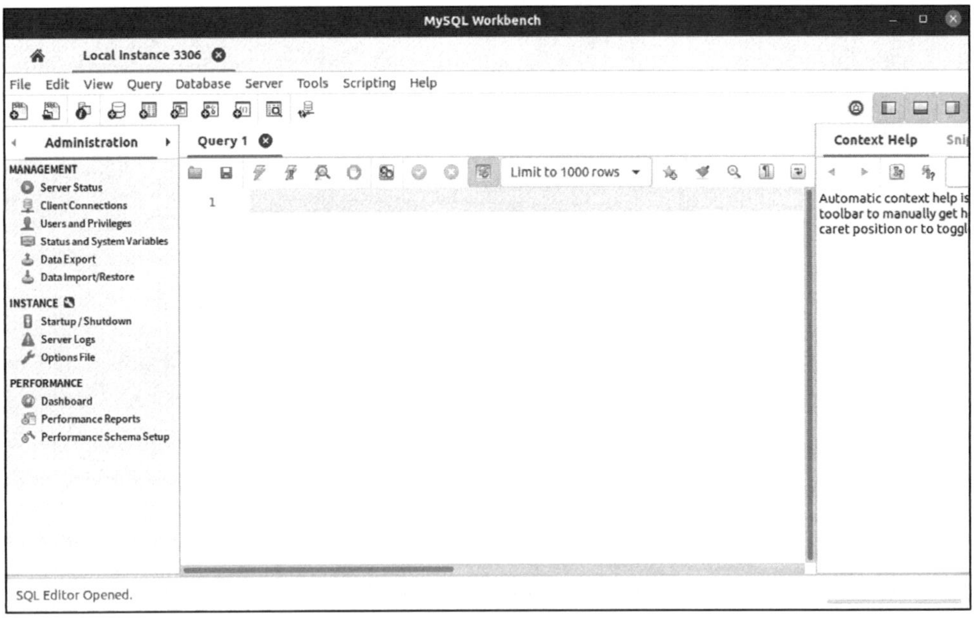

그림 1.45 MySQL Workbench의 정상 동작 화면.

2장

MySQL Workbench 사용

2장 MySQL Workbench 사용

MySQL Workbench는 데이터베이스 설계, 구현과 SQL 프로그래밍을 지원해주는 개발 통합 환경을 지원해주는 visual DB 설계 도구이다. Workbench에서 새로운 데이터베이스를 생성하는 schema 생성부터 시작한다.

2.1 Schema 생성

좌측의 Administration의 우측 화살표를 누르면 Schemas 창으로 바뀐다. Schema 창에서 우측 마우스를 클릭하면 popup 창에서 Create Schema를 선택하면 Schema Editor 창이 나타난다. 다른 방법으로 상단의 메뉴 View와 Query 사이의 아래쪽에 디스크 모양의 아이콘을 누르면 Schema Editor가 생성된다.

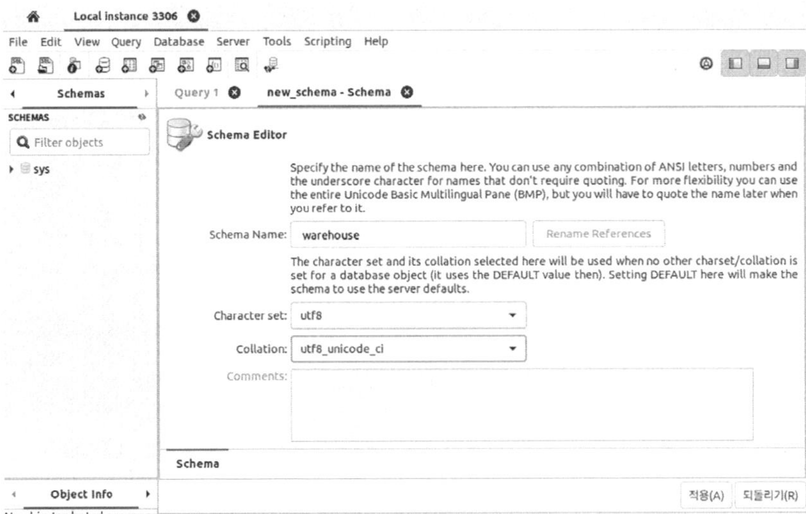

그림 2.1 새로운 데이터베이스 생성.

Schema Name에 데이터베이스 이름을 입력하고 Character set에서 utf8을 선택하고 Collation에서 utf8_unicode_ci를 선택하여 한글 입력이 가능하게 한다. 적용<Apply>를 클릭하면 Apply SQL Script to Database 창이 뜨고 "CREATE SCHEMA 'warehouse';이 자동 생성된다. Apply를 클릭하면 좌측 Schemas 패널에 warehouse가 추가된다.

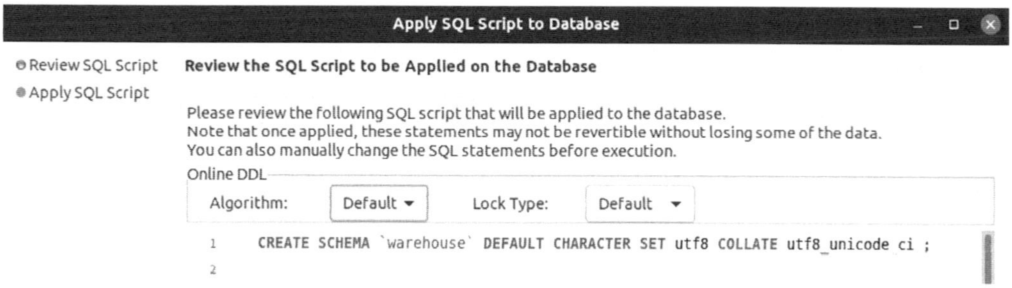

그림 2.2 Workbench에 의해 생성된 SQL script.

Schemas 패널에서 디스크 모양의 아이콘에서 우측 화살표 ▶warehouse를 click하면 하부 메뉴가 나타난다. 데이터베이스 이름은 warehouse이고 Tables, Views, Stored Procedures, Functions를 정의할 수가 있다. Tables에 대하여 우측 마우스를 클릭하면 하위 메뉴가 나타난다.

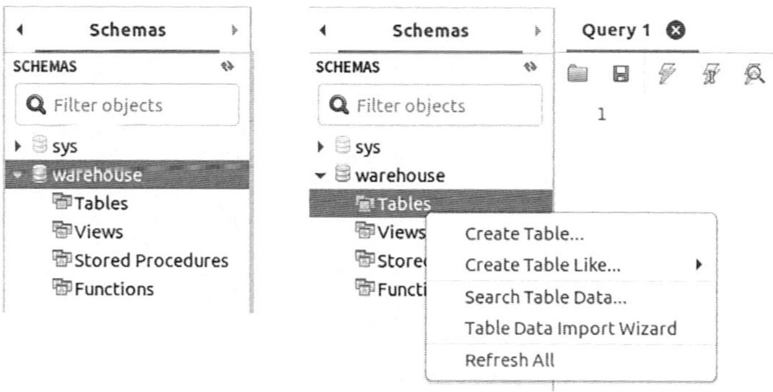

그림 2.3 Create Table 실행.

Schemas 패널에서 warehouse > Tables > Create Table 선택한 후에 Name에 테이블 이름을 입력하고 column name을 입력한다. 한글을 입력하고자 할 경우에는 Charset/Collation에 utf8 / utf8_unicode_ci를 선택한다.

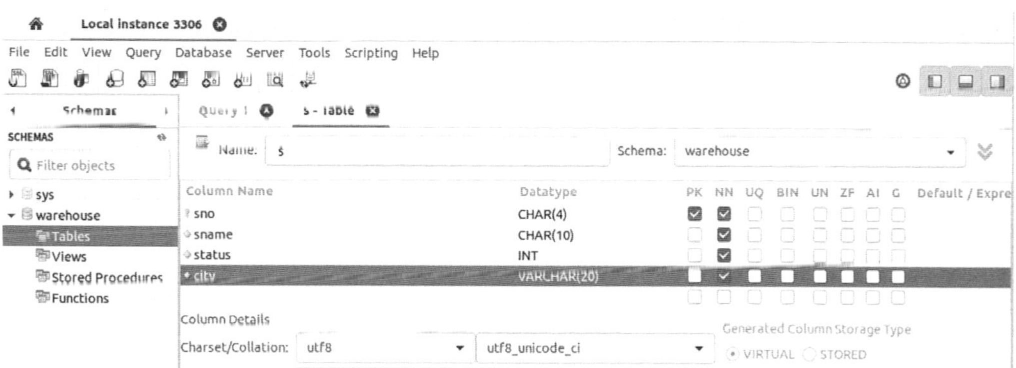

그림 2.4 테이블 column 입력.

column의 데이터 타입으로 정수, 실수, 문자열, 날짜 및 시간, 비트 데이터 타입이 있다. 데이터 타입으로 null을 허용하지 않는 것이 필요하다. null이 허용되면 저장 공간이 더 많이 사용된다. int, int(4)는 길이는 4바이트이나 int(4)는 정수 표현을 4자리까지 한다는 것이고 길이는 4바이트 사용하는 것은 같다. 문자열 타입으로 고정된 크기의 char(4), 가변 길의 varchar(4)를 사용한다. utf-8 한글 데이터를 입력할 때는 varchar( )를 사용한다.

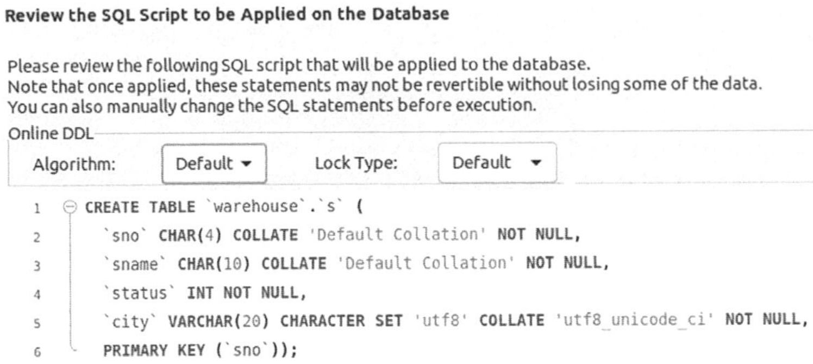

그림 2.5 생성된 create table 문.

MySQL Workbench에서 Tables를 정의할 때 column의 속성으로 PK, NN, UQ, BIN, UN, ZF, AI, G가 있다. PK는 primary Key이고, NN은 Not Null이다. BIN은 데이터를 이진 문자열로 저장하고 UN은 마이너스 부호가 없다. UQ는 UniQue key를 생성하는 것이고 ZF는 Zero Filled는 column 크기보다 작은 값을 입력 시 0으로 채워서 입력하는 것이고 AI는 Auto Increment로서 값이 1씩 증가, G는 다른 열을 기반으로 한 수식으로 생성된 값이다.

적용(A)을 선택하면 자동 생성된 create 문을 보여준다. char(4) NN으로 선언할 시에 unknown collation 오류 메시지가 나오면 Charset을 utf8로 설정한다. 방금 생성된 Table은 Schemas 패널의 warehouse > Tables를 클릭하면 생성된 테이블이 보인다. 생성된 Table의 columns, Indexes, Foreign Keys, Triggers를 Workbench 도구를 사용하여 정의하고 변경하는 것을 뒤에서 공부한다.

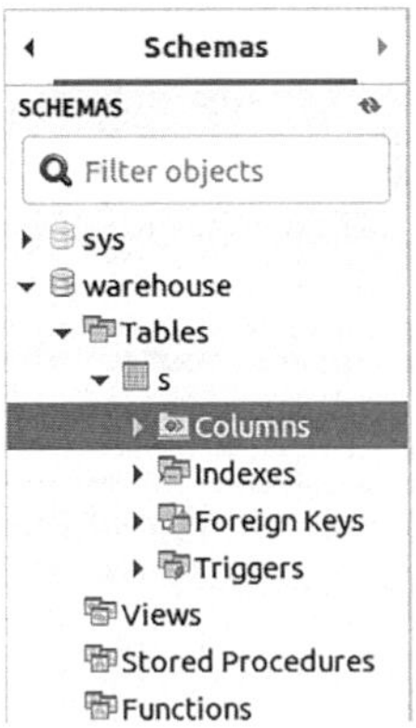

그림 2.6 생성된 테이블 확인.

2.2 테이블 레코드 입력

Schemas 패널에서 warehouse > Tables > s를 마우스 우측을 클릭하면 그림 2.7과 같은 하위 메뉴가 나타난다. 이때 입력에 해당하는 insert 메뉴가 나타나지 않는다. 대신에 맨 상단에 있는 Select Rows-Limit 1000을 선택한다.

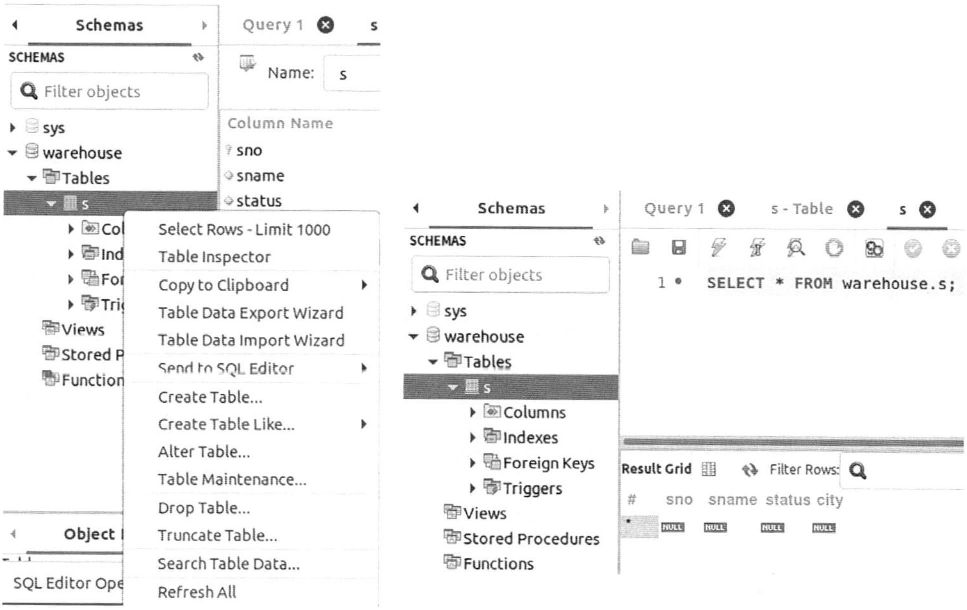

그림 2.7 Workbench에서 테이블 레코드 입력 방법.

Query 창에 select * from warehouse.s;가 나타나고 결과는 Result Grid에 결과가 없음을 나타난다. Result Grid 창에서 입력한다. 마우스로 해당 column을 클릭하여 입력 후 Tab을 치면 다음 column으로 이동한다.

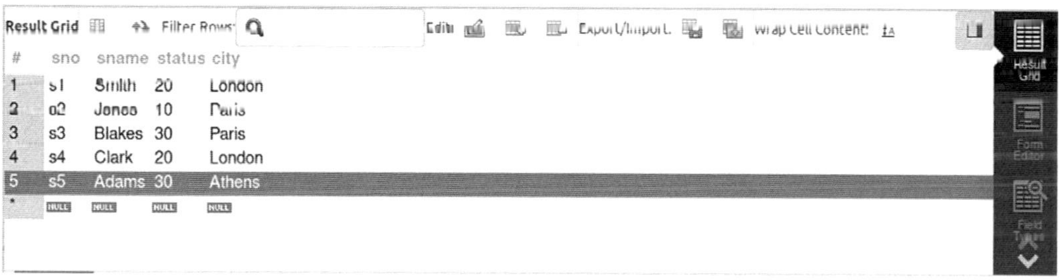

그림 2.8 Result Grid를 사용한 테이블 레코드 입력.

Apply를 클릭하면 생성된 insert문을 보여준다.

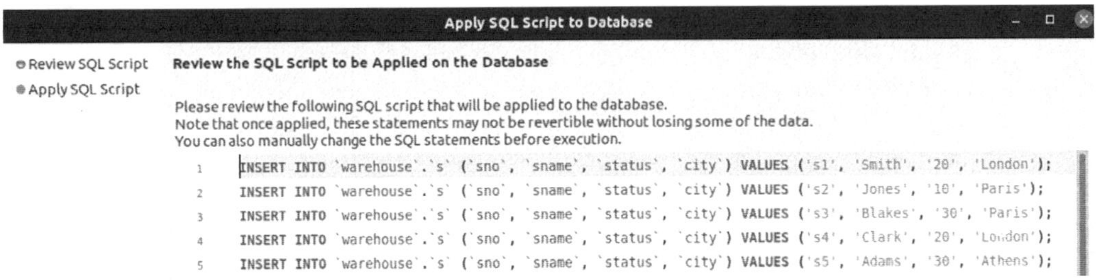

그림 2.9 생성된 insert script.

MySQL를 사용한 데이터베이스 테이블[1]은 그림 2.10과 같이 s, p, j, spj을 만들어 사용한다. p, j, spj에 대한 테이블을 정의하고 해당 레코드를 입력하는 실습을 수행한다.

s

sno	sname	status	city
S1	Smith	20	London
S2	Jones	10	Paris
S3	Blake	30	Paris
S4	Clark	20	London
S5	Adams	30	Athens

p

pno	pname	color	weight	city
P1	Nut	Red	12.0	London
P2	Bolt	Green	17.0	Paris
P3	Screw	Blue	17.0	Oslo
P4	Screw	Red	14.0	London
P5	Cam	Blue	12.0	Paris
P6	Cog	Red	19.0	London

j

jno	jname	city
J1	Sorter	Paris
J2	Display	Rome
J3	OCR	Athens
J4	Console	Athens
J5	RAID	London
J6	EDS	Oslo
J7	Tape	London

spj

sno	pno	jno	qty
S1	P1	J1	200
S1	P1	J4	700
S2	P3	J1	400
S2	P3	J2	200
S2	P3	J3	200
S2	P3	J4	500
S2	P3	J5	600
S2	P3	J6	400
S2	P3	J7	800
S2	P5	J2	100
S3	P3	J1	200
S3	P4	J2	500
S4	P6	J3	300
S4	P6	J7	300
S5	P2	J2	200
S5	P2	J4	100
S5	P5	J5	500
S5	P5	J7	100
S5	P6	J2	200
S5	P1	J4	100
S5	P3	J4	200
S5	P4	J4	800
S5	P5	J4	400
S5	P6	J4	500

그림 2.10 warehouse 데이터베이스에 생성할 테이블.

데이터베이스 warehouse는 ER diagram[1]을 토대로 설계한 데이터베이스이다. 이러한 ER 다이어그램을 Workbench로 구현하는 실습은 뒤에서 다룬다.

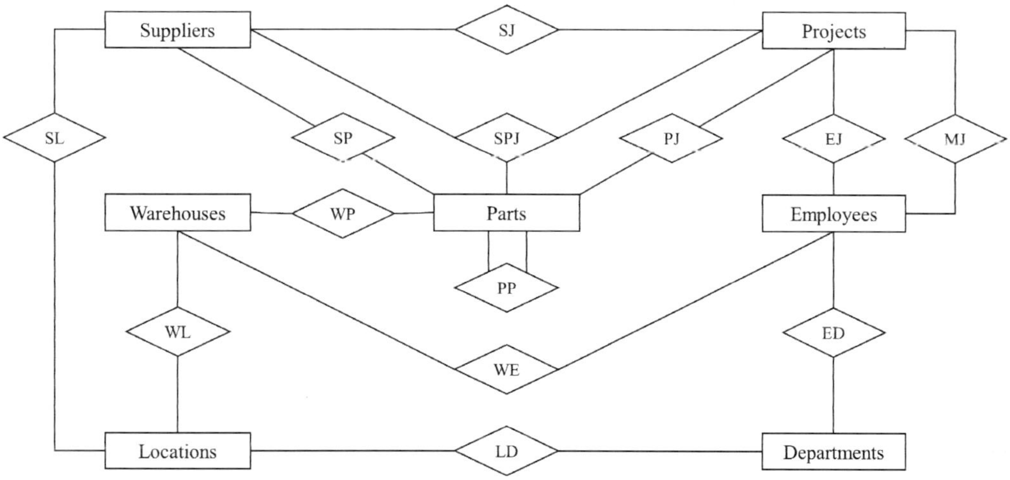

그림 2.11 warehouse 데이터베이스의 개념적 DB 설계도.

그리고 SQL 실습을 위해서 emp, dept[1] 테이블도 사용한다.

dept

dno	dname	budget
D1	Marketing	10M
D2	Development	12M
D3	Research	5M

emp

eno	ename	dno	salary
E1	Lopez	D1	40K
E2	Cheng	D1	42K
E3	Finzi	D2	30K
E4	Saito	D2	35K

그림 2.12 참조 관계의 dept, emp 테이블 예제.

2.3 SQL 검색

상단의 File 메뉴의 아래에 있는 SQL 아이콘은 "Create a new SQL tab for executing queries"이며 누르면 새로운 query 창이 생성된다.

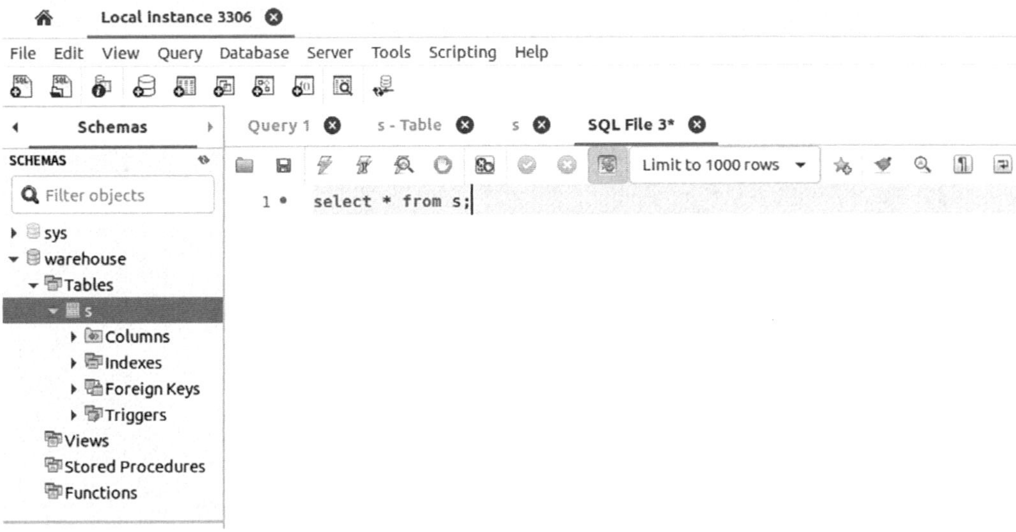

그림 2.13 Workbench에서 select 문의 실행.

SQL 문을 입력한 후에 실행은 상단 메뉴인 Query > Execute(All or Selection)를 클릭한다. 결과가 나오지 않고 하단에 Query Interrupted가 나오면 "select * from warehouse.s;"를 사용한다. 사용할 데이터베이스가 선택되지 않았기 때문에 발생할 수 있다.

SQL 문의 projection으로서 column을 선택하여 검색하는 SQL이다. 이 경우에도 Query Interrupt가 나오면 MySQL Workbench에서 "use warehouse;"를 처리하는 방법으로 warehouse에서 우측 마우스를 눌러 "Set as Default Schema"를 선택한다.

하나의 Query 창에 SQL 문이 여러 개일 때 선택하여 실행하는 방법으로 마우스 커서를 해당 SQL에 놓고 상단의 Query > Execute Current Statement를 사용한다. 메뉴를 선택하지 않고 실행하는 방법으로 ctrl+enter를 사용한다. Query 창의 모든 SQL 문을 실행시키려면 ctrl+shift+enter를 사용한다. 메뉴를 사용하려면 Query > Execute(All or Selection)를 선택한다.

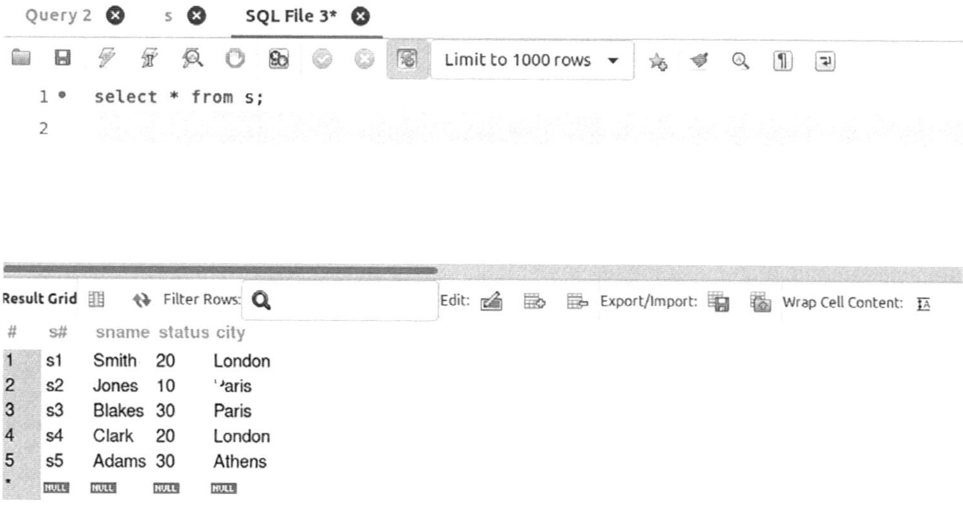

그림 2.14 Workbench에서 select 문의 실행 결과.

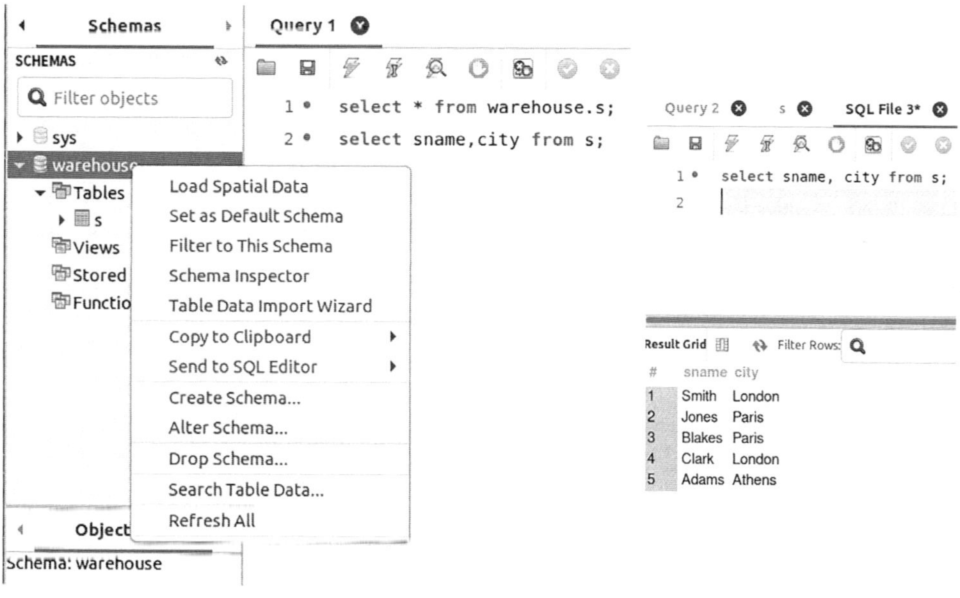

그림 2.15 warehouse 데이터베이스 선택(use)과 Query 창에서 select 문 실행.

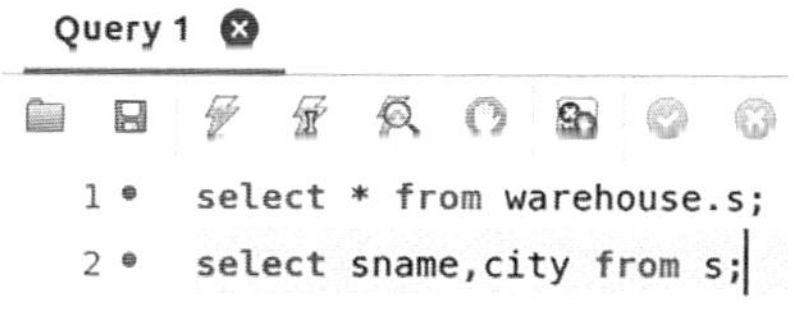

그림 2.16 Query 창에서 current select 문 실행.

2.4 Table 생성과 삭제

Query 창에서 create table 문을 직접 입력하고 실행하는 방법은 처음에 create 구문을 모르기 때문에 쉽지 않다.

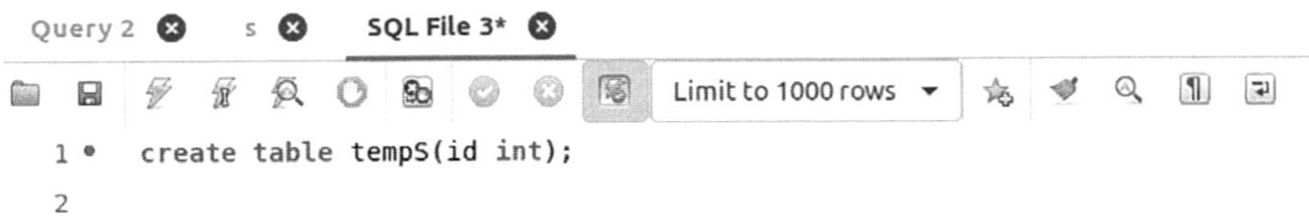

그림 2.17 Query 창에서 create table 문의 실행.

Schemas 패널에서 warehouse > Tables에서 생성된 테이블을 보려면 마우스 우측을 Tables에 클릭하여 Refresh All을 선택한다.

새로운 테이블의 생성은 Schemas 패널에서 warehouse > Tables에서 우측 마우스를 클릭하여 Create Table을 선택하여 정의하는 방법이 가장 편리하다.

테이블의 삭제는 drop table 문을 사용하거나 Schemas 패널에서 해당 table에 마우스 우측을 눌러 "Drop Table ..." 메뉴를 눌러 처리한다.

```
drop table temps;
```

2.5 Index

테이블 검색 시에 primary key에 대하여 색인을 만들어 성능 향상한다. Primary key에 대한 인덱스는 자동 생성된다. Primary key가 아닌 column에 대하여는 index를 정의하는 것이 필요하다. 데이터베이스 튜닝(tuning)은 데이터베이스 성능 향상시키고 SQL 문의 처리 시간을 줄이는 작업으로 대표적인 튜닝이 해당 column에 대한 인덱스를 생성하는 것이다.

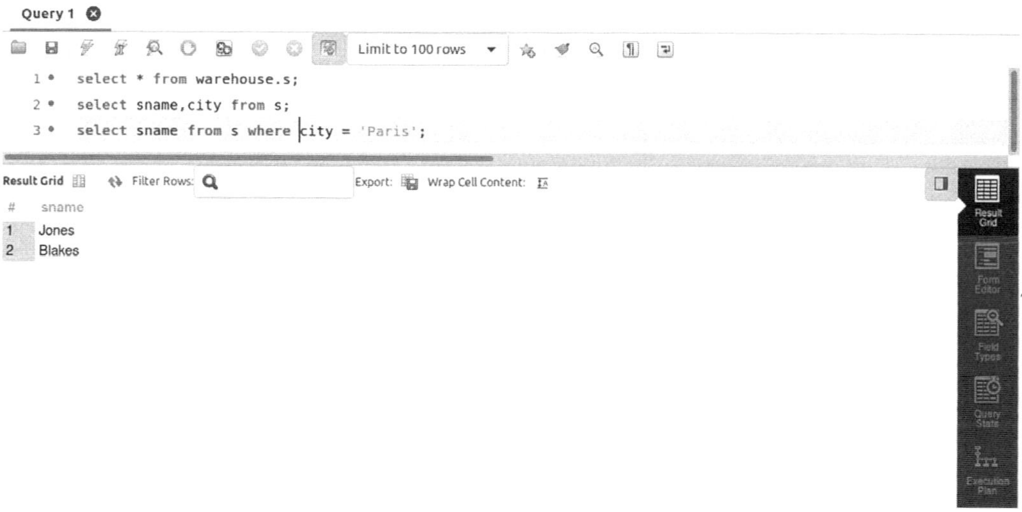

그림 2.18 where 조건 절이 있는 select 문 실행.

select sname from s where city = 'paris';를 실행 한 후에 우측 패널 창에 Result Grid가 처음 나타나고 아래로 5번째에 있는 Execution Plan을 선택하면 Full Table Scan을 보여준다. index를 사용하지 않고 테이블 s를 전체 scan하였다는 것을 말한다.

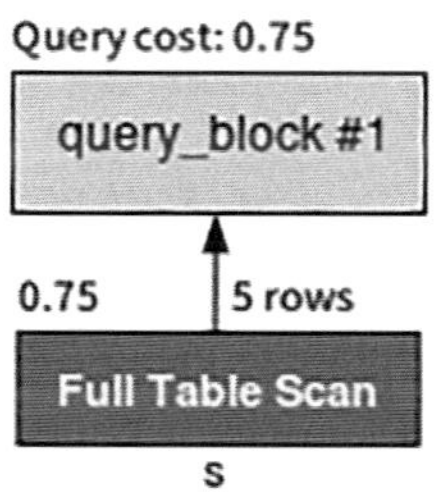

그림 2.19 Execution Plan 조회.

생성된 index의 확인은 Query 창에서 "show index from s;"를 실행한다. Workbench에서는 해당 테이블 이름에 마우스를 갖다 대고 나타난 중간에 있는 아이콘을 클릭하면 테이블 정의가 나타난다. 이때 하단에 있는 indexes를 누르면 생성된 index에 관한 정보를 볼 수가 있다.

index를 추가하는 방법은 Query 창에서 "create index myindex on s(city);"를 실행하거나 Workbench에서 Schemas 패널에서 warehouse > s > Columns > city에서 우측 마우스를 누르면 Create Index 메뉴를 누른다. 그러면 Create Index for Table warehouse.s 창이 나타나면 Index Name을 입력한 후에 create를 누른다.

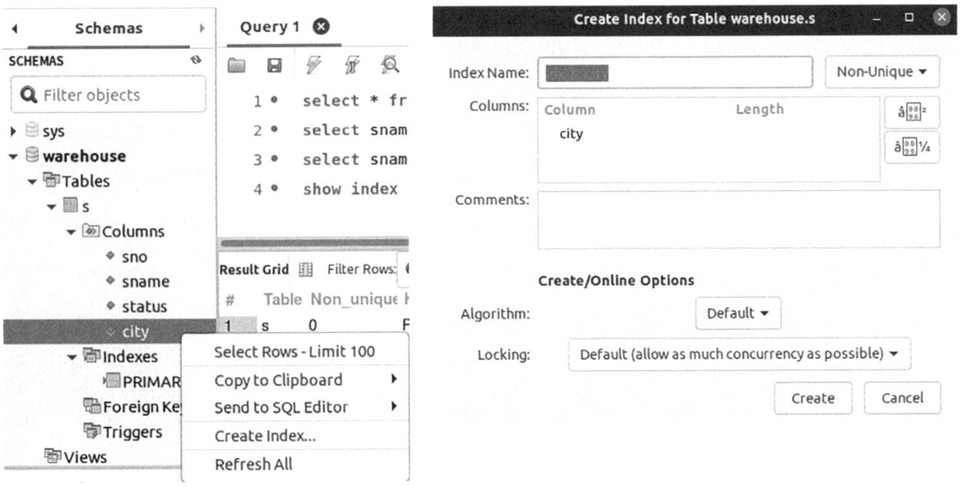

그림 2.20 index 생성.

인덱스가 생성되면 show index from s;를 통해 인덱스 생성을 확인할 수 있다.

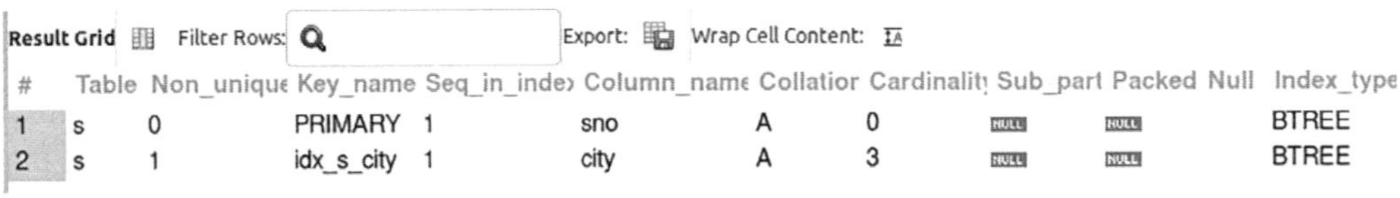

#	Table	Non_unique	Key_name	Seq_in_index	Column_name	Collation	Cardinality	Sub_part	Packed	Null	Index_type
1	s	0	PRIMARY	1	sno	A	0	NULL	NULL		BTREE
2	s	1	idx_s_city	1	city	A	3	NULL	NULL		BTREE

그림 2.21 인덱스 생성 확인.

2.6 View 정의

가상 테이블인 view에 대한 개념에 뒤에서 설명하고 여기서는 view 테이블을 생성하는 방법을 다룬다. Schemas 패널에서 warehouse > Views에서 우측 마우스를 누르면 Create View 하위 메뉴가 나타난다.

create view 'new_view' as 다음에 select 문을 입력하여 실행하면 된다. view 정의 문을 실행한 후에 하단에 Query Completed가 나와도 화면상에 아무런 변동이 없다. Schemas 패널에 반영하기 위해서는 Refresh All을 눌러야 한다.

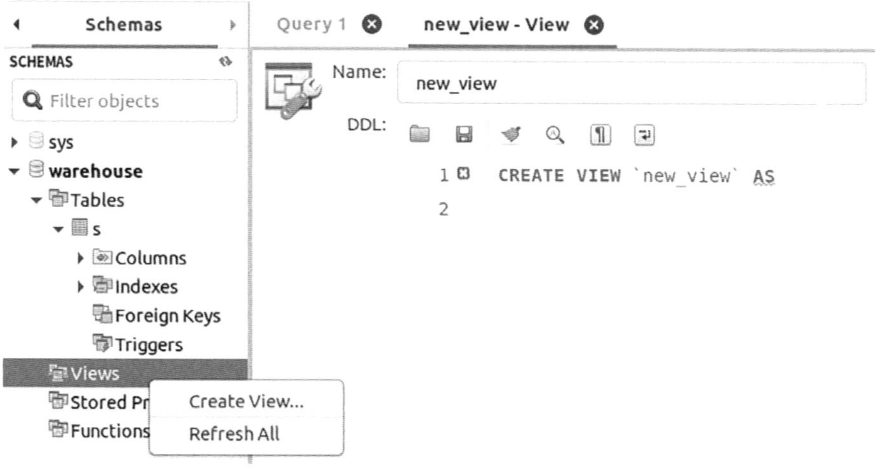

그림 2.22 Workbench에서 Create View 실행.

Query 창은 ctrl+enter로 바로 실행이 되지마는 create view 메뉴로 기술된 표현은 SQL script가 만들어져야 한다. 적용(A)을 눌러 그림 2.23과 같은 SQL script를 확인한다.

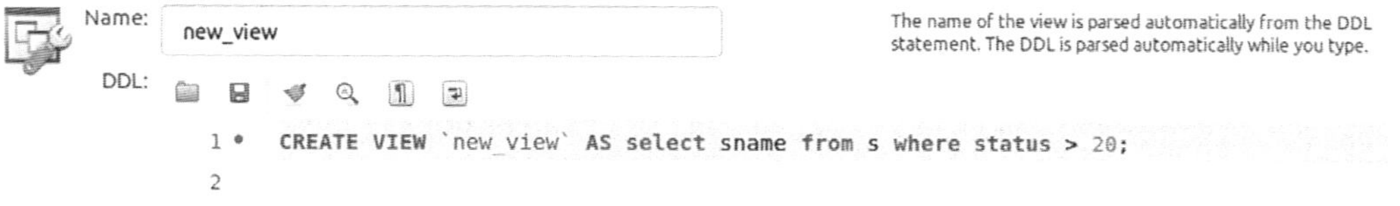

그림 2.23 생성된 view 정의문.

SQL script를 적용하면 그림 2.24와 같이 view table이 만들어지고 view 정의 문이 생성된다.

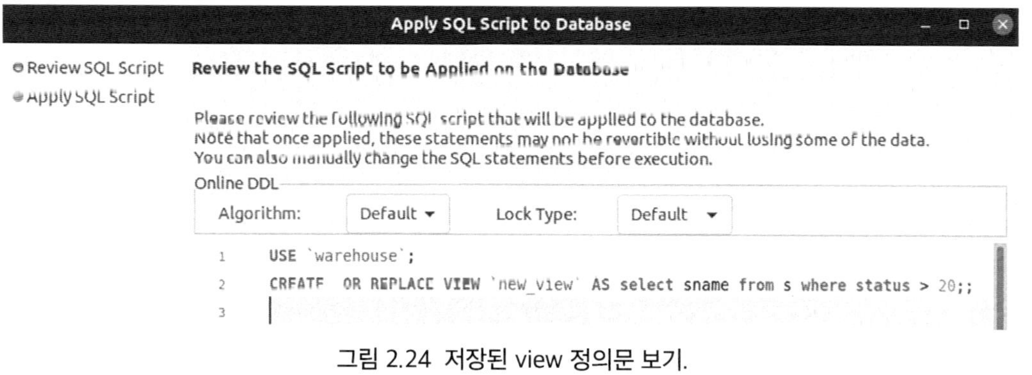

그림 2.24 저장된 view 정의문 보기.

2.7 Stored procedure

Schemas 패널에서 warehouse > Stored procedures 선택하고 우측 마우스 클릭하면 Create Stored Procedure를 선택한다.

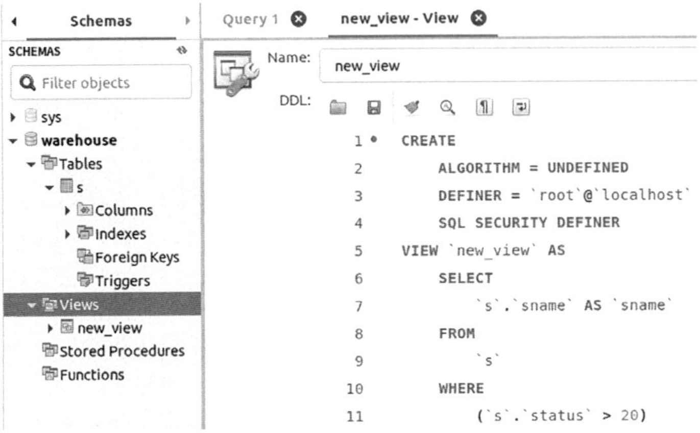

그림 2.25 Workbench에서 stored procedure 생성하기.

Create View 메뉴처럼 Create Stored Procedure도 생성도구 이므로 begin ~ end 사이에 간단한 예제로서 2개 이상의 SQL 문장을 기술한다. 물론 begin ~ end 사이에 if 문 등을 사용하여 실행 SQL 처리 흐름을 정할 수 있다.

그림 2.26 create stored procedure 완성을 위한 select 문 입력하기.

Workbench 창에서 begin ~ end 사이에 2개 이상의 SQL문을 입력한 후에 적용(A)을 누른다.

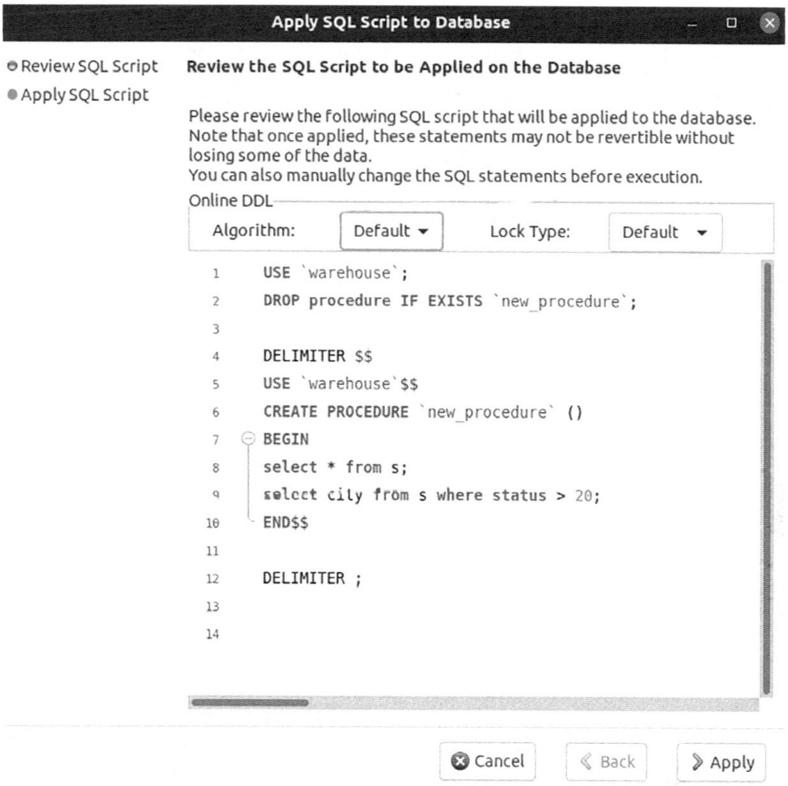

그림 2.27 생성된 create stored procedure.

SQL script가 생성된 후에 생성된 새로운 stored procedure 이름과 정의 구문을 아래와 같이 볼 수 있다.

Schemas 패널의 warehouse > Functions의 새로운 정의도 Stored procedure 방식과 거의 같다. Functions의 정의도 뒤에서 다른다.

2.8 Trigger

주어진 table에 insert, update, delete할 때 일관성 유지를 위해 다른 테이블에 대한 추가적인 갱신 작업을 자동으로 동작하게 하는 방식이다. trigger의 사용 예제를 설명하기 위해 dept, emp 테이블을 만든다. dept(dno, dname, budget), emp(eno, ename, dno, salary).

Workbench를 사용하여 dept, emp table을 정의한다.

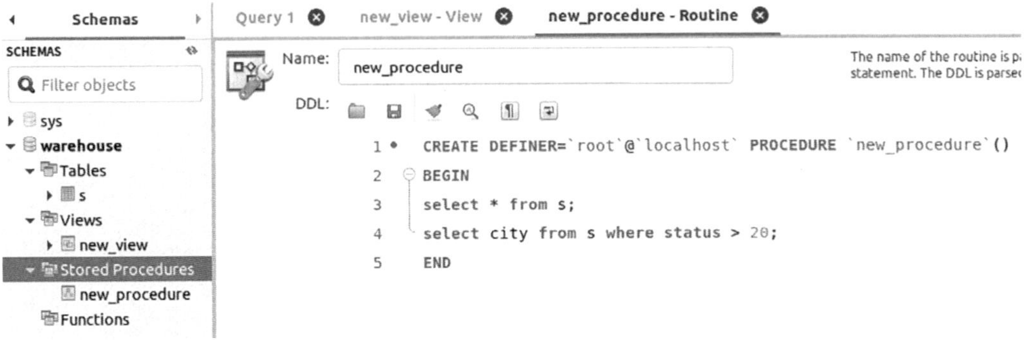

그림 2.28 저장된 stored procedure 확인.

```
CREATE TABLE `warehouse`.`emp` (
  `eno` CHAR(4) NOT NULL,
  `ename` VARCHAR(12) NULL,
  `dno` CHAR(4) NULL,
  `salary` VARCHAR(45) NULL,
  PRIMARY KEY (`eno`));
```

```
CREATE TABLE `warehouse`.`dept` (
  `dno` CHAR(4) NOT NULL,
  `dname` VARCHAR(12) NOT NULL,
  `budget` INT NOT NULL,
  PRIMARY KEY (`dno`));
```

그림 2.29 warehouse 데이터베이스에 dept, emp 테이블 생성.

Workbench를 사용하여 dept, emp 테이블에 레코드를 입력한다. 그리고 dept에서 삭제될 레코드를 저장할 deletedDept 테이블을 정의한다.

Trigger 설정을 위해서 해당 테이블 정의에서 처리해야 한다. Schemas 패널에서 warehourse > s에서 우측 마우스를 눌러 나타나는 아이콘 중에서 중간에 나타나는 작업도구 모양의 아이콘을 클릭하면 테이블 정의가 나타난다.

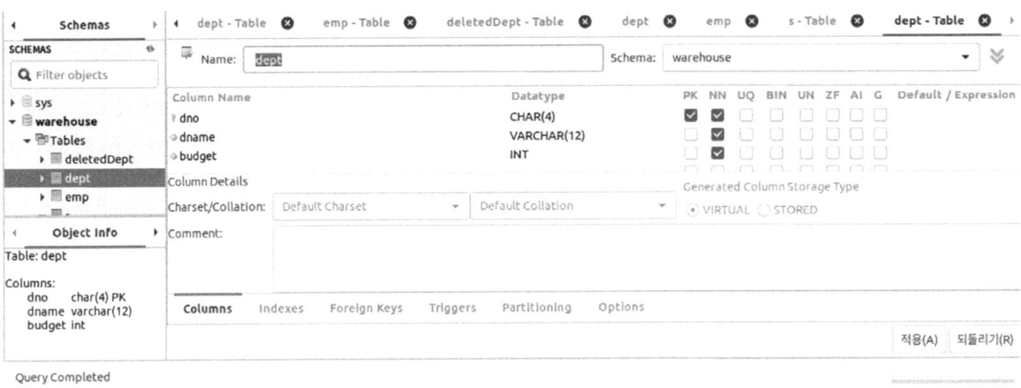

그림 2.30 dept 테이블 정의.

하단의 triggers를 누르면 트리거 방식을 누르면 선택된 트리거 방식의 우측 끝에 ⊕기호를 누르면 트리거의 begin ~ end 블록이 나타난다.

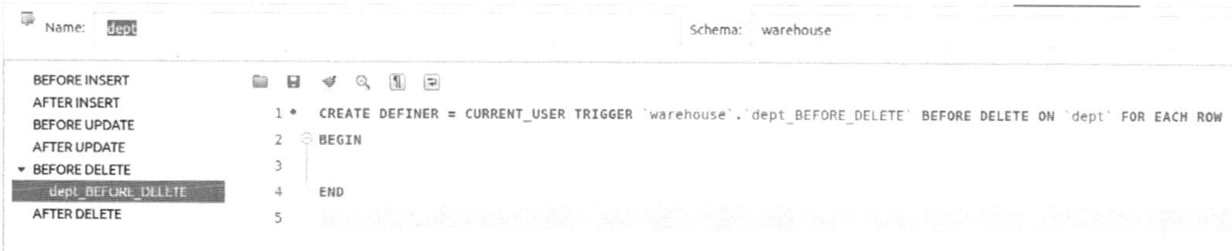

그림 2.31 trigger 정의.

생성된 SQL script는 그림 2.32와 같고 Schemas 패널 창에서 생성된 Triggers를 보여준다.

```
DROP TRIGGER IF EXISTS `warehouse`.`dept_BEFORE_DELETE`;

DELIMITER $$
USE `warehouse`$$
CREATE DEFINER = CURRENT_USER TRIGGER `warehouse`.`dept_BEFORE_DELETE` BEFORE DELETE ON `dept` FOR EACH ROW
BEGIN
insert into deletedDept values(old.dno, old.dname, old.budget);
END$$
DELIMITER ;
```

그림 2.32 저장된 trigger 정의문.

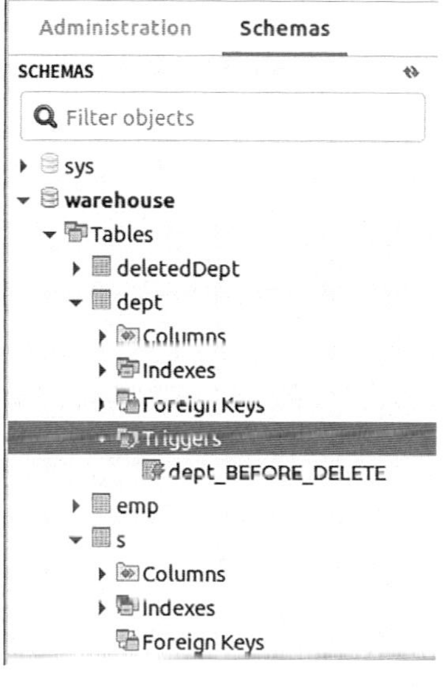

그림 2.33 dept 테이블에 저장된 trigger 문.

다음 trigger 실행에 문제가 있으면 Edit > Preferences...를 선택 > SQL Editor를 선택하여 Workbench preferences 창에서 맨 마지막의 하단에 Safe Updates를 선택하지 않는 것으로 변경한다.

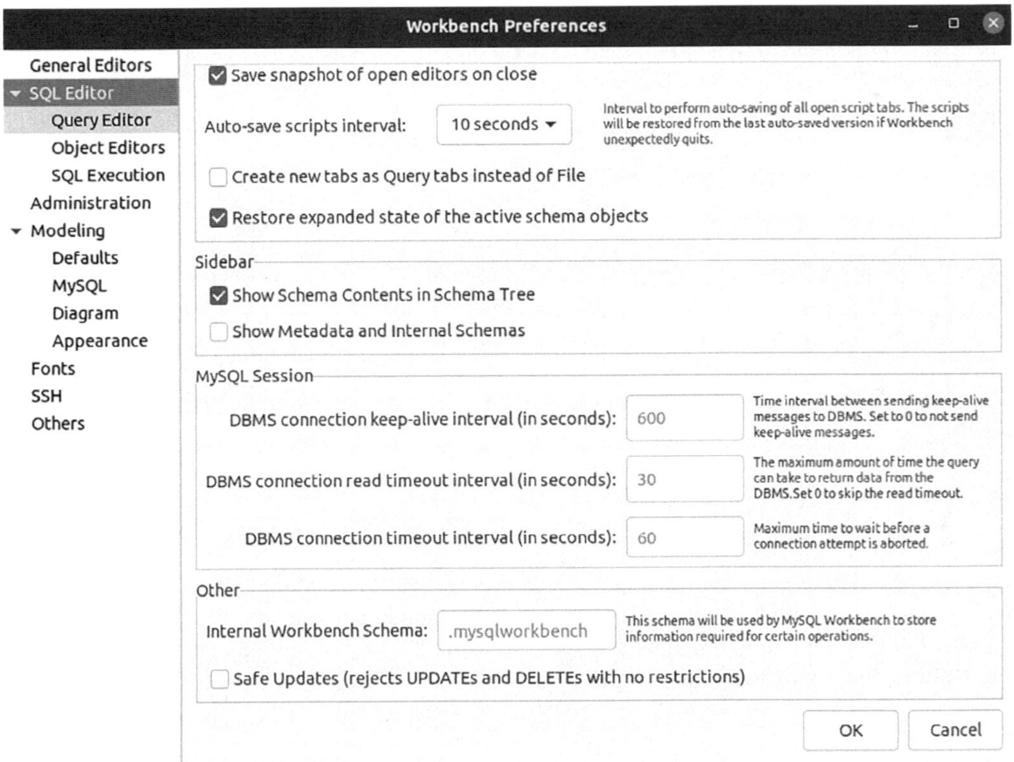

그림 2.34 trigger 실행 시에 delete 문의 실행 가능하게 설정하기.

trigger 문을 실행하면 좌측 패널에 그림 2.35와 같이 Triggers에 나타나면 올바르게 수행된 것이다. trigger의 조회는 Query 창에서 show triggers;로 확인할 수 있다.

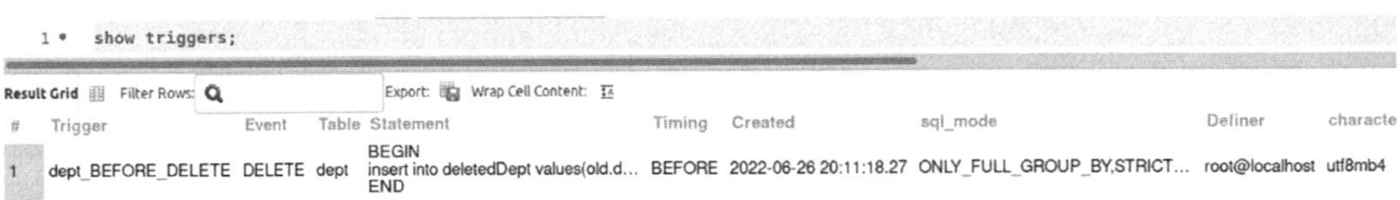

그림 2.35 Query 창에서 trigger 조회.

트리거가 제대로 동작하는지를 확인하는 절차이다. MySQL Workbench에서 delete 방법으로 query 창에 delete 문을 입력한다. delete문이 동작되었는지 확인하는 방법은 dept에서 select 문을 실행하거나 trigger에 의한 삭제된 record를 모아 저장하는 deletedDept 테이블을 조사하면 된다.

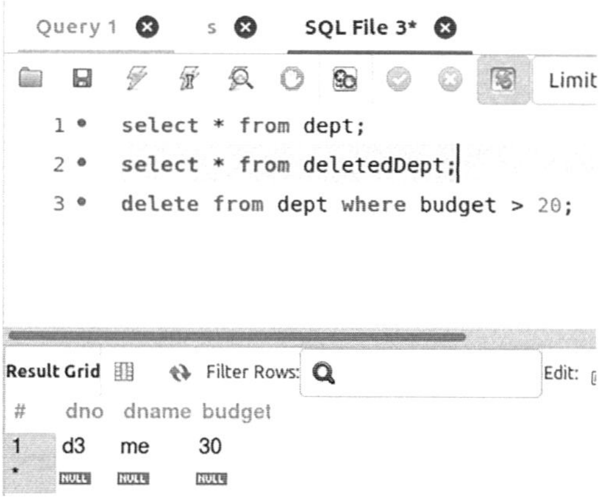

그림 2.36 delete 실행 시에 trigger 실행효과 확인.

MySQL Workbench에서 delete 문이 동작하지 않을 경우에는 우분투에서 MySQL 창과 mysql-workbench 창을 새로 열어 기동하거나, 상단 메뉴인 Edit > preferences..에서 SQL Editor 설정 확인을 하고 그래도 안 되면 상단 메뉴인 Database > Connect to Database..에서 다시 확인한 후에 실행한다.

2.9 DB backup과 관리

우분투에서 백업용 폴더를 생성한다.

```
bonghee@bonghee-VirtualBox:~/바탕화면$ mkdir db_backup
bonghee@bonghee-VirtualBox:~/바탕화면$ ls
db_backup  mysql-apt-config_0.8.15-1_all.deb
bonghee@bonghee-VirtualBox:~/바탕화면$ 
```

그림 2.37 backup 폴더 만들기.

MySQL Workbench에서 모든 Query 창을 닫고 use warehouse;를 사용하여 데이터베이스를 선택한다.

```
use warehouse;
select * from dept;
```

그림 2.38 warehouse를 선택하고 dept 검색.

Workbench의 Administration을 선택한 후에 MANAGEMENT > Data Export를 선택하면 창이 뜬다.

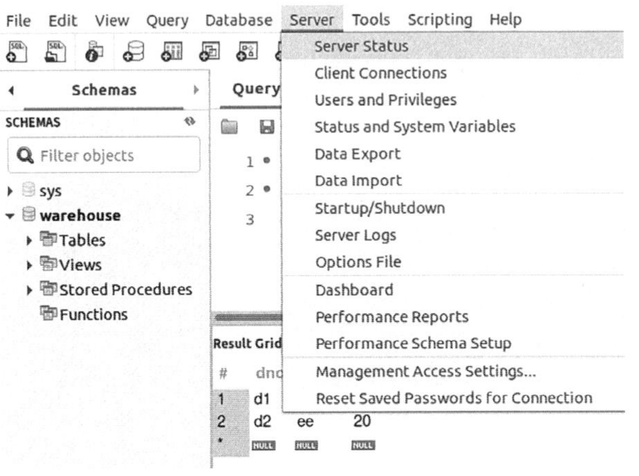

그림 2.39 server 메뉴에서 data export 선택.

Data Export 선택 시 정상적으로 나타나는 화면의 우측에 Expo Schema Objects에서 export할 테이블, view를 선택한다. 그리고 Objects to Export에서 Stored procedures and Functions, Events, Triggers를 선택한다. Export Options에서 backup할 파일 경로는 Export to Self-Contained File을 선택한다. backup할 파일 경로는 $HOME/dumps를 만든다. Create Dump in a Single Transaction, Include Create Schema를 선택한다. 우측 하단의 Start Export를 클릭한다.

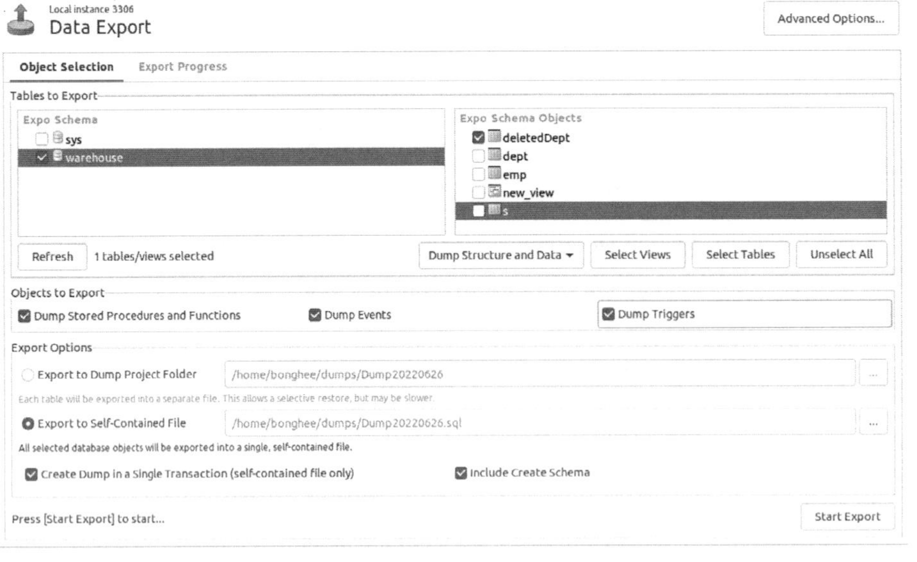

그림 2.40 data export 대상을 선택.

$home에 dumps 폴더를 만든다.

```
bonghee@bonghee-VirtualBox:~/바탕화면$ cd $HOME
bonghee@bonghee-VirtualBox:~$ mkdir dumps
bonghee@bonghee-VirtualBox:~$ ls
dumps  공개  다운로드  문서  바탕화면  비디오  사진  음악  템플릿
bonghee@bonghee-VirtualBox:~$
```

그림 2.41 backup 폴더 만들기.

성공적으로 backup이 완료되면 우분투 터미널에서 새로운 backup file이 만들어진 것을 볼 수 있다.

```
bonghee@bonghee-VirtualBox:~$ cd dumps
bonghee@bonghee-VirtualBox:~/dumps$ ls
Dump20220626.sql
bonghee@bonghee-VirtualBox:~/dumps$
```

그림 2.42 생성된 backup 파일 확인.

테이블 deletedDept의 모든 레코드를 삭제한 후에 복원한다. 테이블 s의 모든 레코드 삭제는 delete from s;로 동작되지 않는다. truncate table s;를 해야 모든 레코드가 삭제된다. select * from s;를 화면처럼 레코드가 하나도 없다.

그림 2.43 테이블 레코드 전부 삭제 후 확인.

복구는 먼저 query 창에서 use sys;를 선택한다. 다음에 Server > Data Import를 선택한다. Data Import 창에서 Import from Self-Contained File을 선택하고 우분투에 백업된 파일을 선택한다. Default Target Schema에서 복원할 warehouse를 선택한다. Start Import를 선택한다.

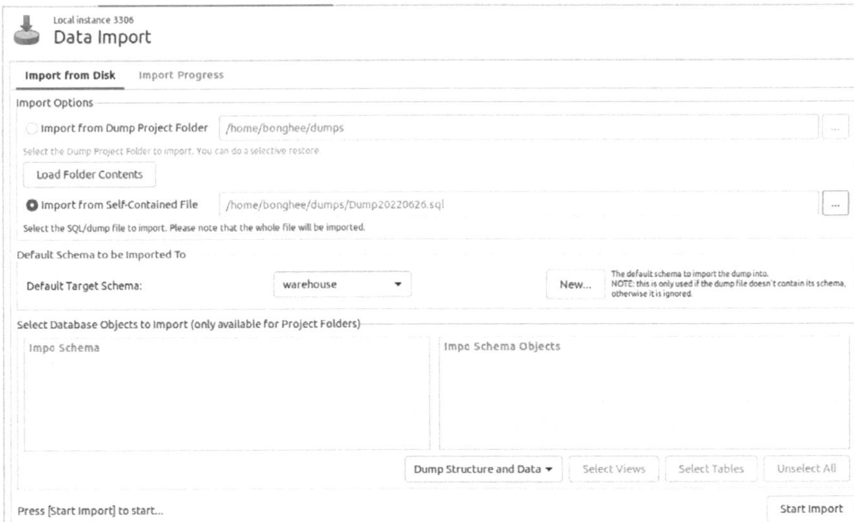

그림 2.44 data import로 데이터 복구.

backup이 완료된 메시를 그림 2.45와 같이 확인한다.

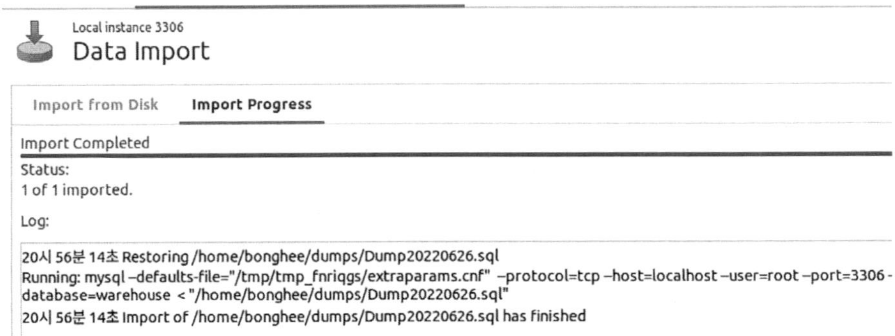

그림 2.45 data import 작업 완료.

다시 Query 창에서 use warehouse;를 실행한 후에 deletedDept에서 검색하면 backup이 완료된 것을 확인할 수 있다.

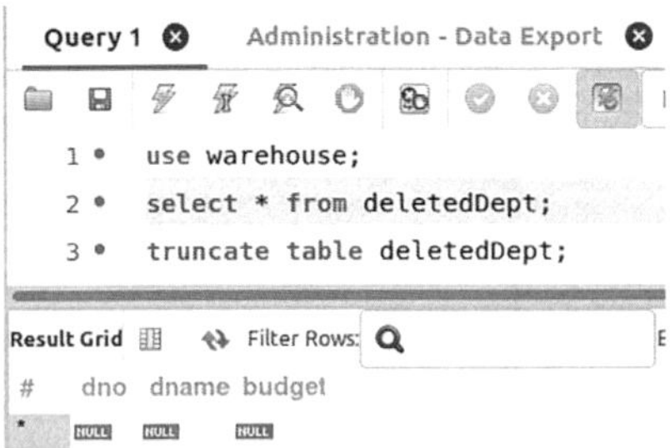

그림 2.46 데이터 복구 확인.

3장

Database 개념

3장 Database 개념

3.1 데이터베이스란

database system은 database와 software를 포함하는 용어이다. database는 관련된 데이터의 집합으로 응용 처리에 필요한 테이블들로 구성된다. database에 대한 operation은 database의 정의로서 테이블 구조, 필드 타입, 레코드들에 대한 제약조건을 기술한다. 데이터베이스의 조작으로서 정보를 조회하는 query, 데이터의 입력과 갱신 그리고 삭제 연산들을 적용한다.

데이터베이스에 관한 용어를 다음과 같이 정리한다. 데이터베이스는 테이블의 집합이며 각 테이블을 relation 또는 relation table이라 부르기도 한다. 여기서 테이블은 file에 대응하기도 하지마는 반드시 1:1로 대응되지 않는다. 테이블의 row를 record, column을 field 또는 attribute라 부른다. 테이블의 attribute는 정수, 실수, 날짜 등의 타입으로 표현된다. MySQL에서 테이블을 정의할 때 primary key를 지정한다. primary key로 지정되는 attribute는 중복이 없고 null 값을 갖지 않아야 한다.

SQL은 "Structured Query Language"의 약어로서 "sequel"이라고 발음하며 relational database의 표준 query 언어이다. 이 책에서 대문자 UPDATE 는 SQL UPDATE을 말하며 소문자 update는 데이터베이스 테이블의 insert, delete, update 들을 통칭하는 용어로 사용한다.

3.2 Database System

데이터베이스와 database system 용어를 구분하여 사용한다. 데이터베이스 시스템은 정보를 저장하고 사용자로 하여금 필요한 정보를 검색 또는 변경할 수 있도록 해주고, 데이터를 관리 보호하는 시스템이다.

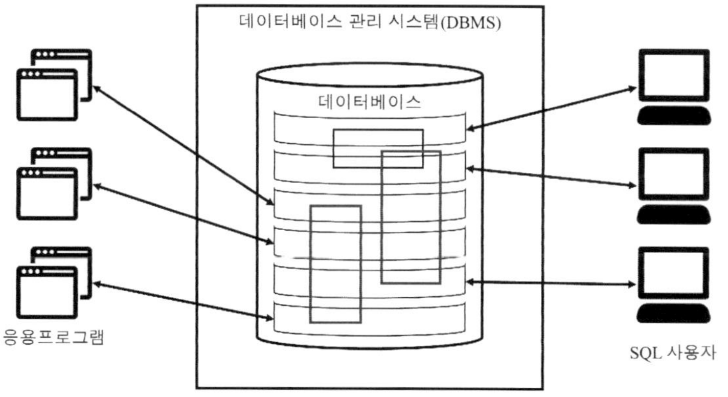

그림 3.1 데이터베이스 시스템 구성도.

데이터베이스 시스템은 그림 3.1[1]과 같이 데이터베이스, DBMS, 사용자, SW를 운용할 컴퓨터로 구성된다. 데이터베이스는 응용에 필요한 모든 운영 데이터를 저장하므로 통합(integrated)되고 사용자들이 공유한다. 여기서 통합된 데이터는 여러 응용들에 필요한 테이블들을 모은 것으로 중복의 최소화로 controlled redundancy이라고 부른다. 다음과 같은 dept, emp 테이블에서 emp의 dept는 dno로 연결되어 표현되는데 dno가 두 개의 테이블에 표현되므로 중복이 발생하게 되는데 최소화되었다는 말이다.

```
CREATE TABLE 'warehouse_schema'.'dept' (
    'dno VARCHAR(4) NOT NULL,
    'dname' VARCHAR(20) NOT NULL,
    'budget' VARCHAR(4) NOT NULL,
    PARIMARY KEY ('dno'));

CREATE TABLE 'warehouse_schema'.'emp' (
    'eno' VARCHAR(4) NOT NULL,
    'ename' VARCHAR(10) NOT NULL,
    'dno' VARCHAR(4) NOT NULL,
    'salary' VARCHAR(10) NOT NULL,
    PRIMARY KEY ('eno'));
```

그림 3.2 dept, emp 테이블 정의.

dept, emp는 통합된 데이터이므로 그림 3.3과 같은 join 질의로 두 개의 테이블에 대하여 query를 처리한다.

```
select emp.ename, emp.salary
from emp, dept
where dept.dname = 'DB' and dept.dno = emp.dno;
```

그림 3.3 emp 테이블 정의.

데이터베이스의 공유는 사용자들 또는 응용 프로그램들에 의해 이루어진다. 상이한 사용자는 상이한 목적으로 데이터를 사용하는데 같은 데이터를 사용할 수 있다. 물론 상이한 사용자들이 동시에 같은 데이터를 접근 사용할 수 있다. 이런 경우를 트랜잭션(transaction) 처리를 위한 동시 접근(concurrency access)라고 한다. 데이터베이스 공유의 가장 중요한 관점은 상이한 사용자들이 주어진 데이터베이스를 다양한 방식으로 인식하고(perceive) 이해하여 사용한다. 이런 이유로 응용별로 필요한 데이터들을 external schema라고 한다. 여기서 schema는 데이터베이스에 관한 데이터 또는 테이블에 관한 테이블을 말한다. 예를 들면 테이블 이름, 레코드 길이, 레코드 개수, 테이블의 attribute 정보를 기술한 것을 스키마라고 한다.

데이터베이스 시스템의 구성요소로서 컴퓨터 자원은 DBMS가 동작하는 환경이다. DBMS는 사용자들에게 데이터베이스를 저장, 관리, 질의 서비스를 제공하는 소프트웨어로서 사용자의 모든 요청을 받아 데이터베이스를 접근 처리하여 준다. 즉, DBMS는 DB 사용자에게 복잡한 file 작업이나 프로그래밍 작업을 하지 않아도 편리하게 데이터베이스를 이용할 수 있게 해주는 소프트웨어이다. 물론 사용자들은 DBMS를 통하지 않고 데이터베이스를 접근할 수 없다. DBMS는 사용자에게 데이터베이스가 테이블처럼 보이게 하는 relation 관점(perception)을 제공한다. 따라서 사용자는 테이블에 대한 연산을 SQL로 처리할 수 있다.

데이터베이스 시스템의 사용자는 단순 SQL를 이용하는 일반 사용자, C++, 자바, C#을 사용하여 데이터베이스를 접근하는 응용 프로그래머, 그리고 데이터베이스 관리자(DBA: DataBase Administrator)가 있다.

3.3 Database 정의

데이터베이스의 데이터는 저장된 상태가 지속되는 persistent 데이터이다. persistent 데이터에 대한 대비되는 용어는 일시적인(transient) 데이터로서 입력 데이터, 출력 데이터, 중간 검색 결과 등이 있다. 데이터베이스의 데이터가 persist라고 하는 이유는 DBMS에 의해서만 데이터베이스에 입력될 수 있으며 DBMS에 대한 delete 문에 의해서만 삭제될 수 있기 때문이다.

데이터베이스는 주어진 enterprise(기업 또는 기관)의 여러 응용 시스템들이 사용하는 persistent 데이터의 집합이다. 여기서 enterprise는 기업, 은행, 병원, 대학, 정부기관과 같이 독립적인(self-contained) 조직으로서 운영에 필요한 데이터를 persistent 데이터로 저장 관리한다.

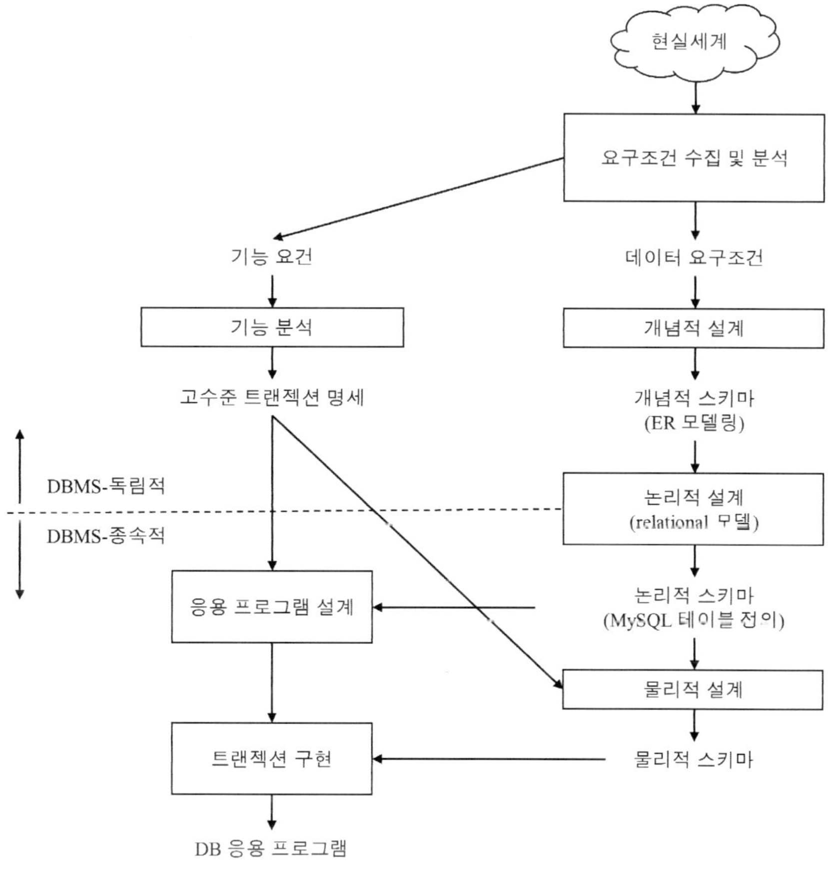

그림 3.4 데이터베이스 설계.

3.4 개념적 데이터베이스

데이터베이스를 만들기 전에 enterprise에 필요한 개념적 데이터베이스를 먼저 설계한다. 개념적 데이터베이스를 설계하기 위해서는 프로젝트의 요구사항을 수집 분석한다. 프로젝트의 요구사항은 그림 3.4[2]와 같이 데이터 요구 사항과 기능 요구 사항으로 구분된다. 수집된 데이터 요구 사항을 분석하여 entity와 relationship으로 개념적 데이터베이스 구성도를 그린 결과가 ER(Entity Relationship) Diagram이나 UML(Unified Modeling Language) 다이어그램이 된다. 개념적 DB 설계를 토대로 논리적 DB를 만드는데 MySQL의 create table을 사용하여 테이블을 만든다. 물리적 DB 설계는 index 등의 성능에 영향을 주는 데이터베이스 튜닝(tuning)에 해당된다. 기능 요건은 개념적 transaction 명세를 기술하며 논리적 DB를 완성 후에 응용 프로그램을 설계한다. 마지막으로 물리적 DB 설계 후에 트랜잭션 프로그램을 구현한다.

이 책에서 사용할 개념적 데이터베이스는 여러 개의 *projects*를 처리한다. 각 project에서 사용할 부품은 *parts*로 표현되고 이런 부품을 공급하는 공급자로서 *suppliers*를 표현한다. 각 부품이 저장되는 창고들은 *warehouses*로 표현하고 해당 프로젝트에 참여하는 인력들은 *employees*로 나타낸다.

개념적 데이터베이스를 표현하기 위해 entity를 사용한다. entity는 데이터베이스에 표현되어야 하는 구분되는 객체들을 나타낸다. 달리 말하면 entity는 독립적으로 존재하는 식별 성을 갖고 독자적인 의미를 갖는 객체를 말한다. 개념적 데이터베이스의 ER 다이어그램에서 그림 3.5와 같이 Projects, Suppliers, Parts, Employees, Warehouses[1] 등을 말한다.

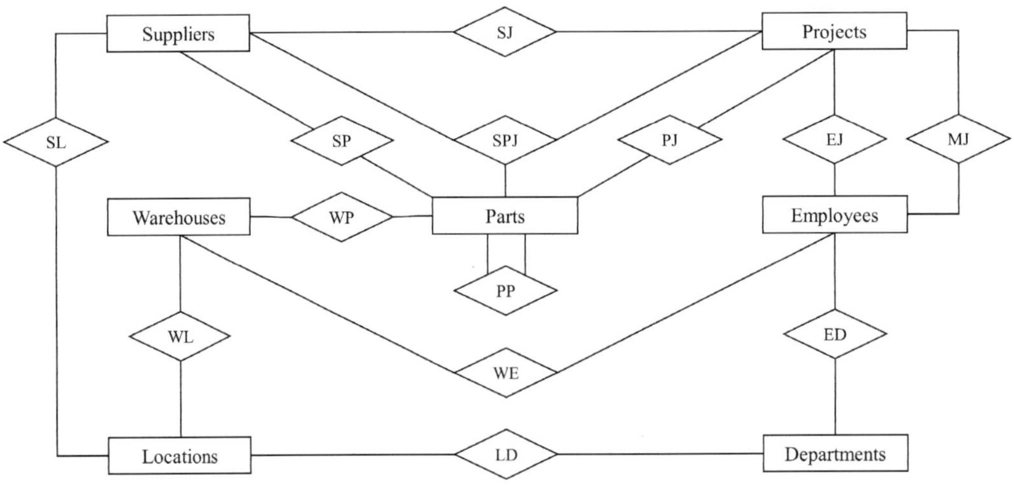

그림 3.5 warehouse 데이터베이스의 개념적 DB 설계도.

관련성 relationships은 entity를 연결하는 다이아몬드로서 binary 또는 ternary 관련성 등이 있다. 예를 들면 관련성 SP는 Suppliers와 Parts 간의 binary 관련성이다. 이러한 관련성은 주어진 공급자에 대하여 해당 공급자가 공급하는 부품을 찾아라와 같은 질의 처리에 사용된다. 관련성 SPJ는 Suppliers, Projects, Parts 간의 ternary 관련성을 표현한다. binary 관련성이 1:1 또는 1:N일 경우에는 별도의 테이블을 만들지 않아도 된다. 그러나 N:M과 같이 다대다 관련성일 경우에는 별도의 테이블을 만드는 것이 효과적이다. 이와 같이 관련성에 대하여 별도의 테이블을 만들 것인지 여부는 데이터베이스 설계에서 다룬다. 관련성 SPJ와 같이 ternary 관련성인 경우에는 별도의 테이블을 만드는 것이 효과적이다. data normal form에서 SPJ를 하나의 테이블로 만들 것인지 아니면 3개의 테이블로 분리할 것인지에 대한 주제를 다룬다.

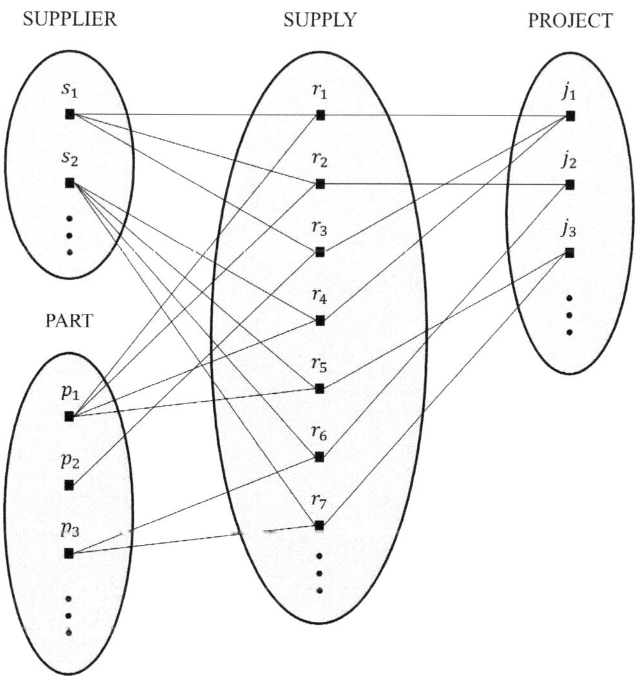

그림 3.6 다대다 관련성.

ternary relationships은 그림 3.6처럼 Suppliers, Projects, Parts 간의 관련성[2]을 나타낸다. 그런데 ternary relationship ("suppliers supply parts to projects")은 3개의 binary relationships을 합친 것과 항상 일치하지 않을 수도 있다. suppliers supply parts"은 (S1, P1, Jx)를 나타낸다. Jx는 don't care를 나타낸다. "parts are used in projects"은 (Sx, P1, J1)를 나타낸다. "projects are supplied by suppliers"은 (S1, Px, J1)을 나타낸다.

```
if ( Sx P1 J1) and (S1 Px J1) and (S1 P1 Jx)
then (S1 P1 J1)
```

여기서 거짓 추론이 나타나는데 Sx-S1, Px-P1, Jx-J1 이라고 주장할 수 없다. 그 이유는 if (S2 P1 J1) and (S1 P2 J1) and (S1 P1 J2) then (S1 P1 J1)이 성립하기 때문이다. 이런 추론 오류를 connection trap이라 한다.

관련성으로 entity 자기 자신에 대한 관련성을 recursive binary relationship이라 한다. 엔진, 실린더는 모두 부품이지마는 실린더는 엔진의 부품이므로 관련성 PP가 Parts에 대하여 표현된다.

```
Parts ← PP → Parts
```

두 개의 entity 간에 복수개의 관련성이 표현될 수 있다. Projects와 Employees 사이에 EJ와 MJ 관련성이 표현된다.

3.5 Data Models

데이터 모델은 사용자에게 데이터베이스의 데이터가 어떤 모양인지를 알려주는 방식이다. 데이터는 실제로 존재하는 사실(fact)을 나타낸 것이다. 실제로 존재하는 사실을 참 명제(true proposition)라고 한다. 따라서 데이터베이스의 테이블은 참 명제라고 생각하는 방식을 predicate calculus라고 한다. 예를 들면 공급자 S1이 London에 있다는 사실을 S1.location = “London”이라는 조건식으로 표현하고 이를 만족하는 S1이 존재한다고 보는 것이다. 이것을 변수 개념을 사용하면 sx.location = "London"으로 표현한다. 따라서 database는 실제로 존재하는 참 명제들의 집합(predicate calculus)으로 생각하는 방식이 데이터 모델이다. predicate calculus는 symbolic logic으로서 individuals, predicates, quantification (exists, for all)을 사용하여 명제를 기술한다. S1이 individual이며 predicate는 조건식으로 sx.location = “London”으로 표현되고 exists sx 또는 forall sx로 quantification을 표현한다.

relational systems은 데이터의 relational model 이론에 기초를 두고 있다. Relational model 이론은 relational algebra와 predicate calculus가 이산수학에 기반을 두고 있다. Relational model은 수학적 기반을 둔 데이터 모델이기 때문에 엄청난 기술 발전에도 불구하고 변하지 않았고 데이터베이스의 표준이 되었다. Relational model에 기반을 둔 SQL이 데이터베이스 프로그래밍 언어로서 사용되고 있다.

데이터 모델은 객체들과 연산자들의 추상적, 논리적, self-contained 정의이다. 여기서 self-contained 용어는 complete, separate, 그리고 외부로 어떤 자원을 필요로 하지 않는다는 뜻이다. 즉 self-contained 용어는 다른 것에 의존하지 않고 독립적으로 표현한다는 의미이다. 객체라는 모델은 데이터의 구조를 표현하고, 연산자 모델은 객체들의 연산을 정의한다. 데이터 모델은 특정 enterprise의 persistent 데이터를 표현하는 모델이다. 주어진 데이터 모델의 구현은 실제 컴퓨터의 물리적 파일로 표현하는 것이다. 여기서 모델은 사용자가 생각하는 데이터 모양을 말한다. 데이터 모델의 구현은 사용자가 어떻게 구현되었는지 알 필요가 없는 것이며 DBMS가 담당한다.

3.6 Database 시스템을 사용하는 이유

데이터베이스 시스템을 사용하는 이유는 장점이 무엇인가라는 질문에 해당된다. 가장 큰 장점은 데이터의 중앙 통제적 제어이다. 만일 enterprise가 데이터베이스 시스템을 사용하지 않는다면 각 업무 부서마다 엑셀 파일을 저장 관리하게 된다. 기존 파일 시스템을 사용하는 것보다 데이터베이스 시스템을 사용할 때 가질 수 있는 이점으로 모든 데이터의 중앙 통제적인 저장 관리 검색으로 데이터 중복을 줄일 수 있고, 불일치 데이터가 없고, 데이터의 보안 통제가 효과적이다.

데이터베이스의 중앙 통제적 관리를 위해서 데이터베이스 설계할 때부터 통제관이 필요한 데이를 DBA(DataBase Administrator)라고 한다. 데이터베이스 설계의 실무적 담당자를 DBA라고 하면 데이터 관리자(DA: Data Administrator)는 데이터 관리 정책을 담당하는 고위 의사 결정자이다. 데이터 관리자는 어떤 데이터를 대상으로 DB를 구축하고 enterprise의 데이터베이스 시스템의 필요성을 확인하고 필요한 데이터 범위를 정한다. 데이터 관리자는 저장 데이터의 유지 관리 정책을 수립하기 때문에 기술 실무자가 아닌 정책 결정자 또는 manager이다. DBA(Data Base Administrator)는 DA의 정책 결정을 구현하는 실무자로서 데이터베이스 시스템을 구축하고 데이터베이스 설계를 책임진다.

데이터베이스 시스템의 중앙 통제로 얻는 이점으로 데이터 공유, 중복 최소화, 불일치 제거, 트랜잭션 처리 지원, integrity 지원, 응용간의 상충되는 데이터 처리 요건의 절충, 그리고 최종적으로는 데이터 독립성을 지원한다.

데이터 공유는 서로 다른 응용들이 데이터베이스의 데이터를 공유하는 것이다. 새로운 응용도 기존 데이터베이스의 데이터에 대하여 구현될 수 있다. 새로운 응용의 데이터 요건은 데이터베이스에 새로운 데이터 추가 없이 구현될 수 있다.

데이터베이스 시스템을 사용하지 않는 파일 시스템의 경우에는 응용마다 필요한 파일을 생성하고 관리해야 한다. 따라서 파일 간에 데이터 중복(redundancy)이 발생하게 되며 중복된 데이터로 인한 저장 공간의 낭비, 데이터 변경 시에 불일치(inconsistency) 데이터가 발생한다. 파일 시스템으로 응용을 개발할 때 다른 응용에서 생성 관리하는 파일들을 일일이 찾아서 데이터가 중복되면 프로그램을 갱신해야 하는 불편이 크다. 반면에 데이터베이스 시스템은 데이터가 통합(integrated)되므로 중복이 제거되거나 최소화된다. 이것을 통제된 중복(controlled redundancy)이라고 하고 DBMS는 데이터 중복에 따른 불일치 문제를 해결하기 위한 변경 전파(update propagating) 처리를 위한 트리거(trigger)를 사용하게 된다.

데이터의 불일치 문제가 데이터 중복으로 인하여 발생한다. 예를 들면 emp(eno, enamc, dno, salary)에서 <e1, Hong, d1, 100>, <e2, Lee, d1, 200> 레코드가 있을 때 나중에 e1의 d1을 d3으로 변경하면 e2는 아직 d1로 남아 있으면 불일치(inconsistency)라 하고 한다. 데이터 중복은 완선 제거가 아닌 통제된 중복 상태로 있으므로 데이터베이스가 사용자에게 불일치하지 않게 해주는 것이 필요하다. c1의 d1을 d3으로 변경할 때 e2의 d1도 값이 변경하게 하는 것을 갱신 전파(update propagating)이라 한다.

데이터베이스 시스템은 하나의 논리적 작업 단위인 트랜잭션(transaction)을 지원한다. 하나의 트랜잭션에는 여러 개의 데이터베이스 연산들이 포함할 수 있다. 예를 들면 {begin transaction A = A -10; B = B + 10; end transaction}에 대하여 A,B의 갱신이 2개 모두 완료되거나 2개 모두가 실행되지 않은 상태가 되어야 한다는 것을 atomic 성질이라 한다. 만일 A는 갱신되고 B는 갱신이 안 되면 데이터 불일치가 발생하게 된다.

데이터베이스의 integrity는 데이터가 correct하다는 것을 말한다. integrity가 만족되지 않는 것은 불일치 데이터가 존재하거나 허용되지 않는 값을 갖는 경우를 말한다. 예를 들면 일주일에 200시간을 일을 한다는 것은 실제 가능하지 않다. 이러한 integrity는 트리거로 지원된다.

enterprise의 응용 업무의 데이터 처리 요건이 상충될 때 데이터베이스 시스템의 중앙 통제 방식은 상충된 데이터 처리 요건을 효과적으로 처리할 수 있다. 응용 업무의 중요도, 실시간 처리 우선순위에 따라 DBA가 중요한 업무, 성능이 중요한 업무를 위한 색인과 같은 데이터베이스 튜닝을 지원한다. 즉 데이터베이스 시스템의 중앙 통제 방식은 enterprise에 가장 효과적인 서비스를 지원하도록 데이터베이스를 구성하고 튜닝 하는 것을 지원한다.

데이터베이스 시스템의 가장 중요한 목적은 데이터 독립성(data independence)의 지원이다. 데이터 독립성이란 응용 프로그램을 변경하지 않고 데이터베이스 구성 또는 저장 구조 등을 변경할 수 있는 이점을 제공한다.

3.7 Data Independence

데이터 독립성에 반대되는 개념인 데이터 종속(data-dependent)은 응용 프로그램 코드가 데이터 구성과 접근 방법을 기반으로 구현되어 데이터 구성이 변경되면 응용 프로그램을 수정하는 것이 필요하다는 것을 말한다. 예를 들어 emp 레코드들을 순차 파일로 만들고 eno 필드에 대하여 Btree 색인을 만들었을 때 응용 프로그램은 Btree 색인의 함수를 이용하여 구현하게 된다. 그런데 나중에 emp 레코드들을 hash index로 변경하게 되면 응용 프로그램을 수정하게 된다. 따라서 응용 프로그램의 레코드 접근은 저장 데이터 구조에 밀접하게 의존하게 된다. 다음 C++ 프로그램은 Btree 클래스의 Insert( ), Print( ) 함수 등을 사용하여 구현하고 있다.

```
//tstbtree.cc
#include "btnode.h"
#include "btnode.tc"
#include "btree.h"
#include "btree.tc"
#include <iostream.h>
```

```
const char * keys="CSDTAMPIBWNGURKEHOLJYQZFXV";

const int BTreeSize = 4;
main (int argc, char * argv)
{
        int result, i;
        BTree <char> bt (BTreeSize);
        result = bt.Create ("testbt.dat",ios::in | ios::out);
        if (!result){cout<<"Please delete "<<endl;return 0;}
        for (i = 0; i<26; i++)
        {
                cout<<"Inserting "<<keys[i]<<endl;
                result = bt.Insert(keys[i],i);
                bt.Print(cout);
        }
        bt.Search(1,1);
        return 1;
}
```

데이터 종속으로 인한 문제는 응용 프로그램을 수정하지 않고 레코드 저장 구조나 색인을 변경하는 것이 불가능하다. Btree 색인 대신에 Extendible Hashing 색인을 사용하려면 응용 프로그램을 수정하는 것이 필요하다. 이와 같이 응용이 데이터 종속일 때 바람직하지 못한 이유는 같은 데이터를 다른 응용에게 다른 view를 제공하는 것이 가능하지 않다. 예를 들면 emp 레코드의 balance 필드 값이 decimal로 간주하여 레코드를 접근하는 코드는 다음과 같다. main( ) bt.get(balance in decimal);으로 작성된 응용 프로그램은 나중에 balance를 binary로 레코드를 접근하려면 main( ) bt.get(balance in binary);으로 수정하는 것이 필요하다. 만일 DBMS를 사용한다고 하면 레코드의 저장 방식과 응용 프로그램의 데이터 타입 간의 변환 처리는 DBMS가 담당하므로 응용 프로그램의 수정이 필요하지 않다.

DBA는 기존 응용을 수정하지 않고서도 새로운 응용의 상이한 데이터 처리 요건에 따라 기존 테이블의 저장 구조나 색인을 포함한 접근 방법을 변경할 수 있는 권한을 갖는다. 예를 들면 DBA가 기존 테이블을 합치거나 분리할 수도 있고 테이블의 필드 데이터 타입을 변경할 수도 있다.

데이터베이스 시스템이 기존 파일 처리 방식과 다른 점은 데이터베이스에 관한 메타 데이터, 이것을 스키마라고 부르는 테이블들을 관리한다는 점이다. MySQL을 사용할 때 스키마에 대한 정확한 이해가 데이터 튜닝과 view 테이블 사용에 도움이 된다. 데이터베이스 시스템은 데이터와 프로그램 간의 분리(insulation)와 데이터 추상화 개념을 지원한다. 테이블은 저장 레코드들의 파일을 추상화한 것이다. 그리고 데이터에 대한 복수 개의 다른 view(이것은 view 테이블 만을 의미하는 것이 아니다)를 지원하는 데 이것을 external view라고 한다. 이외에 다중 사용자들에 의한 데이터 공유와 동시적 접근을 지원하는 데 transaction 처리가 사용된다.

데이터베이스 시스템의 최대 목표는 데이터 독립성을 제공하는 것이다. 데이터 독립성이란 응용이 저장 레코드의 구조나 접근 기법의 변화에 영향을 받지 않는다는 것이다. 데이터 독립성을 구현하기 위한 데이터베이스 시스템의 architecture는 6장에서 다루어질 것이다.

3.8 저장 레코드, 저장 필드, 저장 파일

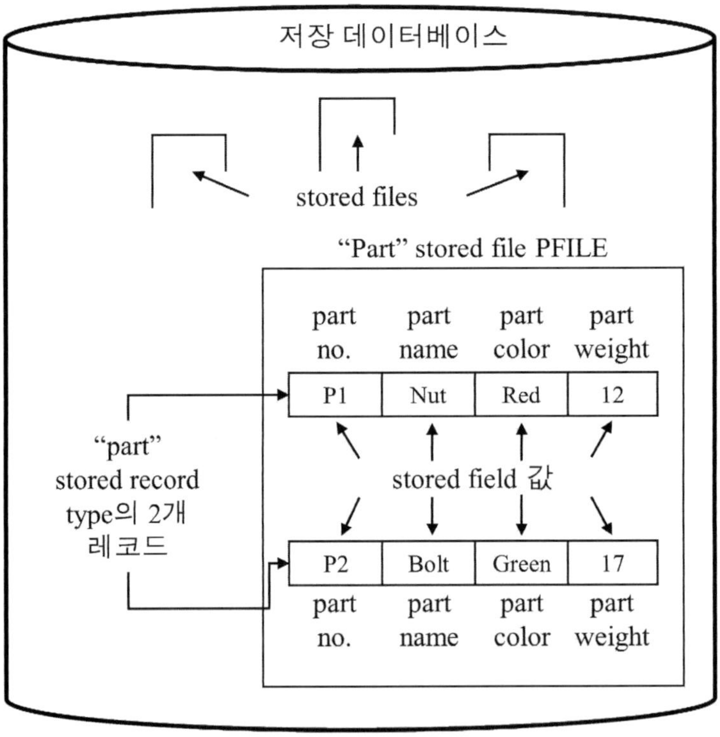

그림 3.7 물리적 데이터베이스 구성도.

데이터 독립성을 이해하기 위해서는 그림 3.7처럼 stored field, stored record, stored file에 대한 개념[1]을 갖는 것이 필요하다. stored field는 저장 데이터의 가장 작은 단위로서 테이블의 필드(field) 또는 attribute에 해당된다. stored record는 테이블의 레코드를 저장하는 파일의 레코드를 지칭한다. stored file은 테이블의 레코드들을 저장하는 파일에 해당된다. MySQL 테이블의 행(row)을 논리적 레코드라고 하면 non-DB systems에서는 logical record == stored record 이라고 말할 수 있다. 반면에 DB systems에서는 logical record == stored record 조건이 맞을 때도 있고 맞지 않을 때도 있다. 즉 저장 레코드 구조는 얼마든지 변경할 수 있는 반면에 논리적 레코드는 변하지 않는다. 예를 들면 논리적 필드는 정수가 되어 있으나 저장 필드는 binary, hexadecimal 등으로 얼마든지 바뀔 수 있다. 응용에서 바라보는 논리적 레코드와 저장 레코드 간에 차이가 발생할 수 있으며 DBA의 통제 하에 DBMS가 저장 레코드와 논리적 레코드 간의 변환 매핑을 담당한다.

지장 레코드를 읽어 논리적 레코드로 변환하여 주는 것을 데이터 materialization이라고 한다. 직접적 데이터 materialization은 논리적 필드에 해당하는 저장 필드가 1:1 대응되는 것을 말한다. 간접적 데이터 materialization은 논리적 필드에 해당하는 1:1 대응 저장 필드가 없는 경우를 말한다. 예를 들면 전체 공급 수량을 나타내는 논리적 필드 "total quantity"는 여러 개의 저장 필드인 “qty”를 모두 검색하여 합을 구하여 계산되는 것을 materialize라고 한다.

논리적 레코드와 저장 레코드 간에 1:1 대응이 되지 않는 경우로서 테이블이 합쳐지거나 분리하는 경우가 발생한나. 나음과 갇이 누 개의 저장 레코드 타입이 하나의 저장 레코드 타입으로 합쳐질 수 있다: (part number, color) (part numbcr, weight) -> (part number, color, weight). 이 경우에 기존 응용의 논리적 레코드는 합쳐진 저징 레코드의 일부를 가셔오노록 view 테이블로 정의할 수 있다. 반대로 하나의 저장 레코드 타입이 두 개의 저장 레코드 타입으로 분할될 수도 있다. 이때 기존 응용의 논리적 레코드는 분할된 저장 레코드 타입들의 join하는 view 테이블로 처리한다.

응용 프로그램이 C++로 구현되어 있으며 select * from Part;로 논리적 레코드를 읽어 응용 프로그램에서 처리한다. 이응용 프로그램에서 바라보는 Part 테이블이 논리적 레코드에 해당된다. Part 테이블의 저장 레코드 구조가 변경되어도 이응용 프로그램이 변경되지 않는 것을 데이터 독립성이라 한다.

```
#include <stdio.h>
#include <stdlib.h>
EXEC SQL INCLUDE sqlca;

Main( )
{
EXEC SQL BEGIN DECLARE SECTION;
        Char  staff_no[6];
        Char  property_no[6];
        Char  street[26];
        Char  area[16];
        Char  city[16];
        Char  post_code[9];
        Short address_ind;
```

```
EXEC SQL END DECLARE SECTION;

EXEC SQL CONNECT 'estatedb';
If (sqlca.sqlcode < 0) exit(-1);

Printf("Enter staff number: ");
scanf("%s", &staff_no);

EXEC SQL WHENEVER SQLERROR GOTO error;
EXEC SQL WHENEVER NOT FOUND GOTO done;

EXEC SQL DECLARE property_cursor CURSOR FOR
            select pno, street, area, city, pcode
        from Part
            where sno = :staff_no
            ORDER BY pno;
EXEC SQL OPEN property_cursor;

For(; ;) {
EXEC SQL FETCH property_cursor
    INTO :property_no, :street, :area, :city, :post_code;

/* Display data */
printf("Property number: %s₩n", property_no);
. . .
/* Error condition - print out error */
error:
    printf("SQL error %d₩n", sqlca.sqlcode);
done:
EXEC SQL WHENEVER SQLERROR continue;
EXEC SQL CLOSE property_cursor;
EXEC SQL DISCONNECT;
}
```

응용 프로그램의 수정의 최소화하는 것이 소프트웨어 유지보수 관리에 매우 중요하다. 반면에 데이터베이스의 저장 구조, 색인 변화, 테이블의 구조 변화는 얼마든지 지원할 수 있어야 한다. 기존 응용의 변경 없이 데이터베이스의 구조 변경, 테이블 증가, 필드의 증가를 데이터베이스가 grow 한다고 한다. 데이터 독립성을 요구하는 가장 큰 이유는 응용 변경 없이 데이터베이스가 grow 할 수 있어야 하기 때문이다. 따라서 데이터 독립성이 데이터 모델과 구현(implementation으로서 저장 레코드 구조로 표현하는 것을 말한다)을 분리(insulation)하는 이유가 된다.

4장

MySQL Workbench ER 모델링

4장 MySQL WorkBench ER 모델링

1. MySQL에 접속한다. $sudo mysql -u root -p로 접속해도 된다.

```
bhhong@bhhong-VirtualBox:~/바탕화면$ sudo /usr/bin/mysql -u root -p
[sudo] bhhong의 암호:
Enter password:
Welcome to the MySQL monitor.  Commands end with ; or \g.
Your MySQL connection id is 11
Server version: 8.0.26-0ubuntu0.20.04.2 (Ubuntu)

Copyright (c) 2000, 2021, Oracle and/or its affiliates.

Oracle is a registered trademark of Oracle Corporation and/or its
affiliates. Other names may be trademarks of their respective
owners.

Type 'help;' or '\h' for help. Type '\c' to clear the current input statement.

mysql> 
```

그림 4.1 MySQL 접속.

2. $mysql-workbench로 Workbench를 기동한다. File>New Model을 선택하면 기존 데이터베이스로서 MySQL Schema 이름을 볼 수 있고 이름을 변경하려면 마우스 우측을 클릭하여 나타난 Edit Schema를 사용한다.

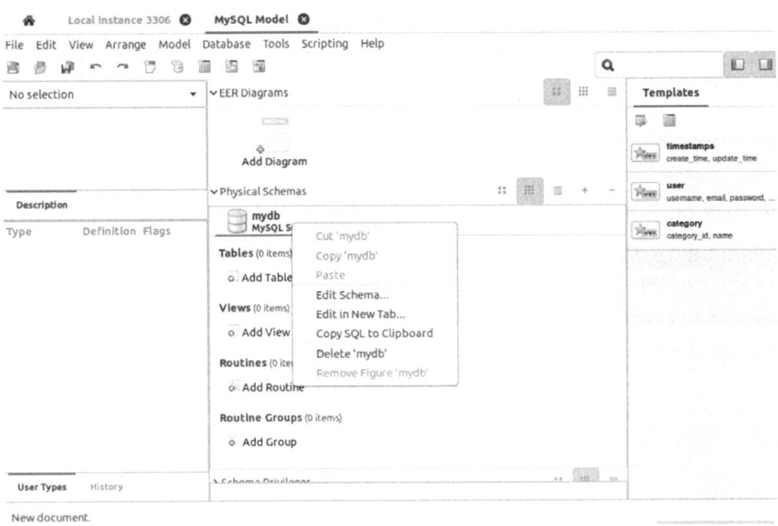

그림 4.2 Workbench 구동.

Model > Add Diagram을 선택하면 그림 4.3과 같이 ER 다이어그램을 그릴 수 있는 화면이 나타난다.

그림 4.3 Workbench의 diagram 작업 화면.

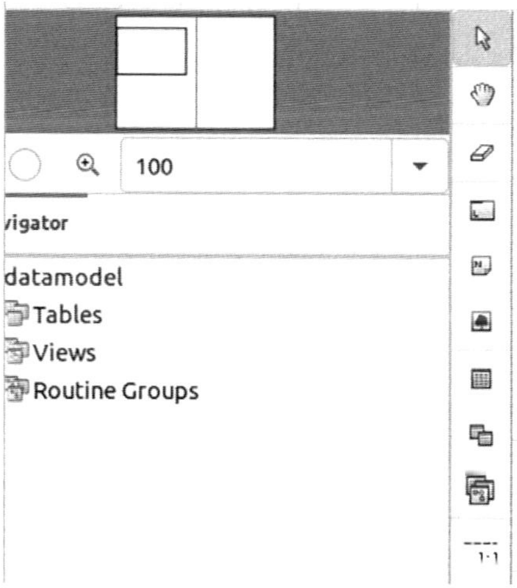

그림 4.4 우측 아이콘 리스트에서 7번째 아이콘 선택.

EER diagram 창에서 [Place a New Table] 아이콘은 위로부터 7번째 테이블 모양의 아이콘이다. EER 다이어그램 창에서 바탕을 클릭하면 Table 1이 나타나며 이를 더블클릭하면 수정할 수 있다.

Table 메뉴에서 테이블 이름과 Charset/Collation, Engine을 기술한다. Columns 메뉴에서 columns을 입력한다. 칼럼 입력 때에 tab 키를 사용하거나 enter 키를 사용하여 입력한다.

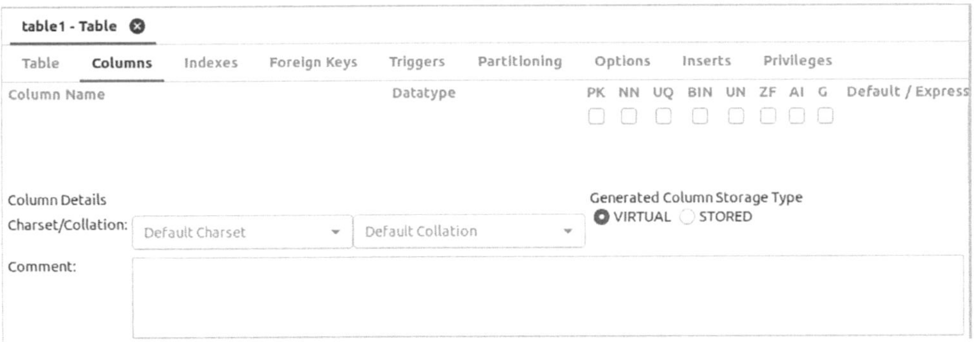

그림 4.5 Table의 column 입력.

2번째 테이블 생성을 위해서 EER diagram 창에서 좌측 테이블 모양의 아이콘 [Place a New Table]을 누르고 테이블 창에서 클릭하면 table1이 나타난다. table 1을 더블클릭하면 하단에 나타나는 창에서 테이블 이름도 변경하고 column도 입력한다.

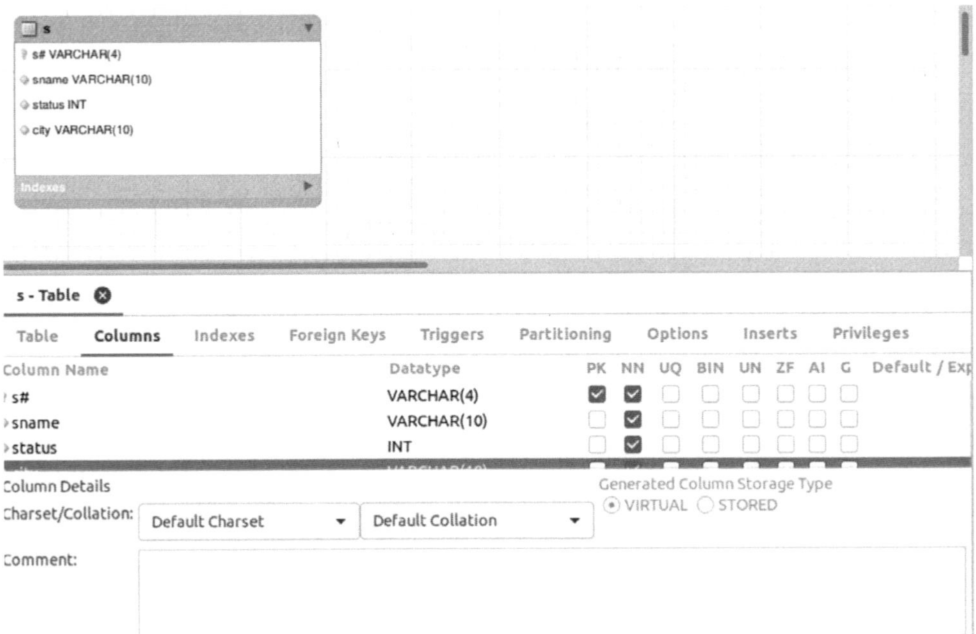

그림 4.6 EER diagram 창에서 테이블 아이콘 클릭.

관련성 지정은 EER diagram 창에서 관련성 아이콘을 선택한다. 그런데 EER diagram 창에서 관련성이 실선 1:1 아이콘과 점선 1:1 아이콘이 있다. 실선 1:1 아이콘은 [Place a New 1:1 Identifying Relationship]이다. 점선 1:1 아이콘은 [Place a New 1:1 Non-Identifying Relationship]이다. 1:n 아이콘을 누른 후 sp 테이블의 s#를 먼저 누른 후에 s 테이블의 s#를 누

르면 1:n 관련성이 정의되고 sp 테이블에 foreign key가 표시된다. 1:n 아이콘을 누르면 아이콘 색상이 변경되며 테이블의 해당 칼럼에 마우스를 대면 검은색으로 해당 column이 선택됨을 보여줄 때 클릭한다.

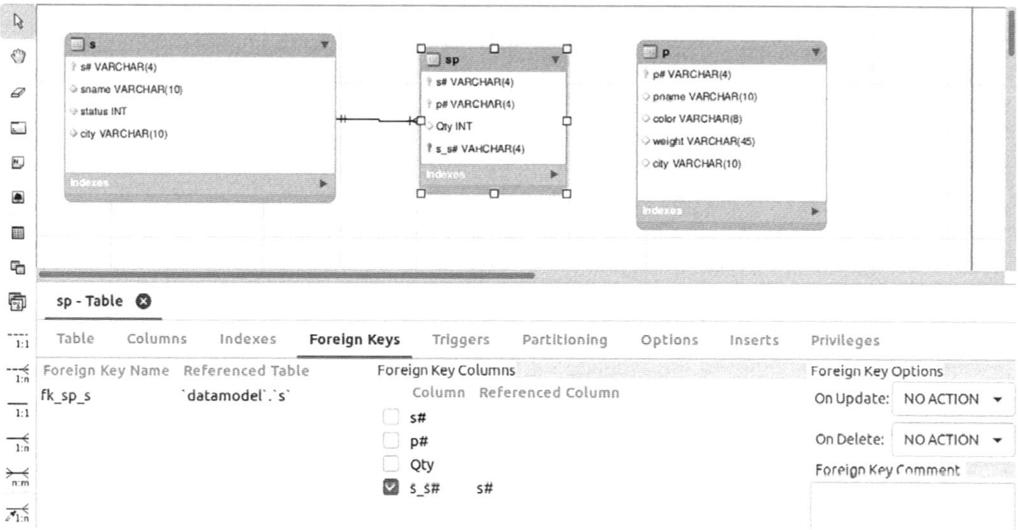

그림 4.7 관련성 기술.

sp는 s, p에 대하여 1:n relationship이 있으므로 2번 반복하면 그림 4.8과 같은 ER 다이어그램이 생성된다.

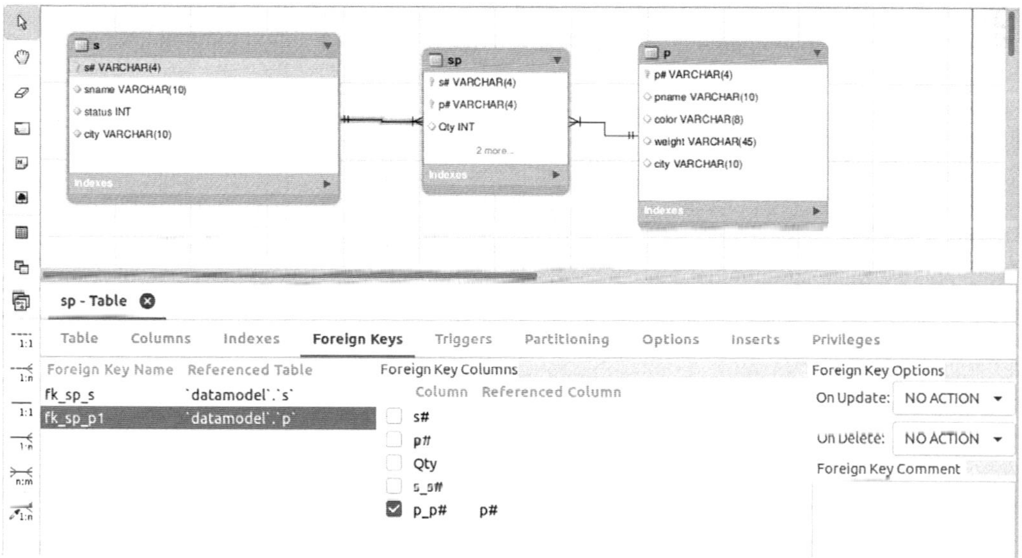

그림 4.8 다대다 관련성 입력.

3. 실제 DB에 반영한다.

File > Save Model As를 선택하여 Linux 터미널의 폴더를 지정하고 ***.mwb를 입력하여 생성 저장한다. File > Open Model에서 hellowworld.mwb를 선택한다. bhhong/projects/helloworld 폴더에서 *.mwb가 나타나지 않으면 Workbench를 종료 후 다시 구동하여 반복한다.

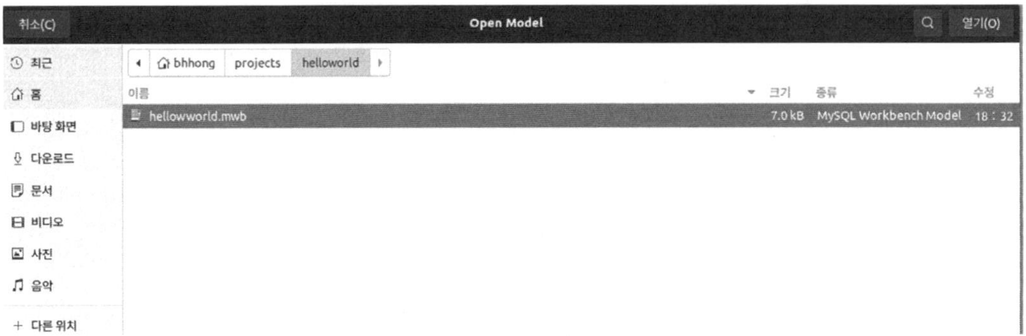

그림 4.9 생성된 EER 다이어그램의 저장 파일.

hellowworld.mwb를 더블클릭하면 만든 EER 창이 나타난다.

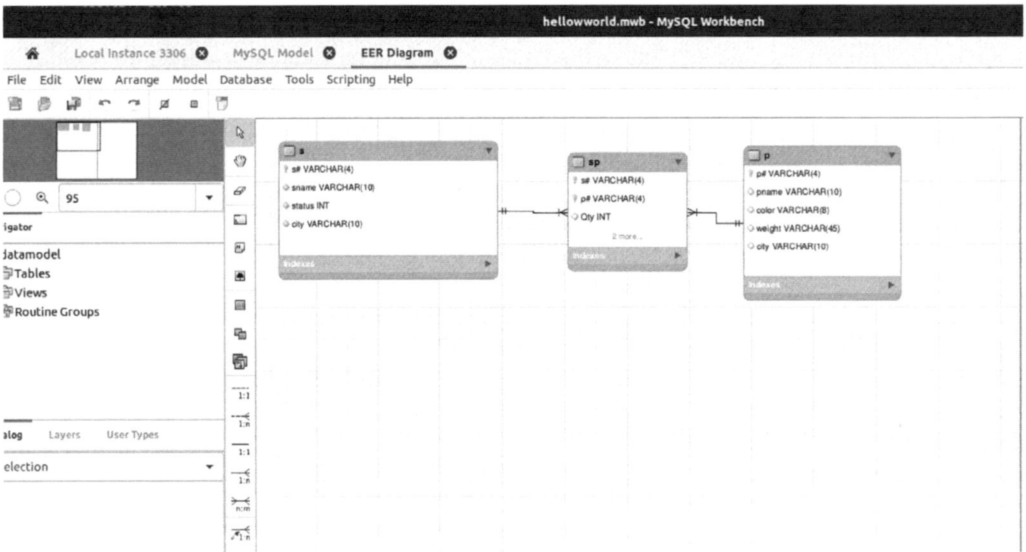

그림 4.10 저장된 EER 다이어그램 파일로부터 관련성 보기.

Database > Forward Engineer를 누르면 나타난 창에서 stored Connection이 "Local instance 3306"을 확인한다. 그런 다음 [Next]를 누른다.

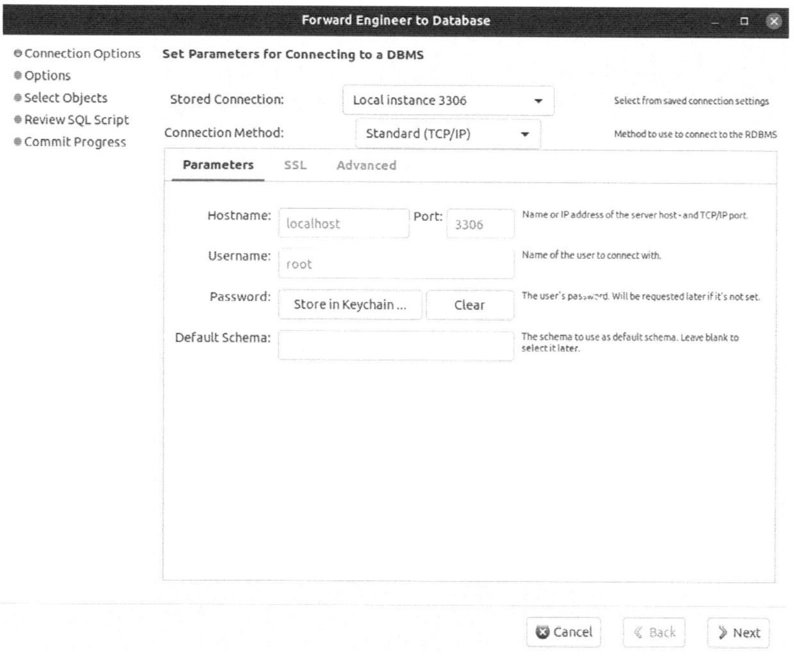

그림 4.11 데이터베이스에 반영하기.

생성된 SQL script를 볼 수가 있다.

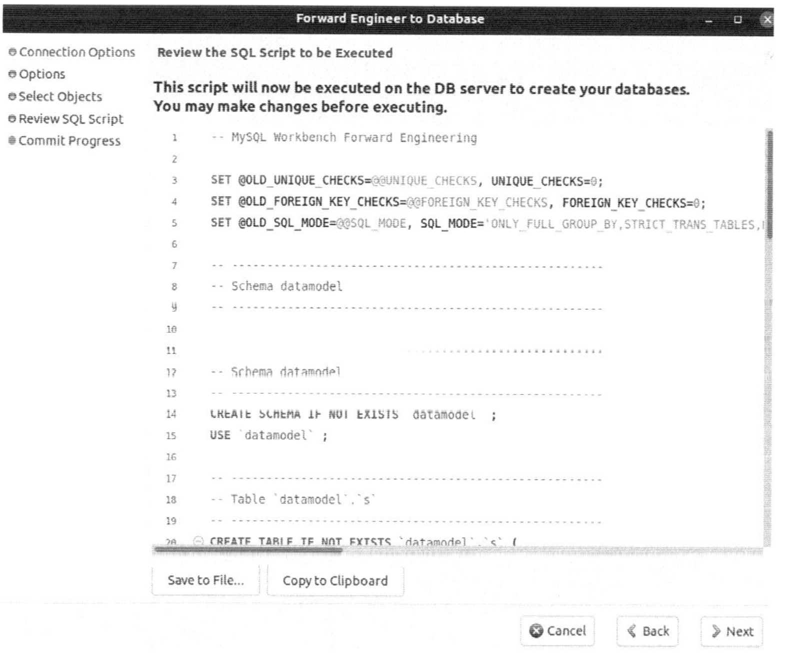

그림 4.12 EER 다이어그램을 반영하는 SQL script.

성공적으로 실행되면 그림 4.13과 같이 데이터베이스에 적용된 것을 볼 수 있다.

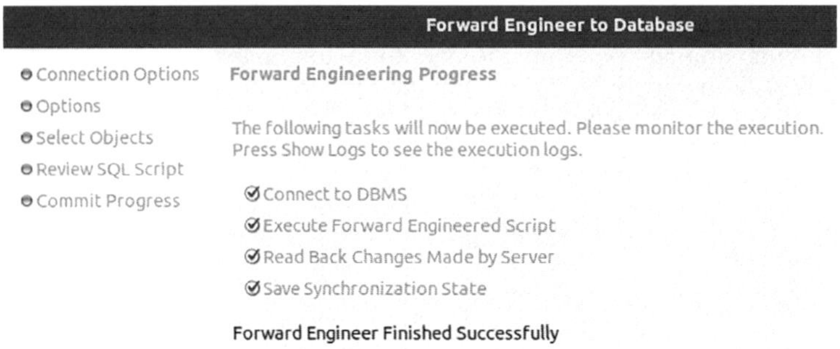

그림 4.13 데이터베이스 반영 완료 확인.

[EER Diagram], [MySQL Model(hellowworld.mwb)] tab을 닫는다. [Local instance 3306] tab에서 [Administration], [Schemas] 이동하는 Navigator에서 [Schemas]를 선택한 후에 마우스 우측 클릭하여 [Refresh All]를 선택하면 생성된 데이터베이스 [datamodel]이 나타난다.

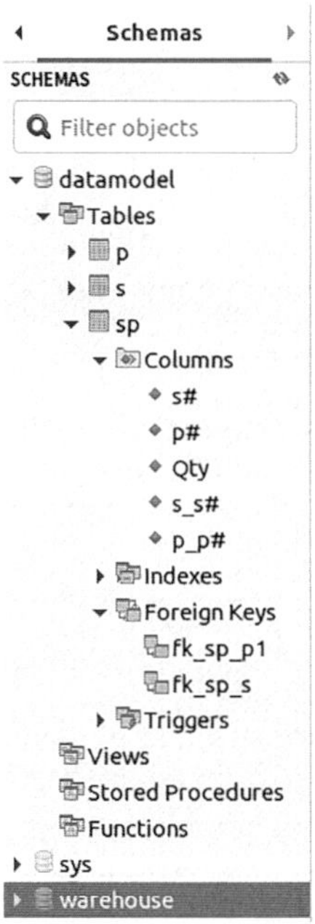

그림 4.14 데이터베이스에 반영된 EER 다이어그램 관련 테이블.

4. 기존 DB를 사용하여 다이어그램 작성

datamodel DB에 table, index, stored procedure, trigger를 다이어그램으로 변경한다. Database > Reverse Engineer Database를 선택한다. 다음 초기 설정은 그대로 두고 [Next]를 선택한다.

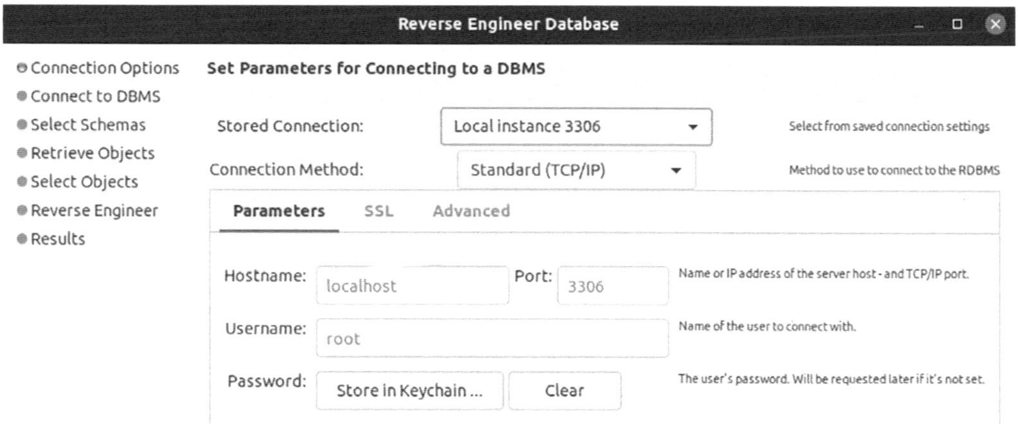

그림 4.15 현재 데이터베이스를 EER 다이어그램으로 시각화 작업 시작.

[Reverse Engineer Database] Connect to DBMS and Fetch Information에서 3개가 모두 check 되었으면 [Next]를 선택한다.

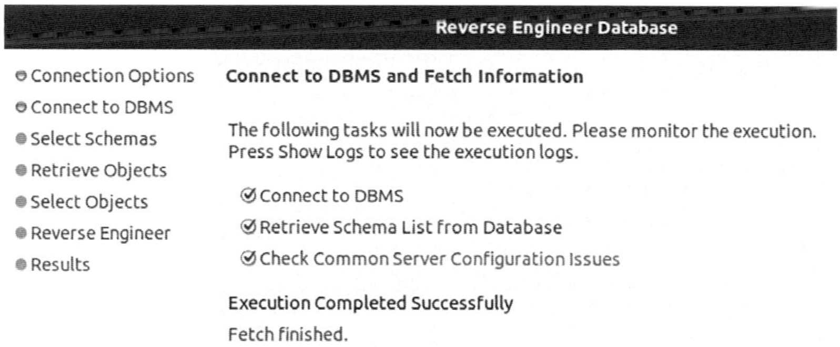

그림 4.16 Reverse Engineering 작업.

[Reverse Engineer Database] Select Schemas to Reverse Engineer에서 datamodel DB를 선택한다

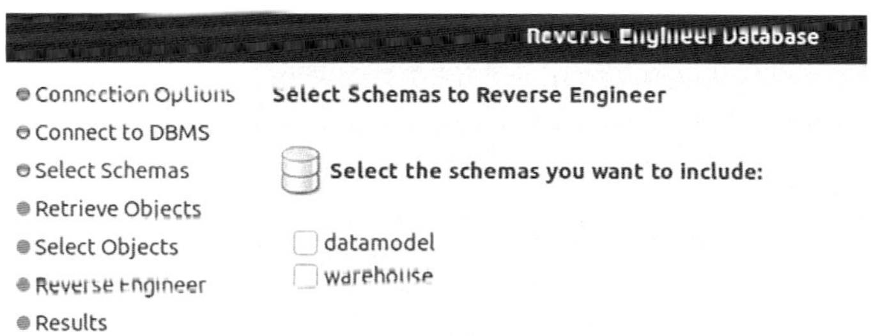

그림 4.17 EER 다이어그램으로 시각화할 대상 데이터베이스 선택.

[Reverse Engineer Database]에서 두 개가 모두 check 되었으면 [Next]를 선택한다.

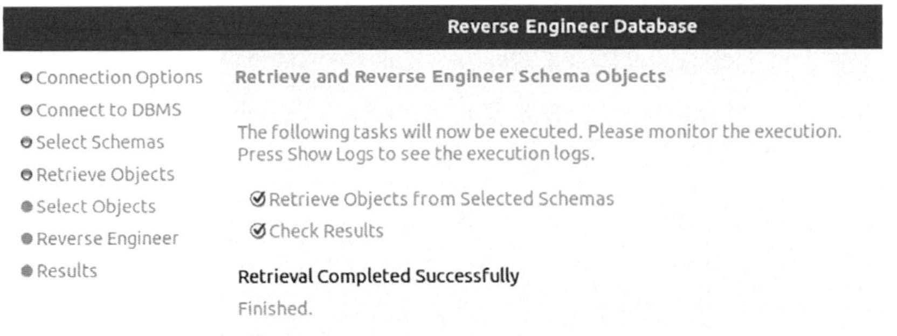

그림 4.18 Reverse Engineering 작업 완료.

[Reverse Engineer Database] Select Objects to Reverse Engineer로 선택할 수 있다. [Execute]를 선택한다.

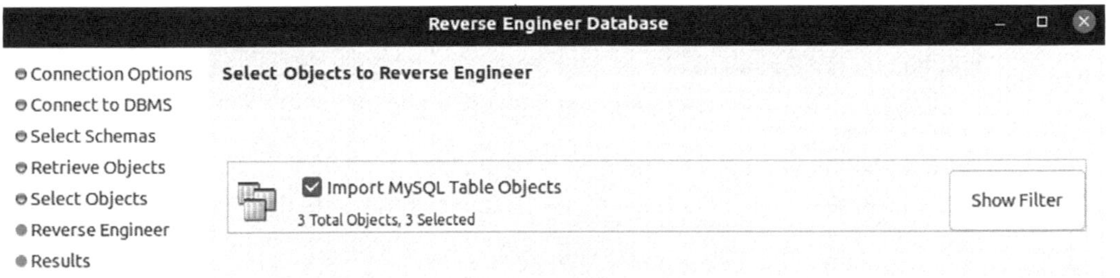

그림 4.19 테이블 대상을 선택.

[Reverse Engineer Database] Reverse Engineering Progress에서 실행 log를 보여준다.

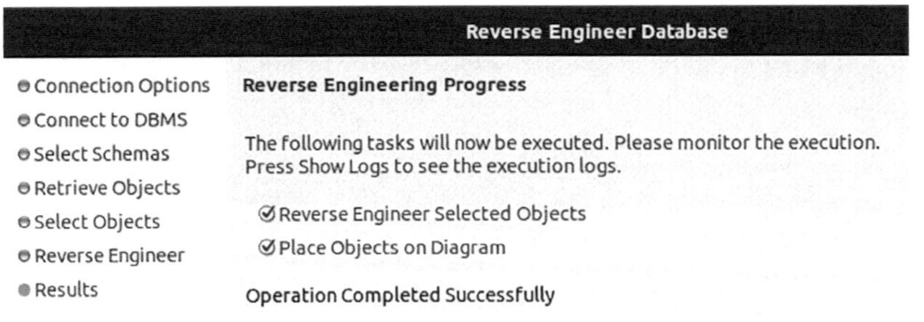

그림 4.20 Reverse Engineering 로그.

[Reverse Engineer Database] Reverse Engineering Results를 보여준다.

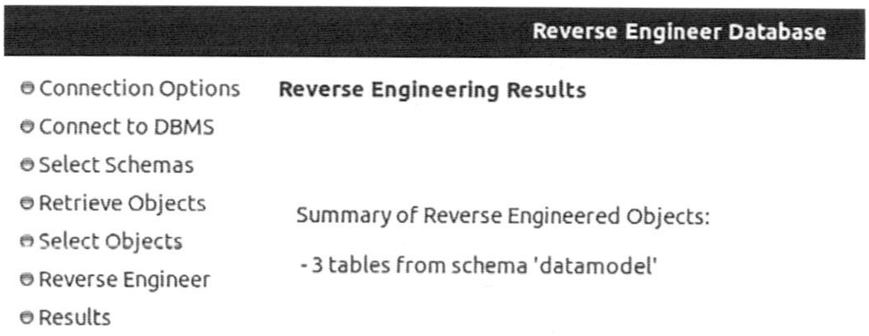

그림 4.21 Reverse Engineering 작업 결과.

Reverse Engineering 된 결과를 다이어그램으로 보여주고 있다.

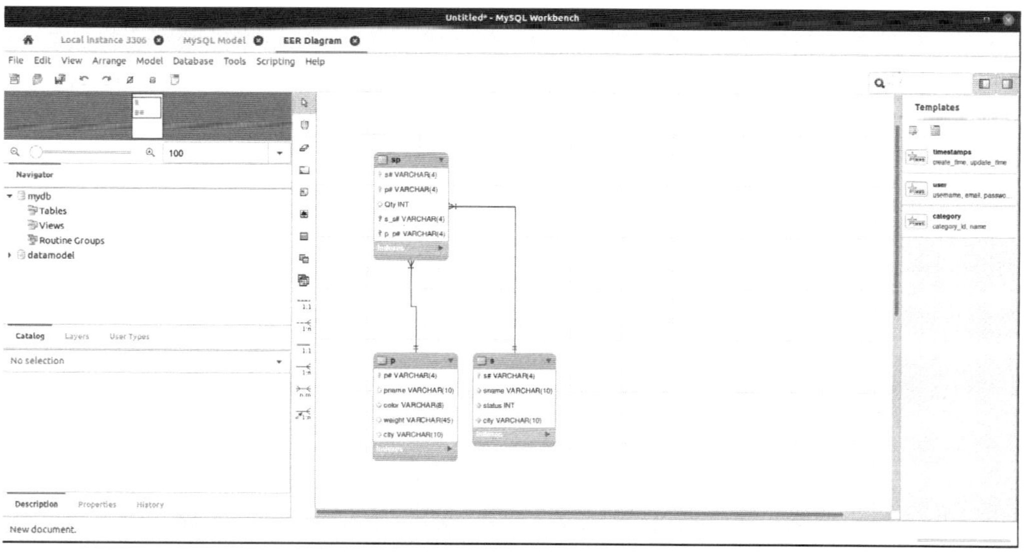

그림 4.22 EER 다이어그램으로 완료.

다이어그램으로 테이블 생성, 관련성 정의 작업을 한 후에 저장한다. File>Save Model에서 projects 폴더에 mydb.mwb로 저장한다. EER diagram, MySQL model Tab을 닫는다. DB modeling tool로서 CA사의 ERwin, Microsoft Visio, Workbench, SQL Power Architect, exERD 등이 있다.

5장

DataBase System Architecture

5장 Database System Architecture

5.1 3단계 데이터시스템 구조

데이터 독립성은 데이터베이스 시스템의 3단계 architecture에 의해 구현된다. 3단계 architecture는 논리적 레코드와 저장 레코드 간의 개념적 관계를 기술한 framework이다. 이러한 3단계 architecture는 ANSI/SPARC Study Group on Data Base Management Systems에서 ANSI/SPARC architecture로 제안된 개념이다. 3단계는 data dictionary 간의 추상화 관계를 기술한 것이다. data dictionary는 데이터베이스 테이블에 관한 데이터, 즉 메터데이터를 말한다. 이러한 3단계 구조는 물리적 저장 레코드는 file로 표현되지마는 데이터베이스 사용자에게는 추상화된 논리적인 테이블 구조로 데이터베이스를 사용할 수 있게 해준다.

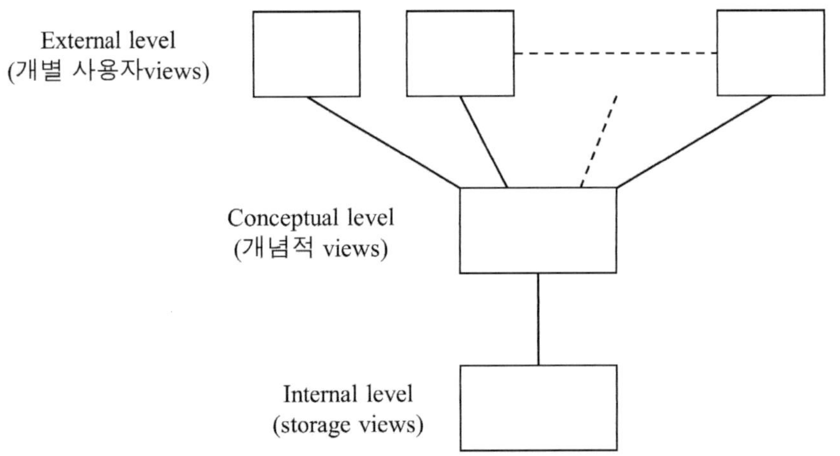

그림 5.1 3단계 데이터베이스 시스템 구조도.

3단계 구조[1]는 그림 5.1과 같이 external level, conceptual level, internal level로 data dictionary를 계층화하여 표현한 것이다. internal level (또는 storage level)은 데이터가 물리적 저장된 표현 방식을 기술한 것으로 물리적 저장 장치에서 데이터 표현 방식을 기술하기 때문에 internal view 또는 storage view라고 부른다.

external level(또는 user logical level)은 데이터베이스 사용자에게 데이터가 테이블로 구성되었다고 생각하게 한다. 그래서 external level은 user view를 제공한다고 말한다. 데이터베이스 사용자들에게 다른 여러 개의 user view 들을 제공하므로 external view 들이 여러 개 있을 수 있다.

conceptual level(또는 community logical level, 또는 logical level)은 external level과 internal level 간의 중간 매핑 역을 한다. conceptual level은 여러 개의 external view 들을 하나의 conceptual view(이것을 community user view라고 부름)로 통합하는데 논리적 레코드로 기술한다. external view와 conceptual view는 logical model levels이며 internal level은 implementation level을 기술한 것이다.

external view의 기술은 external schema로 기술한 것으로 external table에 관한 메타 데이터를 기술한 것이다. 여기서 메터 데이터는 테이블 이름, 필드 이름과 타입, 논리적 레코드의 길이 등을 기술한 스키마이다. external schema의 테이블 이름, 필드 이름은 conceptual schema의 테이블 이름, 필드 이름과 다를 수 있으며 필드 개수도 다를 수 있다.

<table>
<tr><td>external schema</td><td>EMPP(
INT EMP3,
BINARY(31) sal
)</td><td>cmp (
string eno;
string dno;
)</td><td>employee (
char(6) emp#,
char(4) dept#,
int pay;
)</td></tr>
<tr><td>conceptual schema</td><td colspan="3">EMPLOYEE
EMPLOYEE_NUMBER CHAR(6)
DEPARTMENT_NUMBER CHAR(4)
SALARY NUMERIC(5)</td></tr>
<tr><td>internal schema</td><td colspan="3">STORED_EMP BYTES=20
PREFIX TYPE=BYTE(6), OFFFSET=0
EMP# TYPE=BYTE(6), OFFSET=6,INDEX=EMPX
DEPT# TYPE=BYTE(4),OFFSET=12
PAY TYPE=FULLWORD,OFFSET=16</td></tr>
</table>

그림 5.2 3단계 스키마 정의.

conceptual level에서 논리적 레코드로서 EMPLOYEE 테이블을 정의한다. conceptual schema이 EMPLOYEE는 external schema의 EMPP, emp, employee를 통합한 논리적인 테이블로 정의된다. conceptual schema의 EMPLOYEE는 internal schema의 STORED_EMP로 매핑된다. stored record type STORED_EMP는 EMP# 필드에 대한 인덱스로서 EMPX가 표현된다. PREFIX는 저장 레코드가 삭제된 것을 표시하기 위한 tag이다. STORED_EMP에 대한 인덱스가 만들어졌다가 삭제될 수 있지마는 conceptual schema가 변경되지 않고 더불어 external schema도 변경되지 않으므로 응용 프로그램이 변경할 필요가 없는 데이터 독립성이 달성된다. 이러한 데이터 독립성은 external schema, conceptual schema, internal schema 간의 매핑에 의해서 실현된다.

relational 데이터베이스 시스템에서 conceptual view도 테이블이고 external view도 테이블로 표현된다. 그리고 internal view는 저장 레코드가 파일로 저장 표현되므로 relation이 아니다. relational data model은 데이터베이스 사용자에게 제공하는 논리적 레코드가 테이블로 보이게 하는 것이다.

3단계 구조의 external view, conceptual view, internal view[1]는 그림 5.3과 같이 DBMS에 의해 표현 저장 관리된다. 그리고 이러한 스키마는 DBA에 의해 기술된다. 단 external schema는 DBA가 다루나가 external schema의 개발자가 표현할 수도 있다.

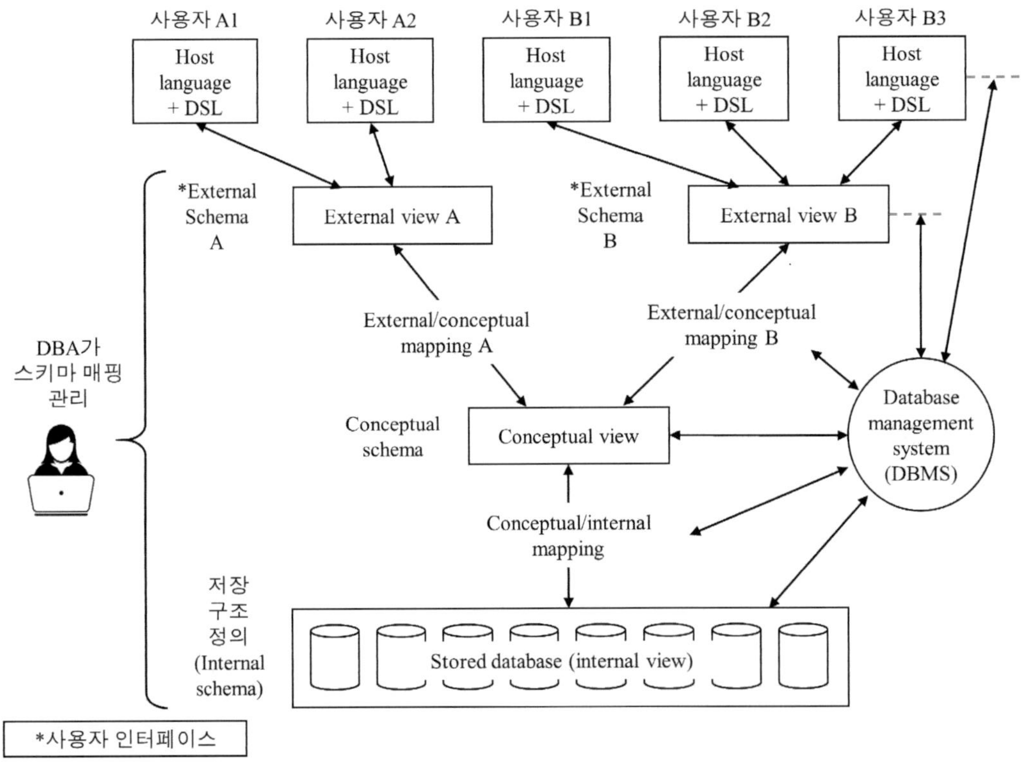

그림 5.3 3단계 스키마 매핑과 DBA 역할.

5.2 External Level의 external schema

external level에서는 external view가 여러 개 존재할 수 있다. 각 external view를 사용하는 응용 프로그램은 C/C++, Java, C#과 같은 host language를 사용하여 DB SQL을 호출하는 data sub language (DSL)를 사용한다. 이러한 DSL은 host 언어로 작성된 프로그램에 embedded 된다고 한다. 다음 C/C++ 프로그램에서 EXEC SQL로 구분된 SQL 연동 코드가 포함되는 데 이를 preprocessor 가 DB 연동 코드를 분리하여 SQL 호출 함수로 변환한 다음에 C/C++ 컴파일러가 동작하게 된다.

```
EXEC SQL BEGIN DECLARE SECTION;
      CHAR((5) SQLSTATE;
      CHAR(6) P#;
      FLOAT WEIGHT;
EXEC SQL END DECLARE SECTION;

P# = 'P2';
EXEC SQL select P.WEIGHT
            INTO :WEIGHT
            from P
            where P.P# = :P#;
IF SQLSTATE = '00000'
THEN ... ; //WEIGHT - retrieved value
ELSE ...;   //some exception occurred
```

host language로 작성된 응용 프로그램에 embed 된 DSL는 DDL(Data Definition Language)와 DML(Data Manipulation Language)로 구성된다. DDL은 DBMS에 알려줄 객체를 가리키는 변수를 기술한 것으로 EXEC SQL BEGIN TRANSACTION으로 기술된 부분이다. 여기서 DDL이 create table을 의미하는 것은 아니다. DML은 insert, delete, update, select를 모두 포함한 용어로 응용 프로그램에서 DBMS를 호출하여 SQL을 실행하는 코드에 해당하는 부분이다. EXEC SQL select로 시작되는 구문이 DML에 해당한다. 여기서 DML은 DB 객체를 manipulate 하는 것으로 select, insert, delete, update하는 실행문이며 preprocessor에 의해 DBMS에 대한 호출 문으로 바뀌어 실행된다.

```
#include <stdio.h>
#include <stdlib.h>
EXEC SQL INCLUDE sqlca;
```

```
Main( )
{
EXEC SQL BEGIN DECLARE SECTION;
        Char  staff_no[6];
        Char  first_name[16];
        Char  last_name[16];
        Char  address[51];
        Char  branch_no[4];
        Short address_ind;
EXEC SQL END DECLARE SECTION;
EXEC SQL CONNECT 'estatedb';
If (sqlca.sqlcode < 0) exit(-1);
printf("Enter staff number: ");
scanf("%s", &staff_no);
EXEC SQL select fname, lname, address, bno
        INTO :first_name, :last_name, :address, :branch_no //DSL의 DDL이 DBMS에게 제공하는
전달 객체 정보
                        from staff
                        where sno = :staff_no; //DSL의 DDL이 DBMS에게 제공하는 전달 객체 정보
If (sqlca.sqlcode == 0) {
        printf("First name: %s₩n", first_name);
        . . .
        }
else if (sqlca.sqlcode == 100)
        printf(" No staff member");
else
        printf("SQL error %d₩n", sqlca.sqlcode);
EXEC SQL DISCONNECT;
}
```

external view는 전체 DB의 일부에 대한 view를 제공하며 external view는 external schema로 표현된다. external schema는 external record type들로 구성되며 DSL의 DDL로 표현된다.

5.3 Conceptual Level의 conceptual view

conceptual view는 모든 external views를 통합한 전체 DB의 논리적 구조를 표현한 것이다. conceptual view는 저장 레코드 타입을 논리적 레코드 테이블로 추상화한 conceptual schema를 제공한다. conceptual schema는 논리적 레코드 타입들을 표현한 것으로 external view의 external record type과 반드시 1:1 대응되는 것은 아니다. 그러나 conceptual record type은 internal view의 stored record type에 대한 1:1 대응되나 internal view와 차이가 있는 것은 conceptual record type에서 저장 구조나 접근 기법을 표현하지 않는다는 점이다. 따라서 conceptual schema에서 저장 레코드 표현, 저장 필드 표현, 저장 레코드 순서, 색인 등을 참조하지 않는다.

5.4 Internal Level의 internal schema

internal view는 전체 데이터베이스의 저장 구조를 표현한 것으로 저장 레코드 타입, 저장 필드의 표현, 저장 레코드의 물리적 순서, 색인 등을 기술한 것이다. 저장 레코드 타입은 디스크 또는 메모리의 페이지(page)이나 블록을 다루는 운영체제의 파일 시스템과는 관계가 없다. internal schema는 저장 레코드 타입, 색인, 저장 필드의 표현, 저장 레코드 순서를 기술한다.

5.5 3단계 스키마 간의 Mapping

데이터 독립성은 3단계 구조의 schema 간의 매핑으로 달성된다. conceptual view와 internal view 간의 매핑으로 저장 구조가 변경되어도 개념적 레코드 구조는 변경되지 않는다. internal schema의 저장 레코드 구조, 저장 레코드 순서, 색인, 저장 필드의 표현 방법이 변경되어도 conceptual schema는 변경되지 않는 것을 물리적 데이터 독립성이라 한다.

external schema와 conceptual schema 간의 매핑은 논리적 필드의 다른 타입 사용, 논리적 필드와 이름 차이, 논리적 레코드 타입의 이름 차이, 또는 여러 개의 개념적 필드에 대한 min, max, sum 등의 함숫값을 나타내는 external 레코드 필드를 사용할 수 있게 한다. 다른 external view는 여러 개 가질 수 있다. conceptual schema의 변경으로 응용 프로그램이 변경되지 않는 것을 논리적 독립성이라 한다.

5.6 DBA의 역할

3단계 구조의 architecture는 DBMS 뿐만 아니라 DBA에 의해 실현된다. DBA는 전체 데이터베이스의 개념적 스키마를 정의하는 책임자이다. 앞에서 DA(Data Administrator)는 데이터 관리 정책을 수립한다. DBA는 개념적 스키마 뿐만 아니라 DB의 성능에 영향을 주는 internal schema의 기술하는 책임자이다. internal schema를 작성하는 것을 물리적 데이터베이스 설계라고 한다. conceptual 스키마는 논리적 데이터베이스의 설계로 기술된 것이다.

5.7 DBMS

DBMS는 데이터베이스에 대한 사용자 또는 응용 프로그램의 요청을 처리하는 소프트웨어로서 3단계 구조의 스키마를 표현하고 매핑 처리한다. 사용자의 DB 접근 요청에 대한 external schema를 찾고, 대응되는 external schema/conceptual schema 간의 매핑, conceptual schema/internal schema 간의 매핑으로 물리적 데이터베이스를 접근하게 된다. 그리고 external record에 대한 요청을 처리하기 위하여 해당하는 저장 레코드에 접근하여 필요한 데이터를 가져와 요청된 논리적 레코드를 만드는 data materialization을 처리한다.

DBMS의 기능[1]으로는 source 스키마의 기술과 매핑, 응용 프로그램의 DML 처리, 질의 처리 최적화, 데이터 dictionary로서 메타 데이터의 지원을 제공한다. 여기서 DBMS의 DDL은 source 스키마를 기술하고 매핑을 정의한다. DBMS의 DDL은 DSL의 DDL과 다르다. DBMS의 planned DML은 응용 프로그램에 포함된 SQL 문으로 주로 insert, delete, update 문과 select 문을 말한다. DBMS의 unplanned DML은 응용 프로그램 내에서 사용되는 것이 아니고 터미널 모드에서 command로서 SQL문(insert, delete, update, select)을 사용하는 것을 말한다.

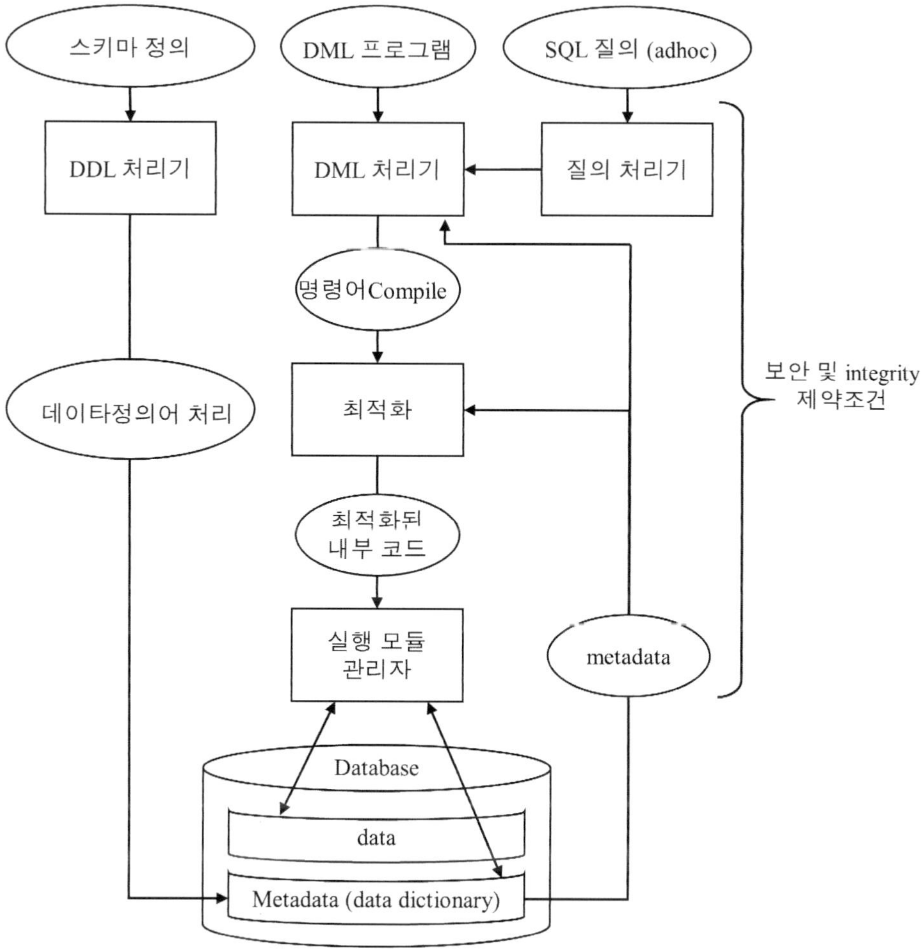

그림 5.4 DBMS 구성도.

DBMS가 질의 처리를 할 때 그림 5.4과 같이 optimization을 수행하는데 메터 데이터를 사용하여 요청된 질의 처리의 최적 방법[1]을 결정한다. 사용자 또는 응용 프로그램의 requests는 internal schema의 메터 데이터를 사용하여 optimized request로 변환된다. DBMS에서 사용하는 메터 데이터는 스키마로 기술된 테이블에 관한 데이터로서 DML의 최적화 처리에 사용된다. 예를 들면 인덱스가 internal schema에 있으면 DML을 인덱스를 기반으로 데이터베이스에 접근하는 모듈을 만든다. 마지막으로 optimized request는 run time manager를 호출하여 데이터베이스에 접근하게 된다.

DBMS에 의한 질의 처리 시에 최적화를 위한 메터 데이터를 사용한다. 이러한 메터 데이터를 data dictionary이라고 부르며 데이터에 관한 데이터를 기술한다. data dictionary를 catalog 라고도 부른다.

5.8 분산 데이터베이스 처리

분산처리(distributed processing)는 주어진 데이터 처리 task가 네트워크로 연결된 여러 개의 컴퓨터에서 처리되는 것을 말한다. 분산 데이터베이스는 네트워크로 연결된 여러 개의 컴퓨터에 데이터베이스가 분산 저장되어 있으나 DB request를 처리하는 컴퓨터에 모든 데이터가 있는 것처럼 처리하는 것을 말한다. 즉, 실제로는 여러 대의 컴퓨터에 분산되어 있지마는 특정 사이트의 이름이나 주소를 DB request는 표현하지 않아도 분산 DBMS가 해당 데이터를 가져와서 처리하여 주는 방식이다. 여러 사이트에 분산된 데이터베이스를 하나의 사이트에 모두 있는 것처럼 처리하는 방식을 transparent 하다고 말한다. 이것을 위치 독립성이라 하는데 분산된 데이터가 분산되지 않은 것처럼 처리하는 것을 말한다. 예를 들어 데이터베이스의 특정 테이블이 주어진 사이트에서 다른 사이트로 이동하여도 응용 프로그램이 변경될 필요가 없는 것을 위치 독립성이라 한다. 다음 응용 프로그램에서 SITE_A::staff 표현은 테이블 staff가 SITE_A에 있다는 것을 응용 프로그램에 명시하기 때문에 분산 데이터베이스 처리 방식이 아니다. 그러나 SITE_A를 명시하지 않고 테이블 staff만 기술하여도 분산 데이터베이스는 해당 테이블이 어느 사이트에 있는지를 알려주는 것이 메터 데이터 또는 catalog이다. 위치 독립성도 메타 데이터를 사용하여 매핑하여 주기 때문에 가능하다.

```
EXEC SQL select fname, lname, address, bno
     INTO :first_name, :last_name, :address, :branch_no
     from SITE_A::staff //위치 종속적
     where sno = :staff_no;
EXEC SQL select fname, lname, address, bno
     INTO :first_name, :last_name, :address, :branch_no
     from staff //위치 독립성
     where sno = :staff_no;
```

6장

Relational 데이터베이스

6장 Relational 데이터베이스

6.1 Relational Systems

relational database management system("relational system")은 데이터의 relational model이라는 이론에 근거를 두고 있다. relational 모델은 1) 구조로서 데이터를 테이블로 제공하고, 2) 제약조건으로 데이터 integrity를 만족해야 하며, 3) 연산으로서 테이블에 대한 연산 결과도 테이블을 유도하는 set 연산을 기반으로 한다. relational data model은 응용 프로그램에게 제공하는 API(Application Programming Interface)로서 ADT(Abstract Data Type)처럼 추상화한 테이블을 제공하는 것이다. 추상화된 테이블은 simple structure로서 simple interface를 제공한다. 복잡한 구현은 DBMS가 담당한다. 이와 같아 추상화된 simple structure로서 테이블들의 집합을 데이터베이스로 보는 것이 relational database system이다.

MySQL Workbench에서 레코드를 입력하고자 하는 테이블을 우측 마우스로 선택하면 Select Rows-Limit 1000을 선택한다. Query 창에 전체 레코드를 검색하는 SQL 문이 나타나고 Result Grid 창에 결과가 없는 빈칸이 나타난다. 여기에서 입력하고자 하는 테이블의 column 값을 입력한다.

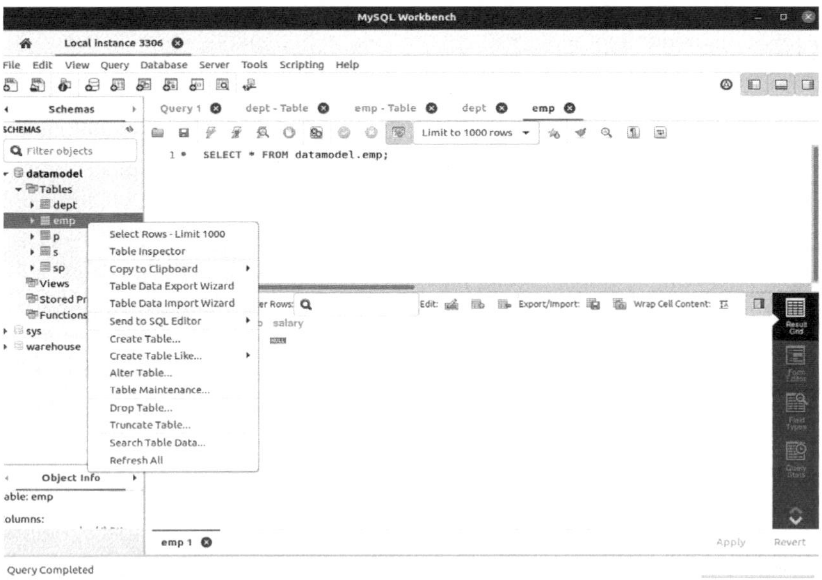

그림 6.1 MySQL Workbench에서 SQL 실행

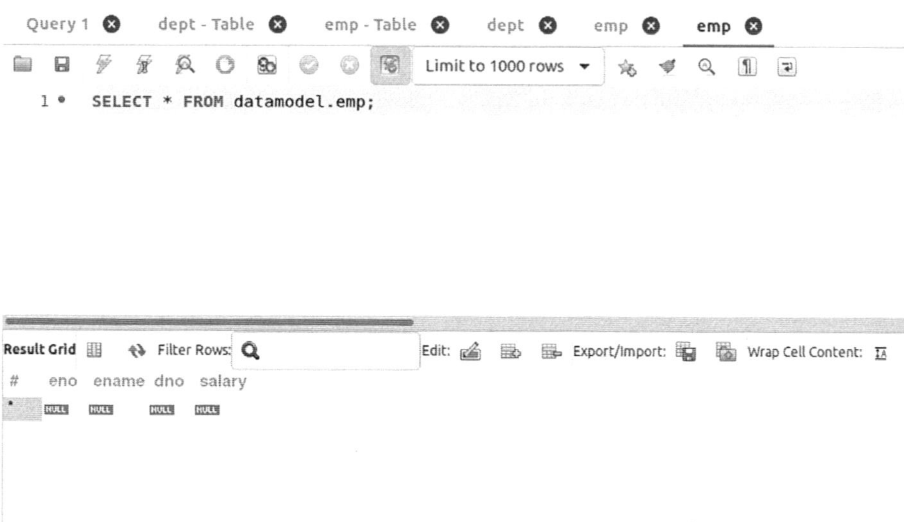

그림 6.2 Query 창에서 select 문 실행.

입력하고자 하는 레코드들을 Result Grid 창에서 입력한다. 모두 입력하였으면 하단에 Apply를 실행하면 insert script가 생성되며 실행하면 emp 테이블에 입력된다. MySQL 터미널에서 select를 실행하면 방금 입력된 레코드를 볼 수 있다.

```
mysql> select * from dept;
+-----+-------------+--------+
| dno | dname       | budget |
+-----+-------------+--------+
| d1  | Marketing   |     10 |
| d2  | Development |     12 |
| d3  | Research    |      5 |
+-----+-------------+--------+
3 rows in set (0.00 sec)

mysql> select * from emp;
+-----+-------+------+--------+
| eno | ename | dno  | salary |
+-----+-------+------+--------+
| e1  | Lopez | d1   |     40 |
| e2  | Cheng | d1   |     42 |
| e3  | Finzi | d2   |     30 |
| e4  | Saito | d2   |     35 |
+-----+-------+------+--------+
4 rows in set (0.00 sec)
```

그림 6.3 dept, emp 테이블 검색 결과.

relational data model의 operator는 기존 테이블에 대하여 새로운 테이블을 결과로 return 하는 연산자이다. select(또는 restrict)는 테이블에서 레코드들을 뽑아내는 연산자이다. project는 테이블의 column을 뽑아낸다. join은 두 개의 테이블에 대하여 공통 column의 같은 값을 토대로 두 테이블의 레코드를 합치는 것이다.

select, project, join의 결과는 또 다른 테이블을 만들기 때문에 set(집합) 연산자에 기반을 둔다. 집합에 대한 연산 결과가 집합일 때 이를 닫혀(closed) 있다고 한다. 집합 연산자가 닫혀 있다는 말은 집합 연산자가 얼마든지 nesting(이것은 집합 연산자의 결과에 대하여 또다시 집합 연산자를 적용하는 것을 말한다) 연산 표현이 가능하다는 말이다. 테이블에 대한 연산자도 닫혀 있으므로 테이블의 연산자들에 대하여 nesting 표현이 가능하므로 relational expression의 표현력이 무궁무진한 이점을 제공하는 것이다.

```
mysql> select * from dept where budget > 8;
+-----+-------------+--------+
| dno | dname       | budget |
+-----+-------------+--------+
| d1  | Marketing   |     10 |
| d2  | Development |     12 |
+-----+-------------+--------+
2 rows in set (0.00 sec)

mysql> select dno,budget from dept;
+-----+--------+
| dno | budget |
+-----+--------+
| d1  |     10 |
| d2  |     12 |
| d3  |      5 |
+-----+--------+
3 rows in set (0.00 sec)

mysql> select emp.dno,dname,budget,eno,ename,salary from dept,emp where dept.dno
 = emp.dno;
+------+-------------+--------+-----+-------+--------+
| dno  | dname       | budget | eno | ename | salary |
+------+-------------+--------+-----+-------+--------+
| d1   | Marketing   |     10 | e1  | Lopez |     40 |
| d1   | Marketing   |     10 | e2  | Cheng |     42 |
| d2   | Development |     12 | e3  | Finzi |     30 |
| d2   | Development |     12 | e4  | Saito |     35 |
+------+-------------+--------+-----+-------+--------+
4 rows in set (0.00 sec)
```

그림 6.4 join 검색 결과.

relational operator가 닫혀 있다는 표현 용어로서 closure를 사용한다. closure는 한 operator의 입력이 테이블이고 결과도 테이블이 되는 것을 말한다. 이러한 closure 성질은 relational operator를 사용하여 nested expression이 가능하게 한다. nested expression의 예로서 project(join), join(project, project), restrict(project) 등으로 relational operator를 procedural 하게 표현할 수 있다. nested expression의 실행 방법은 첫째, materialized evaluation으로 project(join)의 경우에 join의 결과로써 테이블을 만든 다음에 project를 적용한다. 둘째 pipelined evaluation은 project(join)의 경우에 join의 일부 결과가 나오는 대로 project 연산자를 적용하는 방법이다.

relational 연산자는 set-at-a-time이지 row-at-a-time이 아니다. 이것을 set processing capability이라 한다. select, project, join 등의 relational 연산자는 입력도 relation이고 출력

도 relation인 것이 while( ), for( ) 문에 의한 개별 레코드를 처리하는 프로그래밍 언어와 가장 뚜렷한 차이를 보여주는 특징이다.

```
main()
{
        int x;
        Stack s;
        Employee emp;
        EXEC SQL select *
                from emp
                where
}
```

relational model에서 테이블은 logical 구조이지 physical 저장 구조를 나타내는 것은 아니다. 데이터베이스는 사용자에게 테이블과 같은 논리적 구조로 보여(perceive)지게 한다. 이러한 테이블은 물리적으로 저장된 방식 등을 숨긴 추상화된 객체이다. 사용자에게 저장 레코드의 물리적 구조, 인덱스와 같은 접근 방법은 숨겨진 추상화된 객체가 테이블이다.

relational 데이터베이스의 테이블에 저장되는 값은 explicit data values만 가능하다. explicit 값은 pointer 값은 허용하지 않는다. 한 테이블에서 다른 테이블을 연결할 때도 pointer를 사용하지 않는다. explicit 값만 허용하는 이유는 set operation을 지원하기 위해서이다. 이러한 배경에는 simple structure가 되어야 simple operator를 정의할 수 있기 때문이다.

relational 데이터베이스의 테이블은 모든 row-and-column의 값은 atomic(또는 scalar: quantity, 측정할 수 있는 값을 의미한다)이어야 한다. 다시 말하면 정확히 하나의 데이터 값을 표현해야 한다. 테이블의 각 row-and-column은 여러 개의 값의 그룹을 갖지 않는다. 즉, 여러 개의 값의 그룹을 repeating group이라고 하고 각 row의 column 값이 repeating group을 갖지 않는 것을 atomic이라 한다. 만일 테이블의 row-and-column 이 repeating group을 갖게 된다면 테이블에 대한 insert, delete, update 함수의 구현이 더 복잡해진다. repeating group을 테이블의 row-and-column에 포함하는 것을 unnormalized relation이라 하고, repeating group이 없는 테이블을 normalized relation이라 한다. 예를 들면 normalized relation의 insert의 구현이 unnormalized relation에 비하여 더 간단하다. 그 이유는 unnormalized relation의 경우에 <d1, e3>의 insert는 기존 d1에 e3를 단순 추가하면 되지마는 <d3, e5>의 insert는 새로운 레코드의 append를 해야 하기 때문이다

dno	eno
d1	e1, e2
d2	e2

relational 데이터베이스의 참조(referential) integrity는 primary key와 foreign key로 표현된다. 테이블 emp의 dno가 테이블 dept의 primary key인 dno의 값을 가질 때 emp가 dept를 참조한다고 한다. primary key는 테이블의 각 row가 unique key 값을 갖는 것을 말한다. 이것은 테이블이 set이기 때문에 중복이 없어야 한다는 성질을 구현하는 수단이 primary key 개념이다. foreign key는 다른 테이블의 primary key를 reference 한다는 것을 말한다.

6.2 Relational 데이터 모델

relational 데이터베이스는 데이터가 테이블로 perceive(사용자에게 테이블로 추상화된 것을 제공한다는 뜻이다) 되는 데이터베이스이다. relation은 이산수학의 set의 Cartesian product의 subset으로 정의되는 이산수학 용어이다. relation model은 set 이론과 predicate logic과 같은 이산수학 기반의 데이터 추상화 이론이다. 1969~1970년도에 E.F.Codd에 의해 정의되었다. relation model에서는 record 대신에 tuple이라는 용어를 사용하였는데 tuple은 "... 개의 요소로 된 집합"의 뜻이다. 응용 프로그래밍 관점에서는 데이터베이스를 relational variables의 집합이라고 간주하는 것이다. 이것은 테이블 이름을 relation variable로 간주하고 insert, delete, update 전후의 테이블 값이 다른 것을 가진다고 보는 것이다. 예를 들면 delete EMP where eno = 'E4'; 를 실행한 후에 변수 emp는 그림 6.5와 같은 값을 갖는 것으로 생각하는 것이다.

```
mysql> select * from emp;
+-----+-------+------+--------+
| eno | ename | dno  | salary |
+-----+-------+------+--------+
| e1  | Lopez | d1   |     40 |
| e2  | Cheng | d1   |     42 |
| e3  | Finzi | d2   |     30 |
| e4  | Saito | d2   |     35 |
+-----+-------+------+--------+
4 rows in set (0.00 sec)

mysql> delete from emp where eno = 'e4';
Query OK, 1 row affected (0.01 sec)

mysql> select * from emp;
+-----+-------+------+--------+
| eno | ename | dno  | salary |
+-----+-------+------+--------+
| e1  | Lopez | d1   |     40 |
| e2  | Cheng | d1   |     42 |
| e3  | Finzi | d2   |     30 |
+-----+-------+------+--------+
3 rows in set (0.00 sec)
```

그림 6.5 delete 후 검색 결과.

다음과 같은 가상적인 C/C++ 프로그램(설명을 위해 인위적으로 만든 코드이다)에서 테이블 Employee의 변수로서 emp를 선언한다고 하자. class Stack의 변수로 s를 선언하듯이 테이블 Employee의 변수로 emp를 선언하는 것으로 비유할 수 있다. emp = emp minus(emp where eno = 'e4'); 표현 식은 기존 변수 emp가 갖는 테이블에서 e4 레코드를 삭제한 테이블을 다시 변수 emp가 갖는 것을 말한다. 이 책에서 relation 또는 테이블 용어는 정확하게 얘기하면 relational variable을 줄여서 사용한 의미로 해석해야 한다.

```
main()
{
        int x;
        Stack s;
        Employee emp;
        emp = emp minus (emp where eno = 'e4');
}
```

relational 데이터 모델은 두 가지 종류가 있다. 지금까지 설명한 테이블은 집합으로 추상화하는 모델링이다. 다른 데이터 모델링 방법이 predicate와 proposition으로 생각하는 방식이다. predicate는 어떤 변수 x에 대하여 truth-valued functions, p(x)를 말한다. 예를 들면 x가 employee인지에 대한 predicate는 p(x) = employee(x)으로 표현된다. relation emp의 eno에 대한 predicate는 p(enox) = eno(enox)로 나타낸다. enox는 변수로서 eno 값을 갖는다. 이와 같은 방식을 사용하여 relation emp에 대한 predicate는 다음과 같이 표현한다: p(t) = eno(enox) and ename(enamex) and dno(dnox) and salary(salaryx). 여기서 t는 emp 테이블의 tuple를 가리키며 enox는 t의 eno 부분을 가리키는 변수이다. enamex, dnox, salaryx도 t의 해당 column을 가리키는 변수이다. 명제(proposition)는 predicate p(t)가 참이 되는 tuple을 말한다. 예를 들면 employee e1의 이름은 Lopez이고 부서 d1에서 근무하고 salary가 40K인 사실이 존재한다. 이런 명제는 p(t) = eno(e1) and ename(Lopez) and dno(d1) and salary(40K)로 표현된다.

emp							
eno	enox	ename	enamex	dno	dnox	salary	salaryx
e1		Lopez		d1		40	
e2		Cheng		d1		42	
e3		Finzi		d2		30	
e4		Saito		d2		35	

그림 6.6 predicate와 변수 개념.

6.3 Relational expression에 의한 최적화

SQL은 *set-level operations*으로 select, project, join을 지원하는 데 결과로서 set을 주기 때문에 nonprocedural 언어라고 한다. 프로그래밍 언어는 while 문으로 개별 레코드를 처리하는 how를 기술해야 하나 SQL은 what만 기술하는 언어이다. 따라서 SQL은 프로그래밍 언어보다 고수준의 추상화를 지원하는 언어이다.

SQL 문장은 DBMS에 의하여 가장 효율적인 방법으로 저장 레코드를 가져올 것인지를 결정하는 것을 optimizer라 한다. optimizer는 DBMS의 가장 중요한 구성 요소이다. 다음과 같은 SQL과 동등한 절차적인 relational expression을 표현하면 다음과 같다.

SQL 문의 입력도 테이블이고 결과도 테이블인 what만 기술한다. 반면에 절차적으로 기술한 relational expression은 먼저 restriction(selection이라고도 하며 조건에 맞는 레코드를 검색하는 기능이다)을 수행한 후에 해당 column을 뽑아내는 projection을 수행한 후에 그 결과를 result에 assign 한다.

<table>
<tr>
<td>select salary
from emp
where eno = 'e4';</td>
<td>result := (emp where eno = 'e4')[salary];</td>
</tr>
</table>

relational closure 성질은 nested expression이 가능하다. projection의 입력은 restriction의 결과이다. 그리고 restriction을 수행할 때도 emp 테이블의 저장 레코드를 sequential scan 하거나 eno에 대한 인덱스가 있으면 이를 사용하는 방법을 결정하는 것을 최적화라고 한다. 반면에 SQL 문을 사용하는 응용 프로그램에서는 저장 레코드를 접근 방법을 고려하지 않아도 되는 것을 독립이라고 한다. 저장 구조 또는 저장 레코드에 대한 접근 방법에 대한 데이터 독립성의 달성은 DBMS의 최적화 기능으로 처리된다.

SQL 문에 대하여 절차적으로 기술된 relational 연산자들의 실행 순서를 정하는 것도 최적화 방법이다. 연산자들의 실행 순서를 정할 때 고려할 요소는 테이블의 레코드 개수, primary key, restriction, projection, join 등의 실행 순서 등이다. 저장 레코드의 접근 방법을 결정하는 최적화는 인덱스 여부, 인덱스의 selectivity, 저장 레코드의 clustering 여부를 고려한다. 인덱스 selectivity는 주어진 조건에 대하여 인덱스를 통하여 검색되는 만족 레코드 비율을 말한다.

6.4 스키마 테이블

catalog 또는 dictionary 또는 스키마 테이블은 데이터베이스에 있는 데이터에 관하여 기술하는 정보 저장소이다. 이것을 메터 데이터 또는 데이터에 관한 데이터라고 말한다. catalog에는 모든 스키마와 스키마 간의 매핑 정보를 기술한다. catalog에는 테이블에 관한 정보뿐만 아니라 인덱스, 사용자, integrity, security에 관한 규칙도 기술된다. SQL문의 최적화 시에 이러한 catalog 정보를 사용한다.

catalog에 저장된 스키마 정보도 테이블로 기술된다. 테이블에 관한 정보는 TABLES과 COLUMNS에서 기술된다. view 테이블에 관한 정보는 VIEWS에서 기술된다. MySQL 터미널에서 show databases;를 사용하면 데이터베이스 목록이 나타난다. 여기서 information_schema를 사용한다. show tables;를 사용하면 COLUMNS와 TABLES를 보게 된다. describe TABLES;를 사용하면 TABLES 테이블의 columns을 보게 된다.

```
mysql> show databases;
+--------------------+
| Database           |
+--------------------+
| datamodel          |
| information_schema |
| mysql              |
| performance_schema |
| sys                |
| warehouse          |
+--------------------+
6 rows in set (0.00 sec)

mysql> use information_schema;
Reading table information for completion of table and column names
You can turn off this feature to get a quicker startup with -A

Database changed
mysql> show tables;
+---------------------------------------+
| Tables_in_information_schema          |
+---------------------------------------+
| ADMINISTRABLE_ROLE_AUTHORIZATIONS     |
| APPLICABLE_ROLES                      |
| CHARACTER_SETS                        |
| CHECK_CONSTRAINTS                     |
| COLLATIONS                            |
```

그림 6.7 스키마 테이블.

```
mysql> describe TABLES;
+-----------------+--------------------------------------------------------------------
| Field           | Type
+-----------------+--------------------------------------------------------------------
| TABLE_CATALOG   | varchar(64)
| TABLE_SCHEMA    | varchar(64)
| TABLE_NAME      | varchar(64)
| TABLE_TYPE      | enum('BASE TABLE','VIEW','SYSTEM VIEW')
| ENGINE          | varchar(64)
| VERSION         | int
| ROW_FORMAT      | enum('Fixed','Dynamic','Compressed','Redundant','Compact','Paged')
| TABLE_ROWS      | bigint unsigned
| AVG_ROW_LENGTH  | bigint unsigned
| DATA_LENGTH     | bigint unsigned
| MAX_DATA_LENGTH | bigint unsigned
| INDEX_LENGTH    | bigint unsigned
| DATA_FREE       | bigint unsigned
| AUTO_INCREMENT  | bigint unsigned
| CREATE_TIME     | timestamp
| UPDATE_TIME     | datetime
| CHECK_TIME      | datetime
| TABLE_COLLATION | varchar(64)
| CHECKSUM        | bigint
| CREATE_OPTIONS  | varchar(256)
| TABLE_COMMENT   | text
+-----------------+--------------------------------------------------------------------
21 rows in set (0.00 sec)
```

그림 6.8 Tables 스키마 조회.

describe COLUMNS;를 사용하여 catalog의 columns을 저장한 테이블 구조를 볼 수 있다.

```
mysql> describe COLUMNS;
+--------------------------+----------------------------+------+-----+---------+-------+
| Field                    | Type                       | Null | Key | Default | Extra |
+--------------------------+----------------------------+------+-----+---------+-------+
| TABLE_CATALOG            | varchar(64)                | NO   |     | NULL    |       |
| TABLE_SCHEMA             | varchar(64)                | NO   |     | NULL    |       |
| TABLE_NAME               | varchar(64)                | NO   |     | NULL    |       |
| COLUMN_NAME              | varchar(64)                | YES  |     | NULL    |       |
| ORDINAL_POSITION         | int unsigned               | NO   |     | NULL    |       |
| COLUMN_DEFAULT           | text                       | YES  |     | NULL    |       |
| IS_NULLABLE              | varchar(3)                 | NO   |     |         |       |
| DATA_TYPE                | longtext                   | YES  |     | NULL    |       |
| CHARACTER_MAXIMUM_LENGTH | bigint                     | YES  |     | NULL    |       |
| CHARACTER_OCTET_LENGTH   | bigint                     | YES  |     | NULL    |       |
| NUMERIC_PRECISION        | bigint unsigned            | YES  |     | NULL    |       |
| NUMERIC_SCALE            | bigint unsigned            | YES  |     | NULL    |       |
| DATETIME_PRECISION       | int unsigned               | YES  |     | NULL    |       |
| CHARACTER_SET_NAME       | varchar(64)                | YES  |     | NULL    |       |
| COLLATION_NAME           | varchar(64)                | YES  |     | NULL    |       |
| COLUMN_TYPE              | mediumtext                 | NO   |     | NULL    |       |
| COLUMN_KEY               | enum('','PRI','UNI','MUL') | NO   |     | NULL    |       |
| EXTRA                    | varchar(256)               | YES  |     | NULL    |       |
| PRIVILEGES               | varchar(154)               | YES  |     | NULL    |       |
| COLUMN_COMMENT           | text                       | NO   |     | NULL    |       |
| GENERATION_EXPRESSION    | longtext                   | NO   |     | NULL    |       |
| SRS_ID                   | int unsigned               | YES  |     | NULL    |       |
+--------------------------+----------------------------+------+-----+---------+-------+
22 rows in set (0.00 sec)
```

그림 6.9 Columns 스키마 조회.

6.5 Base relations과 Views

base relations은 독립적으로 실제로 존재하는("really exist") 테이블을 한다. base relation의 레코드들은 데이터베이스에 실제로 저장된 레코드이므로 real(실제) relation이라 한다. base relation은 create table 문장으로 정의된 테이블이다.

derived relation은 base relation으로부터 유도된 relation이며 이름이 없고 임시로 만들어진 relation이다. SQL 문의 실행 결과를 보통 derived relation이라 한다.

view 테이블은 이름이 있는 유도된 relation이나 독립적으로 저장되는 테이블이 아니다. view 테이블은 한 개 이상의 relation(base relation 또는 view)으로부터 유도된 가상 테이블이다. 따라서 실제로 존재하는("really exist") 테이블이 아니다. view 테이블은 실제 base relation에 대하여 다른 테이블 모양(이것은 projection이나 restriction 한 것으로 해석한다)을 제공하는 것이다. view 테이블은 실제 존재하는 테이블이 아니므로 view-defining expression을 catalog에 저장한 후에 view에 대한 SQL 문 실행 시에 저장된 view 정의 구문을 가져와 실행하는 방식이다. create view는 실제 테이블을 만드는 것이 아니라 create view 정의문을 catalog에 저장할 뿐이다. MySQL Workbench에서 Views에 우측 마우스를 대면 create view를 선택하면 view 이름은 자동 생성된다.

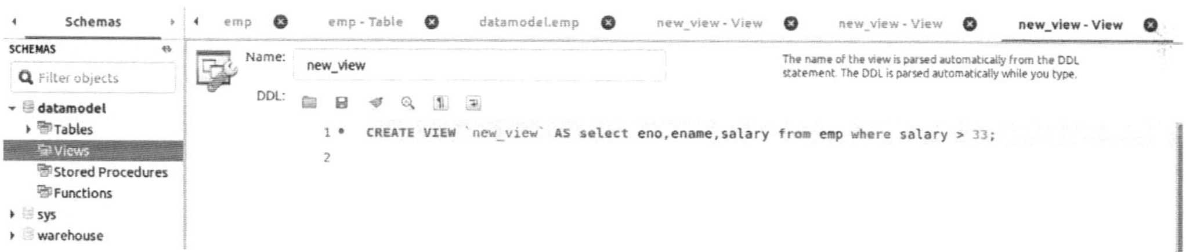

그림 6.10 create view 문 실행.

생성된 create view 문은 그림 6.11과 같다.

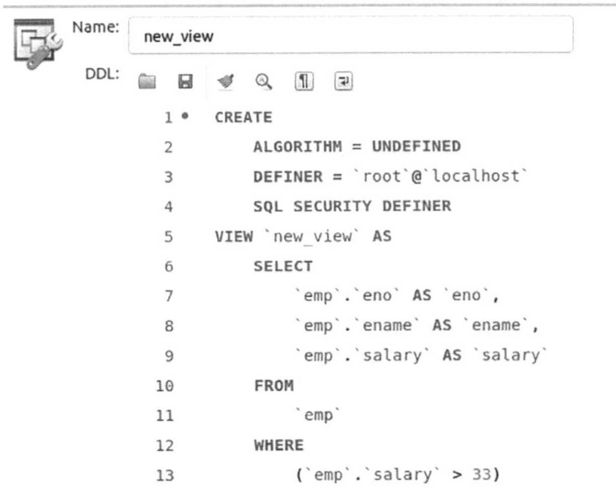

그림 6.11 생성된 create view 문.

view 문을 실행한 결과는 그림 6.12와 같다.

그림 6.12 view에 대한 select 문 결과.

catalog에 저장된 view definition은 view에 대한 SQL 문의 실행 시에 view 정의 문장과 SQL 문을 결합하여 실행한다. 따라서 create view 문은 view 정의문이 catalog에 저장시키는 역할만 한다. view는 base relation의 일부 레코드와 일부 column만 보이게 하는 효과 때문에 base relation에 대한 창문으로 비유된다. 물론 base relation의 변경은 자동으로 view 창에서 볼 수 있다.

view에 대한 SQL 문은 base relation에 대한 SQL 문으로 변경되어 실행된다. view table totemp에 대하여 질의는 base relation emp에 대한 SQL 문으로 합쳐져 실행된다.

```
(TOPEMPS where SALARY 〈 42K) [ENO, SALARY]
    변경된 질의:
        ((EMP where SLARY 〉 33K) [ENO, ENAME, SALARY]) where SALARY
        〈 42K) [ENO, SALARY]
```

view 테이블과 external view는 서로 다른 관점을 제공한다는 view 의미는 같지만, 다음과 같이 완전히 다른 개념이다. view 테이블은 이름이 있고, 유도된, 가상 relation이다. 반면에 external view는 여러 개의 relations(base relation 또는 view table)의 집합인데 conceptual view의 subset을 제공한다. view 테이블은 logical data independence를 제공하는 relational model의 한 방식이다. 즉 base relation이 합쳐지거나 split 되어도 view table은 변경되지 않게 만들 수 있으므로 논리적 데이터 독립성이 달성되는 것이다. enterprise의 응용업무별로 다른 external view가 정의된다. 이러한 external view는 external schema로 정의되며 한 개 이상의 base relation 또는 view 테이블로 기술된다.

datamodel 데이터베이스에서 show tables;를 사용하여 정의된 view 테이블을 확인할 수 있다. view에 대한 SQL 실행으로 일반 테이블처럼 사용할 수 있다.

```
mysql> use datamodel;
Reading table information for completion of table and column names
You can turn off this feature to get a quicker startup with -A

Database changed
mysql> show tables;
+---------------------+
| Tables_in_datamodel |
+---------------------+
| dept                |
| emp                 |
| new_view            |
| p                   |
| s                   |
| sp                  |
+---------------------+
6 rows in set (0.00 sec)
```

그림 6.13 정의된 view table 조회.

```
mysql> select ename, salary from new_view;
+-------+--------+
| ename | salary |
+-------+--------+
| Lopez |     40 |
| Cheng |     42 |
+-------+--------+
2 rows in set (0.00 sec)
```

그림 6.14 view 테이블의 select 실행.

6.6 Transactions 처리

transaction은 논리적인 작업 단위로서 ACID를 만족해야 한다. A는 Atomic으로 트랜잭션에 포함된 SQL 문들을 모두 실행하거나 하나도 실행되지 않은 상태여야 한다. C는 Consistent로서 SQL 문에 의한 실행 결과가 일관성이 유지되어야 한다. 예를 들면 은행 계좌에서 A에서 100을 인출하고 B에 송금해야 하는 트랜잭션에서 A만 실행되고 B에 대한 작업이 실행되지 않으면 데이터 일관성을 상실한다고 한다. I는 Isolation으로 두 개 이상의 트랜잭션들이 서로 간섭없이 동시에 병행 실행(이것을 concurrent 실행이라 한다)할 수 있어야 한다. 예를 들면 두 개의 transaction 들이 같은 은행 계좌 A, B에 대한 변경을 실행할 때 두 개의 트랜잭션은 간섭없이 동시에 실행될 수 있어야 한다. D는 Durable로서 트랜잭션이 실행 종료되면 실행 결과는 데이터베이스에 persistent 하게 저장될 수 있어야 한다. 트랜잭션의 ACID를 지원하기 위해 commit과 rollback 연산자를 사용한다. BEGIN TRANSACTION과 END TRANSACTION은 비 실행문으로 트랜잭션의 시작과 끝을 구분하는 표기법이다.

```
BEGIN TRANSACTION
      update account A;
      update account B;
      IF everything worked fine
            THEN COMMIT;
      ELSE ROLLBACK;
      END IF
END TRANSACTION
```

터미널 A에서 start transaction;을 실행하고 delete문을 실행하여 보니 한 레코드가 삭제된 것을 볼 수가 있다.

```
mysql> select * from emp;
+-----+-------+------+--------+
| eno | ename | dno  | salary |
+-----+-------+------+--------+
| e1  | Lopez | d1   |     40 |
| e2  | Cheng | d1   |     42 |
| e3  | Finzi | d2   |     30 |
+-----+-------+------+--------+
3 rows in set (0.00 sec)

mysql> start transaction;
Query OK, 0 rows affected (0.00 sec)

mysql> delete from emp where salary = 30;
Query OK, 1 row affected (0.00 sec)

mysql> select * from emp;
+-----+-------+------+--------+
| eno | ename | dno  | salary |
+-----+-------+------+--------+
| e1  | Lopez | d1   |     40 |
| e2  | Cheng | d1   |     42 |
+-----+-------+------+--------+
2 rows in set (0.00 sec)
```

그림 6.15 transaction 시작.

터미널 B를 만들어 같은 데이터베이스에 접근하여 SQL 문을 실행하여 보니 삭제된 것이 반영되지 않았다. 터미널 A에서 아직 commit을 하지 않았기 때문이다.

```
bhhong@bhhong-VirtualBox:~/바탕화면$ sudo /usr/bin/mysql -u root -p
[sudo] bhhong의 암호:
Enter password:
Welcome to the MySQL monitor.  Commands end with ; or \g.
Your MySQL connection id is 17
Server version: 8.0.26-0ubuntu0.20.04.2 (Ubuntu)

Copyright (c) 2000, 2021, Oracle and/or its affiliates.

Oracle is a registered trademark of Oracle Corporation and/or its
affiliates. Other names may be trademarks of their respective
owners.

Type 'help;' or '\h' for help. Type '\c' to clear the current input statement.

mysql> use datamodel;
Reading table information for completion of table and column names
You can turn off this feature to get a quicker startup with -A

Database changed
mysql> select * from emp;
+-----+-------+------+--------+
| eno | ename | dno  | salary |
+-----+-------+------+--------+
| e1  | Lopez | d1   |     40 |
| e2  | Cheng | d1   |     42 |
| e3  | Finzi | d2   |     30 |
+-----+-------+------+--------+
3 rows in set (0.00 sec)
```

그림 6.16 다른 터미널에서 transaction 결과 확인하기.

터미널 A에서 commit 한 후에 SQL 문의 결과를 보니 삭제가 반영되었다.

```
mysql> commit;
Query OK, 0 rows affected (0.00 sec)

mysql> select * from emp;
+-----+-------+------+--------+
| eno | ename | dno  | salary |
+-----+-------+------+--------+
| e1  | Lopez | d1   |     40 |
| e2  | Cheng | d1   |     42 |
+-----+-------+------+--------+
2 rows in set (0.00 sec)
```

그림 6.17 commit 후 실행 결과 확인.

터미널 A에서 commit 한 후에 B에서 같은 SQL을 실행시킨 결과가 다르게 나왔다. 3개의 레코드가 나온 것은 commit 하기 전이고 두 개의 레코드가 나온 것은 commit 한 후에 SQL 문을 실행한 것이다.

```
mysql> select * from emp;
+-----+-------+------+--------+
| eno | ename | dno  | salary |
+-----+-------+------+--------+
| e1  | Lopez | d1   |     40 |
| e2  | Cheng | d1   |     42 |
| e3  | Finzi | d2   |     30 |
+-----+-------+------+--------+
3 rows in set (0.00 sec)

mysql> select * from emp;
+-----+-------+------+--------+
| eno | ename | dno  | salary |
+-----+-------+------+--------+
| e1  | Lopez | d1   |     40 |
| e2  | Cheng | d1   |     42 |
+-----+-------+------+--------+
2 rows in set (0.00 sec)
```

그림 6.18 다른 터미널에서 commit 하기 전과 후의 결과가 다름 확인.

터미널 A에서 rollback을 수행하여도 이미 commit 하였기 때문에 삭제된 레코드는 복구되지 않는다.

```
> rollback;
 OK, 0 rows affected (0.00 sec)

> select * from emp;
-+-------+------+--------+
 | ename | dno  | salary |
-+-------+------+--------+
 | Lopez | d1   |     40 |
 | Cheng | d1   |     42 |
-+-------+------+--------+
s in set (0.00 sec)
```

그림 6.19 rollback 후 select 결과 확인.

터미널 B에서 A에서 rollback을 수행한 후에 같은 SQL의 질의 결과는 같다.

```
mysql> select * from emp;
+-----+-------+------+--------+
| eno | ename | dno  | salary |
+-----+-------+------+--------+
| e1  | Lopez | d1   |     40 |
| e2  | Cheng | d1   |     42 |
+-----+-------+------+--------+
2 rows in set (0.00 sec)

mysql> select * from emp;
+-----+-------+------+--------+
| eno | ename | dno  | salary |
+-----+-------+------+--------+
| e1  | Lopez | d1   |     40 |
| e2  | Cheng | d1   |     42 |
+-----+-------+------+--------+
2 rows in set (0.00 sec)
```

그림 6.20 rollback 수행 후 결과 확인.

연습 문제

1. 주어진 ER 다이어그램에 대하여 Workbench로 EER 다이어그램을 생성한다.

Warehouses(wno, wname, size, owner), Locations(lno, lname, town, city), WL(warehouses - locations), SL(suppliers - locations), LD(location - department), WE(warehouses - employees), ED(employees - departments), WP(warehouses - parts), EJ(employees - projects), MJ(managers - projects)

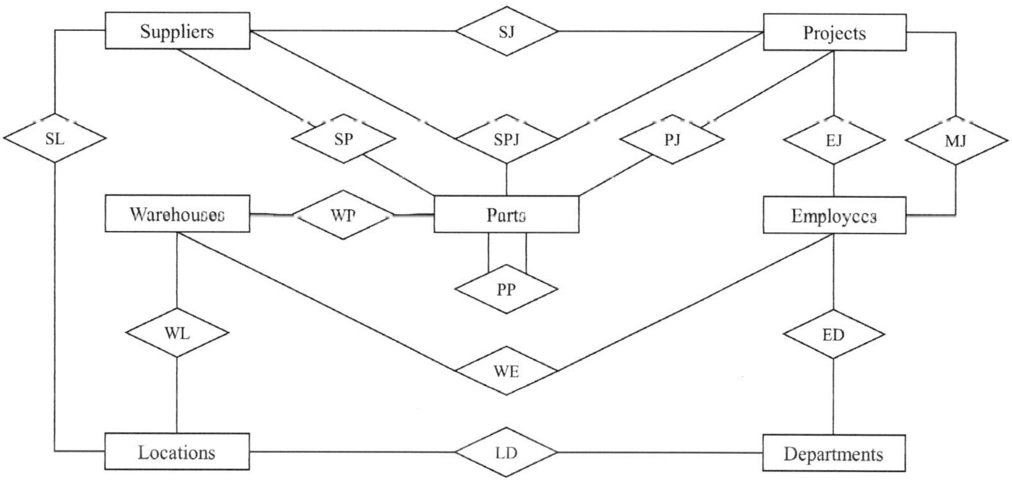

그림 6.21 EER 다이어그램으로 DB 설계[1].

dept

dno	dname	budget
D1	Marketing	10M
D2	Development	12M
D3	Research	5M

emp

eno	ename	dno	salary
E1	Lopez	D1	40K
E2	Cheng	D1	42K
E3	Finzi	D2	30K
E4	Saito	D2	35K

s

sno	sname	status	city
S1	Smith	20	London
S2	Jones	10	Paris
S3	Blake	30	Paris
S4	Clark	20	London
S5	Adams	30	Athens

sp

sno	pno	qty
S1	P1	300
S1	P2	200
S1	P3	400
S1	P4	200
S1	P5	100
S1	P6	100
S2	P1	300
S2	P2	400
S3	P2	200
S4	P2	200
S4	P4	300
S4	P5	400

p

pno	pname	color	weight	city
P1	Nut	Red	12.0	London
P2	Bolt	Green	17.0	Paris
P3	Screw	Blue	17.0	Oslo
P4	Screw	Red	14.0	London
P5	Cam	Blue	12.0	Paris
P6	Cog	Red	19.0	London

part_structure

major_pno	minor_pno	qty
P1	P2	2
P1	P3	4
P2	P3	1
P2	P4	3
P3	P5	9
P4	P5	8
P5	P6	3

spj

sno	pno	jno	qty
S1	P1	J1	200
S1	P1	J4	700
S2	P3	J1	400
S2	P3	J2	200
S2	P3	J3	200
S2	P3	J4	500
S2	P3	J5	600
S2	P3	J6	400
S2	P3	J7	800
S2	P5	J2	100
S3	P3	J1	200
S3	P4	J2	500
S4	P6	J3	300
S4	P6	J7	300
S5	P2	J2	200
S5	P2	J4	100
S5	P5	J5	500
S5	P5	J7	100
S5	P6	J2	200
S5	P1	J4	100
S5	P3	J4	200
S5	P4	J4	800
S5	P5	J4	400
S5	P6	J4	500

j

jno	jname	city
J1	Sorter	Paris
J2	Display	Rome
J3	OCR	Athens
J4	Console	Athens
J5	RAID	London
J6	EDS	Oslo
J7	Tape	London

그림 6.22 Workbench로 구축할 테이블과 레코드.

2. s,p,sp, pp(=part_structure), dept, emp, j, spj[1]에 대하여 주어진 테이블의 레코드를 Workbench로 입력한다. sp는 주어진 테이블로 입력하고, sj, pj는 임의로 입력한다. 나머지 테이블도 임의로 입력한다.

1) sp, pj, sj의 조인 결과가 spj와 같은 지 확인하기 위해 조인 결과와 spj를 select로 실행한다.

2) parts의 city에 대하여 parts -> warehouses -> locations으로 표현된 관련성에 의해 검색된 city가 다른 부품들을 검색한다. city가 다른 부품의 이름과 부품의 city, locations의 city를 검색한다.

3. trigger 구문의 구현

1) s 테이블에 city가 London인 공급자를 삭제하면 sp, sj, spj를 연동하여 삭제하는 trigger 구문을 구현한다.

2) 3.1의 delete 이전의 s, sp, sj, spj 테이블을 출력한다.

3) 3.1의 delete 이후 s, sp, sj, spj 테이블을 출력한다.

7장

Relational algebra

7장 Relational Algebra

7.1 SQL의 relational algebra 요소

이산수학의 set 이론에 기반한 relation에 관한 연산을 relational algebra으로 정의한다. relations을 operands로 사용하고 그 결과도 relations으로 return 하는 표현 방식을 relational algebra라 한다. relational operator를 사용하기 때문에 procedural query 언어라고 한다. 여기서 algebra는 mathematics의 한 종류로서 letters로 가능한 quantities를 대신하여 표현하여 수식을 기술한다(이런 이유로 algebra를 대수학이라 번역한다).

E.F. Codd 박사가 만든 최초 relational algebra는 그림 7.1처럼 restrict, project, product, union, intersection, difference, join, divide를 정의하였다. set operation에 기반을 둔 연산자는 union, intersection, difference, Cartesian product이며 relational operation으로 추가한 것이 restrict, project, join, divide이다. divide의 입력은 2개의 relation으로 하나의 binary relation과 하나의 unary relation이다. divide의 결과 relation은 (binary relation) ÷ (unary relation)으로서 unary relation의 모든 값에 match 되는 binary relation의 tuple 들이다.

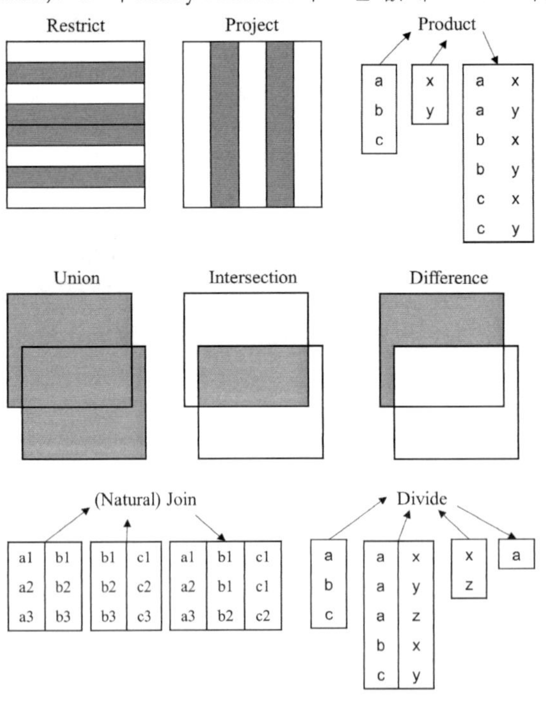

그림 7.1 relational algebra 연산.

7.2 Relational closure 성질

relational closure 성질은 relational operation의 입력도, 결과도 relation이라는 것을 말하는 것이다. relational closure는 nested expressions를 작성하는 것을 가능하게 한다. nested expressions은 operands가 다시 expressions으로 표현되는 것을 말한다. 조인한 결과를 restriction 하는 예로서 (S join P) where city = 'Athens'와 같이 연산자 우선순위를 괄호로 표현하므로 procedural 기술이라 한다. relational algebra는 operand를 relation을 나타내는 변수를 사용하는 표현 식을 말한다.

relational closure 성질을 만족하기 위해서는 relational 연산자의 두 개의 relation이 type-compatible 해야 한다. 두 개의 relation의 attribute가 같으면 type-compatible이라 한다. compatible의 단어 뜻은 "work well together" 또는 "exist together" 의미이다. union, intersection, difference 연산자는 type-compatible operands를 사용해야 한다.

<table>
<tr><th colspan="4">A</th><th colspan="4">B</th></tr>
<tr><th>sno</th><th>sname</th><th>status</th><th>city</th><th>sno</th><th>sname</th><th>status</th><th>city</th></tr>
<tr><td>s1</td><td>Smith</td><td>20</td><td>London</td><td>s1</td><td>Smith</td><td>20</td><td>London</td></tr>
<tr><td>s4</td><td>Clark</td><td>20</td><td>London</td><td>s2</td><td>Jones</td><td>10</td><td>Paris</td></tr>
<tr><td colspan="4" rowspan="4">union
A union B</td><td>sno</td><td>sname</td><td>status</td><td>city</td></tr>
<tr><td>s1</td><td>Smith</td><td>20</td><td>London</td></tr>
<tr><td>s4</td><td>Clark</td><td>20</td><td>London</td></tr>
<tr><td>s2</td><td>Jones</td><td>10</td><td>Paris</td></tr>
<tr><td colspan="4" rowspan="2">intersect
A intersect B</td><td>sno</td><td>sname</td><td>status</td><td>city</td></tr>
<tr><td>s1</td><td>Smith</td><td>20</td><td>London</td></tr>
<tr><td colspan="4">Difference
A minus B</td><td colspan="4">Difference
B minus A</td></tr>
<tr><td>sno</td><td>sname</td><td>status</td><td>city</td><td>sno</td><td>sname</td><td>status</td><td>city</td></tr>
<tr><td>s4</td><td>Clark</td><td>20</td><td>London</td><td>s2</td><td>Jones</td><td>10</td><td>paris</td></tr>
</table>

그림 7.2 union, intersect, minus, difference 실행 결과[1].

union 연산자는 A union B 또는 or A ∪ B로 표현한다. intersection은 A intersect B 또는 A ∩ B로써 표현한다. difference 연산자는 A minus B 또는 A - B로 표현한다. 따라서 A ∩ B = A - (A - B)로 표현된다. product 연산자는 A times B 또는 A × B = {(a,b)| a ϵ A and b ϵ B}로 표현한다.

```
mysql> select * from s;
+----+-------+--------+--------+
| s# | sname | status | city   |
+----+-------+--------+--------+
| s1 | Smith |     20 | London |
| s2 | Jones |     10 | Paris  |
| s3 | Blake |     30 | Paris  |
| s4 | Clark |     20 | London |
| s5 | Adams |     30 | Athens |
+----+-------+--------+--------+
5 rows in set (0.00 sec)

mysql> commit;
Query OK, 0 rows affected (0.00 sec)

mysql> (select * from s where status <30) union
 (select * from s where status >20);
+----+-------+--------+--------+
| s# | sname | status | city   |
+----+-------+--------+--------+
| s1 | Smith |     20 | London |
| s2 | Jones |     10 | Paris  |
| s4 | Clark |     20 | London |
| s3 | Blake |     30 | Paris  |
| s5 | Adams |     30 | Athens |
+----+-------+--------+--------+
5 rows in set (0.00 sec)
```

그림 7.3 SQL의 union 결과.

MySQL에서 minus는 직접 지원하지 않는다. minus를 left join을 사용하여 동일한 결과를 구할 수 있다.

```
mysql> select A.sno, A.sname, A.status, A.city
from (select * from s where status <40) A left
join (select * from s where status >20) B on A.
sno = B.sno where B.sno is null;
+-----+-------+--------+--------+
| sno | sname | status | city   |
+-----+-------+--------+--------+
| s1  | Smith |     20 | London |
| s2  | Jones |     10 | Paris  |
| s4  | Clark |     20 | London |
+-----+-------+--------+--------+
3 rows in set (0.00 sec)
```

그림 7.4 minus와 같은 결과를 만드는 left join.

MySQL에서 intersect는 직접 지원하지 않는다. intersect를 join을 사용하여 동일한 결과를 구할 수 있다.

```
mysql> select A.sno, A.sname, A.status, A.city
from (select * from s where status <30) A join
(select * from s where status >10) B on A.sno =
 B.sno;
+-----+-------+--------+--------+
| sno | sname | status | city   |
+-----+-------+--------+--------+
| s1  | Smith |     20 | London |
| s4  | Clark |     20 | London |
+-----+-------+--------+--------+
2 rows in set (0.00 sec)
```

그림 7.5 intersect와 같은 결과를 만드는 join.

MySQL에서 Cartesian product는 cross join을 사용하여 결과를 구할 수 있다.

```
mysql> select * from A;
+-----+
| num |
+-----+
|   1 |
|   2 |
|   3 |
|   4 |
|   5 |
+-----+
5 rows in set (0.00 sec)

mysql> select * from B;
+----+
| id |
+----+
| A  |
| B  |
| C  |
+----+
3 rows in set (0.00 sec)
```

```
mysql> select num,id from A cross join B;
+-----+----+
| num | id |
+-----+----+
|   1 | C  |
|   1 | B  |
|   1 | A  |
|   2 | C  |
|   2 | B  |
|   2 | A  |
|   3 | C  |
|   3 | B  |
|   3 | A  |
|   4 | C  |
|   4 | B  |
|   4 | A  |
|   5 | C  |
|   5 | B  |
|   5 | A  |
+-----+----+
15 rows in set (0.00 sec)
```

그림 7.6 Cartesian product와 같은 결과를 만드는 cross join.

restriction 연산자는 relation A에 대한 조건이 Θ일 때 A where X Θ Y 또는 A where X Θ literal로 표현한다. restriction의 조건절에서 A where C1 AND C2 = (A where C1) intersect (A where C2)이고, A where C1 OR C2 ≡ (A where C1) union (A where C2)이며, A where NOT C ≡ A minus (A where C)로 표현된다. 두 개의 relation A, B에 대한 intersection은 A intersect B로 표현한다. 두 개의 relation A, B에 대한 difference는 A minus B로 표현한다.

```
mysql> select * from s where status <20 or city
 = 'London';
+-----+-------+--------+--------+
| sno | sname | status | city   |
+-----+-------+--------+--------+
| s1  | Smith |     20 | London |
| s2  | Jones |     10 | Paris  |
| s4  | Clark |     20 | London |
+-----+-------+--------+--------+
3 rows in set (0.00 sec)
```

```
mysql> select * from s where status <30 and cit
y = 'London';
+-----+-------+--------+--------+
| sno | sname | status | city   |
+-----+-------+--------+--------+
| s1  | Smith |     20 | London |
| s4  | Clark |     20 | London |
+-----+-------+--------+--------+
2 rows in set (0.00 sec)
```

```
mysql> select * from s where not(status <30);
+-----+-------+--------+--------+
| sno | sname | status | city   |
+-----+-------+--------+--------+
| s3  | Blake |     30 | Paris  |
| s5  | Adams |     30 | Athens |
+-----+-------+--------+--------+
2 rows in set (0.00 sec)
```

그림 7.7 where not C의 실행 결과.

projection은 relation A에 대하여 X, Y, ..., Z를 결과로써 뽑아내는 표현으로 A[X, Y, ..., Z]으로 기술한다.

```
mysql> select sname, city from s where not(stat
us <30);
+-------+--------+
| sname | city   |
+-------+--------+
| Blake | Paris  |
| Adams | Athens |
+-------+--------+
2 rows in set (0.00 sec)
```

그림 7.8 projection 결과.

일반적으로 join은 natural join으로써 두 개의 relation, A[X, Y}와 B[Y, Z]에 공통 attribute로서 Y가 있을 때 A join B 또는 A ∞ B로 표기하며 결과는 [X,Y,Z]로 구성된다. relation A의 한 레코드 <x1,y1>에 대하여 relation B에 <y1, z1>이 있으면 결과는 <x1,y1,z1>이 된다.

<x1,y1>에 대하여 B에 <y1,z2>가 있으면 <x1,y1,z2>가 결과에 포함된다.<x1,y1>에 대하여 B의 모든 레코드에 대하여 반복 적용한 후에 A의 다음 레코드에 대하여 반복한다.

```
mysql> select * from s;
+-----+-------+--------+--------+
| sno | sname | status | city   |
+-----+-------+--------+--------+
| s1  | Smith |     20 | London |
| s2  | Jones |     10 | Paris  |
| s3  | Blake |     30 | Paris  |
| s4  | Clark |     20 | London |
| s5  | Adams |     30 | Athens |
+-----+-------+--------+--------+
5 rows in set (0.00 sec)
```

```
mysql> select * from p;
+-----+-------+-------+--------+--------+
| pno | pname | color | weight | city   |
+-----+-------+-------+--------+--------+
| p1  | Nut   | Red   | 12     | London |
| p2  | Bolt  | Breen | 17     | Paris  |
| p3  | Screw | Blue  | 17     | Oslo   |
| p4  | Screw | Red   | 14     | London |
| p5  | Cam   | Blue  | 12     | Paris  |
| p6  | Cog   | Red   | 19     | London |
+-----+-------+-------+--------+--------+
6 rows in set (0.00 sec)
```

```
mysql> select * from s inner join p on s.city = p.city order by sno asc;
+-----+-------+--------+--------+-----+-------+-------+--------+--------+
| sno | sname | status | city   | pno | pname | color | weight | city   |
+-----+-------+--------+--------+-----+-------+-------+--------+--------+
| s1  | Smith |     20 | London | p1  | Nut   | Red   | 12     | London |
| s1  | Smith |     20 | London | p4  | Screw | Red   | 14     | London |
| s1  | Smith |     20 | London | p6  | Cog   | Red   | 19     | London |
| s2  | Jones |     10 | Paris  | p2  | Bolt  | Breen | 17     | Paris  |
| s2  | Jones |     10 | Paris  | p5  | Cam   | Blue  | 12     | Paris  |
| s3  | Blake |     30 | Paris  | p2  | Bolt  | Breen | 17     | Paris  |
| s3  | Blake |     30 | Paris  | p5  | Cam   | Blue  | 12     | Paris  |
| s4  | Clark |     20 | London | p1  | Nut   | Red   | 12     | London |
| s4  | Clark |     20 | London | p4  | Screw | Red   | 14     | London |
| s4  | Clark |     20 | London | p6  | Cog   | Red   | 19     | London |
+-----+-------+--------+--------+-----+-------+-------+--------+--------+
10 rows in set (0.00 sec)
```

그림 7.9 inner join 결과.

join은 inner join, cross join과 결과가 같다.

```
mysql> select * from s join p on s.city = p.city order by sno asc;
+-----+-------+--------+--------+-----+-------+-------+--------+--------+
| sno | sname | status | city   | pno | pname | color | weight | city   |
+-----+-------+--------+--------+-----+-------+-------+--------+--------+
| s1  | Smith |     20 | London | p1  | Nut   | Red   | 12     | London |
| s1  | Smith |     20 | London | p4  | Screw | Red   | 14     | London |
| s1  | Smith |     20 | London | p6  | Cog   | Red   | 19     | London |
| s2  | Jones |     10 | Paris  | p2  | Bolt  | Breen | 17     | Paris  |
| s2  | Jones |     10 | Paris  | p5  | Cam   | Blue  | 12     | Paris  |
| s3  | Blake |     30 | Paris  | p2  | Bolt  | Breen | 17     | Paris  |
| s3  | Blake |     30 | Paris  | p5  | Cam   | Blue  | 12     | Paris  |
| s4  | Clark |     20 | London | p1  | Nut   | Red   | 12     | London |
| s4  | Clark |     20 | London | p4  | Screw | Red   | 14     | London |
| s4  | Clark |     20 | London | p6  | Cog   | Red   | 19     | London |
+-----+-------+--------+--------+-----+-------+-------+--------+--------+
10 rows in set (0.00 sec)
```

그림 7.10 join 결과.

```
mysql> select * from s cross join p on s.city = p.city order by sno asc;
+-----+-------+--------+--------+-----+-------+-------+--------+--------+
| sno | sname | status | city   | pno | pname | color | weight | city   |
+-----+-------+--------+--------+-----+-------+-------+--------+--------+
| s1  | Smith |     20 | London | p1  | Nut   | Red   | 12     | London |
| s1  | Smith |     20 | London | p4  | Screw | Red   | 14     | London |
| s1  | Smith |     20 | London | p6  | Cog   | Red   | 19     | London |
| s2  | Jones |     10 | Paris  | p2  | Bolt  | Breen | 17     | Paris  |
| s2  | Jones |     10 | Paris  | p5  | Cam   | Blue  | 12     | Paris  |
| s3  | Blake |     30 | Paris  | p2  | Bolt  | Breen | 17     | Paris  |
| s3  | Blake |     30 | Paris  | p5  | Cam   | Blue  | 12     | Paris  |
| s4  | Clark |     20 | London | p1  | Nut   | Red   | 12     | London |
| s4  | Clark |     20 | London | p4  | Screw | Red   | 14     | London |
| s4  | Clark |     20 | London | p6  | Cog   | Red   | 19     | London |
+-----+-------+--------+--------+-----+-------+-------+--------+--------+
10 rows in set (0.00 sec)
```

그림 7.11 cross join 결과.

join 연산자가 적용되는 공통 attribute는 relation A는 primary key이고 relation B는 foreign key를 사용할 수 있다. 두 개의 relation에서 key가 아닌 공통 attribute를 사용한 join도 가능하다. 그리고 join 연산자는 교환법칙과 결합법칙을 적용할 수 있다.

(A join B) join C ≡ A join (B join C)
A join B ≡ B join A

relation A와 B가 공통 attribute가 없는 join은 Cartesian product 결과와 같다. 이러한 join을 Cartesian product라고 한다. Cartesian product는 한 테이블의 각 row에 대하여 다른 테이블에 모든 row에 대한 join을 만든다. Cartesian join은 cross join이라고도 한다. Cartesian join에서 공통 attribute가 없으면 where 절은 true이므로 Cartesian product가 결과가 된다. 공통 attribute가 있는 relation에 대한 cross join을 inner join이라 한다. 그림 7.12는 SQL joins의 종류를 조인 조건과 다이어그램[30]으로 설명하고 있다. 교환법칙이 적용되는 조인이므로 A join B ≡ A times B가 성립한다.

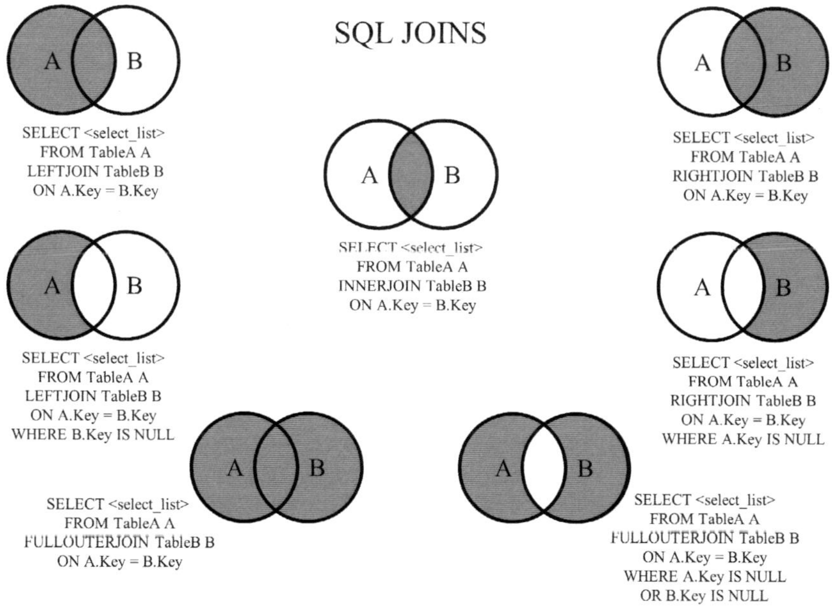

그림 7.12 여러 가지 join을 다이어그램을 구분하기.

일반적인 join 연산은 Cartesian product + restriction으로 표현된다. 이때 restriction의 조건으로 Θ가 =, >, < , >=, <= 등으로 표현되므로 Θ-join이라 하고 다음과 같이 Cartesian product에 대하여 restriction 한 결과를 준다.

(A times B) where X Θ Y

relation s와 p의 city에 대하여 Θ-join은 다음과 같이 표현될 수 있다. 여기서 Θ-join의 조건은 > 을 사용하였다.

(S times P) where S.CITY 〉 P.CITY

```
mysql> select * from  s cross join p on s.city > p.city order by sno asc;
+-----+-------+--------+-------+-----+-------+-------+--------+--------+
| sno | sname | status | city  | pno | pname | color | weight | city   |
+-----+-------+--------+-------+-----+-------+-------+--------+--------+
| s2  | Jones |     10 | Paris | p1  | Nut   | Red   | 12     | London |
| s2  | Jones |     10 | Paris | p3  | Screw | Blue  | 17     | Oslo   |
| s2  | Jones |     10 | Paris | p4  | Screw | Red   | 14     | London |
| s2  | Jones |     10 | Paris | p6  | Cog   | Red   | 19     | London |
| s3  | Blake |     30 | Paris | p1  | Nut   | Red   | 12     | London |
| s3  | Blake |     30 | Paris | p3  | Screw | Blue  | 17     | Oslo   |
| s3  | Blake |     30 | Paris | p4  | Screw | Red   | 14     | London |
| s3  | Blake |     30 | Paris | p6  | Cog   | Red   | 19     | London |
+-----+-------+--------+-------+-----+-------+-------+--------+--------+
8 rows in set (0.00 sec)
```

그림 7.13 Θ-join 처리.

Θ-join의 where 절의 조건 Θ이 = 이면 Θ-join을 equijoin이라 한다. equijoin의 결과는 두 개의 공통 attribute를 포함한다. natural join은 두 개의 공통 attribute 중에서 한 개만 결과에 포함한다. 따라서 natural join은 projection of restriction of product로 표현된다.

S natural join P ≡
((S times P) where S.CITY = P.CITY)[sno, SNAME, STATUS, CITY, pno, PNAME, COLOR, WEIGHT]

```
mysql> select * from  s natural join p order by sno;
+--------+-----+-------+--------+-----+-------+-------+--------+
| city   | sno | sname | status | pno | pname | color | weight |
+--------+-----+-------+--------+-----+-------+-------+--------+
| London | s1  | Smith |     20 | p1  | Nut   | Red   | 12     |
| London | s1  | Smith |     20 | p4  | Screw | Red   | 14     |
| London | s1  | Smith |     20 | p6  | Cog   | Red   | 19     |
| Paris  | s2  | Jones |     10 | p2  | Bolt  | Breen | 17     |
| Paris  | s2  | Jones |     10 | p5  | Cam   | Blue  | 12     |
| Paris  | s3  | Blake |     30 | p2  | Bolt  | Breen | 17     |
| Paris  | s3  | Blake |     30 | p5  | Cam   | Blue  | 12     |
| London | s4  | Clark |     20 | p1  | Nut   | Red   | 12     |
| London | s4  | Clark |     20 | p4  | Screw | Red   | 14     |
| London | s4  | Clark |     20 | p6  | Cog   | Red   | 19     |
+--------+-----+-------+--------+-----+-------+-------+--------+
10 rows in set (0.01 sec)
```

그림 7.14 natural join 결과.

relation A[X, Y], B[Y]이 있고 공통 attribute가 Y라고 하자. A divide B 또는 A ÷ B로 표현한다. A ÷ B의 결과는 B의 모든 Y의 값에 대응되는 A의 레코드를 말한다. 예를 들면 B의 Y의 값이 {y1,y2,y3}라고 하면 A의 레코드 중에서 <x1,y1>, <x1,y2>, <x1,y3>가 있으면 결과는 {x1}이 된다. A ÷ B는 B의 모든(all) 값을 대응되는 A의 레코드를 찾기 때문에 predicate calculus에 기반을 둔 relational caculus의 universal quantifier(∀)에 해당한다. ∀은 'for all'을 표기이며 '모든 ~에 대하여'를 나타낸다. ∀xP(x)은 모든 x에 대하여 P를 만족한다는 predicate 표현이다. 그림 7.15의 R ÷ S는 X가 결과가 된다.

R: X	Y	S: Y	R ÷ S: X
x_1	y_1	y_1	x_1
x_1	y_2	y_2	x_2
x_1	y_3	y_3	
x_2	y_1		
x_2	y_2		
x_3	y_1		
x_3	y_2		
x_3	y_3		
x_3	y_1		
x_4	y_2		

그림 7.15 divide 연산자 결과.

SQL에서는 divide를 직접 표현하는 구문이 없으므로 $\forall x P(x) = \neg\exists x\,(\neg P(x))$를 사용한다. $\exists$는 SQL에서 exists를 사용하여 표현한다. A[X,Y] ÷ B[Y] = A[X] - ((A[X] x B[y]) - A)[X]로 동등하게 표현되나 해석이 어려워 exists를 사용하여 divide를 이해하는 것이 더 쉽다.

```
mysql> select * from  s left join p on s.city = p.city;
+-----+-------+--------+--------+------+-------+-------+--------+--------+
| sno | sname | status | city   | pno  | pname | color | weight | city   |
+-----+-------+--------+--------+------+-------+-------+--------+--------+
| s1  | Smith |     20 | London | p6   | Cog   | Red   | 19     | London |
| s1  | Smith |     20 | London | p4   | Screw | Red   | 14     | London |
| s1  | Smith |     20 | London | p1   | Nut   | Red   | 12     | London |
| s2  | Jones |     10 | Paris  | p5   | Cam   | Blue  | 12     | Paris  |
| s2  | Jones |     10 | Paris  | p2   | Bolt  | Breen | 17     | Paris  |
| s3  | Blake |     30 | Paris  | p5   | Cam   | Blue  | 12     | Paris  |
| s3  | Blake |     30 | Paris  | p2   | Bolt  | Breen | 17     | Paris  |
| s4  | Clark |     20 | London | p6   | Cog   | Red   | 19     | London |
| s4  | Clark |     20 | London | p4   | Screw | Red   | 14     | London |
| s4  | Clark |     20 | London | p1   | Nut   | Red   | 12     | London |
| s5  | Adams |     30 | Athens | NULL | NULL  | NULL  | NULL   | NULL   |
+-----+-------+--------+--------+------+-------+-------+--------+--------+
11 rows in set (0.00 sec)
```

그림 7.16 left Join 결과.

left join은 왼쪽의 테이블을 기준으로 match 된 join 결과를 보여주는데 오른쪽의 테이블에 해당하는 레코드가 없으면 null로 표기한다. right join은 left join의 반대 경우가 된다.

```
mysql> select * from  s right join p on s.city = p.city;
+------+-------+--------+--------+-----+-------+-------+--------+--------+
| sno  | sname | status | city   | pno | pname | color | weight | city   |
+------+-------+--------+--------+-----+-------+-------+--------+--------+
| s4   | Clark |     20 | London | p1  | Nut   | Red   | 12     | London |
| s1   | Smith |     20 | London | p1  | Nut   | Red   | 12     | London |
| s3   | Blake |     30 | Paris  | p2  | Bolt  | Breen | 17     | Paris  |
| s2   | Jones |     10 | Paris  | p2  | Bolt  | Breen | 17     | Paris  |
| NULL | NULL  |   NULL | NULL   | p3  | Screw | Blue  | 17     | Oslo   |
| s4   | Clark |     20 | London | p4  | Screw | Red   | 14     | London |
| s1   | Smith |     20 | London | p4  | Screw | Red   | 14     | London |
| s3   | Blake |     30 | Paris  | p5  | Cam   | Blue  | 12     | Paris  |
| s2   | Jones |     10 | Paris  | p5  | Cam   | Blue  | 12     | Paris  |
| s4   | Clark |     20 | London | p6  | Cog   | Red   | 19     | London |
| s1   | Smith |     20 | London | p6  | Cog   | Red   | 19     | London |
+------+-------+--------+--------+-----+-------+-------+--------+--------+
11 rows in set (0.00 sec)
```

그림 7.17 right join 결과.

relational algebra이 연산자들의 minimal set은 8개가 아닌 5개로 줄일 수 있다. E.F. Codd의 8가지 relational operator로서 restriction, projection, product, union, intersection, difference, join, divide가 최초로 정의되었다. natural join은 projection of restriction of product이므로 relational algebra의 minimal set에 포함되지 않는다. join, intersection, divide도 restriction, projection, product, union, difference의 5개 연산자를 사용하여 표현할 수 있다. 예를 들면 두 개의 relation R, S가 type compatible 하다면 R intersection S ≡ R - (R - S)로 표현될 수 있다. R ÷ S도 5개의 minimal set의 연산자를 사용하여 표현이 가능하나 relational calculus의 ∀xP(x) 표현을 사용하여 이해하는 것이 더 수월하다.

7.3 Relational algebra의 확장된 연산자들

A(X,Y) semijoin B(Y,Z)는 (A join B) [X,Y]이며 B의 적어도 한 tuple에 match되는 A의 tuple 들을 return한다. "relation s, sp에 대하여 적어도 한 부품을 공급하는 공급자들을 찾아라"는 s semijoin sp로 간단히 표현된다. A semijoin B ≠ B semijoin A이므로 교환법칙이 적용되지 않는다. MySQL에서 semijoin 연산자를 직접 지원하지 않으므로 exists 또는 in을 사용하여 처리해야 한다.

Semidifference는 A semiminus B ≡ A minus (A semijoin B)로 표현되며 B에 match되지 않는 A의 tuple 들을 결과로 준다. 예를 들면 부품 p2를 공급하지 않는 공급자는 S semiminus (SP where pno = pno('P2'))로 간단히 표현할 수 있다. semiminus도 MySQL에서 직접 지원하지 않는다.

Left outer join은 A left outer join B일 때 A의 모든 tuple을 보여주나 join 조건을 만족하지 않는 A의 tuple에 대한 B의 join attribute 값은 null로 나타낸다. 반대로 A right outer join B는 B의 모든 tuple을 보여주나 join 조건을 만족하는 B에 대하여 null로 나타낸다. full outer join은 join 조건을 만족하지 않는 A 또는 B의 attribute는 null로 나타낸다.

```
mysql> select * from  s left outer join p on s.city = p.city;
+-----+-------+--------+--------+------+-------+-------+--------+--------+
| sno | sname | status | city   | pno  | pname | color | weight | city   |
+-----+-------+--------+--------+------+-------+-------+--------+--------+
| s1  | Smith |     20 | London | p6   | Cog   | Red   | 19     | London |
| s1  | Smith |     20 | London | p4   | Screw | Red   | 14     | London |
| s1  | Smith |     20 | London | p1   | Nut   | Red   | 12     | London |
| s2  | Jones |     10 | Paris  | p5   | Cam   | Blue  | 12     | Paris  |
| s2  | Jones |     10 | Paris  | p2   | Bolt  | Breen | 17     | Paris  |
| s3  | Blake |     30 | Paris  | p5   | Cam   | Blue  | 12     | Paris  |
| s3  | Blake |     30 | Paris  | p2   | Bolt  | Breen | 17     | Paris  |
| s4  | Clark |     20 | London | p6   | Cog   | Red   | 19     | London |
| s4  | Clark |     20 | London | p4   | Screw | Red   | 14     | London |
| s4  | Clark |     20 | London | p1   | Nut   | Red   | 12     | London |
| s5  | Adams |     30 | Athens | NULL | NULL  | NULL  | NULL   | NULL   |
+-----+-------+--------+--------+------+-------+-------+--------+--------+
11 rows in set (0.00 sec)
```

그림 7.18 left outer join 결과.

```
mysql> select * from  s right outer join p on s.city = p.city;
+------+-------+--------+--------+-----+-------+-------+--------+--------+
| sno  | sname | status | city   | pno | pname | color | weight | city   |
+------+-------+--------+--------+-----+-------+-------+--------+--------+
| s4   | Clark |     20 | London | p1  | Nut   | Red   | 12     | London |
| s1   | Smith |     20 | London | p1  | Nut   | Red   | 12     | London |
| s3   | Blake |     30 | Paris  | p2  | Bolt  | Breen | 17     | Paris  |
| s2   | Jones |     10 | Paris  | p2  | Bolt  | Breen | 17     | Paris  |
| NULL | NULL  |   NULL | NULL   | p3  | Screw | Blue  | 17     | Oslo   |
| s4   | Clark |     20 | London | p4  | Screw | Red   | 14     | London |
| s1   | Smith |     20 | London | p4  | Screw | Red   | 14     | London |
| s3   | Blake |     30 | Paris  | p5  | Cam   | Blue  | 12     | Paris  |
| s2   | Jones |     10 | Paris  | p5  | Cam   | Blue  | 12     | Paris  |
| s4   | Clark |     20 | London | p6  | Cog   | Red   | 19     | London |
| s1   | Smith |     20 | London | p6  | Cog   | Red   | 19     | London |
+------+-------+--------+--------+-----+-------+-------+--------+--------+
11 rows in set (0.00 sec)
```

그림 7.19 right outer join 결과.

Summarize는 aggregate functions으로 group 객체를 입력으로 받아서 sum( )의 결과를 group 별로 구한다. 예를 들면 SUMMARIZE sp PER sp{pno} ADD SUM (qty) AS totqty 표현 식은 입력 relation이 SP이고 pno 별로 group을 만들어 각 group의 qty를 sum( )하여 totqty를 계산한다. summarize 연산자를 일반화하여 표현하면 SUMMARIZE A PER B ADD summary AS Z으로 기술되고 A가 입력 relation이고 B가 A_1, A_2, ⋯, A_n 일 때는 group을 지정하는 attribute이다. 결과 relation은 {A_1, A_2, ..., A_n, Z}로서 표현된다. 또 다른 예로서 SUMMARIZE sp PER p{pno} ADD SUM(qty) AS totqty, AVG(qty) AS avgqty는 결과 relation이 {pno, totqty, avgqty}가 된다.

```
mysql> select pno, sum(qty) from sp group by(pno);
+-----+----------+
| pno | sum(qty) |
+-----+----------+
| p1  |      600 |
| p2  |     1000 |
| p3  |      400 |
| p4  |      500 |
| p5  |      500 |
| p6  |      100 |
+-----+----------+
6 rows in set (0.00 sec)
```

그림 7.20 aggregation 함수 처리.

7.4 Relational algebra를 사용한 표현 예제

relational algebra로 표현한 것을 SQL로 표현할 수 있어야 한다. 그런데 divide, semijoin 연산자를 바로 표현할 수 있는 SQL로 표현할 수가 없으므로 relational calculus를 공부해야 한다. 이 절의 예제 질문[1]에 대한 relational algebra를 작성할 수 있어야 한다.

1. 부품 p2를 공급하는 공급자의 이름을 찾아라.

```
((SP join S) where pno = 'P2') [SNAME]
```

(sp join s)는 부품 공급에 참여한 공급자와 공급(shipment) 테이블을 합친 것이다. Join 결과에 대하여 부품 p2를 공급한 join 결과로 restrict 한다. 마지막으로 sname으로 projection을 수행한다.

```
((sp where pno = 'p2') join s)[sname]
```

Join을 적용하기 전에 먼저 restriction을 수행하게 되면 join으로 만들어지는 임시 레코드 개수가 줄어들게 된다. 같은 질의에 대하여 다른 relational expression을 중에서 처리 시간을 빠른 표현 식을 정하는 것을 질의 최적화라 한다.

2. 적어도 한 red 부품을 공급하는 공급자의 이름을 찾아라.

```
(((p where color = 'red') join sp)[sno] join s)[sname]
```

같은 질의를 다르게 표현 relational expression은 다음과 같다. 여기서 중요한 것은 같은 질의를 얼마든지 다르게 표현할 수 있다는 것은 질의 처리 최적화 대상이라는 것이다.

```
(((p where color = 'red')[pno] join sp) join s)[sname]
```

3. 모든(all) 부품을 공급하는 공급자의 이름을 찾아라.

```
((sp[sno,pno] divideby p[pno]) join S) [SNAME]
```

(sp[sno,pno] divideby p[pno]은 모든 부품을 공급하는 공급자 리스트를 준다. 이것을 join 조건을 사용하여 같은 결과를 구할 수 있다.

```
(S where (SP where sp.sno = s.sno)[pno] = p[pno])[sname]
```

4. 공급자 s2가 공급하는 모든(all) 부품을 적어도(at least) 그 이상 공급하는 공급자의 번호(sno)를 찾아라.

```
(sp[sno,pno] divideby (SP where sp.sno = 'S2')[pno]
```

5. 같은 도시에 있는 공급자들의 번호(sno)들을 찾아라.

```
(((s rename sno as sno1[sno1,city] join (s rename sno as sno2[sno2,city]) where sno1 <
sno2)[sno1,sno2]
```

Self join을 처리하기 위하여 rename을 사용하였다. 같은 도시에 있는 공급자들을 city로 조인하면 결과에 <s1, London>, <s1, London>이 나타나게 된다. 조건 sno1 < sno2는 이러한 자

기 자신에 대한 join 결과를 restriction하는데 사용된다. 그리고 {s1, s2}와 {s2, s1}으로 두번 나타나는 것을 제거한다.

6. 부품 p2를 공급하지 않는 공급자의 이름을 찾아라.

```
((S[sno] minus (SP where pno = 'p2'))[sno] join S)[sname]
```

7.5 Query 처리 실습

s,p,j,sp 테이블에 대하여 질의 처리 예제들[1]이다. 아래 예제에 대하여 SQL로 직접 표현하는 것보다 relational algebra로 표현하는 연습을 하는 것이 나중에 SQL 프로그래밍을 쉽게 습득하는 방법이다.

1. London에 있는 프로젝트 이름을 찾아라.
2. 프로젝트 j1에 참여하는 공급자의 이름을 찾아라.
3. 공급 수량이 300 이상 750 이하인 모든 공급의 sno, pno, qty를 찾아라.
4. 부품의 color와 city의 모든 쌍을 찾아라. 같은 쌍은 한 번만 검색되어야 한다.
5. 같은 도시에 있는 공급자, 부품, 프로젝트의 모든 sno, pno, jno 쌍을 찾아라. 찾아진 sno, pno, jno의 city들은 모두 같아야 한다.
6. 같은 도시에 있지 않는 공급자, 부품, 프로젝트의 sno, pno, jno을 찾아라. 찾아진 sno, pno, jno의 city 들은 같은 것이 없어야 한다.
7. London에 있는 공급자에 의해 공급된 부품의 번호, 이름을 찾아라.
8. London에 있는 공급자가 London의 프로젝트에 공급한 부품의 부품 번호와 이름을 찾아라.
9. 한 도시에 있는 공급자가 다른 도시에 있는 프로젝트에 공급할 때 공급자 도시, 프로젝트 도시 쌍을 모두 구하라.
10. 한 도시에 있는 공급자가 같은 도시에 있는 프로젝트에 공급하는 부품의 부품 번호와 이름을 찾아라.
11. 같은 도시에 있지 않은, 적어도 한 명 이상의 공급자들에 의해 공급되고 있는 프로젝트의 번호와 이름을 찾아라.
12. 어떤 공급자가 2개 이상의 부품을 공급할 때 공급된 부품 sno의 리스트를 찾아라. 부품이 1개 공급한 경우는 제외한다.
13. 공급자 s1이 공급한 프로젝트 개수를 찾아라.
14. 공급자 s1이 공급한 부품 p1의 전체 수량을 찾아라.

15. 프로젝트에 공급된 각 부품에 대하여, 각 부품 번호, 공급된 프로젝트 번호, 각 프로젝트에 공급된 수량을 찾아라.
16. any 프로젝트에 공급된 부품의 수량 평균이 350 이상인 부품의 번호를 찾아라. 부품이 여러 프로젝트 공급되는데 공급된 부품 수량의 평균(부품 수량을 프로젝트 개수로 나눈)이 350 이상 되는 것을 말한다.
17. 공급자 s1이 공급한 프로젝트 번호와 이름을 찾아라.
18. 공급자 s1이 공급한 부품의 color를 찾아라.
19. London에 있는 프로젝트에 공급한 부품의 번호와 이름을 찾아라.
20. 공급자 s1이 공급한 any 부품을 적어도(at least) 한 개 이상 사용하는 프로젝트의 번호와 이름을 찾아라.
21. 적어도(at least) 한 개 이상의 red 부품을 공급하는 적어도(at least) 한 명 이상의 공급자들이 공급하는 적어도(at least) 한 개 이상의 부품을 공급하는 공급자의 번호와 이름을 찾아라.
22. 공급자 s1의 status 값보다 더 낮은 status를 갖는 공급자의 번호와 이름을 찾아라.
23. 프로젝트의 city 목록에서 알파벳 순서에서 첫 번째 도시의 프로젝트 번호와 이름을 찾아라.
24. 부품 p1의 프로젝트 공급 수량의 평균이 프로젝트 j1에 공급된 any 부품의 최대 수량보다 더 큰 프로젝트의 번호와 이름을 찾아라. 부품 p1은 공급자 s1, s2, …, sn에 의하여 각 프로젝트에 공급될 때 각 공급자의 공급 수량의 평균을 구한다.
25. 부품 p1을 어떤 프로젝트에 공급하는 수량이 그 프로젝트를 위한 부품 p1의 평균 공급 수량(평균 공급 수량은 각 공급자가 공급하는 수량의 평균이다)보다 더 큰 공급자의 번호와 이름을 찾아라.
26. London에 있는 공급자에 의해 어떠한 red 부품도 공급받지 않는 프로젝트의 번호와 이름을 찾아라.
27. 공급자 s1에 의해서만 부품을 공급받는 프로젝트의 번호와 이름을 찾아라.
28. London에 있는 모든 프로젝트에 공급되는 부품의 번호와 이름을 찾아라.
29. 모든 프로젝트에 같은 부품들을 공급하는 공급자의 번호와 이름을 찾아라.
30. 공급자 s1이 공급하는 모든 부품을 적어도 그 이상 공급받는 프로젝트의 번호와 이름을 찾아라.
31. 적어도 한 공급자가 있는 city이거나, 적어도 한 부품의 city이거나, 적어도 한 프로젝트의 city인 모든 city 이름을 찾아라.
32. London에 있는 공급자에 의해서 공급되거나 London에 있는 프로젝트에 공급된 부품의 번호와 이름을 찾아라.
33. 어떤 부품을 공급하지 않는 공급자 또는 어떤 공급자에 의해서도 공급되지 않는 부품의 공급자 번호, 부품 번호 쌍을 찾아라.
34. 같은 종류의 부품들을 공급하는 공급자 쌍을 공급자 번호의 쌍으로 찾아라.

8장

Relational calculus 기반의 SQL

8장 Relational Calculus 기반의 SQL

8.1 Relational calculus이란?

algebra는 literal arithmetic이므로 代數라고 번역한다. algebra는 set에 기반을 둔 수학으로 집합에 대한 연산자로서 join, union, projection 등을 사용한다. 즉 연산자와 operand를 문자로 대신 사용하여 주어진 relation으로부터 원하는 결과를 기술하는 표현을 relational algebra라 한다. 따라서 문제를 해결하기 위한 operator 들의 순서를 정하므로 procedural이라 한다.

calculus는 variable quantities를 다루는 수학이다. variable은 변수로서 어떤 양을 표현한다. calculus는 “stone”을 나타내는 라틴어의 Calx를 작은 애칭(지소형이라고 번역하지마는 뜻이 어렵다: 여기서는 작은 돌(small stone)이라는 의미로 사용한 것이다)으로 calculus를 사용한다. calculi(복수)는 계산대에서 합산할 때 사용되는 구슬 또는 조약돌들을 가리킨다. 수학의 미적분(differential and integral)도 calculus이지마는 predicate calculus와 관계가 없다. predicate calculus는 연산자를 사용하는 대신에 변수를 사용한 계산식 표기를 사용하므로 descriptive라고 말한다. relational calculus는 predicate calculus라고 불리는 symbolic logic의 한 분야를 토대로 정의되었다. 데이터베이스 테이블의 각 레코드를 tuple로 보고 변수가 tuple 값을 가지므로 tuple-oriented relational calculus라 한다. relational calculus의 변수가 relation의 attribute domain 값을 갖는 방식을 domain-oriented relational calculus 라 하는데 이 책에서는 다루지 않는다.

relational calculus는 first-order logic에 기반을 두었기 때문에 predicate logic 또는 first-order predicate calculus라고 한다. 여기서 predicate는 argument를 사용한 truth-valued function이다. P(x) = (x.sno = ‘s1’)이 predicate이며 x가 argument이다.

{x | P(x)} = {x | (x.pno = ‘p1’)

∃x(P(x))는 ∃가 argument x에만 적용되므로 first-order logic이라 한다. 만일 ∃P(P(a))는 ∃가 predicate에 적용되므로 second-order logic이라 하고 relational calculus에 사용되지 않는다.

proposition은 명제로 번역하며 predicate의 argument에 값이 치환된 true인 사실을 말한다. 데이터베이스 테이블은 true인 명제들만 표현되었다는 것을 Closed World Assumption (CWA)이라 한다. CWA는 DB에 있는 사실은 무조건 부정하여 거짓이라고 보는 것이다.

8.2 Tuple calculus

relational calculus에서 변수가 tuple을 값으로 가지면 줄여서 tuple calculus이라고 한다. relation의 tuple 들을 대상으로 변수가 값을 갖게 되므로 사용된 변수를 tuple variable 또는 range variable이라 한다. "predicate P(x)에 대하여 true가 되는 모든 tuple x를 찾아라."라는 다음과 같이 표현될 수 있다. 여기서 P(x) = (x.city = 'London')과 같은 조건절이다.

```
range of x is dept
{x| P(x)}
```

"London에 있는 공급자의 sno를 찾아라."라는 다음과 같이 tuple calculus로 표현할 수 있다. range 문은 QUEL(relational calculus를 토대로 초기에 나온 DBMS 언어 중의 하나이다) 에서 주어진 relation에 대한 변수를 선언한다. 그리고 RETRIEVE는 SQL의 select에 해당한다. RETRIEVE 문장을 tuple calculus로 표현은 {x|P(x)}으로 동등하게 나타낼 수 있다.

```
range of sx is s
RETRIEVE (sx.sno) where sx.city = 'London'
= {sx.sno | sx.city = 'London'} //sx: tuple variable
```

8.2.1 Range variables

tuple variable이 relation의 tuple 들을 값으로 갖게 되는 변수이므로 range variable로도 부르기도 한다. range 문이 2개 이상의 relation에 대하여 선언될 때는 range variable은 union 결과의 tuple 들은 값으로 가질 수 있다.

```
range of T is x1, X2, ..., XN
```

X_i를 relation Ri의 실행 결과라 하자. relations R_1, R_2, ..., R_n은 type-compatible (relation의 attribute 개수와 종류가 같다) 해야 union이 가능하다. 따라서 tuple variable T는 union 결과의 relation의 tuple을 값으로 갖게 된다.

```
range of sx is s;
range of spx is sp;
range of sy is (sx) where sx.city = 'London',
(sx) where exists spx (spx.sno = sx.sno and spx.pno = 'p1');
```

8.2.2 Free and bound variables

predicate logic의 well-formed formula(wff)는 다음과 같이 정의된다.

1. P(x)가 range variable x에 대하여 simple predicate이면 P(X)는 wff이다.
2. P, Q가 wff이면 $\neg$P, (P$\wedge$Q), (P$\vee$Q), (P$\rightarrow$Q), (P$\leftrightarrow$Q)도 wff이다.
3. P가 wff이면 $\forall$xP(x), $\exists$xP(x)도 wff이다.
4. 그 밖의 다른 predicate는 wff이 아니다.

range variable x의 값은 tuple이고 x.A는 해당 attribute를 나타낸다. wff의 $\forall$ 대신에 forall를 사용하고 $\exists$ 대신에 exists를 사용한다. 주어진 tuple variable이 free 또는 bound인지를 결정하는 규칙은 다음과 같다.

1. simple 비교 조건(T.A < U.A)에서 모든 tuple variable은 free이다.
2. tuple variable이 비교 조건 f에서 free이면(또는 bound이면)
   1) "(f)"와 "not f" 조건에서도 free이다(또는 bound이다.)
   2) "f and g", "f OR g", "IF f THEN g"에서도 free이다(또는 bound이다.).
3. f에서 free인 tuple variable T는 "exists T (f)"에서는 bound이며 "forall T (f)"에서도 bound이다.

free variable의 예제는 simple 비교 조건에서 사용된 tuple variable sx가 free이다. free의 의미는 sx가 relation s에 대하여 "range over"(변숫값의 범위가 s의 첫 번째 tuple부터 마지막 tuple까지 이 변수가 어떤 tuple도 값으로 가질 수 있다는 의미이다) 대상이 되는 tuple이 정해진 것이 없다는 뜻이다. 따라서 sx가 어떤 tuple을 값으로 갖느냐에 따라 다음 조건은 true 또는 false가 된다.

```
sx.sno = 's1'
sx.sno = spx.sno
not (sx.city = 'London')
```

bound variable의 예제는 다음과 같이 simple 비교 조건에 exists와 forall를 추가하게 되는 경우이다. exists spx의 해석은 simple 비교 조건이 true가 되는 spx의 값들이 존재한다는 의미이다. 이때 비교 조건이 true가 되게 하는 tuple 들에 대하여 spx가 bound 되었다는 의미이다. 만약에 비교 조건이 true가 되게 하는 tuple 들이 없으면 exists spx는 false가 된다.

```
exists spx (spx.sno = sx.sno and spx.pno = 'p2')
forall px (px.color = 'Red')
```

forall px는 tuple variable px가 relation P의 모든 tuple들에 대하여 비교 조건이 true이면 forall px는 true가 되는 것이다.

8.2.3 Quantifiers

exists x (f)는 WFF인 f가 true가 되는 변수 x의 값이 적어도(at least) 한 개 존재한다(exist)는 의미이다. forall x(f)은 변수 x의 모든(all) 값에 대하여 WFF f가 true라는 조건을 나타낸다. 예를 들면 변수 x가 relation s에 대하여 "range over"일 때 WFF f는 "x.city = 'London'"이라고 하자. 이때 WFF f에서 변수 x는 free variable이다.

```
mysql> select * from s;
+-----+-------+--------+--------+
| sno | sname | status | city   |
+-----+-------+--------+--------+
| s1  | Smith |     20 | London |
| s2  | Jones |     10 | Paris  |
| s3  | Blake |     30 | Paris  |
| s4  | Clark |     20 | London |
| s5  | Adams |     30 | Athens |
+-----+-------+--------+--------+
5 rows in set (0.00 sec)
```

그림 8.1 테이블 s의 검색.

relation s에서 exists x (f)는 항상 true이다. 이때 f가 true가 되는 변수 x는 's1','s4'에 bound 된다. 그러나 forall x(f)은 false이다. 이때 변수 x는 's1'부터 's5'를 가리키는 데 city가 'London'이 아닌 tuple이 있으므로 false가 된다.

```
mysql> select * from sp;
+-----+-----+------+
| sno | pno | qty  |
+-----+-----+------+
| s1  | p1  |  300 |
| s1  | p2  |  200 |
| s1  | p3  |  400 |
| s1  | p4  |  200 |
| s1  | p5  |  100 |
| s1  | p6  |  100 |
| s2  | p1  |  300 |
| s2  | p2  |  400 |
| s3  | p2  |  200 |
| s4  | p2  |  200 |
| s4  | p4  |  300 |
| s4  | p5  |  400 |
+-----+-----+------+
12 rows in set (0.00 sec)
```

그림 8.2 테이블 sp의 검색.

exists spx (spx.sno = sx.sno and spx.pno = 'P2')에서 WFF의 spx는 bound이며 sx는 free이다. sp에서 spx는 <s1,p2,200>, <s2,p2,400>, <s3,p2,200>, <s4,p2, 200> tuple로 bound된다. 그러나 sx는 relation s에서 s1 ~ s5까지의 tuple을 값으로 가질 수 있는 free이다.

exists T (f(T))은 WFF인 "false OR (f (T_1)) OR . . . OR (f (T_m))"와 동등하게 변환할 수 있다. R이 tuples T_1, T_2, ..., Tm을 갖는 relation이라 하자. 이때 T는 tuple variable로서 relation R을 'range over'한다. f(T)는 WFF로서 f( )에 사용된 T는 free variable이다. exists T (f(T))에서 사용된 T는 bound variable이다.

forall T (f (T))은 WFF인 true and (f (T_1)) and . . . and (f (T_m))"로 동등하게 표현할 수 있다. 여기서 T는 f(T)에서는 free variable이나 forall T (f (T))에서 bound variable이다. forall x (f) = not exists x (not f)로 정의된다. SQL에서 forall은 사용하지 않으며 exists만 사용하므로 "모든(all)"를 사용하는 질의는 exists를 사용하여 표현해야 한다.

8.2.4 Free와 bound variable의 사용 의미

exists x (x > 3)는 bound variable x가 일종의 dummy 변수이다. 여기서 사용된 변수 이름은 exists y(y > 3)으로 변경하여도 조건 의미는 같다. 3보다 큰 숫자가 존재하면 true이다. 비교 조건 (x > 3)의 변수 x는 exists x에 bound 된 것이다. 그런데 x에 bound 된 값은 적어도 한 개 이상 존재하면 exists x (x > 3) 조건은 true가 된다.

exists x(x > 3) and x < 0은 변수 x가 3번 나타나는데 사실상 두 개의 다른 변수가 사용된 것이다. exists x(x > 3)은 bound variable x를 사용하고 있는 것이고 'x < 0'은 free variable을 사용하고 있는 것이다. 따라서. exists x(x > 3)의 bound variable x는 x < 0의 free variable x와 다른 것이다. 이것은 exists y (y > 3) and x < 0으로 동등하게 표현한 것과 같다. 다시 말하면 exists y (y > 3) 조건은 변수 y가 range over하는 relation이 주어지면 true 또는 false가 결정되나 x < 0은 free variable x가 주어진 relation의 어느 tuple을 가리키는가에 따라 true도 되고 false도 된다.

WFF에 사용된 모든 변수가 bound이면 WFF는 true이거나 false이다. 이러한 WFF 들을 closed WFF이라 한다. closed WFF는 주어진 relation은 true인 사실만을 기록한다는 CWA(Closed World Assumption)의 formula이다. 반면에 open WFF는 proposition이 아니면 predicate로서 free variable의 값에 따라 true이거나 false가 된다.

8.3 Relational operations

tuple calculus는 (target-item-list) [where f]로 표현한다. target-item-list는 relational algebra의 projection과 유사하나 똑같지는 않다. target-item-list에 사용된 변수가 한 개일 때는 다음과 같이 projection[1]과 같다.

```
T.A or T.A [ Asx]  //T는 한 개의 relation에 대하여 range over 한다.
T.A1, T.A2, ..., T.An
sx.sno
sx.sno as sno
sx.sno, sx.city
```

target-item-list가 T, U, ..., V (대응되는 relation: TR, UR, . . ., VR)이면 다음과 같이 서로 다른 relation에 대하여 Cartesian product를 수행하고 where 절을 수행한 후에 마지막에 target-item-list로 projection 한다는 의미이다. tuple calculus에서는 relational algebra처럼 연산자가 없다. 단지, (s.sno,sp.sno)라는 target-item-list는 s times sp를 수행한 후에 [s.sno, sp.sno]로 projection을 수행한다는 표기법이다. 미적분도 계산식을 표기법으로 기술한 것이지 operator를 사용하지 않기 때문에 calculus라고 하는 것이다.

(T.A, U.B) [where f]에서 T는 relation TR에 대하여 U는 UR에 대하여 range over하면 1) Cartesian product로서 TR times UR을 수행하고, 2) where conditions으로 restriction을 수행하고, 3) target items으로 projection을 수행하는 것을 표기법[1]으로 나타낸 것이다.

```
1)(sx.sno, px.pno) ≡ (sx times px) [sx.sno, px.pno]
2)(sx.sno) ≡ sx[sx.sno]
3)(sx.sno) where sx.city = 'London' ≡ (sx where  sx.city = 'London')[sx.sno]
4)(sx.sno, px.pno) where sx.city = px.city ≡ ((sx times px) where sx.city =
px.city)[sx.sno,px,pno]
5) (sx) ≡ (sx)[sx.sno, sx.sname, sx.status, sx.city]
```

```
mysql> select * from p;
+-----+-------+-------+--------+--------+
| pno | pname | color | weight | city   |
+-----+-------+-------+--------+--------+
| p1  | Nut   | Red   | 12     | London |
| p2  | Bolt  | Breen | 17     | Paris  |
| p3  | Screw | Blue  | 17     | Oslo   |
| p4  | Screw | Red   | 14     | London |
| p5  | Cam   | Blue  | 12     | Paris  |
| p6  | Cog   | Red   | 19     | London |
+-----+-------+-------+--------+--------+
6 rows in set (0.00 sec)
```

그림 8.3 테이블 p의 검색.

8.4 Tuple calculus 예제

7장에서 다룬 질의 예제[1]를 tuple calculus로 표현한 예제이다.

1. status > 20인 paris에 있는 공급자의 번호와 status를 찾아라.

    {sx.sno, sx.status} where sx.city = 'paris' and sx.status 〉20

2. 같은 도시에 있는 공급자들의 번호 쌍을 찾아라.

    (sx.sno as firstno, sy.sno as secondno) where sx.city = sy.city and sx.sno 〈 sy.sno

3. 부품 p2를 공급하는 공급자의 번호, 이름, status, 도시를 찾아라.

    sx where exists spx(spx.sno = sx.sno and spx.pno = 'P2')

4. 적어도 한 개 이상의 red 부품을 공급하는 공급자의 이름을 찾아라.

    sx.sname where exists spx (sx.sno = spx.sno and exists px(px.pno = spx.pno and px.color = 'Red')) //'Red' 부품이 exists하고, 이를 공급하는 supplier가 exists하고 모든 quantifier(exists)가 wff의 앞부분으로 모은 것을 equivalent prenex normal form이라 한다.
    sx.sname where exists spx (exists px (sx.sno = spx.sno and spx.pno = px.pno and px.color = 'Red"))
    prenex normal form에서도 괄호를 제거한 더 간단한 표현 식으로 정리할 수 있다.
    sx.sname where exists spx exists px (sx.sno = spx.sno and spx.pno = px.pno and px.color = 'Red')

5. 공급자 s2에 의해 공급된 부품을 적어도 한 개 이상 공급하는 공급자의 이름을 찾아라.

    sx.sname where exists spx (exists spy (sx.sno = spx,sno and spx.pno =spy.pno and spy.sno = 's2')))

6. 모든 부품을 공급하는 공급자의 이름을 찾아라.

    sx.sname where forall px(exists spx (spx.sno = sx.sno and spx.pno = px.pno))
    forall px는 divideby와 같다. forall을 사용하지 않고 exists만 사용하여 표현한다.

    sx.sname where not exists px (not exists spx (spx.sno = sx.sno and spx.pno = px.pno))

7. 부품 p2를 공급하지 않는 공급자의 이름을 찾아라.

    sx.sname where not exists spx (spx.sno = sx.sno and spx.pno = 'p2')

8. 공급자 s2에 의해 공급되는 부품을 적어도 모두 공급하는 공급자의 번호를 찾아라.

sp [sno, pno] divideby (sp where sno = 's2') [pno] //relational algebra로 표현하면 매우 간단하나 relational calculus로 표현하는 것은 복잡하다.
if (sp where sno = 's2') = empty, then result = sp[sno] //sp relation에서 s2가 없으면 sp[sno]가 답이다. sp relation에서 s2가 있으면 s2가 공급하는 공급이 spy라고 하면 적어도 모두(at least all)이므로 forall spy를 사용해야 한다. 모든 spy를 공급하는 spz가 존재하면 free variable sx의 값이 답이 된다.

```
sx.sno where forall spy (IF spy.sno - 's2' THEN exists spz (spz.sno = sx.sno and spz.pno
= spy.pno))
```

if f then g = (not f) or g이므로 IF ~ THEN을 다음과 같이 변환한다.

```
sx.sno where forall spy (spy.sno != 's2' OR        exists spz (spz.sno = sx.sno and spz.pno
= spy.pno))
```

9. 공급자 s2가 공급하거나 부품의 무게가 26 pound 이상인 부품의 번호를 찾아라.

```
px.pno where px.weight 〉 16.0 or exists spx (spx.pno = px.pno and spx.sno = 's2')
range pu ranges over (px.pno where px.weight 〉 16.0), (spx.pno where spx.sno = 's2');
```

8.5 Relational calculus의 확장

relational calculus의 계산 기능을 추가하기 위하여 sum( ), avg( )와 같은 aggregate function을 target-item-list에서 표현할 수 있다. relational expression에 사용된 aggregate function을 exists, forall과 같은 quantifier 로 간주하는 것이다. aggregate function의 구문은 다음과 같다.

```
aggregate-function (expression [, attribute])
```

또는 aggregate-function ((target-item-list) where f)으로 표현하며 T가 f에서 free이면 T는 aggregate function으로 bound 된다. 다음과 같은 좀 더 복잡한 질의 예제[1]를 tuple calculus로 표현한다.

1. 무게가 10,000그램 이상인 부품의 번호와 무게를 그램으로 찾아라(P 테이블의 weight는 pound 단위이며 1파운드(lb)는 454그램이다).

```
(px.pno, px.weight * 454 as gram) where px.weight * 454 〉 10000
```

2. 모든 공급자의 번호, 이름, status, 도시를 찾아서 5번째 column에 "공급자"를 tag 항목으로 출력하라.

```
(sx, '공급자' as tag)
```

3. 부품이 공급된 경우에 공급자 번호, 부품 번호, 부품 수량, 부품 무게(파운드)를 찾아라.

```
(spx, px.weight * spx.qty as shipwt) where px.pno = spx.pno
```

4. 각 부품에 대하여 부품 번호와 공급된 부품 수량의 합을 구하라.

```
(px.pno, sum(spx where spx.pno = px.pno, qty) as totqty)
```

spx는 bound variable이며 free variable인 px.pno에 대하여 group by를 수행하는 것이다. tuple calculus에서는 "groupby(pno)" 형태를 사용하지 않는다. 그 이유는 미적분처럼 calculus는 표기법으로 groupby를 imply하기 때문이다. (imply 단어로 설명하는 것은 sum( ) 도 일종의 quantifier로 보는 것이고 bound variable이 있고 free variable에 대하여 groupby를 한다고 생각하라는 것이다)

5. 모든 부품의 총공급 수량의 합을 구하라.

```
sum(spx, qty) as grandtotal //free variable이 없기 때문에 qty를 모두 더한다.
```

6. 각 공급자에 대하여 공급자 번호와 공급된 부품의 개수를 찾아라.

```
(sx.sno, count (spx where spx.sno = sx.sno) as #_of_parts)
```

7. red 부품을 5개 이상 저장한 부품의 도시를 찾아라.

```
range py ranges over p;
px.city where count(py where py.city = px.city and py.color = 'red') 〉 5
//py도 bound variable이다.
```

8.6 SQL 프로그래밍

SQL은 relational algebra와 relational calculus 양쪽을 기반으로 설계되었다. 그리고 SQL에는 algebra 요소도 아니고 calculus 요소도 아닌 내용이 포함되어 있다. 예를 들면 in <subquery>는 algebra도 아니고 calculus도 아니다. SQL query는 table expression으로 설계되었다. select 결과에 중복을 없애기 위해 column에 distinct를 사용한다. join 조건으로 s.sno = sp.sno를 사용할 때 table-name.attribute-name으로 나타나는 것을 name qualification이라 한다.

```
mysql> select color, city from p;
+-------+--------+
| color | city   |
+-------+--------+
| Red   | London |
| Breen | Paris  |
| Blue  | Oslo   |
| Red   | London |
| Blue  | Paris  |
| Red   | London |
+-------+--------+
6 rows in set (0.00 sec)

mysql> select distinct color, city from p;
+-------+--------+
| color | city   |
+-------+--------+
| Red   | London |
| Breen | Paris  |
| Blue  | Oslo   |
| Blue  | Paris  |
+-------+--------+
4 rows in set (0.00 sec)
```

그림 8.4 distinct를 사용한 검색.

select 결과에서 column이 2개 이상일 때 결과 순서를 order by를 사용한다. order by BY order-item-commalist로서 2개 이상의 column 사용도 가능하다.

```
mysql> select distinct color, city from p order by city;
+-------+--------+
| color | city   |
+-------+--------+
| Red   | London |
| Blue  | Oslo   |
| Blue  | Paris  |
| Breen | Paris  |
+-------+--------+
4 rows in set (0.00 sec)
```

그림 8.5 order by를 사용한 검색.

1. 부품의 무게가 10 pound 이상이고 부품의 도시가 파리가 아닌 부품의 도시와 색상을 찾아라.

```
select px.color, px.city from p as px where px.city <>'paris' and px.weight > 10.0
//tuple calculus 스타일로서 range 변수로서 px를 사용하는 것이다.
//implicit range variable로서 다음과 같이 relation 이름을 변수처럼 사용한다.
select p.color, p.city
```

from p
where p.city 〈〉 'Paris' and p.weight 〉 10;
//unqualified column name을 사용하는 것은 같은 attribute를 사용하지 않을 때 가능하다.
select color, city
from p
where city 〈〉 'Paris' and weight 〉 10;

2. 모든 부품에 대하여 부품 번호와 부품의 무게를 그램으로 찾아라.

select p.pno, p.weight * 454 as gmwt from p

3. 공급자의 도시와 부품의 도시가 같은 공급자와 부품 정보를 찾아라.

1. select s.sno, s.sname, s.status, s.city,P.pno, P.PNAME, P.color, P.WEIGHT
   from s,p
   where s.city = P.city
2. select * from s join p on s.city = p.city;

```
mysql> select * from s join p on s.city = p.city;
+-----+-------+--------+--------+-----+-------+-------+--------+--------+
| sno | sname | status | city   | pno | pname | color | weight | city   |
+-----+-------+--------+--------+-----+-------+-------+--------+--------+
| s4  | Clark |     20 | London | p1  | Nut   | Red   | 12     | London |
| s1  | Smith |     20 | London | p1  | Nut   | Red   | 12     | London |
| s3  | Blake |     30 | Paris  | p2  | Bolt  | Breen | 17     | Paris  |
| s2  | Jones |     10 | Paris  | p2  | Bolt  | Breen | 17     | Paris  |
| s4  | Clark |     20 | London | p4  | Screw | Red   | 14     | London |
| s1  | Smith |     20 | London | p4  | Screw | Red   | 14     | London |
| s3  | Blake |     30 | Paris  | p5  | Cam   | Blue  | 12     | Paris  |
| s2  | Jones |     10 | Paris  | p5  | Cam   | Blue  | 12     | Paris  |
| s4  | Clark |     20 | London | p6  | Cog   | Red   | 19     | London |
| s1  | Smith |     20 | London | p6  | Cog   | Red   | 19     | London |
+-----+-------+--------+--------+-----+-------+-------+--------+--------+
10 rows in set (0.00 sec)
```

그림 8.6 join을 사용한 검색.

3. select * from s, p where s.city = p.city;

```
mysql> select * from s,p where s.city = p.city;
+-----+-------+--------+--------+-----+-------+-------+--------+--------+
| sno | sname | status | city   | pno | pname | color | weight | city   |
+-----+-------+--------+--------+-----+-------+-------+--------+--------+
| s4  | Clark |     20 | London | p1  | Nut   | Red   | 12     | London |
| s1  | Smith |     20 | London | p1  | Nut   | Red   | 12     | London |
| s3  | Blake |     30 | Paris  | p2  | Bolt  | Breen | 17     | Paris  |
| s2  | Jones |     10 | Paris  | p2  | Bolt  | Breen | 17     | Paris  |
| s4  | Clark |     20 | London | p4  | Screw | Red   | 14     | London |
| s1  | Smith |     20 | London | p4  | Screw | Red   | 14     | London |
| s3  | Blake |     30 | Paris  | p5  | Cam   | Blue  | 12     | Paris  |
| s2  | Jones |     10 | Paris  | p5  | Cam   | Blue  | 12     | Paris  |
| s4  | Clark |     20 | London | p6  | Cog   | Red   | 19     | London |
| s1  | Smith |     20 | London | p6  | Cog   | Red   | 19     | London |
+-----+-------+--------+--------+-----+-------+-------+--------+--------+
10 rows in set (0.00 sec)
```

그림 8.7 join 연산자를 사용하지 않는 조인 질의.

1) from 절에서 Cartesian product를 수행한다. 이 개념은 tuple calculus에서 따온 것이다.
2) where 절에서 restriction 하는 것은 relational algebra에서 따온 것이다.
3) select 절에서 projection 하는 것은 relational algebra에서 따온 것이다.

4. first city에 있는 공급자가 second city에 있는 부품을 공급할 때 두 도시 쌍을 찾아라.

```
select distinct s.city as scity, p.city as pcity from s join sp join p on s.sno = sp.sno and
sp.pno = p.pno;
```

```
mysql> select * from s join sp join p on s.sno = sp.sno and sp.pno = p.pno;
+-----+-------+--------+--------+-----+-----+------+-----+-------+-------+--------+--------+
| sno | sname | status | city   | sno | pno | qty  | pno | pname | color | weight | city   |
+-----+-------+--------+--------+-----+-----+------+-----+-------+-------+--------+--------+
| s1  | Smith |     20 | London | s1  | p1  |  300 | p1  | Nut   | Red   | 12     | London |
| s1  | Smith |     20 | London | s1  | p2  |  200 | p2  | Bolt  | Breen | 17     | Paris  |
| s1  | Smith |     20 | London | s1  | p3  |  400 | p3  | Screw | Blue  | 17     | Oslo   |
| s1  | Smith |     20 | London | s1  | p4  |  200 | p4  | Screw | Red   | 14     | London |
| s1  | Smith |     20 | London | s1  | p5  |  100 | p5  | Cam   | Blue  | 12     | Paris  |
| s1  | Smith |     20 | London | s1  | p6  |  100 | p6  | Cog   | Red   | 19     | London |
| s2  | Jones |     10 | Paris  | s2  | p1  |  300 | p1  | Nut   | Red   | 12     | London |
| s2  | Jones |     10 | Paris  | s2  | p2  |  400 | p2  | Bolt  | Breen | 17     | Paris  |
| s3  | Blake |     30 | Paris  | s3  | p2  |  200 | p2  | Bolt  | Breen | 17     | Paris  |
| s4  | Clark |     20 | London | s4  | p2  |  200 | p2  | Bolt  | Breen | 17     | Paris  |
| s4  | Clark |     20 | London | s4  | p4  |  300 | p4  | Screw | Red   | 14     | London |
| s4  | Clark |     20 | London | s4  | p5  |  400 | p5  | Cam   | Blue  | 12     | Paris  |
+-----+-------+--------+--------+-----+-----+------+-----+-------+-------+--------+--------+
12 rows in set (0.00 sec)

mysql> select distinct s.city as scity, p.city as pcity from s join sp join p on s.sno = sp.sno and sp.pno = p.pno;
+--------+--------+
| scity  | pcity  |
+--------+--------+
| London | London |
| London | Paris  |
| London | Oslo   |
| Paris  | London |
| Paris  | Paris  |
+--------+--------+
5 rows in set (0.00 sec)
```

그림 8.8 다중 조인 연산자를 사용한 검색.

5. 같은 도시에 있는 공급자의 모든 공급자 번호 쌍을 찾아라.

```
select a.sno as sa, b.sno as sb
from s as a, s as b
where a.city = b.city and a.sno < b.sno
```

6. 공급자 전체 숫자를 찾아라.

```
select count(*) as n from s;
//count, sum, avg, max, min,every, any가 aggregate function이다. sum(distinct qty)를 사용하면
중복 qty를 제거하므로 결과가 다르다.
```

```
mysql> select pno, sum(qty) from sp group by pno;
+-----+----------+
| pno | sum(qty) |
+-----+----------+
| p1  |      600 |
| p2  |     1000 |
| p3  |      400 |
| p4  |      500 |
| p5  |      500 |
| p6  |      100 |
+-----+----------+
6 rows in set (0.00 sec)

mysql> select pno, sum(distinct qty) from sp group by pno;
+-----+-------------------+
| pno | sum(distinct qty) |
+-----+-------------------+
| p1  |               300 |
| p2  |               600 |
| p3  |               400 |
| p4  |               500 |
| p5  |               500 |
| p6  |               100 |
+-----+-------------------+
6 rows in set (0.00 sec)
```

그림 8.9 group by를 사용한 aggregation 함수 처리.

7. 부품 p2의 최대, 최소 qty 값을 찾아라.

```
select max(sp.qty) as maxq, min(sp.qty) as minq from sp where sp.pno = 'p2;
select avg(sum(sp.qty)) from sp;//오류가 발생한다.
```

8. 공급된 부품에 대하여 부품 번호와 공급된 부품 수량을 찾아라.

```
select sp.pno, SUM(sp.QTY) as TOTQTY from sp GROUP BY sp.pno

= SUMMARIZE sp BY(pno) ADD SUM(QTY) as TOTQTY
//SQL의 sum() 함수는 relational algebra의 summarize 연산자를 따왔다.

= select P.pno, (select SUM(sp.QTY) from sp where sp.pno = P.pno) as TOTQTY
      from P;
// P: free variable, sp: bound variable로서 relational calculus에서 따왔다.
```

9. 한 명 이상의 공급자에 공급된 부품의 번호를 찾아라.

```
select sp.pno
from sp
```

```
GROUP BY sp.pno
HAVING COUNT (sp.sno) > 1;
```

10. 부품 p2를 공급하는 공급자의 이름을 찾아라.

```
select DISTINCT S.sname
from s
where s.sno IN (select sp.sno from sp where sp.pno = 'P2')

in (subquery)의 결과가 s1,s2,s3,s4이면 다음과 같은 질의로 생각하면 된다.
select DISTINCT s.sname
from s
where s.sno IN ('s1', 's2', 's3', 's4');
subquery를 사용하지 않고 join으로 표현할 수도 있다
select DISTINCT S.sname
from s, sp
where s.sno = sp.sno and sp.pno = 'P2';

select DISTINCT s.sname
  from s
  where exists
    (select *
    from sp
    where sp.sno = s.sno and sp.pno = 'P2');
```

11. red 부품을 적어도 한 개 이상 공급하는 공급자의 이름을 찾아라.

```
select distinct s.sname froms
where s.sno in (select sp.sno from sp
      where sp.pno in (select p.pno from p where p.color = 'red')))
```

12. s 테이블의 최대 최대 status 값보다 작은 status를 갖는 공급자 이름을 찾아라.

```
select s.sno from s where s.status < (select MAX(s.status) from s);
```

13. 부품 p2를 공급하는 공급자 이름을 찾아라.

```
select distinct s.sname from s
where exists (select * from sp
      where sp.pno = s.sno and sp.pno = 'p2');
exists(select  from )의 tuple calculus의 exists에 해당한다. sp가 bound variable이다.
```

14. 부품 p2를 공급하지 않는 공급자의 이름을 찾아라.

```
select distinct s.sname from s
where not exists (select * from sp
      where sp.pno = 'p2' and sp.sno = s.sno);

select distinct s.sname from s
where s.sno not in (select sp.sno from sp where sp.pno = 'p2');
```

15. 모든 부품을 공급하는 공급자의 이름을 찾아라.

```
select DISTINCT s.sname
from s
where not exists
      (select *
      from P
      where not exists
            (select *
            from sp
            where sp.pno=s.sno and sp.pno =P.pno));
```

SQL은 forall을 직접 지원하지 않는다. 모든 부품을 공급하는 공급자를 찾는 문제는 먼저 relational calculus를 사용하여 다음과 같이 표현한다.

```
sx.sname where forall px(exists spy (spx.sno = sx.sno and spx.pno = px.pno))
```

forall px 는 divideby이므로 모든 부품을 공급한다는 질문을 쉽게 표현할 수가 있다. forall를 직접 지원하지 않으므로 exists를 사용한 relational calculus로 변환한다.

```
sx.sname where not exists px (not exists spx    (spx.sno = sx.sno and spx.pno =
px.pno))
```

SQL은 forall을 직접 지원하지 않으므로 "($(. . .)) = not$(not$(. . .))으로 바꾼다.

16. 공급자의 부품 종류 갯수가 모든 부품의 종류 숫자와 같은 공급자의 이름을 찾아라.

```
select DISTINCT s.sname
from s
where (select COUNT (sp.pno)
          from sp
          where sp.sno = s.sno) = (select COUNT (P.pno) from P);

//다음 코드는 동작하지 않는다. 두 개의 테이블을 비교하는 것은 가능하지 않다.
```

```
select distinct s.sname
from s
where (select sp.pno
       from sp
       where sp.sno = s.sno) = (select p.pno from p);
```

17. 부품의 무게가 16pound 이상이거나 공급자 s2에 의해 공급된 부품 번호를 찾아라.

```
select p.pno from p where p.weight >weight(16.0)
union select sp.pno from sp where sp.sno = 's2'
```

18. 부품의 무게가 10,000그램 이상인 부품의 번호와 무게를 그램으로 찾아라.

```
select p.pno, p.weight * 454 as gmwt from p where p.weight * 454 > 10,000;
```

19. 공급된 모든 부품의 번호를 찾되 중복 결과는 제거하여 찾아라.

20. 파리에 있는 공급자의 번호와 status를 찾되 공급자 번호는 올림차순으로 status는 내림차순으로 찾아라.

21. 부품의 무게가 16보다 크고 19보다 작은 부품의 번호를 찾아라.

22. 공급된 부품 p2의 전체 수량을 찾아라.

23. 한명 이상의 공급자에 의해서 공급된 모든 부품의 부품 번호를 찾아라.

24. 부품의 공급시에 수량이 300 이상인 공급 관계(shipment)를 삭제하라.

25. 부품 p2의 색상을 yellow로 바꾸고 무게는 5 증가하고 도시는 oslo로 변경하라.

8.7 고급 수준 SQL 프로그래밍

8.7.1 Select 구문과 subquery

MySQL 8.0의 Select 구문[17]은 select ...into, join, union, 괄호를 사용한 subquery 문 등이 있다.

```
SELECT
    [ALL | DISTINCT | DISTINCTROW ]
    [HIGH_PRIORITY]
    [STRAIGHT_JOIN]
    [SQL_SMALL_RESULT] [SQL_BIG_RESULT] [SQL_BUFFER_RESULT]
    [SQL_NO_CACHE] [SQL_CALC_FOUND_ROWS]
    select_expr [, select_expr] ...
    [into_option]
    [FROM table_references
      [PARTITION partition_list]]
    [WHERE where_condition]
    [GROUP BY {col_name | expr | position}, ... [WITH ROLLUP]]
    [HAVING where_condition]
    [WINDOW window_name AS (window_spec)
        [, window_name AS (window_spec)] ...]
    [ORDER BY {col_name | expr | position}
      [ASC | DESC], ... [WITH ROLLUP]]
    [LIMIT {[offset,] row_count | row_count OFFSET offset}]
    [into_option]
    [FOR {UPDATE | SHARE}
        [OF tbl_name [, tbl_name] ...]
        [NOWAIT | SKIP LOCKED]
      | LOCK IN SHARE MODE]
    [into_option]

into_option: {
    INTO OUTFILE 'file_name'
        [CHARACTER SET charset_name]
        export_options
  | INTO DUMPFILE 'file_name'
  | INTO var_name [, var_name] ...
}
```

그림 8.10 SQL select 구문[17].

자주 사용되는 select 문은 select from where에 group by, having, ordered by이다. []은 생략 가능하다.

```
select
        [from table-references]
        [where where-condition]
        [order by {col_name | expr} [asc |desc]]
        [having where-condition]
        [group by {col_name | expr} [with rollup]]
```

부품의 무게가 12 ~ 15인 부품을 이름을 찾아라.

```
select pname from p where weight>=12 and weight<=15;
select pname from p where weight between 12 and 15;
```

부품의 이름이 b로 시작하는 부품의 도시를 찾아라.%는 아무 글자가 나오는 것을 말한다.

```
select city from p where name like 'b%';
```

부품의 첫 글자는 아무 글자나 상관없고 두 번째 글자가 u이고 세 번째는 아무 글자 열이 나오는 경우는 다음과 같다.

```
select city from p where name like '_u%';
```

부품의 도시가 'London' 또는 'Paris' 또는 'Oslo'인 부품의 이름을 찾아라.

```
select pname from p where city='London'or city='Paris' or city='Oslo';
select pname from p where city in('London','Paris','Oslo');
```

subquery는 select 문 내에 다시 select 문이 나타나는 것을 말한다. in을 사용한 subquery는 다음과 같다. 부품의 무게가 15 이상인 부품의 도시와 같은 도시에 있는 부품의 이름을 찾아라.

```
select pname from p where city in(select city from p whete weight 〉 15);
```

subquery에 사용된 in은 subquery 결과의 or에 해당된다. 부품의 도시가 'London'인 부품의 무게보다 더 큰 무게인 부품의 이름을 찾아라. any 대신에 some을 사용해도 같은 결과이다.

```
select pname from p where weight 〉 any(select weight from p whete city='London');
select pname from p where weight 〉 all(select weight from p whete city='London');
```

any 대신에 in을 사용한 subquery는 다음과 같다.

```
select pname from p where weight in(select weight from p whete city='London');
```

반면에 any 또는 some을 사용하지 않을 때 오류가 나는 이유는 subquery 결과가 2개 이상이기 때문이다.

```
select pname from p where weight 〉 (select weight from p whete city='London');//오류가 발생한다.
```

8.7.2 select 결과의 order by, group by, having

select 결과를 지정된 column 순서로 asc(ascending), desc(descending)으로 정렬한다. 부품의 이름으로 오름차순으로, 무게를 사용한 내림차순으로 찾아라.

```
select name, weight from p order by pname asc, weight desc;
```

select 결과를 limit를 사용하여 출력 개수를 정할 수 있다. limit 절은 '[limit 시작 위치], 개수'로 나타낸다.

```
select name, weight from p order by pname asc limit 0,5;
```

특정 column을 group으로 만들어 sum 등의 aggregate 함수를 적용한다. group by는 where 절을 적용하기 전에 적용한다. having은 where 절을 적용한 후 group 결과에 대한 적용 조건이다.

공급된 부품별 공급 횟수를 찾아라. 이 질문은 부품 번호별로 group by를 적용하여 count( )를 적용하는 것이다.

```
select pno, count(sno) as totcount from sp group by pno;
```

공급된 부품별 공급 횟수가 3 이상인 부품 번호와 공급 횟수를 찾아라. having은 group by에 의해 계산된 count( ) 결과에 적용한다.

```
select pno, count(sno) as totcount from sp group by pno having totcount >= 3;
```

공급 수량(qty)이 100 이상인 공급 부품들의 부품별 수량 합계를 찾아라. group by보다 where 절을 먼저 실행한 후에 group by를 하여 sum( )을 구한다.

```
select pno, sum(qty) as totqty from sp where qty > 100 group by pno;
```

공급 수량(qty)이 100 이상인 공급 부품들의 부품별 수량 합계가 500인 부품 번호와 부품 수량을 찾아라.

```
select pno, sum(qty) as totqty from sp where qty > 100 group by pno having totqty>500;
```

중간 합계와 전체 합계가 필요할 때 with rollup을 사용한다. 공급된 부품에 대하여 부품별 공급 소 합계를 구하고 전체 공급량 합계를 찾아라. sno가 null인 합계가 부품별 소 합계를 보여주고 있다. 전체 합계는 마지막 line에 sno와 pno도 null로서 합계만 보여준다.

```
mysql> select sno, pno, sum(qty) as totqty from sp group by pno,sno with rollup;
+------+------+--------+
| sno  | pno  | totqty |
+------+------+--------+
| s1   | p1   |    300 |
| s2   | p1   |    300 |
| NULL | p1   |    600 |
| s1   | p2   |    200 |
| s2   | p2   |    400 |
| s3   | p2   |    200 |
| s4   | p2   |    200 |
| NULL | p2   |   1000 |
| s1   | p3   |    400 |
| NULL | p3   |    400 |
| s1   | p4   |    200 |
| s4   | p4   |    300 |
| NULL | p4   |    500 |
| s1   | p5   |    100 |
| s4   | p5   |    400 |
| NULL | p5   |    500 |
| s1   | p6   |    100 |
| NULL | p6   |    100 |
| NULL | NULL |   3100 |
+------+------+--------+
19 rows in set (0.00 sec)
```

그림 8.11 부분 합계 처리를 위한 rollup 처리.

8.8 데이터 변경 SQL 문장

8.8.1 Insert 문

insert 문을 사용하여 테이블에 새로운 record를 입력한다.

```
insert into s(sno, sname, status, city) values('s9','Hong',10,'Busan');
```

sno와 sname만 입력하고자 할 때는 status와 city가 default 값으로 null로 지정되면 안 된다.

```
insert into s(sno, sname) values('s99','Hong');
```

student의 key인 sid를 auto_increment로 정의한 후에 insert를 하면 자동으로 다음 번호가 입력된다.

```
mysql> desc s;
+--------+-------------+------+-----+---------+-------+
| Field  | Type        | Null | Key | Default | Extra |
+--------+-------------+------+-----+---------+-------+
| sno    | varchar(4)  | NO   | PRI | NULL    |       |
| sname  | varchar(10) | NO   |     | NULL    |       |
| status | int         | NO   |     | NULL    |       |
| city   | varchar(10) | NO   |     | NULL    |       |
+--------+-------------+------+-----+---------+-------+
4 rows in set (0.00 sec)
```

그림 8.12 테이블 s의 기술.

```
mysql> create table student(sid int auto_increment primary key, sname varchar(10), dept varchar(10));
Query OK, 0 rows affected (0.01 sec)
```

그림 8.13 auto_increment를 사용하는 테이블 정의.

student의 key인 sid를 auto_increment로 정의한 후에 insert를 하면 자동으로 다음 번호가 입력된다.

```
mysql> desc student;
+-------+-------------+------+-----+---------+----------------+
| Field | Type        | Null | Key | Default | Extra          |
+-------+-------------+------+-----+---------+----------------+
| sid   | int         | NO   | PRI | NULL    | auto_increment |
| sname | varchar(10) | YES  |     | NULL    |                |
| dept  | varchar(10) | YES  |     | NULL    |                |
+-------+-------------+------+-----+---------+----------------+
3 rows in set (0.00 sec)
```

그림 8.14 student 정의.

```
mysql> insert into student(sname,dept) values('Hong','DB');
Query OK, 1 row affected (0.00 sec)

mysql> insert into student(sname,dept) values('Kim','OS');
Query OK, 1 row affected (0.00 sec)

mysql> select * from student;
+-----+-------+------+
| sid | sname | dept |
+-----+-------+------+
|   1 | Hong  | DB   |
|   2 | Kim   | OS   |
+-----+-------+------+
2 rows in set (0.00 sec)
```

그림 8.15 sid의 자동 증가 처리.

현재까지 자동으로 입력된 auto_increment 값은 다음과 같은 select 문으로 확인할 수 있다.

```
mysql> select last_insert_id();
+------------------+
| last_insert_id() |
+------------------+
|                2 |
+------------------+
1 row in set (0.00 sec)
```

그림 8.16 auto_increment의 마지막 값 조회.

alter table student auto-increment=10;으로 재설정할 수 있으며 insert 후에 select으로 확인한 결과이다. 하나의 insert 문으로 여러 레코드를 한꺼번에 입력하고 sid가 자동으로 증가하는 것을 확인할 수 있다.

```
mysql> insert into student(sname,dept) values('Lee','BD');
Query OK, 1 row affected (0.00 sec)

mysql> select * from student;
+-----+-------+------+
| sid | sname | dept |
+-----+-------+------+
|   1 | Hong  | DB   |
|   2 | Kim   | OS   |
|  10 | Lee   | BD   |
+-----+-------+------+
3 rows in set (0.00 sec)
```

그림 8.17 auto_increment 값 확인.

```
mysql> insert into student(sname,dept) values('Lee','BD'),('Park','SE'),('Moon','DB');
Query OK, 3 rows affected (0.00 sec)
Records: 3  Duplicates: 0  Warnings: 0
```

그림 8.18 3개 새로운 레코드 입력.

select 문의 결과를 새로 생성된 table에 bulk(여러 개의 레코드)로 입력하는 방법으로 insert 문에 select 문을 사용한다.

```
mysql> create table deletedStudent(id int, sname varchar(10), dept varchar(10));
Query OK, 0 rows affected (0.01 sec)

mysql> insert into deletedStudent select sid,sname,dept from student where sid > 9;
Query OK, 4 rows affected (0.01 sec)
Records: 4  Duplicates: 0  Warnings: 0

mysql> select * from deletedStudent;
+------+-------+------+
| id   | sname | dept |
+------+-------+------+
|   10 | Lee   | BD   |
|   11 | Lee   | BD   |
|   12 | Park  | SE   |
|   13 | Moon  | DB   |
+------+-------+------+
4 rows in set (0.00 sec)
```

그림 8.19 auto_increment 자동 증가 값 확인.

insert ... select.. 방식 대신에 create ... select문을 사용할 수 있다.

```
mysql> create table activeStudent (select sid, sname, dept from student);
Query OK, 6 rows affected (0.02 sec)
Records: 6  Duplicates: 0  Warnings: 0
```

그림 8.20 select 결과를 사용한 테이블 생성.

```
mysql> select * from activeStudent;
+-----+-------+------+
| sid | sname | dept |
+-----+-------+------+
|   1 | Hong  | DB   |
|   2 | Kim   | OS   |
|  10 | Lee   | BD   |
|  11 | Lee   | BD   |
|  12 | Park  | SE   |
|  13 | Moon  | DB   |
+-----+-------+------+
6 rows in set (0.01 sec)
```

그림 8.21 select 결과로 생성한 테이블의 검색.

8.8.2 update 문

where 절이 없이 update 문을 실행하면 전체 record의 값이 변경되므로 주의가 필요하다.

```
update s set status = status + 10;
```

2개 이상의 column을 변경하도록 지정할 수 있다.

```
mysql> update s set status = 99, city='Busan' where sname like 'A%';
Query OK, 1 row affected (0.00 sec)
Rows matched: 1  Changed: 1  Warnings: 0

mysql> select * from s;
+-----+-------+--------+--------+
| sno | sname | status | city   |
+-----+-------+--------+--------+
| s1  | Smith |     30 | London |
| s2  | Jones |     20 | Paris  |
| s3  | Blake |     40 | Paris  |
| s4  | Clark |     30 | London |
| s5  | Adams |     99 | Busan  |
+-----+-------+--------+--------+
5 rows in set (0.00 sec)
```

그림 8.22 update 처리.

8.8.3 delete 문

student 테이블에서 sname='Moon'인 레코드의 삭제를 위한 delete 문이다.

```
delete from student where sname='Moon';
```

delete from student;를 실행하게 되면 전체 레코드를 삭제하게 된다. delete 문제 where 절과 order by를 사용하여 조건을 만족하는 record의 삭제가 가능하다.

```
mysql> select * from student where dept='DB' order by sname desc limit 2;
+-----+-------+------+
| sid | sname | dept |
+-----+-------+------+
|  13 | Moon  | DB   |
|   1 | Hong  | DB   |
+-----+-------+------+
2 rows in set (0.00 sec)

mysql> delete from student where dept='DB' order by sname desc limit 2;
Query OK, 2 rows affected (0.01 sec)

mysql> select * from student;
+-----+-------+------+
| sid | sname | dept |
+-----+-------+------+
|   2 | Kim   | OS   |
|  10 | Lee   | BD   |
|  11 | Lee   | BD   |
|  12 | Park  | SE   |
+-----+-------+------+
4 rows in set (0.00 sec)
```

그림 8.23 delete 처리.

delete 문과 유사한 기능이 truncate이다. 테이블의 record 삭제 효과는 같으나 다음과 같이 많은 차이가 있다.

```
mysql> select * from deletedStudent;
+------+-------+------+
| id   | sname | dept |
+------+-------+------+
|   10 | Lee   | BD   |
|   11 | Lee   | BD   |
|   12 | Park  | SE   |
|   13 | Moon  | DB   |
+------+-------+------+
4 rows in set (0.00 sec)

mysql> truncate table deletedStudent;
Query OK, 0 rows affected (0.02 sec)

mysql> select * from deletedStudent;
Empty set (0.00 sec)
```

그림 8.24 delete와 truncate 구분.

delete 문은 DML(data manipulation language)이므로 where 절을 사용할 수 있고 after delete trigger를 사용할 수 있다. foreign key 제약이 있어도 삭제할 수 있다. 테이블을 다시 초기화하지 않으며 삭제된 레코드에 대한 로그 추적이 이루어지므로 truncate보다 느리다. 반면에 truncate 문은 DDL(data definition language)이므로 where 절을 사용할 수가 없고 레코드들을 전부 삭제한 후에 테이블 자체를 재 초기화한다. 따라서 truncate에서는 delete 후에 trigger가 구동되지 않으며 foreign key가 있으면 레코드를 삭제할 수가 없다. truncate에서는 삭제된 레코드에 대한 로그 추적 관리하지 않으므로 delete보다 빠르고 자동 commit 되므로 rollback이 실행되지 않는다. delete는 rollback 할 수가 있다. MySQL에서 데이터베이스의 테이블 자체의 삭제는 drop table student;로 처리해야 한다.

9장

Integrity와 EER

9장 Integrity와 EER

9.1 Key 간의 integrity 조건

integrity는 database에 있는 데이터의 accuracy 또는 correctness를 말한다. integrity rule은 business rule과 integrity rule로 2가지로 구분할 수 있다. business rules은 테이블의 column 값의 범위 값을 정하는 제약조건 규칙이다. integrity rules은 business rules과 달리 user가 응용에 따라 column 값의 범위를 정하는 것이 아니라 테이블 간의 참조 관계(referential relationship)에 따라 기술해야 하는 제약조건이다. 참조 관계는 primary key와 foreign key 간의 관계로 정의된다.

relation에는 primary key가 relation의 unique identifier(식별자)로 정의되어야 한다. Primary key는 candidate key 중에서 하나를 정하고 다른 하나는 alternate key라고 한다. 주어진 relation R에 대한 candidate key일 조건은 다음 2가지이다. 먼저 R의 전체 attributes의 subset(한 개 또는 두 개 이상)을 candidate key K라고 하자. K의 2가지 조건은 1) uniqueness 속성으로 R의 어떠한 2개의 tuples의 K 값이 같지 않다는 것이고, 2) irreducibility 속성으로 K의 어떠한 subset도 uniqueness 속성을 만족하지 않는다는 것이다. unique는 set이기 때문에 no duplicate와 not null을 만족해야 한다. irreducibility를 minimality이라고 하는 이유는 K의 subset으로 uniqueness를 만족하지 못하므로 K가 attribute 들의 minimal set이기 때문이다.

superkey는 candidate key를 포함한 다른 attribute 들이 추가된 것이다. superkey는 uniqueness 속성을 만족하나 irreducibility 속성을 만족하지 못하므로 candidate key가 아니다. 모든 relation은 적어도 하나의 candidate key를 갖는다. composite key는 candidate key가 한 개 이상의 attribute 들로 구성된 것을 말한다.

왜 candidate keys가 그렇게 중요한가? 에 대한 답은 기본적으로 tuple-level addressing mechanism을 제공하기 때문이다. tuple-level addressing은 relation의 tuple 들을 저장 위치나 순서가 아닌 attribute 값으로 해당하는 tuple을 찾는 것과 candidate key에 의해서 tuple 들을 unique 하게 식별할 수 있는 것을 말한다.

foreign keys 용어는 다음과 같이 정의한다. FK를 R2의 attribute 집합이라 하고 relation R1의 candidate key를 CK라 하자. R2의 FK에 대하여 대응되는 R1 CK값이 존재할 때 FK를 foreign key라고 한다. Foreign key의 예제로서 relation sp에 공급자 <s_8,p_8,10>을 표현할 때 relation s에 s_8이, relation p에 p_8이 존재해야 한다. 이때 sp의 sno와 pno가 각각 foreign key가 된다. sp의 primary key는 {sno,pno}이다.

```
create table dept(dno varchar(4) primary key, dname varchar(10), budget int);
create table emp(eno varchar(4) primary key, ename varchar(10), dno varchar(4), salary int,
foreign key(dno) references dept(dno));
```

foreign key 값은 대응되는 다른 테이블의 candidate key를 reference (이것을 referenced tuple 또는 target tuple이라 함)한다고 한다. referential integrity 문제는 relation이 어떠한 무효(여기서 무효는 foreign key에 대응되는 primary key 값이 없는 경우) foreign key 값을 갖지 않는 것을 말한다. 따라서 referential 제약조건은 주어진 foreign key에 대응되는 candidate key 값이 존재해야 한다는 조건이다. Referential integrity는 relation의 foreign key 값에 대응되는 primary key 값이 반드시 존재해야 한다는 제약조건이다. 다시 말하면 if B references A, A는 존재해야 한다. Referential actions은 referential integrity 규칙을 만족하지 않는 연산에 대한 조치로서 reject하거나 accept하면 추가적인 compensating operations으로 on update cascade 또는 on delete cascade을 수행해야 한다는 것이다.

```
create table emp(eno varchar(4) primary key, ename varchar(10), dno varchar(4), salary int,
foreign key(dno) references dept(dno) on delete cascade on update cascade);
```

```
[CONSTRAINT [symbol]] FOREIGN KEY
    [index_name] (col_name, ...)
    REFERENCES tbl_name (col_name,...)
    [ON DELETE reference_option]
    [ON UPDATE reference_option]

reference_option:
    RESTRICT | CASCADE | SET NULL | NO ACTION | SET DEFAULT
```

그림 9.1 참조 integrity 규칙.

constraint symbol이 사용되면 참조 integrity 조건에 대한 제약조건 명칭이 부여되는 것이고 symbol 이 생략이 되면 제약조건 이름은 MySQL 에서 자동으로 생성한다. MySQL 8.0[17] 이전 버전에서는 constraint symbol이 명시되지 않았고 이 경우에는 시스템에서 자동으로 이름을 생성하다. reference_option으로 cascade 이외에 restrict는 참조되는 relation에 대한 delete 또는 update를 reject하는 것이다. no action은 restrict와 같다. on delete 또는 on update 절을 생략하면 restrict가 설정된다.

기존 relation에 대하여 새로운 foreign key 제약조건을 추가하기 위해 alter table 구문[17]을 사용한다.

```
ALTER TABLE tbl_name
    ADD [CONSTRAINT [symbol]] FOREIGN KEY
    [index_name] (col_name, ...)
    REFERENCES tbl_name (col_name,...)
    [ON DELETE reference_option]
    [ON UPDATE reference_option]
```

그림 9.2 Alter Table 구문[17].

emp에 대하여 foreign key를 추가하기 전의 desc emp; 실행 결과이다.

```
mysql> desc emp;
+--------+-------------+------+-----+---------+-------+
| Field  | Type        | Null | Key | Default | Extra |
+--------+-------------+------+-----+---------+-------+
| eno    | varchar(4)  | NO   | PRI | NULL    |       |
| ename  | varchar(10) | YES  |     | NULL    |       |
| dno    | varchar(4)  | YES  |     | NULL    |       |
| salary | int         | YES  |     | NULL    |       |
+--------+-------------+------+-----+---------+-------+
4 rows in set (0.00 sec)
```

그림 9.3 emp 테이블 정의.

create table 정의 문을 보려면 show create table ...를 사용한다.

```
mysql> show create table emp;
+-------+-----------------------------------------------------------------
-----------------------------------------+
| Table | Create Table
                                         |
+-------+-----------------------------------------------------------------
-----------------------------------------+
| emp   | CREATE TABLE `emp` (
  `eno` varchar(4) NOT NULL,
  `ename` varchar(10) DEFAULT NULL,
  `dno` varchar(4) DEFAULT NULL,
  `salary` int DEFAULT NULL,
  PRIMARY KEY (`eno`)
) ENGINE=InnoDB DEFAULT CHARSET=utf8mb4 COLLATE=utf8mb4_0900_ai_ci |
+-------+-----------------------------------------------------------------
-----------------------------------------+
1 row in set (0.00 sec)
```

그림 9.4 emp 테이블의 primary key, foreign key 정의 조회.

alter table ...를 사용하여 foreign key를 추가하였다.

```
mysql> alter table emp add foreign key (dno) references dept(dno) on delete restrict on update restrict;
Query OK, 2 rows affected (0.05 sec)
Records: 2  Duplicates: 0  Warnings: 0

mysql> show create table emp;
+-------+------------------------------------------------------------------------------------------------
------------------------------------------------------------------------------------------------------
| Table | Create Table

+-------+------------------------------------------------------------------------------------------------
------------------------------------------------------------------------------------------------------
| emp   | CREATE TABLE `emp` (
  `eno` varchar(4) NOT NULL,
  `ename` varchar(10) DEFAULT NULL,
  `dno` varchar(4) DEFAULT NULL,
  `salary` int DEFAULT NULL,
  PRIMARY KEY (`eno`),
  KEY `dno` (`dno`),
  CONSTRAINT `emp_ibfk_1` FOREIGN KEY (`dno`) REFERENCES `dept` (`dno`) ON DELETE RESTRICT ON UPDATE RESTRICT
) ENGINE=InnoDB DEFAULT CHARSET=utf8mb4 COLLATE=utf8mb4_0900_ai_ci |
+-------+------------------------------------------------------------------------------------------------
------------------------------------------------------------------------------------------------------
1 row in set (0.00 sec)

mysql> desc emp;
+--------+-------------+------+-----+---------+-------+
| Field  | Type        | Null | Key | Default | Extra |
+--------+-------------+------+-----+---------+-------+
| eno    | varchar(4)  | NO   | PRI | NULL    |       |
| ename  | varchar(10) | YES  |     | NULL    |       |
| dno    | varchar(4)  | YES  | MUL | NULL    |       |
| salary | int         | YES  |     | NULL    |       |
+--------+-------------+------+-----+---------+-------+
4 rows in set (0.00 sec)
```

그림 9.5 alter table을 사용한 foreign key 조건 변경.

foreign key 제약 조건을 제거하려면 alter table tbl_name drop foreign key fk_symbol;을 사용해야 한다. 여기서 fk_symbol은 반드시 show create table emp; 에서 나타난 constraint 이름을 사용해야 한다.

9.2 Entity Relationship Diagram

relation 간의 관련성을 MySQL Workbench ERD 표기법으로 작성한다. 데이터 모델링으로 가장 많이 사용하는 IE(Information Engineering) 표기법으로 crow-feet 표기법이라고도 한다.

entity는 독립적으로 존재하고 독자적인 의미를 갖는 사물 또는 개념을 나타낸다. entity attribute는 속성을 표현하는데 데이터 타입이 기술되어야 한다.

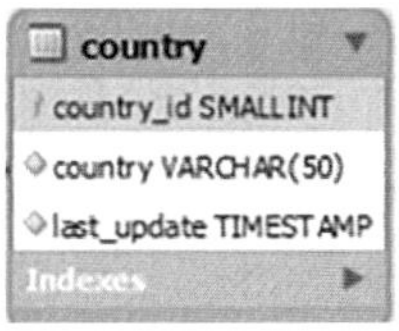

그림 9.6 country 테이블.

제약조건으로 PK(primary Key)와 NN(Not Null)을 entity attribute에 대하여 기술한다. PK는 노란색으로 열쇠 모양으로 나타낸다. 일반 attribute는 푸른색의 다이아몬드로 나타내는데 이를 PK 표기법이라 한다.

entity attribute의 not null은 attribute의 type 우측에 N으로 표시하여 NN(Not Null)을 나타내는 데 이를 NN 표기법이라 한다.

그림 9.7 Workbench의 store 테이블 명세.

relation 간의 관련성을 나타내는 foreign key는 entity를 표시하는 box 간의 선으로 나타낸다. 두 개의 entity 간의 관계를 나타내는 선에는 점선과 실선이 있다. 점선은 non-identification relationship으로 foreign key가 primary key의 구성요소로 사용되지 않는 경우이다. 실선은 identification relationship으로 foreign key가 primary key의 구성 요소로 사용되는 경우이다. dept와 emp 관계는 점선이고 sp와 s,p 간의 관련성은 실선이다.

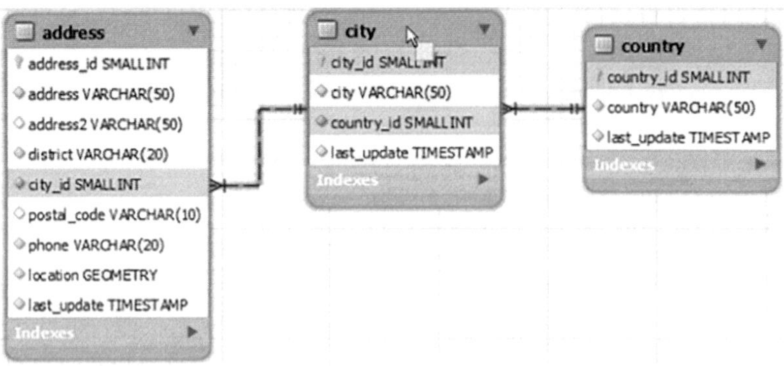

그림 9.8 Workbench의 관련성 기술.

관련성의 종류는 1:1, 1:N, N:M이 있다. 한 entity에 관련된 다른 entity 개수를 cardinality라고 한다. 1:1 관계는 관련성 양쪽 끝에 1자 모양으로 표현한다.

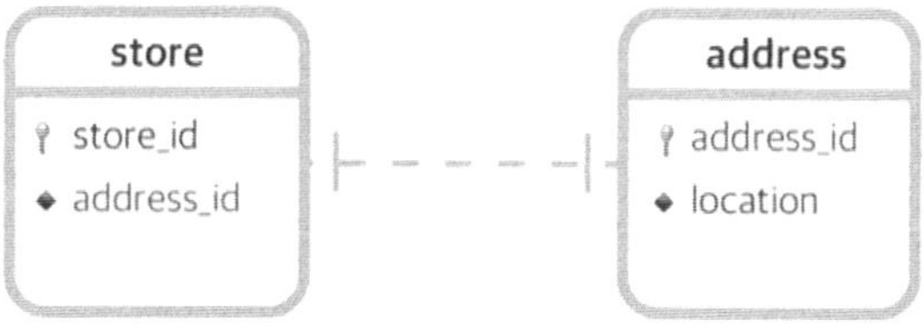

그림 9.9 Workbench의 1:1 관련성.

1:N 관계는 까마귀 발과 같이 여러 개가 연관되었음을 나타내고 이를 crow-feet 표기법이라 한다.

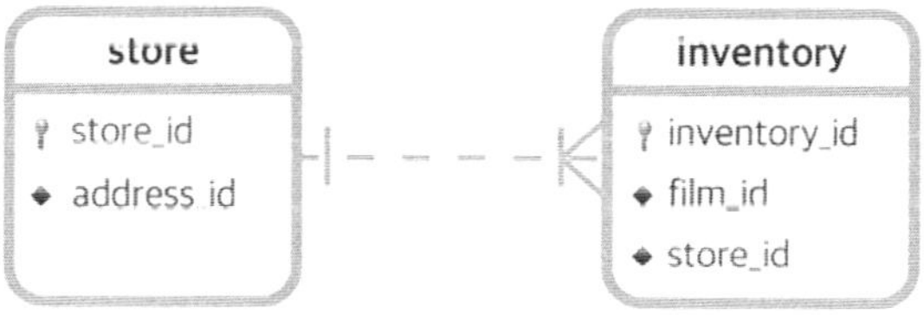

그림 9.10 Workbench의 1:N 관련성.

N:M 관련성은 두 entity 간에 직접 표현하는 대신에 다대다 관련성을 entity로 모델링하여 표현한다. 즉 다대다 관련성을 표현하는 테이블로 정의한다.

그림 9.11 Workbench의 N:M 관련성.

관련성 참여(participation) 조건으로 mandatory와 optional이 있다. mandatory는 1자로 표기하고 optional은 큰 O로 나타낸다.

그림 9.12 optional 관련성 표현.

9.3 테이블 제약조건

primary key에 대한 constraint는 create table 문으로 또는 alter table 문으로 기술할 수 있다.

```
drop table if exists s;
create table dept (dno varchar(4) not null, dname varchar(20), budget int);
alter table dept add constraint pk_dept_dno primary key(dno);
```

unique 제약조건은 key가 아니지마는 중복 값의 입력을 제한한다. primary key는 not null 이지마는 unique는 null을 허용하고 null 값이 여러 개 있어도 된다.

```
create table emp (eno varchar(4) not null, ename varchar(10) null unique, dno varchar(4),
salary int);
```

테이블의 column에 대한 제약조건으로 check(조건)를 사용하여 column의 값의 범위를 정할 수 있다.

```
create table emp (eno varchar(4) not null, ename varchar(10) null unique, dno varchar(4),
salary int, check(salary >800,000);
```

column의 값으로 default 값으로 설정하면 입력되지 않을 때 사용된다.

```
create table emp (eno varchar(4) not null, ename varchar(10) null unique, dno varchar(4) not
null default 'DB', salary int, check(salary >800,000);
```

10장

View 처리

10장 View 처리

10.1 View 테이블 정의

3단계 데이터베이스 시스템에서 external view는 conceptual view의 subset으로서 external schema로 정의된다. 데이터베이스 응용 업무별로 상이한 external view를 갖는다. External view는 conceptual schema의 base table 또는 view table 들의 집합으로 정의된다.

View 테이블은 named, derived, virtual table로서 create view 문으로 정의된다. Create table에 의해 정의되는 base 테이블과 달리 실제 테이블이 만들어지는 것이 아니고 view 테이블 정의 문이 schema에 저장될 뿐이다. view 테이블도 base 테이블과 같이 show tables;로 볼 수 있다. desc good_supplier;를 사용하여 view의 구조를 볼 수 있다. 상세한 view의 정의 구문은 show create view good_supplier;를 사용한다.

```
create view good_supplier as
    select sno, status, city from s where status 〉 15;
```

1) create view 문이 실행될 때, view 정의"select-from-where"는 실행되지 않는 대신에 system catalog(schema)에 저장된다.
2) view table은 real table에 대한 window 효과를 제공한다. 따라서 view는 base table의 내용이 변경되면 view에서도 볼 수 있으므로 "window"는 dynamic이라고 간주한다.
3) view table에 대한 select 문을 다시 적용할 수 있다. select는 실행 문이므로 system catalog에 저장된 view 정의 구문을 갖고 와 where 절은 and 조건으로 합친다.

```
select * from good_supplier where city!= 'London';
⇨    select * from (select sno, status, city from s where status 〉 15;) where city!= 'London';
⇨    select sno, status, city from s where status 〉 15 and where city!= 'London';
```

4) view에 대한 update(insert, delete, update)도 유사한 방법으로 처리된다.

```
update good_supplier
set status= status+10
where city='Paris';
⇨    update (select sno, status, city from s where status 〉 15;)
set status= status+10
where city='Paris';
⇨    update s
```

```
set status=status+10
where city='Paris' and status>15;
```

기존의 view 테이블을 재 정의하고자 할 때는 create or replace view good-supplier as select sno, sname, status, city from s where status > 20;를 사용한다. 앞에서 정의한 view 정의 구문을 재 정의한다. view의 column을 변경하고자 할 때는 alter view를 사용한다.

```
alter view good_supplier as select sno, city from s where status > 15;
```

view의 제거는 drop view if exists good_supplier;를 사용한다. view의 상태는 check table good_supplier;를 사용한다.

```
mysql> create or replace view ss as select sno, status from s where status>30;
Query OK, 0 rows affected (0.00 sec)
```

그림 10.1 vicw 테이블 정의.

10.2 View 테이블을 사용하는 이유

view 테이블의 사용 이유는 논리적 데이터 독립성을 지원하기 때문이다. 논리적 데이터 독립성에 conceptual schema가 변경되어도 external schema가 변경되지 않아 응용 프로그램이 변경되지 않는 것을 말한다. conceptual schema의 base 테이블이 변경되어도 external schema에서 사용하는 view가 변경되지 않으면 응용 프로그램이 변경되지 않는다. base 테이블의 변경은 1) growth로서 기존 base table에 새로운 column이 추가되는 것과 새로운 base table의 추가가 있고, 2) restructuring은 기존 base table을 2개 이상의 base table로 분할(split)하거나 합치는(join) 경우가 있다. s(sno, sname, status,city)를 snc(sno,sname,city)와 ss(sno, status)로 분할하는 경우에 다음과 같이 view 테이블을 정의한다.

```
create view s as snc join ss on snc.sno=ss.sno;
```

view 테이블의 이점은 conceptual schema의 growth나 restructuring이 처리되어도 논리적 데이터 독립성을 제공하는 점이다. 그리고 view는 같은 base 테이블의 내용을 다른 사용자에게 다른 방식(테이블의 특정 column만 보여주거나 특정 레코드만 볼 수 있게 하는 것을 말한다)으로 보이게 한다. 그리고 복잡한 join 처리를 view 테이블로 미리 정의하여 놓으면 간단한 select 문으로 검색 편리성이 증대된다. 이외에 민감 데이터는 볼 수 없게 view의 조건으로 접근을 막을 수 있어 레코드 보안 효과를 가져올 수 있다.

10.3 View 테이블에 대한 update 처리

view 테이블에 대한 select문은 view 정의 구문을 합쳐서 실행된다. view에 대한 update 문도 view 정의 구문을 갖고 와 합치는 과정은 같다. 그런데 view 테이블은 실제 record를 갖고 있는 것이 아니므로 base table에 대한 update로 처리가 되어야 한다. 모든 view들이 update 할 수 있느냐는 질문에 대하여 가능한 경우도 있고 가능하지 않은 경우도 있다.

```
insert into good_supplier values(‘s10’,100,’Busan’);
```

view에 대한 insert는 base 테이블에 s에 대한 insert로 처리된다. 이를 확인하기 위해서 select * from s;를 실행한다.

```
insert into good_supplier values(‘s11’,10,’Masan’);
```

view 정의 구문의 where절을 만족하지 못하는 경우에는 base 테이블에는 insert되나 view 결과에는 보이지 않는다. view 정의 구문의 where 절을 만족하지 못한 경우에 insert하지 못하게 하는 방법은 view 테이블을 정의할 때 with check option을 사용한다.

```
create view bad_supplier as
      select sno, status, city from s where status < 10 with check option;
```

view 테이블이 base 테이블의 primary key를 포함하지 않을 때 insert가 가능한지 확인한다.

```
create view sc as select status, city from s;
      insert into sc values(5,’Busan’);
```

view에 대한 insert는 base 테이블에 대하여 insert가 되어야 하는 데 s의 primary key를 null로 만들 수 없기 때문에 오류가 난다. base 테이블의 column을 projection하는 view 는 base 테이블의 primary key를 포함하고 있으면 insert가 가능하다.

```
mysql> select * from sc;
+--------+--------+
| status | city   |
+--------+--------+
|     30 | London |
|     20 | Paris  |
|     40 | Paris  |
|     30 | London |
|     99 | Busan  |
+--------+--------+
5 rows in set (0.00 sec)
```

그림 10.2 view 테이블의 검색.

s의 각 column이 not null이므로 view에 대한 insert가 실행되지 않는다.

```
mysql> desc s;
+--------+-------------+------+-----+---------+-------+
| Field  | Type        | Null | Key | Default | Extra |
+--------+-------------+------+-----+---------+-------+
| sno    | varchar(4)  | NO   | PRI | NULL    |       |
| sname  | varchar(10) | NO   |     | NULL    |       |
| status | int         | NO   |     | NULL    |       |
| city   | varchar(10) | NO   |     | NULL    |       |
+--------+-------------+------+-----+---------+-------+
4 rows in set (0.00 sec)
```

그림 10.3 base table s의 정의 명세.

column의 not null을 null로 변경은 alter table을 사용한다. 그러나 primary key인 sno는 null 변경을 시도하면 오류가 난다. 다시 view에 대한 insert를 시도하여도 sno 값이 not null이 아니므로 오류가 난다.

```
mysql> alter table s modify column city varchar(10) null;
Query OK, 0 rows affected (0.04 sec)
Records: 0  Duplicates: 0  Warnings: 0

mysql> desc s;
+--------+-------------+------+-----+---------+-------+
| Field  | Type        | Null | Key | Default | Extra |
+--------+-------------+------+-----+---------+-------+
| sno    | varchar(4)  | NO   | PRI | NULL    |       |
| sname  | varchar(10) | YES  |     | NULL    |       |
| status | int         | YES  |     | NULL    |       |
| city   | varchar(10) | YES  |     | NULL    |       |
+--------+-------------+------+-----+---------+-------+
4 rows in set (0.00 sec)
```

그림 10.4 column의 not null 변경.

```
mysql> insert into ss values('s7',15);
Query OK, 1 row affected (0.00 sec)
```

그림 10.5 view table에 insert 처리.

```
mysql> select * from s;
+-----+-------+--------+--------+
| sno | sname | status | city   |
+-----+-------+--------+--------+
| s1  | Smith |     30 | London |
| s2  | Jones |     20 | Paris  |
| s3  | Blake |     40 | Paris  |
| s4  | Clark |     30 | London |
| s5  | Adams |     99 | Busan  |
| s6  | NULL  |      5 | NULL   |
| s7  | NULL  |     15 | NULL   |
+-----+-------+--------+--------+
7 rows in set (0.00 sec)
```

그림 10.6 base table s의 검색.

join view에 대한 insert는 base 테이블의 primary key 조건을 만족하면 가능하다. 다음 join view는 1:N 관련성을 보여준다.

```
create view ssp as select * from s join sp on s.sno=sp.sno;
select * from ssp;
insert into ssp values('s1','Hong',10,'Busan','p1,10);
insert into ssp values('s11','Hong',10,'Busan','p11,10);
```

```
mysql> create view ssp as select s.sno,s.sname,s.status,s.city,sp.pn
o, sp.qty from s join sp on s.sno=sp.sno;
Query OK, 0 rows affected (0.01 sec)

mysql> select * from ssp;
+-----+-------+--------+--------+-----+------+
| sno | sname | status | city   | pno | qty  |
+-----+-------+--------+--------+-----+------+
| s1  | Smith |     30 | London | p1  |  300 |
| s1  | Smith |     30 | London | p2  |  200 |
| s1  | Smith |     30 | London | p3  |  400 |
| s1  | Smith |     30 | London | p4  |  200 |
| s1  | Smith |     30 | London | p5  |  100 |
| s1  | Smith |     30 | London | p6  |  100 |
| s2  | Jones |     20 | Paris  | p1  |  300 |
| s2  | Jones |     20 | Paris  | p2  |  400 |
| s3  | Blake |     40 | Paris  | p2  |  200 |
| s4  | Clark |     30 | London | p2  |  200 |
| s4  | Clark |     30 | London | p4  |  300 |
| s4  | Clark |     30 | London | p5  |  400 |
+-----+-------+--------+--------+-----+------+
12 rows in set (0.00 sec)
```

그림 10.7 view table ssp 정의와 검색.

view에 대한 update는 view의 레코드와 base table의 레코드가 1:1 대응 관계일 때만 가능하다. view가 sum( )과 같은 aggregate 함수, distinct, group by, having, union, subquery, join

으로 정의된 경우에는 update가 지원되지 않는다. 1:N 관련성으로 정의된 join view는 다음과 같이 허용되지 않는다. join view의 경우에 하나의 base table에 대한 insert이거나 1:1 관련성으로 정의된 view인 경우에는 허용된다.

```
mysql> insert into ssp(sno,sname, status,city,pno,qty) values('s5','
Hong',10,'Busan','p1',10);
ERROR 1393 (HY000): Can not modify more than one base table through
a join view 'datamodel.ssp'
```

그림 10.8 view table ssp에 대한 insert 오류.

join view의 경우에 하나의 base table에 대한 insert이거나 1:1 관련성으로 정의된 view인 경우에는 허용된다.

```
mysql> insert into ssp(sno,sname, status,city) values('s9','Hong',10
,'Busan');
Query OK, 1 row affected (0.01 sec)
```

그림 10.9 view table ssp에 insert가 허용되는 경우.

ssp에 insert 되었지마는 view table에 s9는 보이지 않는다. 대신에 base 테이블 s에는 존재한다.

```
mysql> select * from s;
+-----+-------+--------+--------+
| sno | sname | status | city   |
+-----+-------+--------+--------+
| s1  | Smith |     30 | London |
| s2  | Jones |     20 | Paris  |
| s3  | Blake |     40 | Paris  |
| s4  | Clark |     30 | London |
| s5  | Adams |     99 | Busan  |
| s6  | NULL  |      5 | NULL   |
| s7  | NULL  |     15 | NULL   |
| s9  | Hong  |     10 | Busan  |
+-----+-------+--------+--------+
8 rows in set (0.00 sec)
```

그림 10.10 base table에 insert 여부 확인.

ssp view에 s9는 insert 가능하지마는 그림 10.11과 같은 s1의 insert는 base 테이블의 primary key 조건을 만족하지 못하므로 허용되지 않는다.

```
mysql> insert into ssp(sno,sname, status,city) values('s1','Hong',10
,'Busan');
ERROR 1062 (23000): Duplicate entry 's1' for key 's.PRIMARY'
```

그림10.11 view table ssp에 insert가 오류나는 경우.

group by에 의한 sum( ) 결과를 view 테이블로 정의하였을 때 insert는 가능하지 않다.

```
create view totqty as select pno, sum(qty) as tqty from sp group by pno;
insert into totqty values('p22',20);
```

10.4 CTE

CTE(Common Table Expression)은 subquey로 derived table을 정의하는 방법이다. CTE는 view 정의 구문처럼 저장하지 않고 1회용으로 복잡한 query 문장을 대신해서 readability와 reusability를 위해 사용한다. view 정의와 유사하지마는 1회용으로 subquery를 정의하여 이를 이용하여 다시 select문을 적용하는 방식이 다르다.

```
mysql> with totqty(pno, total) as (select pno, sum(qty) from sp grou
p by pno) select * from totqty order by pno desc;
+-----+-------+
| pno | total |
+-----+-------+
| p6  |   100 |
| p5  |   500 |
| p4  |   500 |
| p3  |   400 |
| p2  |  1000 |
| p1  |   600 |
+-----+-------+
6 rows in set (0.01 sec)
```

그림 10.12 common table expression 사용.

11장

Stored Procedure 프로그래밍

11장 Stored Procedure 프로그래밍

11.1 Stored procedure

SQL 문장들을 여러 개 모아 하나의 함수처럼 실행하기 위해 stored procedure를 만든다. create procedure를 사용하여 새로운 stored procedure를 기술한다. stored procedure는 MySQL terminal에서 입력하는 것이 아니라 MySQL Workbench에서 Schemas에서 우측 마우스를 클릭하여 Create Stored Procedure를 선택한다.

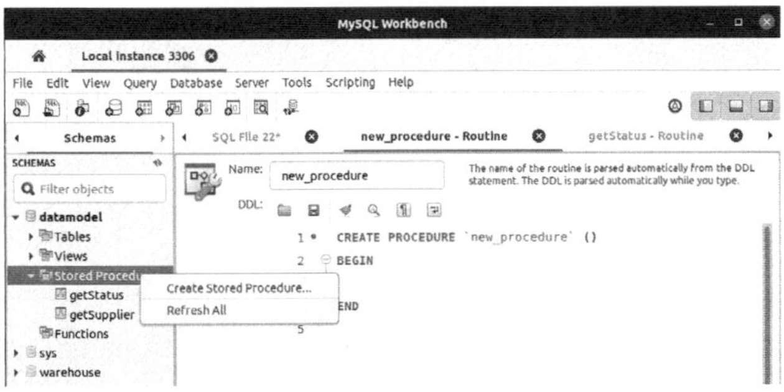

그림 11.1 Workbench에서 create stored procedure 사용.

입력 후 하단의 적용(Apply)을 누르면 script가 그림 11.2와 같이 자동 생성된다. 다시 하단에 Apply를 누르면 stored procedure가 생성된다.

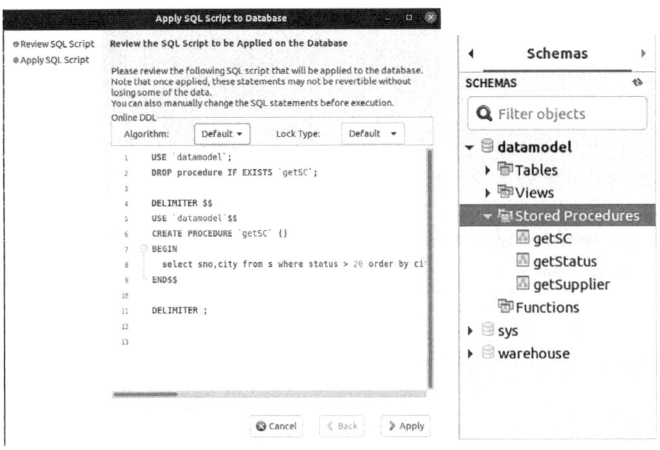

그림 11.2 stored procedure 정의문의 script 생성.

자동 생성된 stored procedure에서 DELIMITER $$는 입력된 procedure의 시작이라는 것이고 끝나는 곳은 다음 $$가 나오는 곳까지이기 때문에 중간에 select문의 끝을 나타내는 ';'이 여러 번 나올 수 있다. 마지막에 "DELIMITER;"으로 stored procedure의 정의가 종료된 것을 말한다.

create procedure가 성공적으로 실행되면 Schemas에 생성된 stored procedure가 나타난다. 정의된 stored procedure의 실행은 query 실행을 위한 SQL tab(아래 화면에서 File 메뉴의 아래에 있는 + SQL 아이콘을 말한다)을 누르면 SQL 실행창이 나타난다.

그림 11.3 Workbench에서 SQL tab.

SQL 창에서 call getSC( ); 입력 후 실행하면 그림 11.4와 같이 결과나 나타난다.

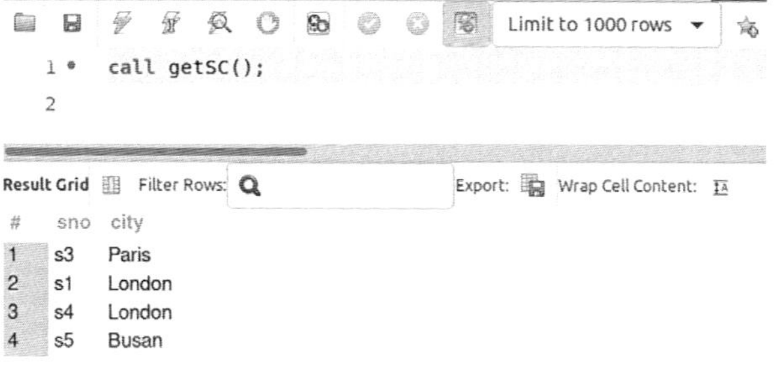

그림 11.4 Query 창에서 stored procedure 실행.

새로 정의된 stored procedure에 대해서 drop, alter 메뉴를 선택하여 수정하거나 삭제할 수 있다.

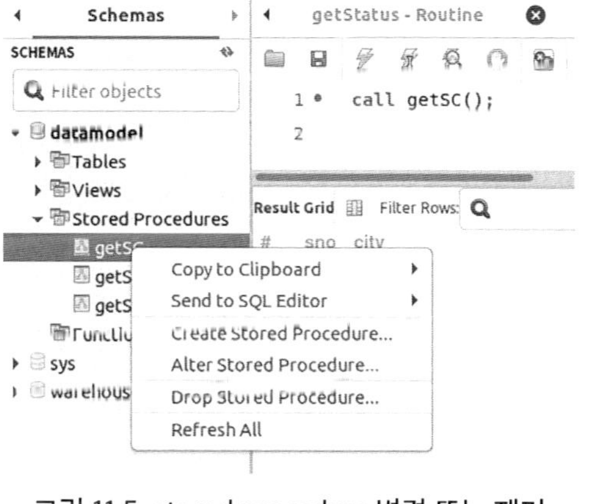

그림 11.5 stored procedure 변경 또는 제거

11.2 procedural 구문

if ... else.. end if; 구문으로 select 문을 선택하여 사용할 수 있다. procedure 내에 변수 선언은 declare를 사용하고 값의 변경은 set를 사용한다.

```
DELIMITER $$
USE `datamodel`$$
CREATE DEFINER=`root`@`localhost` PROCEDURE `getSC`()
BEGIN
  declare ratio int;
  set ratio = 15;
  if ratio = 10 then
     select sno,city from s where status > 20 order by city desc;
  else
     select sname, status from s where status < 20;
  end if;
END$$

DELIMITER ;
```

그림 11.6 stored procedure 작성.

stored procedure가 parameter를 in, out, 또는 inout으로 주고받을 수 있다. stored procedure가 전달받는 in parameter는 값을 변경할 수 없다. call by value로서 copy로 간주한다. out parameter는 stored procedure내에서 select .. into ... from으로 값이 assign될 수 있다. inout은 값을 copy하여 전달받고 assign하여 전달할 수 있다.

```
DELIMITER $$
USE `datamodel`$$
CREATE DEFINER=`root`@`localhost` PROCEDURE `getStatus`(
   in cname varchar(10),
   out sumStatus int)
BEGIN
  select sum(status)
  into sumStatus
  from s
  where city=cname;
END$$

DELIMITER ;

        call getStatus('London', @total);
        select @total;
```

그림 11.7 stored procedure에 parameter 전달.

```
DELIMITER $$
USE `datamodel`$$
CREATE DEFINER=`root`@`localhost` PROCEDURE `getStatus`(
    in cname varchar(10),
    out sumStatus int)
BEGIN
   declare amount int;
   set amount = 0;
   case
      when cname='London' then
          set amount = amount + 10;
     when cname='Paris' then
          set amount = amount + 20;
     when cname='Oslo' then
          set amount = amount + 30 ;
     else
          set amount = 5;
   end case;
   select sum(status)
   into sumStatus
   from s
   where status < amount;
END$$

DELIMITER ;
```

그림 11.8 stored procedure에서 case 문 사용.

case 문은 if elseif elseif을 대신하여 사용한다. case 문을 select 문 내부에서 사용할 경우에는 구문이 약간 차이가 있다. base 값을 전달받아 select 문내에서 when 조건문에 사용하였다.

```
DELIMITER $$
USE `datamodel`$$
CREATE PROCEDURE `getQtySum` (
  in base int)
BEGIN
  select pno, sum(qty) as tot_qty,
    case
      when (sum(qty) > base) then 'good_qty'
      when (sum(qty) - base) then 'usual_qty'
      when (sum(qty) > 0) then 'bad_qty'
      else 'poor_qty'
    end as 'part_level'
  from sp
  group by pno,

END$$
```

그림 11.9 stored procedure에서 select 내부의 case 사용.

11.3 예외처리

stored procedure가 실행하는 도중에 발생하는 오류는declare ... handler for ...;를 사용하여 처리한다.

declare handler_action handler for condition_value [,condition_value]... statement
handler_action:
continue // declare continue handler의 begin ... end block을 실행하고 stored procedure를 실행한다.
exit //begin ... end block을 실행하고 stored procedure를 실행하지 않고 빠져 나온다.

condition_value:
mysql-error_code //sql error code를 기재
SQLSTATE [value] sqlstate_value //5자리 문자열로 기술
condition_name
SQLWARNING //SQLSTATE는 '01'로 시작함, error가 아닌 경고를 내보냄
NOT found //cursor가 마지막 record에 도달하여 다음에 fetch할 record가 없을 때, SQLSTATE는 '02'로 시작함
SQLEXCEPTION //error가 발생한 것이며 SQLSTATE가 '00','01','02'가 아닌 다른 error code

```
DELIMITER $$
USE `datamodel`$$
CREATE PROCEDURE `exception_handle` (in tbl varchar(10))
BEGIN
  declare continue handler for 1146
     select 'No Table of ', tbl as 'error mesaage';
     select * from tbl;
END$$

DELIMITER ;
```

그림 11.10 예외처리 procedure.

테이블 이름이 전달되어도 select 문에 parameter로 사용될 수 없기 때문에 error code 1146은 테이블이 없음으로 나타난다. 1146 대신에 SQLSTATE '42S02'로 사용하여도 같다.

```
DELIMITER $$
USE `datamodel`$$
CREATE PROCEDURE `newData` ()
BEGIN
  declare continue handler for sqlexception
  begin
    show errors;
    select 'primary key error' as 'error message';
    rollback;
  end;
   insert into s values('s1','Hong',20,'Busan');
END$$

DELIMITER ;
```

그림 11.11 예외처리에서 rollback 호출.

11.4 동적 SQL

SQL 문을 prepare 문으로 저장시켜 놓은 후에 execute로 실행하는 것을 동적 SQL이라 한다. declare문으로 변수 선언 시에는 @를 사용하지 않아야 한다. 그러나 set @stmt='select * from emp';에서 @stmt를 사용해야 한다. 그리고 prepare st from @stmt;에서는 변수명에 @를 사용해야 한다.

```
CREATE DEFINER=`root`@`localhost` PROCEDURE `simplePrepare`()
BEGIN
  declare stmt varchar(40);
  set @stmt = 'select * from emp';
  prepare st from @stmt;
  execute st;
  deallocate prepare st;

END
```

그림 11.12 SQL 문에 변수에 치환.

테이블 이름을 변수로 전달하여 동적으로 SQL 문을 만들어 실행시킬 수 있다. 테이블 이름을 변수로 전달한다. 여기서 주의할 점은 테이블 이름에 전달받은 변수에 @를 사용하지 않는다는 점이다.

```
CREATE DEFINER=`root`@`localhost` PROCEDURE `dynamicSQL`(
    in tbl varchar(10))
BEGIN
  declare stmt varchar(40);
  set @stmt = concat('select * from ', tbl);
  select @stmt as 'statement';
  prepare st from @stmt;
  execute st;
  deallocate prepare st;

END
```

그림 11.13 전달받은 테이블 이름을 사용하여 SQL 문을 생성.

select where절에 조건 비교 값을 전달하여 조건을 바꾸어 가면서 실행할 때 사용하는 방법이 using이다. 여기서 prepare 문처럼 변수에 @num을 사용해야 한다. declare에서는 @를 사용하지 않고 set를 사용할 때 @num을 사용하여 전달받은 값을 치환한다. show create procedure dynamicSQL;을 사용하여 정의된 stored procedure를 조회할 수 있다.

```
CREATE DEFINER=`root`@`localhost` PROCEDURE `dynamicSQL`(
    in tbl varchar(10), in val int)
BEGIN
  declare stmt varchar(40);
  declare num int;
  set @num = val;
  set @stmt = concat('select * from ', tbl, ' where qty < ?');
  select @stmt as 'statement';
  prepare st from @stmt;
  execute st using @num;
  deallocate prepare st;

END
```

그림 11.14 select where 조건 절에 parameter로 전달된 변수를 사용.

11.5 stored function

MySQL에서 제공하는 함수 이외에 사용자 정의 함수를 만들어 호출할 수가 있다. create function .. begin ... end로 정의한다. Schemas에서 Functions에서 Create Function을 선택하여 정의한다.

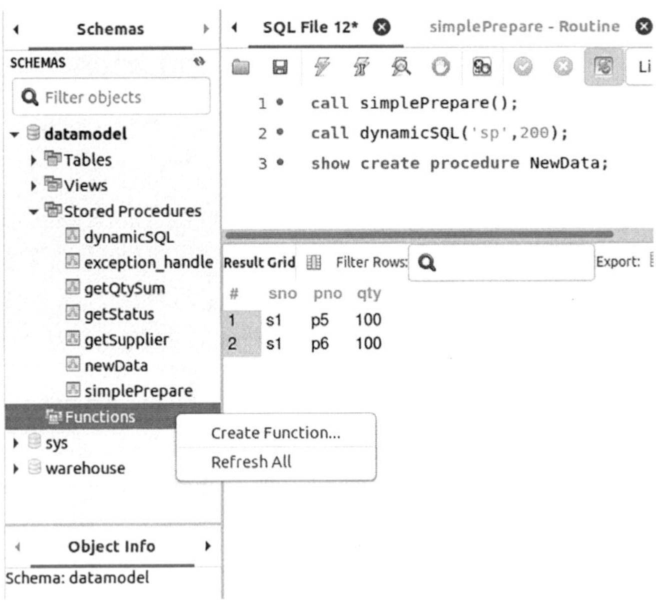

그림 11.15 Workbench에서 create function 실행.

```sql
CREATE DEFINER=`root`@`localhost` FUNCTION `bLevel`(money int) RETURNS varchar(10)
    DETERMINISTIC
BEGIN
  declare bl varchar(10);
  if money < 20 then set bl = 'silver';
  elseif money < 40 then set bl = 'gold';
  else set bl = 'platinum';
  end if;
RETURN bl;
END
```

그림 11.16 Workbench를 사용한 function 작성.

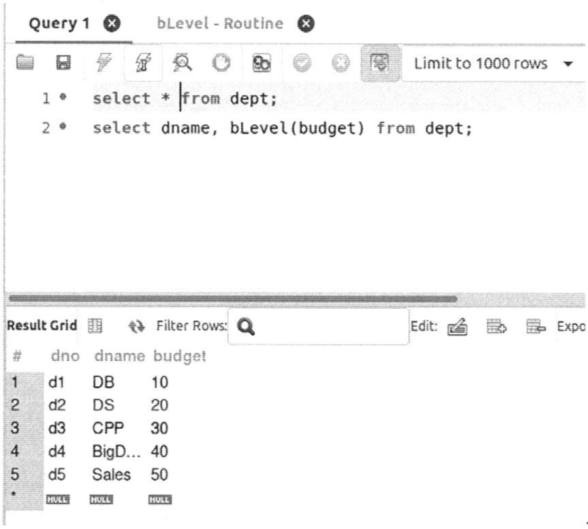

그림 11.17 Query 창에서 base table 검색.

stored function을 사용하여 SQL에서 사용한다.

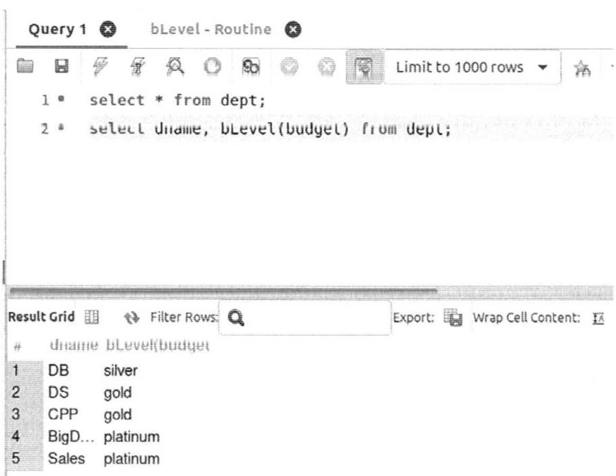

그림 11.18 stored function을 사용한 검색.

stored function을 사용하여 stored procedure를 작성한다.

```
CREATE PROCEDURE `getBudgetLevel` (in deptName varchar(4),
    out deptLevel varchar(10))
BEGIN
  declare dmoney int;
  select budget into dmoney
  from dept where dname = deptName;
  select bLevel(dmoney)
  into deptLevel;
END
```

그림 11.19 function을 사용한 stored procedure 작성.

stored procedure를 호출하는 또 다른 procedure를 만들어 간편하게 작성할 수 있다.

```
CREATE DEFINER=`root`@`localhost` PROCEDURE `findLevel`()
BEGIN
 declare x varchar(10);
 declare outLevel varchar(10);
 set x = 'DB';
 call getBudgetLevel(x,outLevel);
 select outLevel;
END
```

그림 11.20 procedure를 호출하는 stored procedure 작성.

11.6 cursor

cursor는 테이블의 각 row를 하나씩 접근하는 방법을 제공한다. 컴퓨터 화면에서 깜박이는 것을 cursor라고 하는데 이를 테이블의 각 레코드를 접근하는 것을 cursor라고 보는 것이다. cursor가 화면에서 다음 줄로 이동하듯이 테이블의 set를 cursor가 가리킨다. declare로 선언된 cursor 는 SQL 정의 구문을 갖는다. cursor가 가리키는 select 문은 open으로 실행되며 그 결과 set를 cursor가 가리킨다. 즉 cursor는 select 문도 값으로 갖고 있고 테이블 결과의 각 row를 가리키는 pointer 역할도 하는 struct로 간주한다. fetch 문은 open으로 실행된 결과 set의 각 row를 fetch할 때마다 다음 레코드를 가져온다.

```
CREATE DEFINER=`root`@`localhost` PROCEDURE `cursor_dept`()
BEGIN
  declare bsum int default 0;
  declare b int;
  declare endRow int default 0;
  declare dcursor cursor for select budget from dept;
  declare continue handler for not found set endRow = 1;
  open dcursor;
  cursorLoop: loop
    fetch dcursor into b;
    if endRow then leave cursorLoop;
    end if;
    select b as 'budget';
    set bsum = bsum + b;
  end loop cursorLoop;
  select bsum as 'total sum of budget';
  close dcursor;
END
```

그림 11.21 procedure에서 cursor 사용.

fetch를 반복하면 result set에 더 이상 가져올 레코드가 없으면 예외가 발생한다. declare handler를 사용하여 마지막 레코드까지 처리하는 loop문을 작성한다.

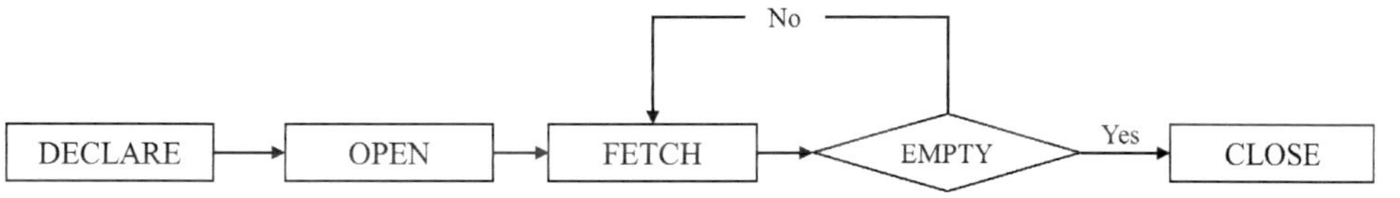

그림 11.22 cursor를 사용한 result set 처리.

연습 문제

stored procedure, function, cursor, 동적 SQL을 실습하는 문제로서 s,p,sp, dept, emp 등의 테이블로 구성되는 warehouse 프로젝트에 대하여 다음 기능들을 작성한다.

1. 부품의 공급자별 공급량(qty)의 합계가 A등급, B등급, C등급으로 나눈다. A,B,C 등급 기준 값은 procedure 호출시 에 parameter로 전달한다
2. 등급 부여는 create function을 사용한다.
3. 등급 비교 조건은 prepare ..., execute ... using ...으로 전달한다.
4. 공급자의 도시 이름을 조건으로 전달하여 해당 공급자의 이름과 등급과 같이 출력한다. cursor를 사용하여 해당되는 도시의 공급자 이름과 등급을 모두 출력한다.

11.7 Trigger

MySQL에서 trigger를 정의하는 방법은 2가지가 있다. SQL tab 창에서 입력 후 실행하는 방법이 있다. 이 방법은 입력 내용 전체를 마우스 블록으로 선택한 후 상단의 번개 아이콘을 눌러 실행해야 한다. 다음에 좌측 Schemas 창에서 dept의 trigger에서 우측 마우스를 눌러 Refresh All 눌러야 정의된 trigger가 나타난다.

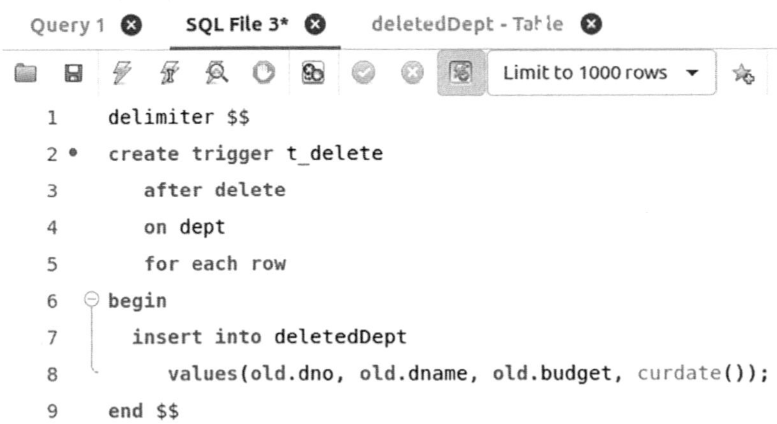

그림 11.23 create trigger 정의.

Workbench의 SQL tab에서 delete문을 실행하면 Query interrupted가 나타날 수 있다. Workbench는 delete를 허용하지 않는 safe mode로 설정되어 있어서 Workbench의 default 설정인 safe mode를 해제해야 한다. 상단의 Edit 메뉴를 눌러 Preferences를 선택하고 Workbench preferences 창에서 SQL Editor 를 선택한 후에 맨 하단에 Safe Updates 선택 칸을 빈칸으로 설정 후 OK 누른다.

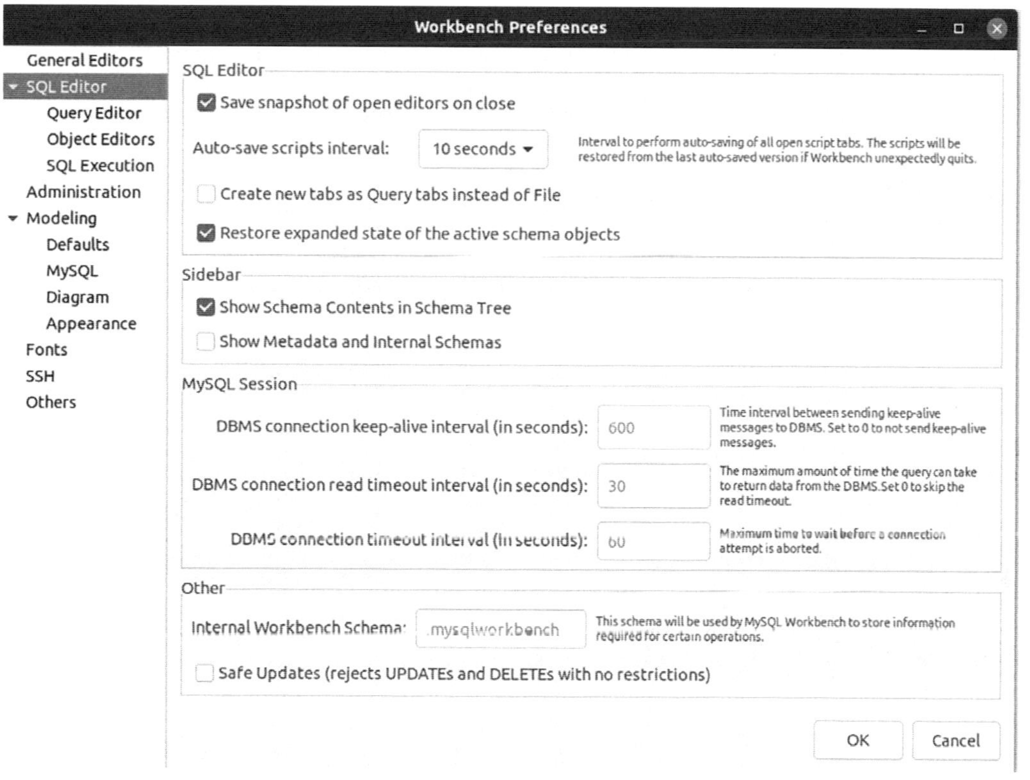

그림 11.24 Workbench에서 delete 연산의 허용 방법.

Workbench의 Query 메뉴에서 Reconnect to Server를 눌러 재연결해야 한다. 그런 다음에 SQL tab에서 delete가 동작한다. MySQL 터미널 모드 또는 Workbench의 SQL tab에서 delete 후에 삭제된 레코드가 다른 테이블 deletedDept에 자동 저장되어 있는지 확인한다.

```
insert into deletedDept
   values(old.dno, old.dname, old.budget, curdate());
```

그림 11.25 trigger에서 실행되는 insert 문장.

trigger에서 자동 실행되는 insert문의 old 변수는 삭제된 레코드를 가리키는 변수로서 MySQL에서 관리하는 변수이다. Trigger를 SQL tab에 입력하지 않고 작성하는 방법으로 alter table 명령을 사용하는 방법이다.

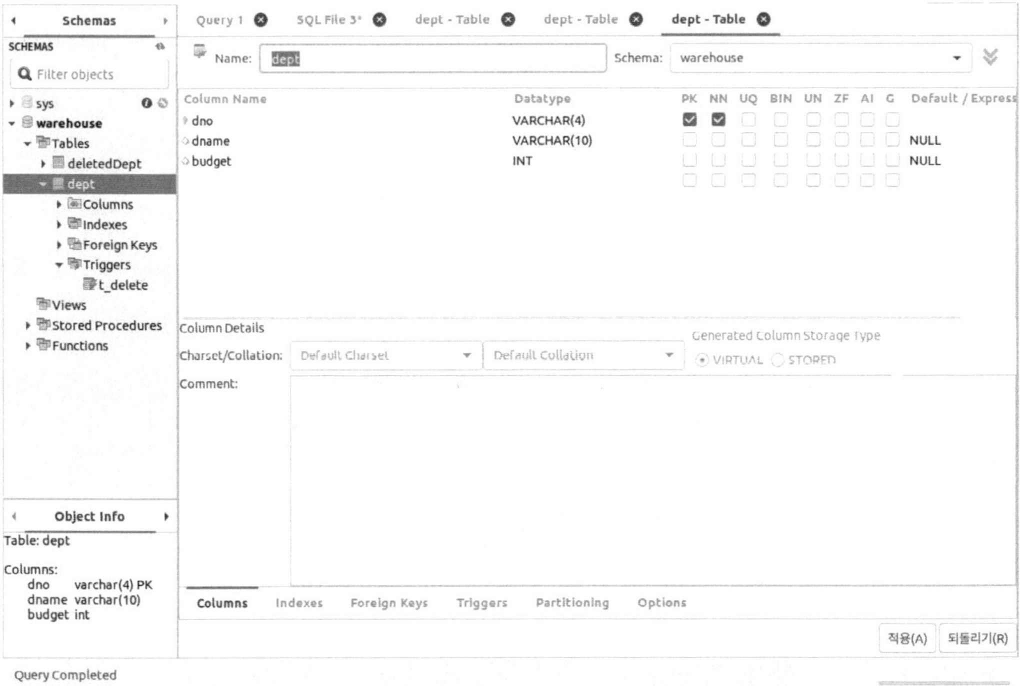

그림 11.26 alter table을 사용하여 trigger 작성.

마우스를 dept에 갖다 대고 우측 마우스를 눌러 alter table을 선택하면 하단에 Triggers 메뉴가 나타난다. Triggers를 선택하면 before, after에 대하여 insert, delete, update에 대한 trigger를 지정할 수가 있다.

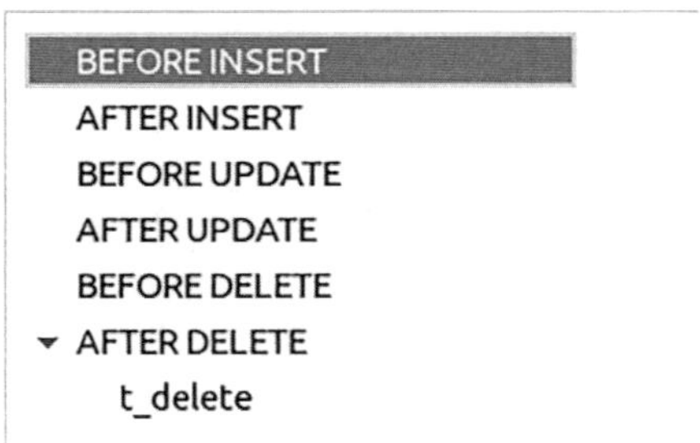

그림 11.27 trigger 메뉴의 선택.

현재 after delete에 대하여 정의된 trigger t_delete를 보여주고 있다. after update를 누르면 + 버튼이 나타나고 이것을 누르면 아래 화면과 같이 trigger 입력 창이 나타난다.

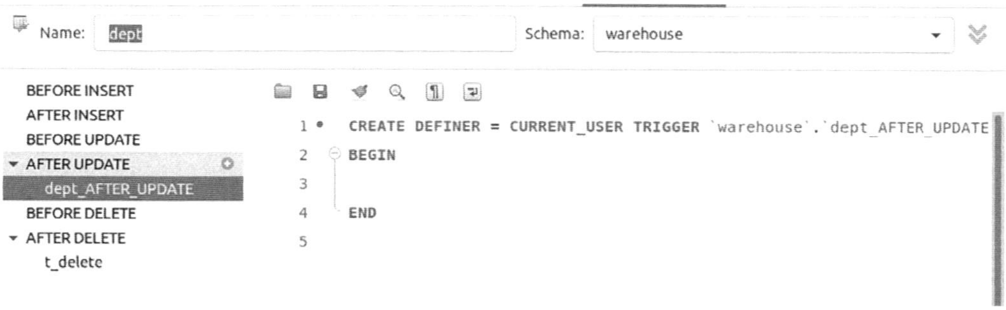

그림 11.28 trigger 메뉴의 선택.

update 후에 insert 문을 입력한 예이다.

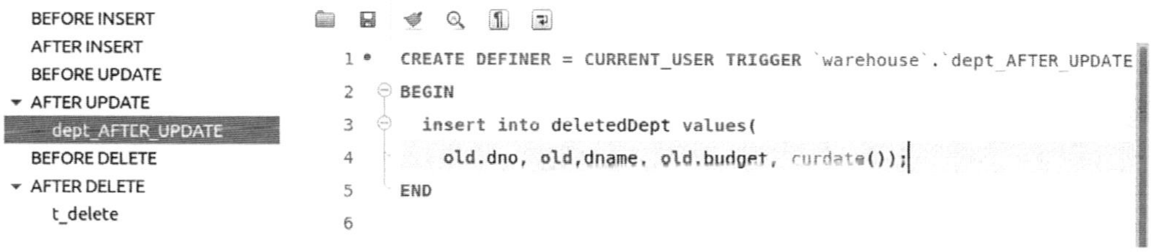

그림 11.29 trigger되는 insert 구문의 작성.

입력 후 적용을 누르고 Apply하면 실행이 되며 Triggers에 생성된 것을 확인할 수 있다.

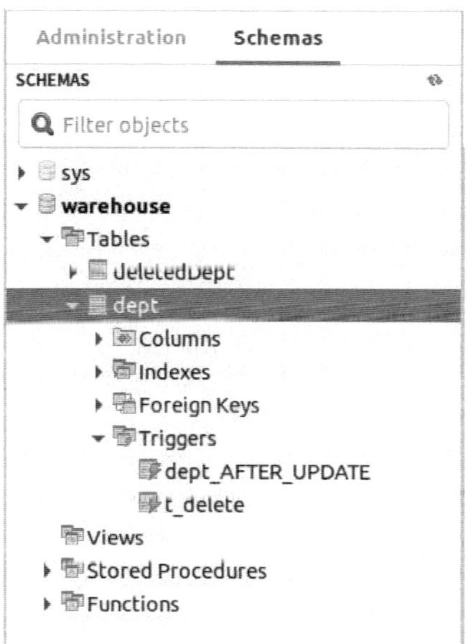

그림 11.30 테이블에 추가된 trigger 확인.

update를 Workbench에서도 해보고 mysql> 터미널에서도 실행하여 trigger가 동작되었는지를 확인한다. delete 대신에 truncate table을 사용하였을 때 trigger가 동작되었는지 확인한다. truncate는 trigger가 구동되지 않는 이유는 delete는 데이터 log가 생성 관리되나 truncate는 log 없이 삭제가 처리되기 때문이다.

trigger에서 after를 사용하면 old 변수를 사용한다. before를 사용하면 new 변수를 사용한다. 물론 trigger 문에서 old와 new 변수를 동시에 사용하는 것도 가능하다. before insert의 경우에 new는 현재 새로 입력하려고 하는 새로운 레코드 변수를 나타낸다. 테이블에 insert하기 전에 입력 값을 확인한 후에 변경할 때 유용하다.

```
CREATE DEFINER = CURRENT_USER TRIGGER `datamodel`.`emp_BEFORE_INSERT`
  BEFORE INSERT ON `emp` FOR EACH ROW
BEGIN
 if new.salary < 0 then set new.salary = 0;
 elseif new.salary > 10000 then set new.salary = 9999;
 end if;
END
```

그림 11.31 insert 실행 전에 조건 검사.

show triggers;를 SQL tab에서 실행하면 현재 테이블에 정의된 trigger 정의를 볼 수 있다. 그리고 trigger의 삭제는 drop trigger trigger_name;를 사용한다. update 와 delete하기 전에 trigger를 구동시켜 사전 check하는 코드를 만들 수 있다.

emp 테이블에 before insert에 대한 trigger를 정의한 후에 또 다른 before insert trigger를 추가하고자 할 때 SQL 구문 실수가 발생한다. 그림 11.32와 같이 같은 테이블에 대하여 before insert를 2개 정의하는 것은 SQL 구문 실수가 발생한다.

```
CREATE DEFINER = CURRENT_USER TRIGGER `datamodel`.`emp_BEFORE_INSERT_1`
  BEFORE INSERT ON `emp` FOR EACH ROW
BEGIN
  if new.salary < 100 then set new.dno= 'd99';
  elseif new.salary < 200 then set new.dno= 'd199';
  else select 'normal salary' as 'check salary';
  end if;
END
```

그림 11.32 같은 테이블에 before insert의 trigger를 복수로 지정시 오류.

테이블에 대한 trigger의 추가 또는 삭제는 emp에 대한 alter table 메뉴를 선택한 후에 하단에 있는 triggers를 누르면 before insert 등의 각 줄에서 + 또는 -를 사용하여 추가하거나 drop 시킬 수 있다.

```
▼ BEFORE INSERT
    emp_BEFORE_INSERT
  AFTER INSERT
▼ BEFORE UPDATE
    emp_BEFORE_UPDATE
  AFTER UPDATE
  BEFORE DELETE
  AFTER DELETE
```

```
CREATE DEFINER=`root`@`localhost` TRIGGER `emp_BEFORE_INSERT`
   BEFORE INSERT ON `emp` FOR EACH ROW
BEGIN
 if new.salary < 0 then set new.salary = 0;
 elseif new.salary > 10000 then set new.salary = 9999;
 end if;
END
```

그림 11.33 테이블에 대한 trigger의 추가 삭제.

trigger가 다른 trigger를 호출하는 nested trigger는 referential relationship이 아닌 테이블 사이의 integrity를 위해 사용된다. 주문을 받으면 재고목록에서 수량을 빼서 판매 장부에 기록하는 예제를 만든다. 주문은 orderProduct(orderNo, cusomer, orderDate, productNo, orderQty), 재고는 stock(pno, pname, stockQty), 판매는 sale(pno, saleQty, pname)로 표현한다.

```
mysql> select * from stock;
+-----+-------+----------+
| pno | pname | stockQty |
+-----+-------+----------+
| p1  | bolt  | 100      |
| p2  | nut   | 50       |
| p3  | screw | 33       |
| p4  | Cam   | 23       |
+-----+-------+----------+
4 rows in set (0.00 sec)
```

그림 11.34 stock 테이블의 현재 레코드 상태.

주문 테이블에 대한 insert시에 trigger가 호출되어 stock에 해당 제품의 수량을 판매 수량 만큼 뺀다.

```
CREATE DEFINER = CURRENT_USER TRIGGER `datamodel`.`orderProduct_AFTER_INSERT`
  AFTER INSERT ON `orderProduct` FOR EACH ROW
BEGIN
  update stock set stockQty = stockQty - new.orderQty
  where pno = new.productNo;
END
```

그림 11.35 재고 수량을 감소하는 trigger.

stock 테이블이 변경되면 판매 테이블에 추가한다. 기존에 판매된 제품이 있으면 수량만 더하는 실습을 한다.

```
CREATE DEFINER=`root`@`localhost` TRIGGER `stock_AFTER_UPDATE`
AFTER UPDATE ON `stock` FOR EACH ROW
BEGIN
  declare orderNum int;
  set orderNum = old.stockQty - new.stockQty;
  insert into sale values(new.pno, orderNum, new.pname);
  -- pno exists then update sale set ...
END
```

그림 11.36 판매 테이블에 추가하는 trigger.

주문 테이블에 대한 insert를 실행한다.

```
insert into orderProduct values('o1','Hong',curdate(),'p1',3);
```

그림 11.37 주문 테이블에 대한 insert 실행.

trigger로 실행된 update와 insert 결과는 그림 11.38과 같다.

```
mysql> select * from sale;
+-----+---------+-------+
| pno | saleQty | pname |
+-----+---------+-------+
| p1  |       3 | bolt  |
+-----+---------+-------+
1 row in set (0.00 sec)

mysql> select * from orderProduct;
+---------+----------+------------+-----------+----------+
| orderNo | customer | orderDate  | productNo | orderQty |
+---------+----------+------------+-----------+----------+
| o1      | Hong     | 2021-11-16 | p1        |        3 |
+---------+----------+------------+-----------+----------+
1 row in set (0.00 sec)
```

그림 11.38 2개 이상의 연관된 테이블에 대한 trigger 처리 결과.

연습 문제

1) 이미 판매된 제품에 대한 주문 접수 > 주문 테이블에 insert > 판매 테이블에 기판매 제품은 update, 신규 판매 제품은 insert가 trigger 구현
2) 주문 제품의 취소 > 주문 테이블에서 삭제 > 취소 주문 테이블에 insert > 판매 테이블에서 update > 판매수량이 0이면 판매테이블에서 삭제 처리하는 trigger 구현
3) trigger 전의 상태에 대하여 주문, 재고, 판매, 주문취소 테이블에 대하여 select * from <테이블>
4) 주문 접수후 trigger 상태, 주문 제품의 취소후 trigger 상태를 보여주기

12장

함수 종속성과 Normal Form

12장 함수 종속성과 Normal Form

12.1 함수 종속성 정의

relation의 normal form은 MySQL 뿐만 아니라 NoSQL에서도 중요한 데이티베이스 설계에 관한 이론이고 기법이다. normal form은 functional dependence(FD)를 토대로 설명한다. 함수 y = f(x)는 x에 대응하는 y 값이 오직 하나이다. relation에서 각 attribute 간에 함수 성질을 만족하는 것을 functional dependency라 한다. SP(sno, pno, qty)에서 primary key인 {sno, pno}에 대한 qty 값의 대응 관계는 N:1이다. 즉 이것은 key {sno,pno}에 대응되는 qty 값은 오직 하나이므로 함수 qty = f(sno,pno)가 성립한다. functional dependency를 정의하기 위해 R을 relation, X 와 Y를 R의 attribute set의 subset이라고 하자.

정의1: Y is functionally dependent on X iff each X-value in R has associated with <u>precisely one</u> Y-value in R

이때 함수 종속성을 X → Y (X: determinant, Y: dependent)로 표현하고 "X functionally determines Y"라고 한다.

```
mysql> select * from scp;
+-----+--------+-----+------+
| sno | city   | pno | qty  |
+-----+--------+-----+------+
| s1  | london | p1  |  100 |
| s1  | London | p2  |  100 |
| s2  | Paris  | p1  |  200 |
| s2  | Paris  | p2  |  200 |
| s3  | Paris  | p2  |  300 |
| s4  | London | p2  |  400 |
| s4  | London | p4  |  400 |
| s4  | London | p5  |  400 |
+-----+--------+-----+------+
8 rows in set (0.00 sec)
```

그림 12.1 scp 테이블의 레코드.

scp 테이블이 현재 상태의 값일 경우에는 sno → city, {sno, pno} → qty, {sno, pno} → city, {sno, pno} → {qty, city}, {sno, pno} → sno, {sno, pno} → {sno, pno, city, qty}, sno → qty, qty → sno 등이 성립한다. 그러나 그림 12.2와 같이 insert 문으로 <s1, .., p3,..>이 추가되면 qty → sno는 성립하지 않는다.

```
mysql> insert into scp values('s1','London','p3',200);
Query OK, 1 row affected (0.01 sec)

mysql> select * from scp;
+-----+--------+-----+------+
| sno | city   | pno | qty  |
+-----+--------+-----+------+
| s1  | london | p1  |  100 |
| s1  | London | p2  |  100 |
| s1  | London | p3  |  200 |
| s2  | Paris  | p1  |  200 |
| s2  | Paris  | p2  |  200 |
| s3  | Paris  | p2  |  300 |
| s4  | London | p2  |  400 |
| s4  | London | p4  |  400 |
| s4  | London | p5  |  400 |
+-----+--------+-----+------+
9 rows in set (0.00 sec)
```

그림 12.2 scp에 insert 한 후에 레코드 상태

함수 종속성을 좀 더 구체적으로 다음과 같이 정의할 수 있다.

> **X → Y iff, in every possible legal value of R, each X-value has associated with precisely one Y-value**

relation R의 모든 가능한 값(앞으로 추가될 레코드를 포함하여)에 대하여 x에 대한 y 값은 항상 오직 하나여 한다. X(qty) → Y(sno) 종속성은 scp 테이블에서 <s1,p3>가 insert되기 전에는 성립하였으나 insert된 후에는 성립하지 않으므로 scp에 대한 함수 종속성으로 qty → sno는 성립하지 않는다.

```
mysql> select * from p;
+-----+-------+-------+--------+--------+
| pno | pname | color | weight | city   |
+-----+-------+-------+--------+--------+
| p1  | bolt  | red   |     12 | London |
+-----+-------+-------+--------+--------+
1 row in set (0.00 sec)
```

그림 12.3 p 테이블의 레코드 상태

X가 relation R의 candidate key이면 R의 모든 attribute들은 X에 대한 FD가 성립해야 한다. relation p의 primary key가 pno이므로 pno → {pno, pname, color, weight,city}이 성립한다. 이러한 함수 종속성 표현은 pno → pno, pno → pname, pno → color, pno → weight, pno → city 표현과 동일한다. relation R이 FD A → B를 갖고 A가 candidate key가 아니면 R은 어떤 redundancy를 포함한다. relation scs의 primary key는 sno인데 city → status가 성립하므로 redundancy가 존재한다.

```
mysql> select * from scs;
+-----+--------+--------+
| sno | city   | status |
+-----+--------+--------+
| s1  | London |    100 |
| s2  | London |    100 |
| s3  | Paris  |    200 |
| s4  | London |    100 |
| s5  | Paris  |    200 |
| s6  | Oslo   |    300 |
+-----+--------+--------+
6 rows in set (0.00 sec)
```

그림 12.4 scs 테이블의 레코드 상태.

Trivial 종속성과 nontrivial 종속성은 2NF(Normal Form), 3NF을 구분하는데 중요하다. FD: X → Y가 있을 때 Y가 X의 subset이면 trivial FD라고 한다. {sno, pno} → sno는 trivial 종속성이다.

12.2 함수 종속성의 Closure

{sno, pno} → {city, qty} 표현은 {sno, pno} → city와 {sno, pno} → qty를 나타낸 것이다. 그리고 함수 종속성 간에 transitive 관계도 성립하며 이를 transitive FD라 한다.

if A → B and B → C, then A → C

FD의 set을 S라고 할 때 closure S+는 S로 부터 유도된 모든 FD 집합을 말한다. S로 부터 S+를 구하기 위한 추론 규칙들의 집합을 Armstrong's axioms이라 한다. Armstrong's inference rules[1,2,3]을 설명하기 위하여 A, B, C를 R의 attribute들의 집합의 subset들이라고 하자. 그리고 AB 표현은 {A,B}를 나타낸 것이다.

1) reflexive rule: if B is a subset of A, A → B, 이것은 trivial FD의 정의이다.
2) augmentation: if A→ B, then AC → BC
3) transitivity: if A→ B and B→ C, then A → C
4) self-determination: A → A
5) decomposition: if A → BC, then A → B and A → C
6) union: if A → B and A → C, then A → BC

주어진 relation R(A, B, C, D, E, F)에 대한 FD: A → BC, B → E, CD → EF이 존재할 때 AD → F 가 R에서 가능한가에 대한 질문 처리 과정[1]으로 가능하다가 답이다.

1. A → BC (given)
2. A → C (A → B, A → C)
3. AD → CD (AD → CD)
4. CD → EF (given)
5. AD → EF(AD → CD, CD → EF)
6. AD → F (AD → E, AD → F)

Armstrong's inference rules[1,2,3]을 사용하여 주어진 FD가 closure가 있는지를 결정할 수 있다. K가 R의 superkey라고 가정하자. superkey는 {candidate key+reducible attributes}를 말한다. K가 superkey인지를 결정하기 위하여 K에 함수 종속적인 모든 attribute들의 집합이 R의 모든 attribute들인지를 결정한다. K에 함수 종속적인 R의 모든 attribute들의 집합을 closure K+ 로 표현한다. R(A,B,C,D,E,F)의 FD: A → BC, E → CF, B → E, CD → EF가 있을 때 k = AD가 superkey인가에 대한 답을 구할 수 있다.

12.3 Nomalization: 1NF, 2NF, 3NF, BCNF

unnormalized relations은 relation의 every row-and-column에 repeating group을 값으로 갖는 경우이다. normalized relation은 atomic 값만 갖고 있는 경우이다. first normal form (1NF)은 relation이 scalar 값만 갖는 경우로서 repeating group을 attribute 값으로 갖지 않는 경우이다.

normalization은 1) 데이터의 redundancy를 제거하거나 최소화하고, 2) 데이터 종속이 논리적이 표현되도록 모든 관련된 데이터 구성요소들이 다 함께 같이 저장 표현하여 data anomaly를 제거하도록 데이터베이스에서 데이터의 재구성 과정이다.

```
mysql> select * from scp;
+-----+--------+-----+------+
| sno | city   | pno | qty  |
+-----+--------+-----+------+
| s1  | London | p1  |  300 |
| s1  | London | p2  |  200 |
| s1  | London | p3  |  400 |
| s1  | London | p4  |  200 |
| s1  | London | p5  |  100 |
| s1  | London | p6  |  100 |
| s2  | Paris  | p1  |  300 |
| s2  | Paris  | p2  |  400 |
| s3  | Paris  | p2  |  300 |
| s4  | London | p2  |  200 |
| s4  | London | p4  |  300 |
| s4  | London | p5  |  400 |
+-----+--------+-----+------+
12 rows in set (0.00 sec)
```

그림 12.5 테이블 scp의 레코드 상태.

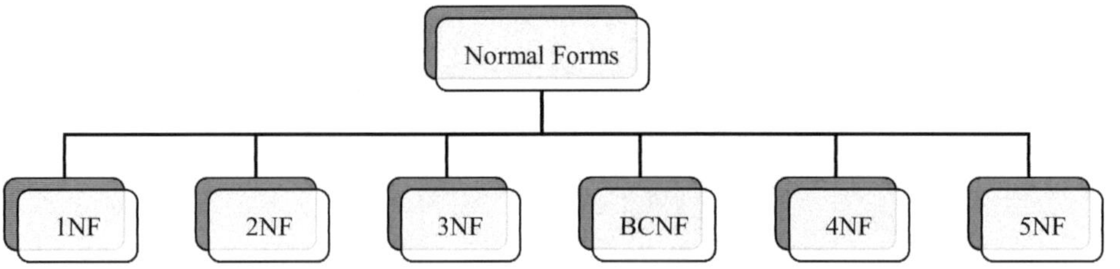

그림 12.6 Normal forms의 종류.

normal forms은 1NF부터 5NF으로 anomaly 문제를 해결한 테이블 설계를 말한다. normalization 절차는 주어진 normal form을 좀 더 바람직한 테이블 형태로 바꾸는 것을 말한다. normalization은 주어진 normal form을 decompose한 테이블을 말하는 데 reversible은 decompose한 테이블을 join하면 원래의 테이블로 나올 때 정보 손실이 없는 것을 말한다. Boyce/Codd normal form (BCNF)은 3NF의 어떤 불충분한 문제를 해결한 것으로 좀 더 정교하게 명확하게 정의한 것이다. 그리고 4th normal form(4NF)과 projection-join normal form(5NF)까지 테이블 설계의 이론적 기반을 파악하는 것이 필요하다.

12.4 Nonloss decomposition과 함수 종속성

normalization은 테이블의 decomposition인데 정보 손실이 없는 nonloss decomposition이 중요한 조건이다. 예를 들면 S(sno, status, city)이 FD: sno → city, city → status, sno → status를 가질 때, s를 sst, sc로 decompose하거나 sst, stc로 decompose 할 수 있다. sst, sc로 decompose하는 경우에는 정보 손실이 없으나 sst, stc는 특정 공급자의 도시가 어디라는 정보가 손실되는 문제가 발생한다.

```
mysql> select * from s;
+-----+--------+--------+
| sno | status | city   |
+-----+--------+--------+
| s3  |     30 | Paris  |
| s5  |     30 | Athens |
+-----+--------+--------+
2 rows in set (0.00 sec)
```

그림 12.7 테이블 s의 레코드 상태.

```
mysql> select * from sst;
+-----+--------+
| sno | status |
+-----+--------+
| s3  | 30     |
| s5  | 30     |
+-----+--------+
2 rows in set (0.00 sec)
```

```
mysql> select * from sc;
+-----+--------+
| sno | city   |
+-----+--------+
| s3  | Paris  |
| s5  | Athens |
+-----+--------+
2 rows in set (0.00 sec)
```

```
mysql> select * from sst;
+-----+--------+
| sno | status |
+-----+--------+
| s3  | 30     |
| s5  | 30     |
+-----+--------+
2 rows in set (0.00 sec)
```

```
mysql> select * from stc;
+--------+--------+
| city   | status |
+--------+--------+
| Athens | 30     |
| Paris  | 30     |
+--------+--------+
2 rows in set (0.00 sec)
```

```
mysql> select sst.sno, city, status from sst join sc on sst.sno = sc.sno;
+-----+--------+--------+
| sno | city   | status |
+-----+--------+--------+
| s3  | Paris  | 30     |
| s5  | Athens | 30     |
+-----+--------+--------+
2 rows in set (0.00 sec)
```

그림 12.8 Table decomposition과 join 결과.

sst와 sc의 join은 원래 s의 결과와 같으므로 정보손실이 없다. 반면에 sst와 stc의 join 결과는 원래 s와 다르다.

```
mysql> select sno, city, sst.status from sst join stc on sst.status = stc.status
;
+-----+--------+--------+
| sno | city   | status |
+-----+--------+--------+
| s5  | Athens | 30     |
| s3  | Athens | 30     |
| s5  | Paris  | 30     |
| s3  | Paris  | 30     |
+-----+--------+--------+
4 rows in set (0.00 sec)
```

그림 12.9 sst와 stc의 조인 결과가 원래 s 테이블과 다르다.

sst와 stc 를 join 하여 FD: sno → status, city → status를 구할 수가 없다. 즉 어떤 공급자가 어떤 도시에 있다는 사실이 손실된다.

원래 테이블 s를 decomposition한 sst와 sc는 projection한 것이다. normal form를 만들기 위한 projection은 정보 손실이 없어야 한다. 즉, sst와 stc를 join하면 원래 테이블 s가 나와야 하는데 정보손실이 발생한 경우가 있다. 데이터베이스 설계에서 normal form 설계는 reversibility를 만족해야 한다. 이것은 원래 테이블에 대한 normal form을 설계하였을 때

projection한 normal form을 join한 것이 원래 테이블과 같아야 한다는 것을 말한다. 다시 말하면 R1과 R2가 R을 projection한 normal form이면 R1과 R2의 join 결과가 원래 R과 같아야 한다는 것을 말한다.

Heath 이론[1,2,3]은 R(A, B, C)이 있고 R이 FD A → B를 가질 때 R은 {A, B}와 {A, C}의 join과 같아야 한다. 이 이론은 앞에서 언급한 s가 {sno, status}과 {sno, city}로 normal form을 만들면 nonloss-decomposed라고 말하는 것이다. 이 이론은 s가 {sno, status}와 {status, city}로 decompose되면 FD중의 하나가 손실된다는 것을 말한다. Heath 이론은 원래 s에서 sno → city, sno → status, city → status가 있었는데 s를 {sno, status}와 {status, city}로 decompose되면 FD sno → city가 손실된다는 것을 말한다.

12.5 Update Anomaly

문제를 간단히 하기 위해 각 relation은 오직 하나의 candidate key만 갖는다고 가정한다. 2개 이상의 candidate keys를 갖는 경우는 12.6절에서 다룬다. 가장 간단한 first normal form (1NF)은 relation의 모든 row-and-column의 값이 오직 scalar 값만 갖는 경우이다. 1NF은 unnormalized relation에서 repeating group을 제거한 첫 번째 normalized relation이다.

first(sno, status, city, pno, qty)가 있고 {sno,pno} → qty, sno → city, city → status, sno → status가 성립한다고 가정하자. p(pno, pname, color, weight, city)는 pno → pname, pno → color, pno → weight, pno → city가 성립한다고 가정한다. first는 2NF도 아니고 3NF도 아니다. first는 insert, delete, update에 대한 데이터 anomaly가 발생한다. anomaly는 테이블에서 데이터 redundancy로 인하여 발생하는 문제를 말한다.

```
mysql> select * from first;
+-----+--------+--------+-----+------+
| sno | status | city   | pno | qty  |
+-----+--------+--------+-----+------+
| s1  |     20 | London | p1  |  300 |
| s1  |     20 | London | p2  |  200 |
| s1  |     20 | London | p3  |  400 |
| s1  |     20 | London | p4  |  200 |
| s1  |     20 | London | p5  |  100 |
| s1  |     20 | London | p6  |  100 |
| s2  |     10 | Paris  | p1  |  300 |
| s2  |     10 | Paris  | p2  |  400 |
| s3  |     10 | Paris  | p2  |  200 |
| s4  |     20 | London | p2  |  200 |
| s4  |     20 | London | p4  |  300 |
| s4  |     20 | London | p5  |  400 |
+-----+--------+--------+-----+------+
12 rows in set (0.00 sec)
```

그림 12.10 first 테이블의 레코드 상태.

first에서 많은 redundancy가 발생하고 있는데 이는 update anomaly가 발생하는 이유이다. anomaly는 insert, delete, update에 대한 anomaly가 발생한다. insert anomaly는 특정 공급자의 도시가 특정 도시에 있다는 사실을 입력할 수가 없다. 억지로 입력하려면 가짜 pno를 사용하여 입력해야 하는 데 이를 dirty data의 입력 문제라 한다. first 에서는 primary key 가 {sno,pno}이므로 엉터리 값으로 pno을 입력해야 하는 것을 insert anomaly라 한다. delete anomaly는 공급자 s2와 s3를 삭제하게 되면 'Paris'의 status가 10이라는 사실도 삭제되므로 'lost data'가 발생하게 된다. update anomaly는 'London'의 status를 20에서 50으로 변경할 때 s1만 변경하게 되면 s4의 city에 대한 status는 변경되지 않으므로 불일치(inconsistency) 문제가 발생하게 된다.

update anomaly 문제를 해결하기 위해서는 first를 second(sno,city, status), sp(sno, pno, qty)로 project하면 anomaly가 발생하지 않게 된다.

```
mysql> select * from second;
+-----+--------+--------+
| sno | status | city   |
+-----+--------+--------+
| s1  |     20 | London |
| s2  |     10 | Paris  |
| s3  |     10 | Paris  |
| s4  |     20 | London |
| s5  |     30 | Athens |
+-----+--------+--------+
5 rows in set (0.00 sec)
```

```
mysql> select * from sp;
+-----+-----+------+
| sno | pno | qty  |
+-----+-----+------+
| s1  | p1  |  300 |
| s1  | p2  |  200 |
| s1  | p3  |  400 |
| s1  | p4  |  200 |
| s1  | p5  |  100 |
| s1  | p6  |  100 |
| s2  | p1  |  300 |
| s2  | p2  |  400 |
| s3  | p2  |  200 |
| s4  | p2  |  200 |
| s4  | p4  |  300 |
| s4  | p5  |  400 |
+-----+-----+------+
12 rows in set (0.00 sec)
```

그림 12.11 first를 second와 sp로 decomposition.

12.6 2NF와 3NF

2NF은 1NF이고 모든 nonkey attribute가 primary key에 대하여 irreducibly dependent한 것을 말한다. irreducible dependent는 non-key attributes가 primary key의 subset에 대하여 다시 FD가 성립하지 않는다는 것을 말하며 이를 no partial FD라고 한다. 예를 들면 first(sno, status,city,pno,qty)에서 primary key는 {sno,pno}이므로 {sno,pno} → city인데 다시 sno → city가 성립하므로 partial FD라고 한다. second(sno, city, status)와 sp(sno,pno,qty)는 partial FD가 없으므로 2NF이라고 한다.

2NF인 second(sno, city, status)에서 sno → city, sno → status, city → status가 성립하는데 다음과 같은 anomaly가 발생한다. 2NF의 문제점은 nonkey attribute들 간에 존재하는 FD로 인하여 다시 anomaly가 발생한다. second(sno, city, status)에서는 transitive FD로 인한 anomaly가 발생한다. insert anomaly는 특정 도시의 status가 얼마라는 사실을 입력하려면 primary key인 sno의 가짜 값을 입력해야 하는 dirty data의 insert anomaly가 발생한다. delete anomaly는 second에서 s2와 s3를 삭제하게 되면 Paris 의 status가 10이라는 사실이 삭제되는 lost data가 발생하게 된다. update anomaly는 London의 status를 변경할 때 중복으로 인한 불일치 문제가 발생하게 된다.

second(sno, city, status)의 anomaly를 해결하기 위해서 다시 sc(sno, city)와 cs(city, status)로 decompose한다. sc(sno, city)는 sno → city를 표현하며 cs(city, status)는 city → status를 표현한다.

```
mysql> select * from sc;
+-----+--------+
| sno | city   |
+-----+--------+
| s1  | London |
| s2  | Paris  |
| s3  | Paris  |
| s4  | London |
| s5  | Athens |
+-----+--------+
5 rows in set (0.00 sec)
```

```
mysql> select * from cs;
+--------+--------+
| city   | status |
+--------+--------+
| Athens |     30 |
| London |     20 |
| Paris  |     10 |
| Rome   |     50 |
+--------+--------+
4 rows in set (0.00 sec)
```

그림 12.12 second를 sc, cs로 decomposition하는 방법.

3NF은 2NF이고 모든 nonkey attribute가 primary key에 대하여 <u>nontransitive dependent</u>한 것을 요구한다. transitive FD는 sno → city, city → status이면 sno → status 이라는 것을 말한다. Third normal form (3NF)은 nonkey attribute들이 상호 독립적인 것, 즉 no transitive FD인 relation이다. 3NF이므로 no partial FD가 성립해야 한다. 다시 말하면 3NF은 primary key에 대해서만 FD가 성립해야 한다.

12.7 올바른 decomposition 방법

second(sno,city,status)는 FD: sno → city, city → status, sno → status가 있으므로 normal form을 만들기 위한 3가지 decompose 방법을 검토해야 한다. 첫 번째 방법은 sc(sno, city), cs(city, status)로 decompose하는 방법으로 sc join cs이면 원래 second relation과 같으므로 nonloss 결과를 보장한다. 이럴 때 sc(sno, city), cs(city, status)는 상호 independent 하다고 하며 어느 한쪽의 relation 을 update할 때 다른 relation을 고려할 필요가 없다.

두 번째 방법은 sc(sno, city), ss(sno, status)로 decompose하는 방법으로 두 relation은 상호 not independent인 경우이다. 여기서 종속적인 이유는 sc 또는 ss를 update할 때 city → status 종속성이 유지되는지를 점검하면서 update해야 한다. 예를 들면 두 공급자의 도시가 같다면 두 공급자의 status는 항상 같도록 유지되어야 한다. 따라서 sc(sno, city), ss(sno, status)으로 decompose하는 방법은 sc(sno, city), cs(city, status)으로 decompose하는 방법에 비하여 덜 바람직하다. 이유는 특정 도시의 status 값을 입력하려면 공급자 번호가 필요하기 때문이다.

transitive FD가 있는 relation을 decompose할 때 지침은 decompose된 두 relation이 independent projection이어야 한다. R을 decompose한 projection 결과인 R1과 R2는 다음 조건을 만족할 때 independent라고 한다.

1) 원래 relation R의 모든 FD는 R1과 R2의 FD들에 대한 logical consequence
2) R1과 R2의 공통 attribute는 R1또는 R2의 어느 한쪽에서 candidate key이어야 한다.

sc(sno, city), ss(sno, status)으로 decompose하는 방법은 not independent인 이유는 city → status를 deduce할 수 없기 때문이다. relation이 atomic이라는 것은 independent projection으로 더 이상 decompose하지 못하는 relation을 말한다. s와 p는 atomic이 아니며 sp는 atomic relation이다. dependency preservation은 relation을 decompose하였을 때 project 결과가 independent한 것을 말한다.

12.8 Boyce/Codd Normal Form

Codd의 3NF를 정의하였을 때 relation이 2개 또는 그 이상의 candidate key가 있고, 2개의 candidate key가 composite attribute(2개 이상의 attribute로 구성된)이고, 2개의 candidate key의 attribute들이 overlapped인 경우를 고려하지 않았다. 즉 3NF는 candidate key가 한 개인 경우만 고려하여 정의하였다.

trivial FD는 FD에서 왼쪽이 오른쪽의 superset일 때는 FD가 너무나 당연하므로 trivial이라고 한다. 그리고 determinant는 FD의 왼쪽을 말한다. BCNF는 모든 nontrivial, left-irreducible FD에서 determinant가 candidate key인 것을 말한다. 따라서 BCNF는 candidate key만이 오직 유일한 determinant가 되는 것을 말한다.

2개의 disjoint candidate key가 있는 s(sno, sname, status, city)에서 sno와 sname이 모두 candidate key라고 가정하자. city와 status는 상호 독립적이라고 하자(city와 status 간에는

FD가 없다). 이러한 s는 sno → status, sno → city, sname → status, sname → city, sno → sname, sname → sno가 성립할 때 s는 3NF인가? 3NF 정의에 따르면 transitive FD가 성립하므로 3NF이 아니라고 답할 수 있는 데 이는 분명히 오답이다. relation s는 확실한 3NF이다. 그 이유는 candidate key가 2개 이상이면 하나의 candidate key만 고려하고(sno만 고려하고) 다른 key(sname)은 없는 것으로 간주하는 것이 3NF 정의이다. relation s는 모든 candidate key가 determinant이므로 BCNF이다.

overlapping candidate key를 갖는 ssp(sno, sname, pno, qty)는 2개의 candidate key는 {sno, pno}와 {sname, pno}이다[1]. FD는 {sno,pno} → qty, {sname,pno} → qty, sno → sname, sname → sno가 성립하므로 ssp는 BCNF가 아니다. 그 이유는 sno와 sname이 candidate key는 아닌데 determinant이기 때문이다. ssp는 당연히 3NF이다. candidate key가 2개 이상이면 하나만 고려하면 되므로 sname이 없다고 가정하면 {sno,pno} → qty만 존재하기 때문이다.

```
mysql> select * from ssp;
+-----+-------+-----+------+
| sno | sname | pno | qty  |
+-----+-------+-----+------+
| s1  | Smith | p1  |  300 |
| s1  | Smith | p2  |  200 |
| s1  | Smith | p3  |  400 |
| s1  | Smith | p4  |  200 |
+-----+-------+-----+------+
4 rows in set (0.00 sec)
```

그림 12.13 테이블 ssp의 레코드 상태.

relation ssp는 FD: sno → sname, sname → sno가 성립하므로 redundancy가 존재하게 되며 이로 인한 update anomaly가 발생하게 된다. 이러한 anomaly를 해결하는 방법은 ssp를 ss(sno, sname}와 sp{sno, pno, qty}으로 decompose하는 것이다.

overlapping candidate key를 갖는 다른 예제로서 sjt(s,j,t)는 student s가 teacher 가 가르치는 subject j를 수강한다는 사실을 표현한다[1]. relation sjt는 두 가지 제약조건을 갖고 있다. 첫째, 각 subject에 대하여, 각 subject를 수강하는 student는 오직 한 teacher의 과목만 들어야 한다. 따라서 FD: {s,j} → t가 성립한다. 둘째, 각 teacher는 오직 한 subject만 가르친다는 제약조건은 FD: t → j가 성립한다. 물론 각 subject는 여러 teacher가 담당한다. 따라서 FD: j → t는 성립하지 않는다. relation sjt는 2개의 overlapping key, {s,j}, {s,t}가 존재하므로 sjt는 3NF이고 BCNF는 아니다. 그러면 왜 {j,t}는 candidate key가 안 되는 이유를 살펴보자. 각 subject에 대하여 각 teacher에 대한 수강학생은 여러 명이기 때문이다.

```
mysql> select * from sjt;
+-------+---------+-------+
| s     | j       | t     |
+-------+---------+-------+
| Jones | Math    | White |
| Jones | Physics | Brown |
| Smith | Math    | White |
| Smith | Physics | Green |
+-------+---------+-------+
4 rows in set (0.00 sec)
```

그림 12.14 테이블 sjt의 레코드 상태.

delete anomaly는 Jones이 physics를 수강한다는 사실을 삭제하면 Brown teacher가 Physics를 가르친다는 사실이 없어지는 lost information이 발생한다. 즉 FD: t → j가 없어진다. 이러한 delete anomaly를 없애기 위해 2개의 projection인 st(s,t)와 tj(t,j)는 independent 하지 않다. 그 이유는 {s,j} → t가 FD t → j로 부터 유도될 수 없기 때문이다. 따라서 anomaly를 해결하기 위해 decompose가 만능 해답이 안 될 수가 있다는 것을 알아야 한다. 결론적으로 relation sjt는 atomic이지마는 BCNF가 아니다.

overlapping candidate key를 갖는 다른 예제로서 relation sjp(s,j,p)는 student s가 subject j에서 position p를 갖는다는 사실을 표현한다[1]. sjp가 갖는 제약조건은 어떠한 두 student도 같은 subject에서 같은 position을 갖지 않는다는 것이다. relation sjp에서 성립하는 FD: {s,j} → p, {j,p} → s이다. FD: s → p 는 다른 subject에 대하여 다른 position을 가지므로 성립하지 않는다. 이럴 때 sjp는 2개의 overlapping candidate key인 {s,j}와 {j,p}를 갖는다. sjp는 2개의 canbdidate key가 모두 determinant이므로 BCNF이다. 따라서 overlapping candidate key가 항상 anomaly를 일으키지 않는 경우도 있다. sjp는 BCNF이므로 더 이상 decompose할 필요가 없는 경우이다.

```
mysql> select * from sjp;
+----+----+------+
| s  | j  | p    |
+----+----+------+
| s1 | j1 | p1   |
| s1 | j2 | p1   |
| s2 | j1 | p2   |
| s2 | j2 | p3   |
| s3 | j1 | p3   |
+----+----+------+
5 rows in set (0.00 sec)
```

그림 12.15 테이블 sjp의 레코드 상태

13장

4NF, 5NF, EER 모델링

13장 4NF, 5NF, EER 모델링

13.1 MVD와 4NF

데이터베이스 설계 시에 수준이 높고 어려운 4NF와 5NF를 학습해야 고숙련 데이터베이스 설계자가 되기 위한 지식을 갖게 된다. relation hctx가 courses, teachers, 그리고 texts로 구성되고 teacher와 texts는 relation-valued 값, 즉 repeating group을 값으로 갖는다[1]. hctx에서 teachers와 texts는 서로 독립적이다. hctx를 1NF으로 만들면 teachers의 각 항목에 대하여 texts의 모든 항목들에 대응되어 표현된다.

hctx

<table>
<tr><th><u>COURSE</u></th><th>TEACHERS</th><th>TEXTS</th></tr>
<tr><td>Physics</td><td><u>TEACHER</u>
Prof. Green
Prof. Brown</td><td><u>TEXT</u>
Basic Mechanics
Principles of Optics</td></tr>
<tr><td>Math</td><td><u>TEACHER</u>
Prof. Green</td><td><u>TEXT</u>
Basic Mechanics
Vector Analysis
Trigonometry</td></tr>
</table>

그림 13.1 Unnormalized relation hctx.

4NF를 정의하기 위해 MVD(multivalued dependency)를 사용한다. MVD는 FD를 generalization한 것이다. 5NF는 JD(join dependency)를 사용하여 정의한다. JD는 다시 MVD를 generalization한 것이다.

ctx

COURSE	TEACHERS	TEXTS
Physics	Prof. Green	Basic Mechanics
Physics	Prof. Green	Principles of Optics
Physics	Prof. Brown	Basic Mechanics
Physics	Prof. Brown	Principles of Optics
Math	Prof. Green	Basic Mechanics
Math	Prof. Green	Vector Analysis
Math	Prof. Green	Trigonometry

그림 13.2 Normalized relation CTX.

relation ctx[1]는 course, teacher, text도 각각이 primary key가 아니다. 그리고 어떤 2개의 attribute들로 표현된 composite attribute도 primary key가 아니다. 따라서 ctx의 primary key는 {course,teacher,text}이며 no FDs이므로 3NF이고 BCNF이다. ctx에서 {course:c, teacher:t, text:x}는 course c가 teacher t가 개설하고 text x 를 사용하는 것을 말한다. 주어진 course에 대하여 teacher와 text의 모든 조합이 나타나야 한다. 따라서 ctx의 제약 조건은 tuples (c, t1, x1), (c, t2, x2)이 있게 되면 tuples (c, t1, x2), (c, t2, x1)도 있어야 한다는 것이다. 이러한 ctx의 redundancy는 또 다시 update anomalies가 발생하게 한다. 예를 들면 physics의 새로운 teacher로서 Bobby Hong을 추가하려면 ctx에는 새로운 2개의 tuple을 추가해야 한다. 이것이 ctx에서 발생하는 insert anomaly이다. 이러한 종속성을 C →→ T으로 표현한다.

ctx가 BCNF 이지마는 update anomaly가 발생하는 이유는 teachers와 texts가 서로 completely independent이기 때문이다. 이 문제는 independent한 teachers와 texts를 분리하기 위해 다음과 같이 2개의 projections[1]로 해결한다.

CT{course, teacher}, CX{course, text}

CT

COURSE	TEACHERS
Physics	Prof. Green
Physics	Prof. Brown
Math	Prof. Green

CX

COURSE	TEXTS
Physics	Basic Mechanics
Physics	Principles of Optics
Math	Basic Mechanics
Math	Vector Analysis
Math	Trigonometry

그림 13.3 CTX의 decomposed table CT,CX.

MVD(multivalued dependency)는 functional dependencies의 generalization인 이유는 FD: X → Y에서 X에 대응되는 Y 값이 하나에서 여러 개로 일반화되었다는 의미이다. 따라서 모든 FD는 MVD이다. course →→ teacher는 각 course에 대하여 잘 정의된 teacher의 set를 갖는다. ctx는 course →→ teacher가 성립하면 course →→ text도 성립한다.

MVD의 정의는 R{A, B, C}에서 다음 조건을 만족하면 B는 A에 multidependent(A →→ B)하다고 한다. R에서 주어진 {A-value, C-value}에 대응하는 B-value 집합은 오직 A-value에만 종속이지 C-value에는 독립적이다. 이때 B-value의 집합을 well-defined set이라 한다. 결론적으로 주어진 relation R{A, B, C}에서 A →→ B iff A →→ C가 성립하며 이를 A →→ B | C로 표현한다.

4NF에 대한 이론으로 주어진 R{A, B, C}에서 R이 MVD: A →→ B | C 을 만족하면 R은 {A, B}와 {A, C}의 join 결과와 같다. R에서 MVD X →→ Y는 다음 조건을 만족하면 trivial MVD라고 한다: (1)Y가 X의 subset이거나, 또는 (2) X ∪ Y = R 조건이다. (1)과 (2) 어느 하나도 만족

하지 않는 MVD를 nontrivial MVD라고 한다.

R에서 A와 B에 대하여 nontrivial MVD: A →→ B가 있을 때 R의 모든 attribute들(B를 제외한)이 A에 대하여 functionally dependent하면 R은 4NF라고 한다. 예를 들면 CT(C, T, X, Y)에서 C →→ T, C→X, C→Y가 있으면 4NF인가? 대답은 예이다.

R은 다음 조건을 만족하면 4NF라고 한다: R에서 성립하는 모든 MVD: X →→ Y가 1) Y ⊆ X 또는 XY = R이거나, 2) X가 Y를 제외한 나머지 attribute들에 대하여 superkey이라는 조건이다. ctx는 4NF가 아닌 이유는 C →→ T에 대하여 X가 C에 대하여 FD가 아니기 때문이다. 즉 C →→ X가 FD가 아닌 MVD이기 때문이다. 이러한 MVD는 insert anomaly가 발생하게 한다. 예를 들면 새로운 Math 과목에 Blue teacher가 추가되면 3개의 text를 사용한다는 사실을 표현하기 위해 3개의 tuple이 insert되어야 한다. 따라서 ctx relation에서는 단 하나의 새로운 teacher의 insert가 실상은 3개의 tuple의 insert를 수반하기 때문에 anomaly이다.

ctx를 decompose한 2개의 projections인 CT와 CX는 4NF이다. CT와 CX는 어떠한 nontrivial MVD를 포함하지 않는다. CT가 candidate key이며 ct는 trivial MVD만 포함한다.

13.2 Join Dependencies와 5NF

주어진 relation R은 decomposable해야 한다는 것은 n개의 projection을 join하면 원래의 R과 같아야 한다는 것을 말한다. spj(sno, pno, jno)의 primary key는 {sno, pno, jno}이고 nontrivial FD도 없고 MVD도 없으므로 BCNF이고 4NF이다[1].

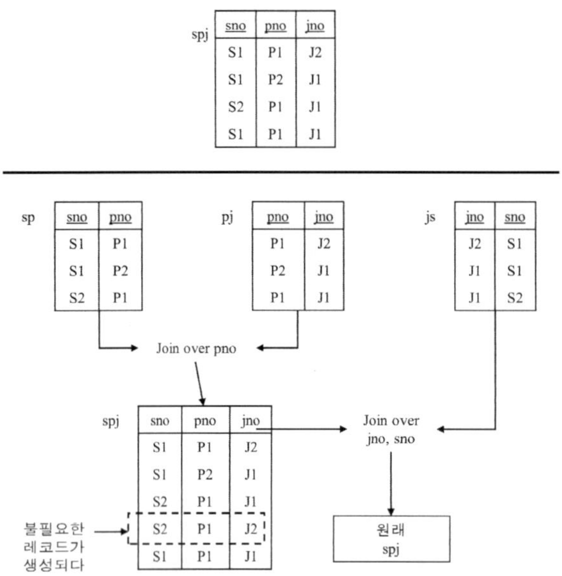

그림 13.4 SJP의 decomposition과 join 결과.

spj가 3-decomposability를 만족하느냐고 물을 때 답은 아니다. 현재 spj에서 <S1,P1,J1>가 삭제될 경우에 sp,pj,js를 join하면 원래의 spj와 같지 않다. 이것을 decomposition anomaly[1]라 한다. spj는 time-independent constraint로서 다음과 같은 규칙을 만족한다:

```
if SP(s1, p1) and PJ(p1, j1) and JS(j1, s1) then SPJ(s1, p1, j1)
if SPJ(s1, p1, j2), SPJ(s2, p1, j1), SPJ(s1, p2, j1) then SPJ(s1, p1, j1)
```

이러한 제약 조건을 Constraint 3D(3-decomposable 제약조건이라는 의미에서)이라 부르며 제약조건이 cyclic 성질을 갖고 있다. spj relation이 cyclic 제약조건을 항상 만족하면 n-decomposable이라고 부를 수 있다. Constraint 3D는 주어진 relation R이 projection한 것을 join하면 원래의 R과 같아야 한다는 것을 말하며 이를 join dependency(JD)라 한다.

join dependency는 R(A, B, C, ..., Z) 이 projection인 AB, BC, ..., ZA의 join과 같으면 JD * (AB, BC, ..., ZA)를 만족한다고 한다. 예를 들면 SPJ는 JD * (SP, PJ, JS)를 만족한다고 말한다. 그러면 relation SPJ가 JD*(SP, PJ, JS)를 만족하는가? 그러면 3-decomposable이라고 얘기할 수 있는가? 그 대답은 "아마도 예'라고 답할 것이다. 그 이유는 항상 만족해야 히는데 sjp의 tuple 값에 따라서 3-decomposable할 수도 있고 아닐 수도 있기 때문이다. 그러나 spj가 항상 3-decomposable해야 한다. spj에 <s1,p1,j2>,<s1,p2,j1> 두 개의 tuple만 있는 경우는 3-decomposable하다. 그러나 <s2,p1,j1>이 insert되면 더불어 <s1,p1,j1>을 더 insert해야만 3-decomposable이 만족된다.

spj

sno	pno	jno
S1	P1	J2
S1	P2	J1

그림 13.5 원래 테이블 SPJ

```
mysql> select * from spj2;
+-----+-----+-----+
| sno | pno | jno |
+-----+-----+-----+
| s1  | p1  | j1  |
| s1  | p1  | j2  |
| s1  | p2  | j1  |
| s2  | p1  | j1  |
+-----+-----+-----+
4 rows in set (0.00 sec)
```

그림 13.6 sp, pj, js 테이블의 조인 결과.

```
mysql> select * from sp2;
+-----+-----+
| sno | pno |
+-----+-----+
| s1  | p1  |
| s1  | p2  |
| s2  | p1  |
+-----+-----+
```

```
mysql> select * from pj2;
+-----+-----+
| pno | jno |
+-----+-----+
| p1  | j1  |
| p1  | j2  |
| p2  | j1  |
+-----+-----+
```

```
mysql> select * from sj2;
+-----+-----+
| sno | jno |
+-----+-----+
| s1  | j1  |
| s1  | j2  |
| s2  | j1  |
+-----+-----+
```

그림 13.7 sp2, pj2, sj2의 테이블 레코드 상태

```
mysql> select distinct sp2.sno, sp2.pno, pj2.jno from sp2,pj2,sj2
 where sp2.pno=pj2.pno and pj2.jno=sj2.jno and sj2.sno=sp2.sno;
+-----+-----+-----+
| sno | pno | jno |
+-----+-----+-----+
| s1  | p1  | j2  |
| s1  | p1  | j1  |
| s1  | p2  | j1  |
| s2  | p1  | j1  |
+-----+-----+-----+
```

그림 13.8 sp2, pj2, sj2의 조인 결과.

spj2에서 <s2,p1,j1>이 삭제되면 어떤 side effect도 없다. spj2에서 삭제하면 decompose한 sp2, pj2, sj2의 결과는 그림 13.10과 같으며 join 결과와 비교한다.

```
mysql> select * from spj2;
+-----+-----+-----+
| sno | pno | jno |
+-----+-----+-----+
| s1  | p1  | j1  |
| s1  | p1  | j2  |
| s1  | p2  | j1  |
+-----+-----+-----+
```

그림 13.9 삭제 후 spj2 테이블의 레코드 상태.

```
mysql> select * from sp2;
+-----+-----+
| sno | pno |
+-----+-----+
| s1  | p1  |
| s1  | p2  |
+-----+-----+
```

```
mysql> select * from pj2;
+-----+-----+
| pno | jno |
+-----+-----+
| p1  | j1  |
| p1  | j2  |
| p2  | j1  |
+-----+-----+
```

```
mysql> select * from sj2;
+-----+-----+
| sno | jno |
+-----+-----+
| s1  | j1  |
| s1  | j2  |
+-----+-----+
```

```
mysql> select distinct sp2.sno, sp2.pno, pj2.jno from sp2,pj2,sj2
 where sp2.pno=pj2.pno and pj2.jno=sj2.jno and sj2.sno=sp2.sno;
+-----+-----+-----+
| sno | pno | jno |
+-----+-----+-----+
| s1  | p1  | j1  |
| s1  | p1  | j2  |
| s1  | p2  | j1  |
+-----+-----+-----+
```

그림 13.10 sp2, pj2, sj2로 decompose한 후에 조인한 결과.

spj에서 <s1,p1,j1>을 삭제하면 3개의 projection인 sp,pj,sj의 join 결과와 다른 것을 확인할 수 있다. sp,pj,sj를 만들어 join 한 결과와 같은지를 확인하는 실습으로 sjp가 5NF이 아니라는 것을 확인하는 것이 필요하다.

5NF(projection-join normal form)은 주어진 relation R에서 모든 join dependency가 candidate key에 의해 imply 되어야 한다. JD가 candidate key에 의해서 imply 되어야 한다는 뜻은 candidate key로 projection이 되어야 한다는 의미이다. sjp에서 sp, pj, sj는 candidate key(sjp의 candidate key는 {sno,pno,jno}이다)로 decompose된 것이 아니므로 5NF이 아니다.

5NF에 해당되는 relation 으로 sn(sno,sname,status,city)의 2개의 candidate key는 sno, sname이고 sno → sname, sname → sno, sno → city, sno → status이 성립한다고 가정하자. sn은 JD*({sno,sname}, {sno,status,city})를 만족하기 때문에 5NF이나. 물론 sn은 JD*({sname,status,city}, [sname,sno])도 만족한다. 이것은 candidate key로 projection한 것은 nonloss-decompose가 가능하다는 것을 말한다. 이것은 sn을 꼭 decompos해야 한다는 것을 의미하는 것은 아니다. 결론적으로 sjp는 atomic relation이고 5NF는 아니다. 반면에 sn은 atomic relation이 아니고 5NF이다.

13.3 ER과 EER Modeling

ER diagram은 entity 간의 관련성을 보여준다. ER은 conceptual ER과 physical ER이 있다. conceptual ER diagram은 entity, attribute, relationship, weak entity, multivalued attribute, weak relationship의 6가지 symbol을 사용한다. Peter Chen이 1976년에 ERD를 개발하였고 Charles Bachman, James Martin도 유사한 ERD를 발표하였다.

13.3.1 개념적 ER Diagram

entity, relationship, attribute를 사용하여 개념적 데이터베이스 설계한다. 개념적 ER diagram에서는 primary key, foreign key를 나타내지 않고 entity 간의 관계도[1]를 그리는 것이다.

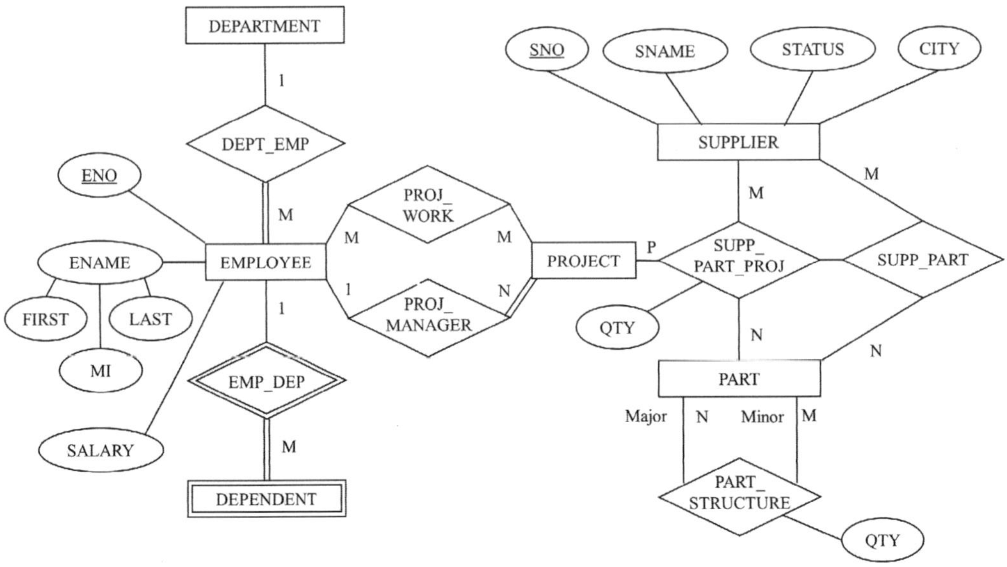

그림 13.11 개념적 DB 설계도 - ER 다이어그램.

1) Entity

entity는 뚜렷하게 다르게 식별되는 어떤 것(thing)으로 속성을 보여주는 attribute들로 기술된다. weak entity는 다른 entity에 존재-종속적인 entity를 말한다. 이것은 종속적인 다른 entity가 존재하지 않으면 독립적으로 존재할 수 없다는 것을 말한다. weak entity가 아닌 것을 regular entity라고 한다. weak entity는 종속적인 entity를 참조하는 foreign key로 정의되어야 한다.

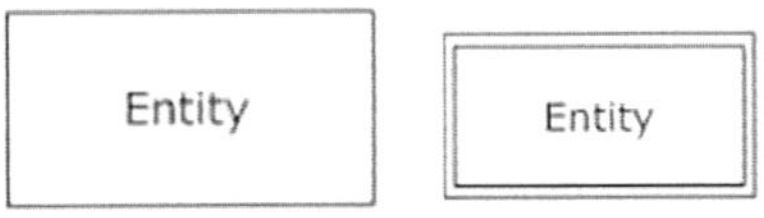

그림 13.12 Entity는 사각형 표현.

2) Attribute

entity와 relationship은 attribute로 기술된다. key attribute는 주어진 entity의 unique, 뚜렷하게 구별되는 특징을 타원으로 나타낸다. multivalued attribute는 한 개 이상의 값을 갖는 경우로 이중 타원으로 표현한다. derived attribute는 다른 attribute로부터 유도된 경우로 점선 타원으로 표현한다.

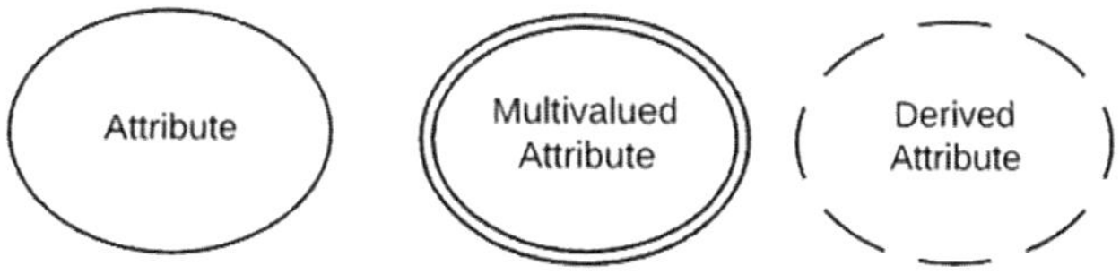

그림 13.13 attribute는 타원 표시.

3) Relationship

entity 간의 관련성을 diamond로 표현한다. 관련성에 참여하는 entity를 participant라고 한다. 관련성 degree는 participant 개수다. 주어진 관련성 R에 대하여 participant가 E일 때 E의 모든 instance가 관련성에 참여하는 것을 total participation이라 하고 그렇지 않은 경우를 partial participation 이라 한다. weak relationship 은 entity와 weak entity 간의 관련성이다.

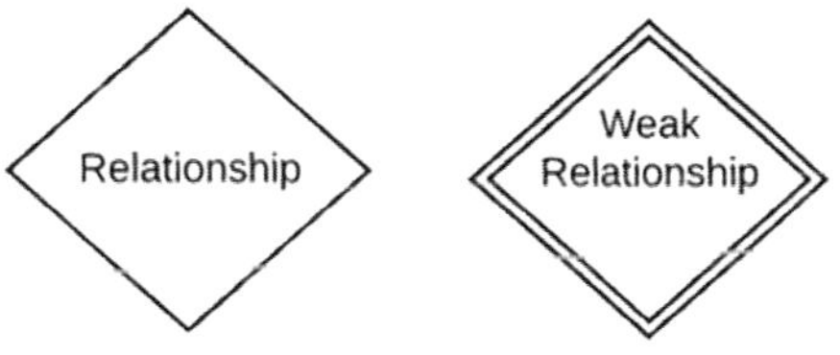

그림 13.14 관련성은 다이아몬드로 표현.

관련성은 1:1, 1:N, N:M이 있고 cardinality 는 관련성에 참여하는 entity의 instance 객체의 최대 개수를 말한다. ordinality는 관련성에 참여하는 entity의 instance 객체의 최소 개수를 말한다. ER diagram에서 cardinality와 ordinality는 crow foot 표기법[2,5]을 그림 13.15와 같이 사용한다.

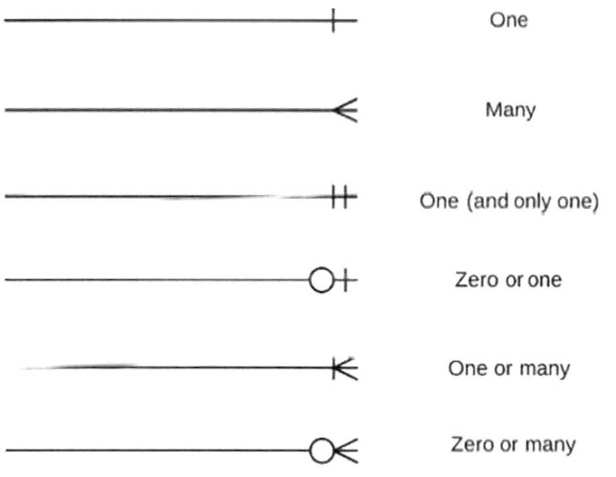

그림 13.15 관련성 종류의 표현.

Chen의 ER 표기[2,5]는 그림 13.16과 같은 symbol을 사용한다.

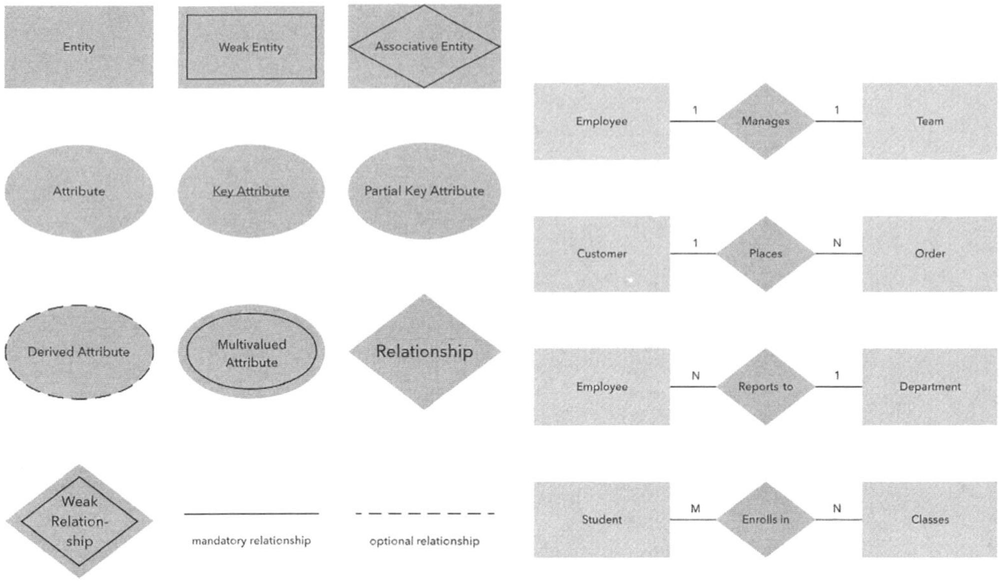

그림 13.16 Chen의 ER 표기법[2,5].

Martin의 crow's foot 표기법[2,5]이 Workbench에서 사용하고 있는 방법이다.

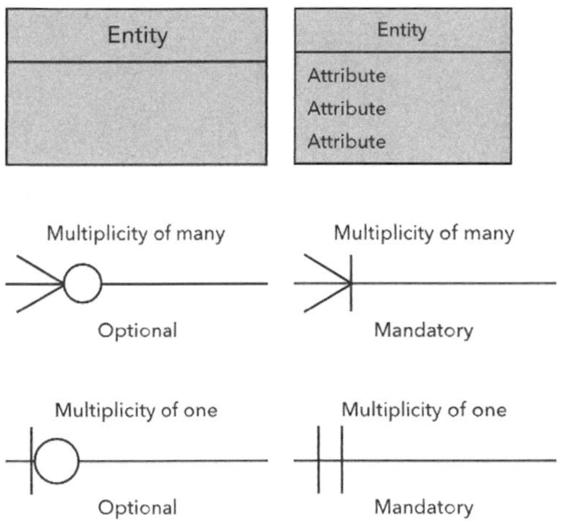

그림 13.17 마틴의 까치발 표기법[2, 5].

Bachman의 관련성 표기는 관련성 이름을 부여하는 방식이다.

그림 13.18 Bachman 표기법.

Crow's foot 표기는 관련성에 cardinality를 나타내고 Chen 방식은 1:1 1:N, N:M을 나타내는 방식이다.

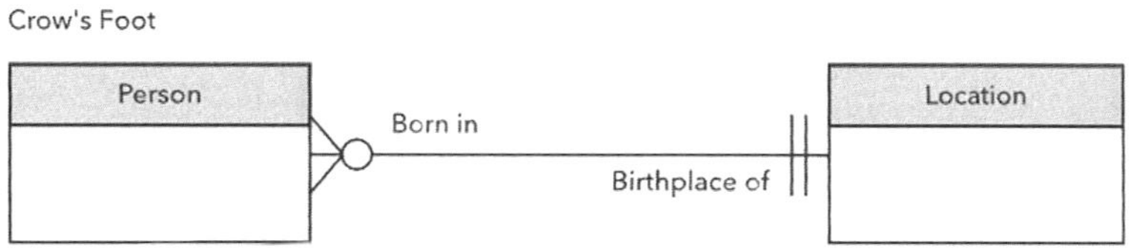

그림 13.19 Crow 표기법.

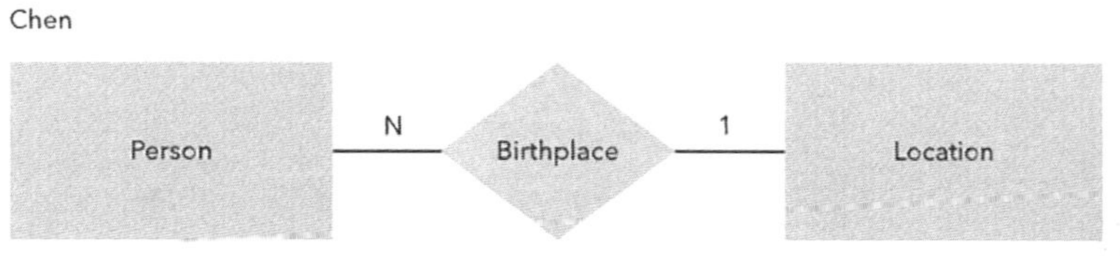

그림 13.20 Chen 표기법

conceptual ER model은 entity의 attribute 이름만 나타내고 관련성을 crow's foot로 표기한다. Visual Paradigm 도구[18]는 3가지 ER model로서 conceptual model, logical model, physical model을 나타낸다.

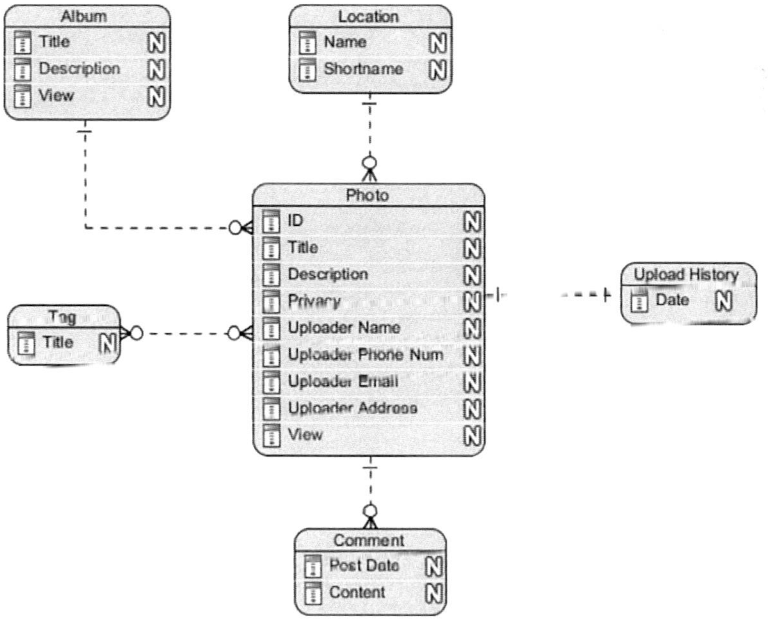

그림 13.21 Visual Paradigm 표기[18].

conceptual ERD는 'a kind of'을 모델링할 때 오직 generalization만 지원한다. 예를 들면 'triangle is a kind of shape'을 표현하기 위해 Visual Paradigm 도구는 generalization을 사용한다. Conceptual data model에서 entity 이름만 기술하고 entity 간의 관련성만 표현한다.

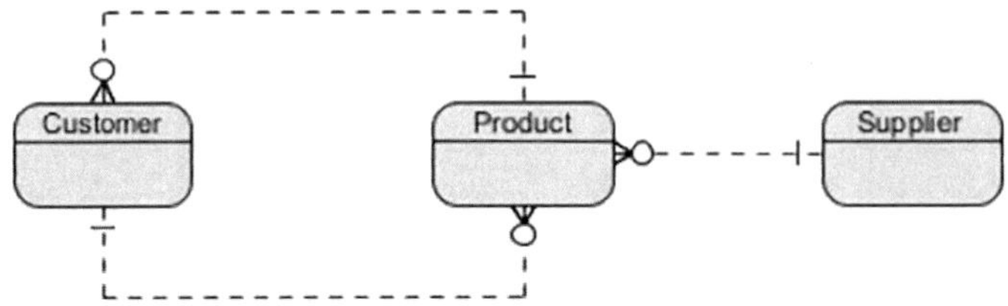

그림 13.22 개념적 ERD 표기법.

logical ER model은 attribute의 type을 나타낸다.

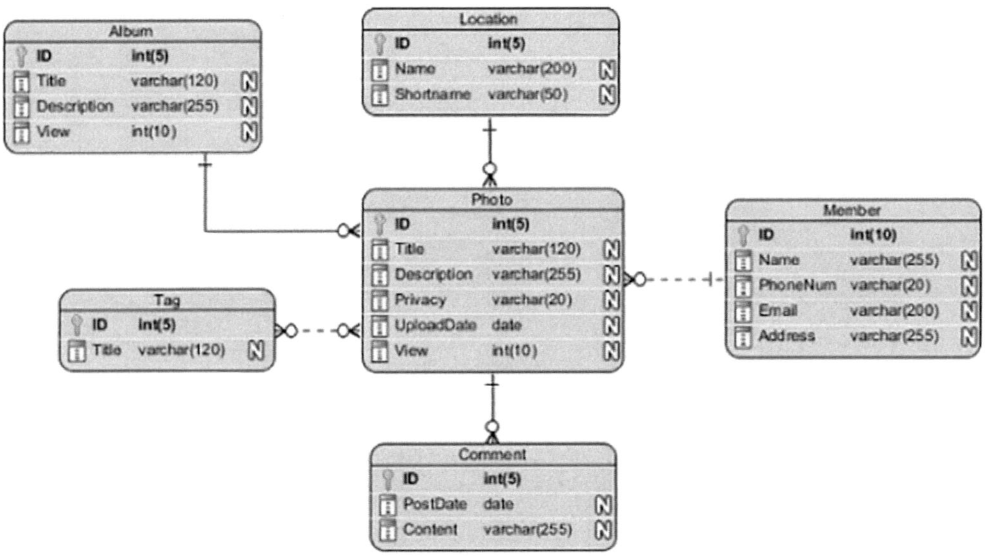

그림 13.23 물리적 ER 모델 표기법.

physical ER model은 relational database를 설계한 것이다. 데이터베이스 설계는 entity의 attribute type을 정의해야 하며 primary key, foreign key와 integrity constraint를 모두 표현해야 한다.

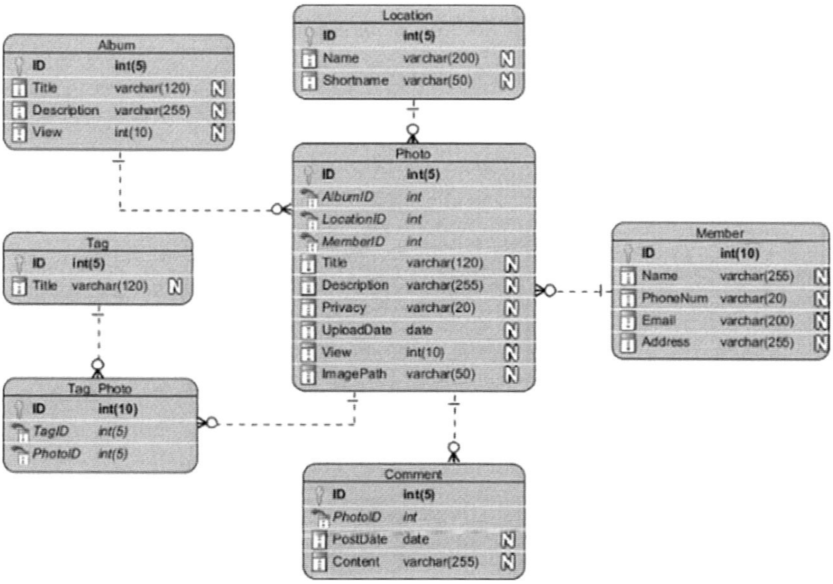

그림 13.24 물리적 ER 모델에 의한 데이터베이스 설계.

EER(Extended Entity-Relationship) model은 diamond, 사각형과 같은 그래픽 표기로 데이터 요구조건을 기술하는 개념적(또는 semantic) 데이터 모델이다. 모델(model)의 의미는 object가 어떻게 보이는지(look like) 또는 어떻게 동작하는지(how it work)를 보여주는 어떤 표현이다. semantic은 'of or relating to meaning'으로 의미 또는 개념을 뜻한다. semantic data model은 데이터베이스를 entity, entity들의 분류와 grouping, entity 간의 상호 관련성을 기술한다.

13.3.2 EER model

E(Extended)ER 모델[2, 5]은 기존 ER model에 다음 4가지가 확장된 것이다.

1) subclass와 superclass
2) specialization과 generalization
3) union과 category
4) aggregation

subclass와 superclass는 inheritance 관계로 정의된다. superclass의 entity type이 한 개 이상의 subtype과의 관련성을 가진다. superclass의 객체 instance만 만들어 존재할 수가 없다. 다시 말하면 superclass의 entity는 반드시 subtype의 객체와 관련성이 있어야 한다. specialization, union도 모두 is-a로 표현되므로 크게 분류하면 is-a와 aggregation을 분류할 수 있다.

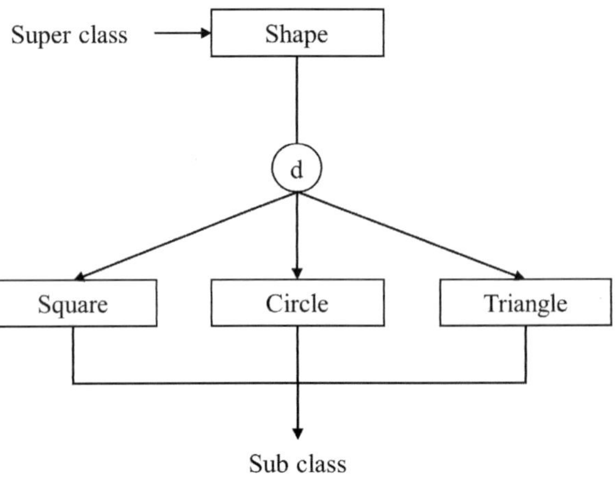

그림 13.25 상속 관계의 표현.

generalization은 specialized entity type들의 set으로 부터 general entity type을 정의한다. specialized entity type이 공통 속성을 뽑아 generalized entity type을 정의한다.

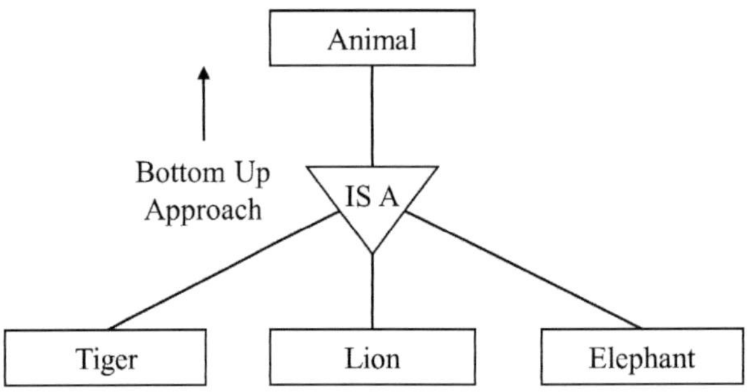

그림 13.26 Generalization 표현.

specialization은 group entity를 다른 특징을 갖는 subgroup으로 나누는 것을 말한다. superclass에 대하여 한 개 이상의 subclass를 나타낸다.

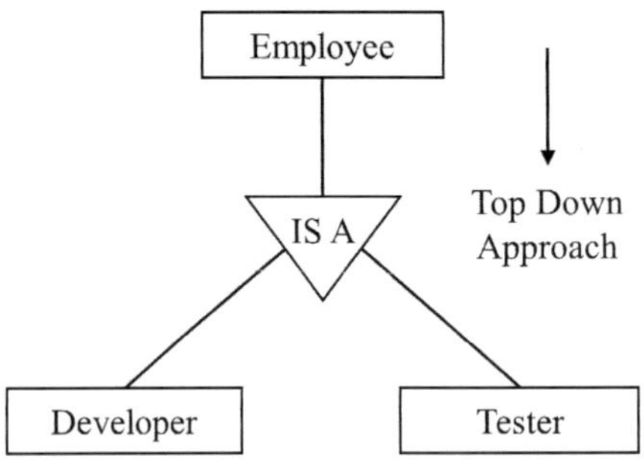

그림 13.27 Specialization 표현.

category는 하나의 superclass 또는 한 개 이상의 superclass와 관련된 subclass를 나타낸다. category는 total 또는 partial participation이다.category member는 적어도 하나의 superclass와 관련되어 존재해야 한다. category는 multiple inheritance로 구현할 수 있다.

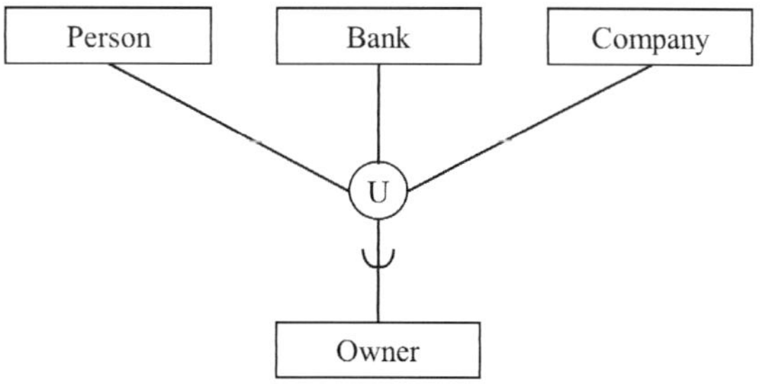

그림 13.28 Category 표현.

aggregation은 한 객체와 component 간의 관련성을 표현하는 프로세스이다. 객체들 간의 관련성을 또 다른 객체로 모델링하는 것이다. college의 개설 과목에 대하여 student가 수강 등록한다는 것은 개설과목 관련성을 수강 관련성이 참조하는 형태이다.

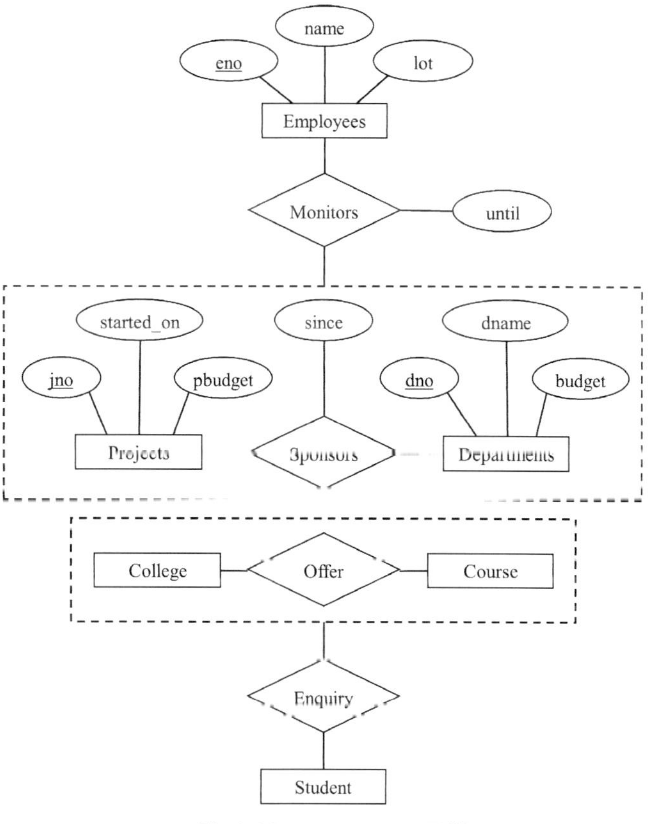

그림 13.29 Aggregation 표현.

13.3.3 EER to Relational Mapping Algorithm

1) Regular Entities

regular entity type은 base relation으로 표현한다. ER diagram에서 entity의 key attribute를 primary key로 나타낸다.

2) Many-to-Many Relationships

N:M 관련성은 별도의 base relation으로 나타낸다. 관련성을 나타내는 base relation은 관련성에 참여하는 entity의 primary key를 foreign key로 나타낸다. 관련성을 표현하는 relation의 primary key는 2개의 foreign key를 조합한 composite key가 된다.

2개의 foreign key가 지정되므로 referential integrity를 위한 insert, delete, update rule이 적용되어야 한다. 공급자 s와 부품 p 간의 관련성 sp는 N:M이므로 sp(sno,pno,qty)로 표현하였다. spj와 같이 3-ary 관련성도 별도의 base relation으로 표현한다.

3) Many-to-One Relationships

1:N 관련성 표현을 위해 별도의 base relation을 만들지 않는다. 관련성의 many side에 one side의 entity의 primary key를 foreign key로 표현한다.

4) Weak Entities

weak entity type과 regular entity type 간에는 N:1 관련성(EMP_DEP)이 표현된다. 1:M 관련성을 표현하는 것처럼 관련성을 표현하기 위한 별도의 relation을 만들지 않고 many side인 weak entity type의 primary key의 구성요소로서 regular entity type의 primary key를 사용하여 존재 종속성을 표현한다. 그리고 weak entity type의 primary key는 regular entity type의 primary key + weak entity type의 한 attribute로 구성된 composite attribute로 나타낸다.

```
CREATE BASE RELATION DEPENDENT
      (ENO . . .)
      . . .
      FOREIGN KEY (ENO) REFERENCES EMP
            DELETE CASCADES
            UPDATE CASCADES;
```

DEPENDENT relation의 primary key는 foreign key와 weak entity key로 구성된 composite attribute (ENO, DEP_NAME)로 표현한다. DEPENDENT에서 DEP_NAME의 값은 unique하지 않다.

eno	DEP_NAME
e1	Depend1
e1	Depend2
e2	Depend1

E1이 삭제되면 두 개의 dependent는 삭제되기 때문에 E1에 존재 종속이다. 이러한 weak entity의 사례는 사원이 보험 증권을 구입한 경우이다. 보험증권의 종류는 생명보험, 연금보험, 화재보험 등이 있고 DEP_NAME에 해당된다. 사원 E1과 E2가 같은 화재 보험인 Depend1을 가입한 경우이다. 사원 E1이 삭제되면 가입한 보험증권도 같이 삭제되기 때문에 존재 종속적이다.

5) Entity Supertypes and Subtypes

subtype과 supertype은 모두 base relation으로 정의한다. 그리고 subtype의 primary key는 supertype의 primary key를 사용하므로 foreign key가 된다.

```
CREATE BASE RELATION EMP
      (ENO . . .)
      PRIMARY KEY (ENO);
CREATE BASE RELATION PGMR
      (ENO . . , LANG  .. .)
      PRIMARY KEY (ENO)
      FOREIGN KEY (ENO) REFERENCES EMP ...;
```

physical ER diagram은 logical ERD에 대하여 primary key, foreign key, 그리고 constraint를 기술하고 N:M relationship을 표현하는 별도의 table을 정의한다. logical ERD을 physical ERD을 전환하는 데 visual paradigm 도구가 유용하다.

14장

데이터베이스 성능: 인덱스, 파티션, Locking

14장 데이터베이스 성능: 인덱스, 파티션, Locking

14.1 index

MySQL에서 index를 생성하는 방법은 1) create table에서, 2) alter table에서, 3) create index 문으로 만든다. Workbench를 사용하여 create table에서 column을 입력한 후에 Indexes를 선택한다.

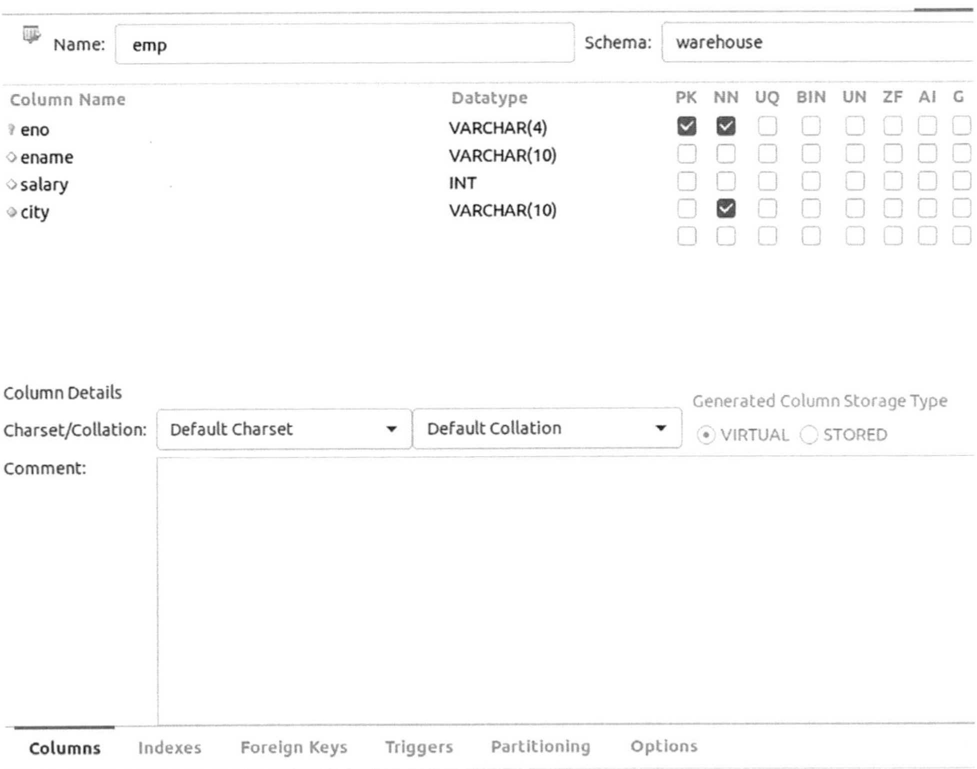

그림 14.1 table 정의 변경 방법.

하단의 indexes를 선택하면 index 이름을 입력하고 해당 attribute를 선택한 후에 적용하기를 누른다. 생성된 SQL scripts는 그림 14.2와 같이 생성된다.

```
CREATE TABLE `warehouse`.`emp` (
  `eno` VARCHAR(4) NOT NULL,
  `ename` VARCHAR(10) NULL,
  `salary` INT NULL,
  `city` VARCHAR(10) NOT NULL,
  PRIMARY KEY (`eno`),
  INDEX `index2` USING BTREE (`city`) VISIBLE);
```

그림 14.2 create table에서 index 정의

기존 table에 대한 alter 문을 사용하여 index를 추가할 수 있다.

```
ALTER TABLE `warehouse`.`emp`
CHANGE COLUMN `salary` `salary` INT NOT NULL ,
ADD INDEX `index3` (`salary` ASC) VISIBLE;
```

그림 14.3 alter table에서 index 정의

생성된 index에 대한 조회는 그림 14.4와 같다. primary key에 대하여는 별도 index를 정의하지 않아도 자동 생성되는 것을 알 수 있다.

```
mysql> show keys from emp;
+-------+------------+----------+--------------+-------------+-
| Table | Non_unique | Key_name | Seq_in_index | Column_name |
+-------+------------+----------+--------------+-------------+-
| emp   |          0 | PRIMARY  |            1 | eno         |
| emp   |          1 | index2   |            1 | city        |
| emp   |          1 | index3   |            1 | salary      |
+-------+------------+----------+--------------+-------------+-
3 rows in set (0.00 sec)
```

그림 14.4 테이블 emp의 index 보기.

기존 테이블 first에 대하여 city에 대한 index를 정의하는 create index 문을 사용하는 예이다. create index는 Workbench에서는 사용이 안 된다.

```
mysql> desc first;
+--------+-------------+------+-----+---------+-------+
| Field  | Type        | Null | Key | Default | Extra |
+--------+-------------+------+-----+---------+-------+
| sno    | varchar(4)  | NO   | PRI | NULL    |       |
| status | int         | YES  |     | NULL    |       |
| city   | varchar(10) | YES  |     | NULL    |       |
| pno    | varchar(4)  | NO   | PRI | NULL    |       |
| qty    | int         | YES  |     | NULL    |       |
+--------+-------------+------+-----+---------+-------+
5 rows in set (0.00 sec)

mysql> create index index1 on first(city);
Query OK, 0 rows affected (0.19 sec)
Records: 0  Duplicates: 0  Warnings: 0
```

그림 14.5 기존 테이블에 대한 index 생성하기.

정의된 index는 그림 14.6과 같이 primary key에 대한 index와 새로 정의된 index1이 생성된 것을 볼 수 있다. show index from first;를 사용하여도 된다.

```
mysql> show keys from first;
+-------+------------+----------+--------------+-------------+
| Table | Non_unique | Key_name | Seq_in_index | Column_name |
+-------+------------+----------+--------------+-------------+
| first |          0 | PRIMARY  |            1 | sno         |
| first |          0 | PRIMARY  |            2 | pno         |
| first |          1 | index1   |            1 | city        |
+-------+------------+----------+--------------+-------------+
```

그림 14.6 기존 테이블에 대하여 추가된 인덱스 확인.

index의 제거는 mysql> drop index index2 on emp;를 사용한다. Workbench에서 생성된 SQL script는 drop index 'index2';만 표현되는 차이가 있다.

14.2 파티션(Partition)

MySQL 서버에서 하나의 테이블의 2개 이상의 저장 구조로 분리되나 사용자 입장에서는 하나의 테이블[17]처럼 보이는 것이다.

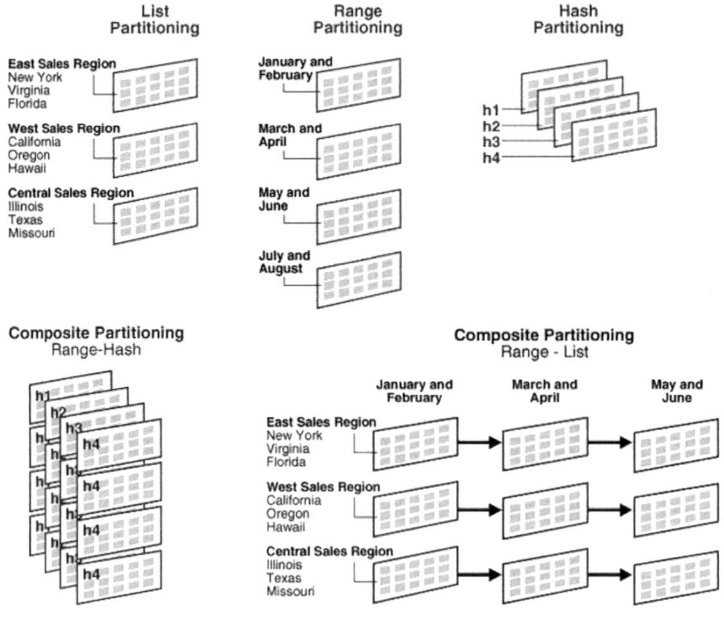

그림 14.7 테이블 partitioning[17].

partition을 사용하는 이유는 테이블 크기가 커질 때 성능이 떨어지는 문제를 해결하기 위함이다. 테이블이 partition되면 index도 분리된다. 매일 발생하는 전표 트랜잭션(공급자와 수요자 간의 거래)들은 월별 집계되고 연도별 집계된다. 작년 또는 재작년 이전 트랜잭션을 삭제하는 것보다 partition 하는 것이 이력 데이터를 효율적으로 관리할 수도 있고 현재 진행 중인 트랜잭션 처리 성능을 향상시킬 수 있다.

```
mysql> create table member (mname varchar(10) not null,startDay date not null,kinds int not null)
    -> partition by range(year(startDay)) (
    ->     partition p0 values less than (2000),
    ->     partition p1 values less than (2010),
    ->     partition p2 values less than maxvalue
    -> );
Query OK, 0 rows affected (0.18 sec)
```

그림 14.8 partition이 처리되는 테이블의 생성.

정의된 partition이 제대로 만들어졌는지 확인하기 위하여 그림 14.9와 같은 검색을 한다.

```
mysql> select table_name, partition_name,partition_method,partition_description,table_row
s from information_schema.partitions where table_name='member';
+------------+----------------+------------------+-----------------------+------------+
| TABLE_NAME | PARTITION_NAME | PARTITION_METHOD | PARTITION_DESCRIPTION | TABLE_ROWS |
+------------+----------------+------------------+-----------------------+------------+
| member     | p0             | RANGE            | 2000                  |          0 |
| member     | p1             | RANGE            | 2010                  |          3 |
| member     | p2             | RANGE            | MAXVALUE              |          0 |
+------------+----------------+------------------+-----------------------+------------+
3 rows in set (0.00 sec)
```

그림 14.9 정의된 partition 확인.

partition p2를 삭제한 후에 다시 member의 현재 partition을 조사한다.

```
mysql> alter table member drop partition p2;
Query OK, 0 rows affected (0.06 sec)
Records: 0  Duplicates: 0  Warnings: 0

mysql> select table_name, partition_name,partition_method,partition_description,table_row
s from information_schema.partitions where table_name='member';
+------------+----------------+------------------+-----------------------+------------+
| TABLE_NAME | PARTITION_NAME | PARTITION_METHOD | PARTITION_DESCRIPTION | TABLE_ROWS |
+------------+----------------+------------------+-----------------------+------------+
| member     | p0             | RANGE            | 2000                  |          0 |
| member     | p1             | RANGE            | 2010                  |          2 |
+------------+----------------+------------------+-----------------------+------------+
2 rows in set (0.00 sec)
```

그림 14.10 partition 삭제 후 확인.

partition을 추가한 후에 member의 현재 partition을 조사한다.

```
mysql> alter table member add partition(partition p2 values less than(2015));
Query OK, 0 rows affected (0.04 sec)
Records: 0  Duplicates: 0  Warnings: 0

mysql> select table_name, partition_name,partition_method,partition_description,table_row
s from information_schema.partitions where table_name='member';
+------------+----------------+------------------+-----------------------+------------+
| TABLE_NAME | PARTITION_NAME | PARTITION_METHOD | PARTITION_DESCRIPTION | TABLE_ROWS |
+------------+----------------+------------------+-----------------------+------------+
| member     | p0             | RANGE            | 2000                  |          0 |
| member     | p1             | RANGE            | 2010                  |          2 |
| member     | p2             | RANGE            | 2015                  |          0 |
+------------+----------------+------------------+-----------------------+------------+
3 rows in set (0.00 sec)
```

그림 14.11 partition 추가 후 확인.

현재 member의 record에 대하여 partition을 삭제하게 되면 해당 partition의 record 들이 같이 삭제된다.

```
mysql> select * from member;
+-------+------------+-------+
| mname | startDay   | kinds |
+-------+------------+-------+
| Moon  | 1999-09-09 |     2 |
| Hong  | 2001-01-21 |     1 |
| Kim   | 2002-02-19 |     2 |
| Lee   | 2003-03-10 |     3 |
| Park  | 2014-04-30 |     1 |
+-------+------------+-------+
5 rows in set (0.00 sec)
```

그림 14.12 member 테이블의 전체 레코드 상태.

```
mysql> alter table member drop partition p0;
Query OK, 0 rows affected (0.05 sec)
Records: 0  Duplicates: 0  Warnings: 0

mysql> select * from member;
+-------+------------+-------+
| mname | startDay   | kinds |
+-------+------------+-------+
| Hong  | 2001-01-21 |     1 |
| Kim   | 2002-02-19 |     2 |
| Lee   | 2003-03-10 |     3 |
| Park  | 2014-04-30 |     1 |
+-------+------------+-------+
4 rows in set (0.00 sec)
```

그림 14.13 partition 삭제 후 테이블 검색.

특정 partition에 대한 조사는 그림 14.14와 같다.

```
mysql> select * from member partition(p1);
+-------+------------+-------+
| mname | startDay   | kinds |
+-------+------------+-------+
| Hong  | 2001-01-21 |     1 |
| Kim   | 2002-02-19 |     2 |
| Lee   | 2003-03-10 |     3 |
+-------+------------+-------+
3 rows in set (0.00 sec)

mysql> select * from member;
+-------+------------+-------+
| mname | startDay   | kinds |
+-------+------------+-------+
| Hong  | 2001-01-21 |     1 |
| Kim   | 2002-02-19 |     2 |
| Lee   | 2003-03-10 |     3 |
| Park  | 2014-04-30 |     1 |
+-------+------------+-------+
4 rows in set (0.00 sec)
```

그림 14.14 특정 partition의 검색

partition을 재구성하는 방법은 세심한 주의가 필요하다. 아래는 member의 모든 partition을 다시 구성한 사례를 보여주고 있다.

```
mysql> alter table member reorganize partition p1,p2 into ( partition n0 values less than
 (2001), partition n1 values less than (2002), partition n3 values less than (maxvalue));

Query OK, 0 rows affected (0.14 sec)
Records: 0  Duplicates: 0  Warnings: 0

mysql> select table_name, partition_name,partition_method,partition_description,table_row
s from information_schema.partitions where table_name='member';
+------------+----------------+------------------+-----------------------+------------+
| TABLE_NAME | PARTITION_NAME | PARTITION_METHOD | PARTITION_DESCRIPTION | TABLE_ROWS |
+------------+----------------+------------------+-----------------------+------------+
| member     | n0             | RANGE            | 2001                  |          0 |
| member     | n1             | RANGE            | 2002                  |          0 |
| member     | n3             | RANGE            | MAXVALUE              |          0 |
+------------+----------------+------------------+-----------------------+------------+
3 rows in set (0.00 sec)
```

그림 14.15 테이블의 partition 재구성.

partition 일부에 대하여 재구성하는 방법으로 partition n3을 n4,n5,n6으로 재구성한 예제이다.

```
mysql> alter table member reorganize partition n3 into ( partition n4 values less than (2
003), partition n5 values less than (2004), partition n6 values less than (maxvalue));
Query OK, 0 rows affected (0.10 sec)
Records: 0  Duplicates: 0  Warnings: 0

mysql> select table_name, partition_name,partition_method,partition_description,table_row
s from information_schema.partitions where table_name='member';
+------------+----------------+------------------+-----------------------+------------+
| TABLE_NAME | PARTITION_NAME | PARTITION_METHOD | PARTITION_DESCRIPTION | TABLE_ROWS |
+------------+----------------+------------------+-----------------------+------------+
| member     | n0             | RANGE            | 2001                  |          0 |
| member     | n1             | RANGE            | 2002                  |          0 |
| member     | n4             | RANGE            | 2003                  |          0 |
| member     | n5             | RANGE            | 2004                  |          0 |
| member     | n6             | RANGE            | MAXVALUE              |          0 |
+------------+----------------+------------------+-----------------------+------------+
```

그림 14.16 partition n3을 추가로 partition으로 나누기.

range를 사용한 partition인 경우에 마지막 partition을 제외한 기존 partition에 대한 재구성은 허용되지 않고 있다.

```
mysql> alter table member reorganize partition n0 into ( partition n7 values less than (1
980), partition n8 values less than (1990));
ERROR 1520 (HY000): Reorganize of range partitions cannot change total ranges except for
last partition where it can extend the range
```

그림 14.17 partition을 더 추가로 나누는 것이 안 되는 경우.

alter 문으로 coalesce partition을 사용하여 기존 partition들을 병합한다. alter table ... truncate partition으로 하나 이상의 선택된 partition의 모든 rows를 삭제한다.

List를 사용한 partition을 만드는 방법은 그림 14.18과 같다. create table에서 primary key를 partition에 사용하는 attribute를 포함하지 않으면 오류가 발생한다. list를 사용한 partition을 정의하고 정의된 partition을 확인하는 실습을 한다.

```
mysql> create table part (pid int not null, pname varchar(10) not null, price int, level
int, primary key(pid))partition by list(level) (partition p0 values in (0,4,8), partition
 p1 values in (1,5,9));
ERROR 1503 (HY000): A PRIMARY KEY must include all columns in the table's partitioning fu
nction (prefixed columns are not considered).
mysql> create table part (pid int not null, pname varchar(10) not null, price int, level
int, primary key(pid,level))partition by list(level) (partition p0 values in (0,4,8), par
tition p1 values in (1,5,9));
Query OK, 0 rows affected (0.10 sec)

mysql> select table_name, partition_name,partition_method,partition_description from info
rmation_schema.partitions where table_name='part';
+------------+----------------+------------------+-----------------------+
| TABLE_NAME | PARTITION_NAME | PARTITION_METHOD | PARTITION_DESCRIPTION |
+------------+----------------+------------------+-----------------------+
| part       | p1             | LIST             | 1,5,9                 |
| part       | p0             | LIST             | 0,4,8                 |
+------------+----------------+------------------+-----------------------+
```

그림 14.18 list를 사용한 partition 만들기.

mysql> show create table part;를 사용하여 정의된 partition을 확인할 수 있다.

hash에 의한 partition 생성을 정의하는 create table 문이다.

```
mysql> create table supplier (sid int not null, sname varchar(10) not null, sales int) pa
rtition by hash(sales) partitions 10;
Query OK, 0 rows affected (0.27 sec)
```

그림 14.19 hash를 사용한 partition 만들기

hash으로 partition을 생성하면 10개의 partition이 생성된 것을 그림 14.20과 같은 방법으로 확인한다.

```
mysql> select table_name, partition_name,partition_method,partition_description from info
rmation_schema.partitions where table_name='supplier';
+------------+----------------+------------------+-----------------------+
| TABLE_NAME | PARTITION_NAME | PARTITION_METHOD | PARTITION_DESCRIPTION |
+------------+----------------+------------------+-----------------------+
| supplier   | p9             | HASH             | NULL                  |
| supplier   | p8             | HASH             | NULL                  |
| supplier   | p7             | HASH             | NULL                  |
| supplier   | p6             | HASH             | NULL                  |
| supplier   | p5             | HASH             | NULL                  |
| supplier   | p4             | HASH             | NULL                  |
| supplier   | p3             | HASH             | NULL                  |
| supplier   | p2             | HASH             | NULL                  |
| supplier   | p1             | HASH             | NULL                  |
| supplier   | p0             | HASH             | NULL                  |
+------------+----------------+------------------+-----------------------+
10 rows in set (0.00 sec)
```

그림 14.20 hash로 만든 partition 결과.

range, list, hash 방법 이외에 linear hash, key, linear key를 사용할 수 있다. partition내에 subpartition을 정의하는 create table 문이다.

```
mysql> create table product(pid int, pname varchar(10), kinds varchar(10), made
DATE) partition by range(year(made)) subpartition by hash(to_days(made)) subpart
itions 4(partition p0 values less than (2000), partition p1 values less than (20
10), partition p2 values less than maxvalue);
Query OK, 0 rows affected (0.09 sec)
```

그림 14.21 partition내에 subpartition.

range partition이 3개이고 각 range에 대하여 4개의 subpartition이 나눌어지는 것을 확인할 수 있다.

```
mysql> select table_name,partition_name,partition_method from
 information_schema.partitions where table_name='product';
+------------+----------------+------------------+
| TABLE_NAME | PARTITION_NAME | PARTITION_METHOD |
+------------+----------------+------------------+
| product    | p2             | RANGE            |
| product    | p2             | RANGE            |
| product    | p2             | RANGE            |
| product    | p2             | RANGE            |
| product    | p1             | RANGE            |
| product    | p1             | RANGE            |
| product    | p1             | RANGE            |
| product    | p1             | RANGE            |
| product    | p0             | RANGE            |
| product    | p0             | RANGE            |
| product    | p0             | RANGE            |
| product    | p0             | RANGE            |
+------------+----------------+------------------+
12 rows in set (0.00 sec)
```

그림 14.22 range partition내에 subpartition 생성.

Workbench를 사용한 partition의 정의는 create table 또는 alter table 을 선택하여 하단의 partition으로 처리할 수 있다. partition 방법으로 hash, key, range에 대한 이해가 필요하다.

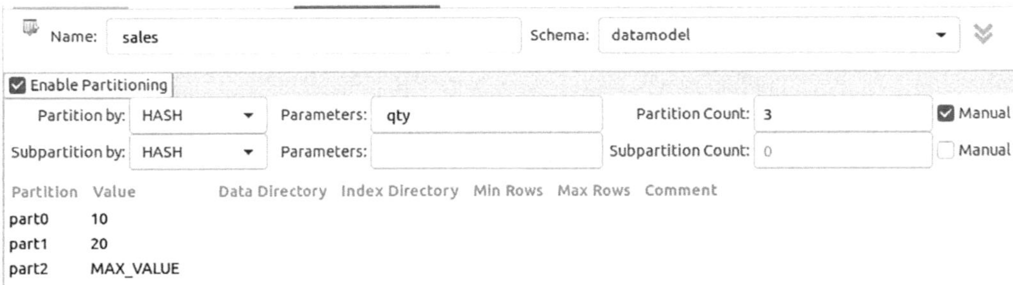

그림 14.23 Workbench를 사용한 partition 만들기.

14.3 Locking

web 프로그래밍은 동시에 여러 사용자가 DB 서버를 접속하여 구매 주문을 하거나 취소를 진행한다. 구매하고자 하는 해당 제품의 재고 테이블을 조사한 후에 판매 테이블에 insert 또는 update를 처리한다. 재고는 1개인데 동시에 2명 이상이 재고 테이블을 접근하여 1개 이상의 재고가 있으므로 판매 테이블에 동시에 기록되는 문제를 해결하는 것이 필요하다.

MySQL의 Storage Engine[17]에는 MyISAM, InnoDB, NDB, Archive 등이 있다. MyISAM은 ISAM(Index Sequential Access Method)를 개량한 엔진으로 non-transaction- safe table을 관리한다. SAM(Sequential Access Method)는 record를 순차적으로 file에 저장하기

때문에 순차적으로 접근 처리가 빠른 반면에 record의 insert, delete의 처리 시간이 많이 걸리는 문제가 있다. ISAM은 index를 사용하여 특정 key에 대한 빠른 검색을 지원한다. sequential file에 저장 레코드가 물리적으로 인접하여 저장되고 index를 구성하는 tree 구조가 변경되지 않는다.

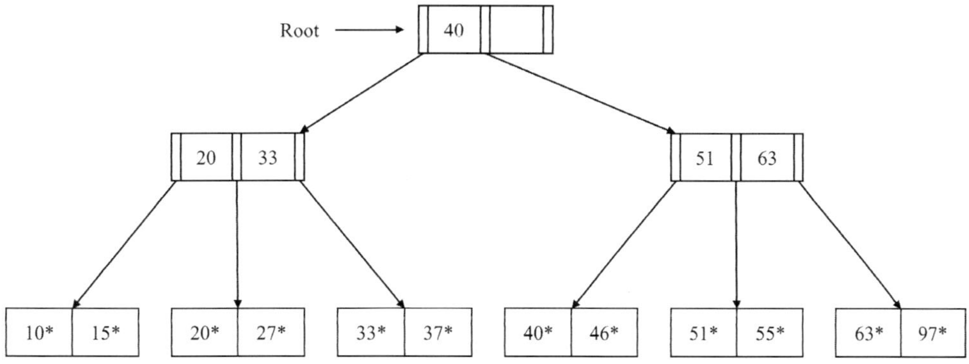

그림 14.24 ISAM tree 구조.

ISAM에 insert로 인하여 overflow가 발생하면 sequential file에서 overflow page를 가리키게 된다. 삭제인 경우에는 해당 레코드의 삭제 표시로 처리한다.

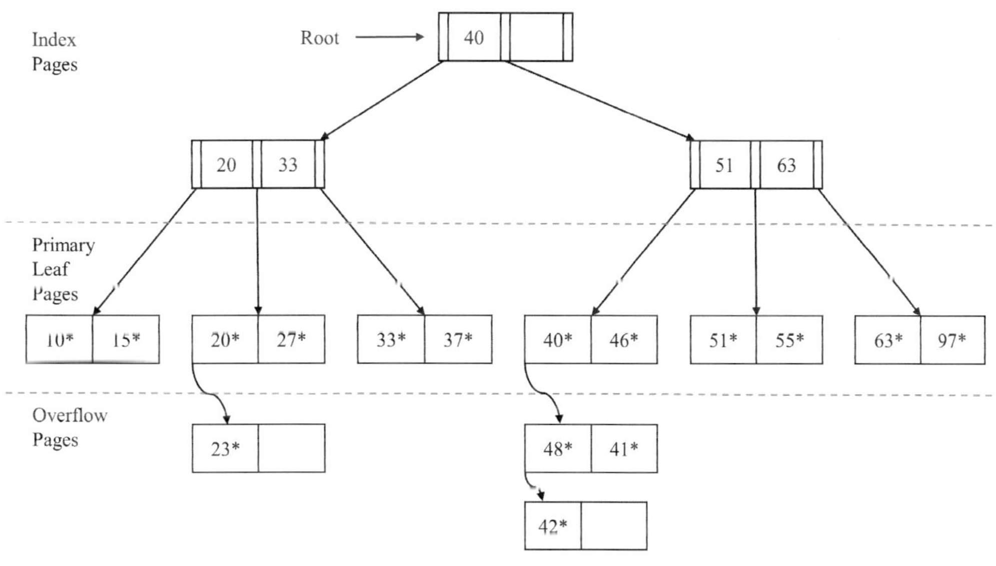

그림 14.25 ISAM의 insert overflow 처리.

삭제 후의 삭제 표시된 레코드는 빈칸으로 보여주고 있다.

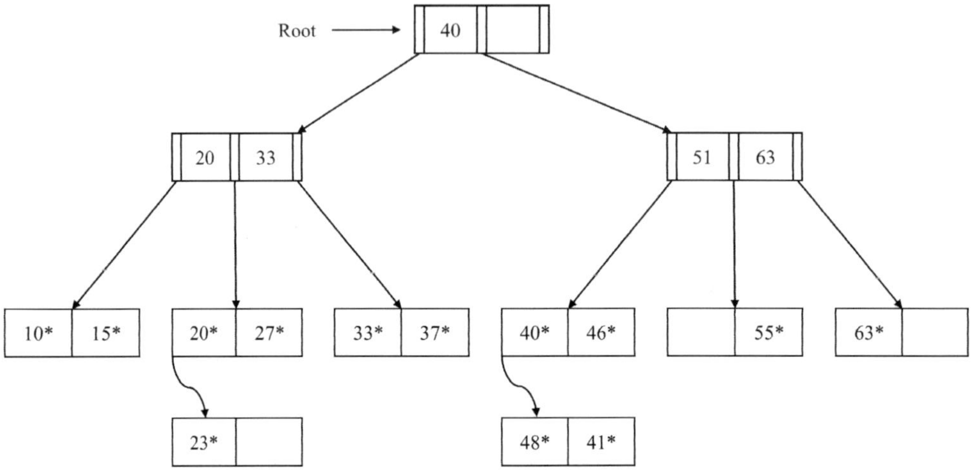

그림 14.26 ISAM 삭제 처리.

MyISAM은 non-transaction-safe로 transaction 기능을 지원하지 않는다. ISAM은 많은 레코드를 순차적으로 읽어 처리하는 것에 적합하다. 테이블 단위로 인덱스 순차 파일로 저장한다. 따라서 table 단위의 lock이 걸린다. 즉 주어진 테이블에 대한 select문과 update 문을 동시에 처리 진행하지 못한다. MyISAM에서는 table과 index가 각각 다른 file로 관리된다.

InnoDB는 transaction 기능(ACID)을 지원하고, row-level locking, MVCC, foreign key를 지원한다. 속도가 느리지만 transaction을 지원한다. InnoDB는 tablespace 개념을 지원한다. 데이터를 저장하는 가장 최소의 논리적 단위가 database block이고 이러한 block이 모여 extent를 구성하고, extent가 모여 segment가 되고, segment가 모여 table space가 된다. 이러한 table space는 실제 물리적 데이터 file에 해당된다. InnoDB에서 모든 테이블을 하나의 file로 관리하거나 테이블당 하나의 file을 생성 관리하는 방법이 있다. MySQL8.0[17]에서는 5가지의 tablespace가 있다: 1) system tablespace, 2) file-per-table tablespace, 3) general tablespace, 4) undo tablespace, 5) temporary tablespace. 이러한 tablespace는 data file disk에 저장 기록된다.

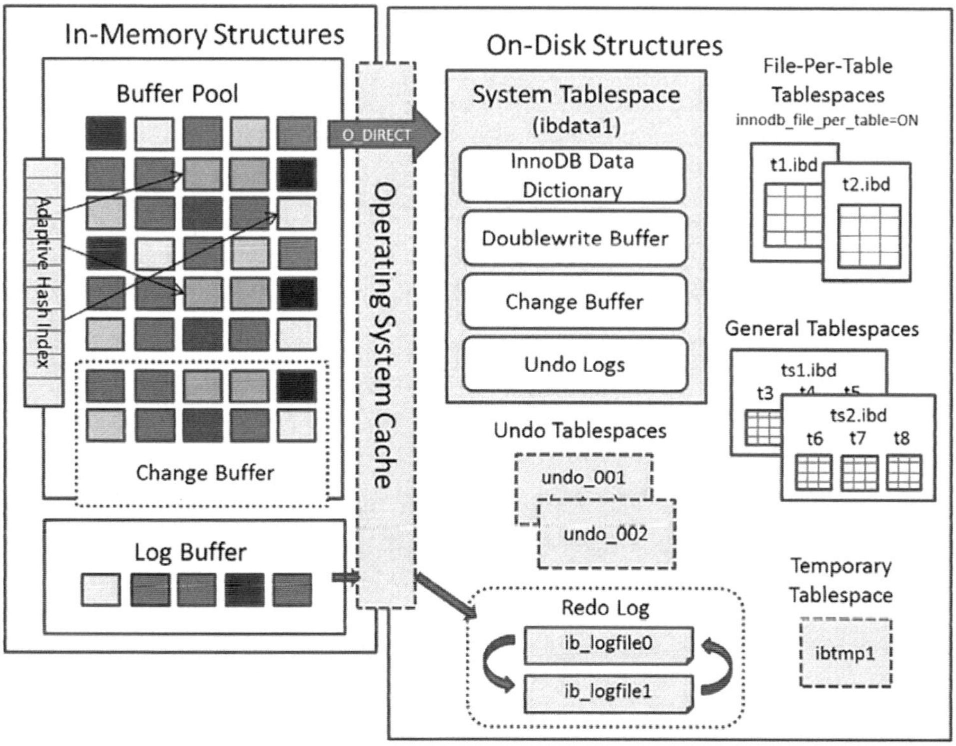

그림 14.27 InnoDB Architecture[25].

web 개발 시에 많은 client들이 동시에 서버 DB에 접속할 때 transaction들이 순차적으로 실행하는 것보다 동시에 실행하면서도 일관성을 유지할 수 있게 하는 concurrency control이 매우 중요하다. concurrency 문제는 2개 이상의 transaction들이 아무런 통제 없이 동시에 실행할 때 발생하다. 대표적인 concurrency 문제는 dirty read, unrepeatable read, lost update, phantom read 문제들을 말한다.

concurrency는 많은 transaction들이 동시에 같은 데이터를 접근하는 것을 말한다. concurrency control은 concurrent transaction들이 상호 간섭(interfere)하지 않는 것을 보증하는 것이다. concurrency 문제는 2개 transaction들의 각 operation이 interleaving하기 때문에 부정확한 결과가 발생한다.

Lost Update 문제[1]는 transaction A가 t1 시간에 update한 내용이 상실되는 것을 말한다. t는 각 transaction에서 local variable이며 DB에서 t를 읽어와 UPDATE t가 DB에 다시 쓴다고 가정한다. transaction A에서 update한 것을 B에 의해 덮어 쓰기 하였기 때문에 Lost Update가 발생한다.

Transaction A	Time	Transaction B
-		-
-		-
RETRIEVE t	t1	-
-		-
-	t2	RETRIEVE t
-		-
UPDATE t	t3	-
-		-
-	t4	UPDATE t
-	↓	-

그림 14.28 Lost Update 문제.

Uncommitted Dependency 문제[1]는 다른 transaction 에 의해 update한 것을 read하거나 다시 update하는 경우인데 다른 transaction이 취소되어 commit가 처리되지 않은 경우이다. transaction A는 B가 update한 값을 DB에서 읽어 왔으나 B가 t3에 rollback되었기 때문에 A가 읽은 값은 uncommitted 값을 가져온 것이다.

Transaction A	Time	Transaction B
-		-
-		-
-	t1	UPDATE t
-		-
RETRIEVE t	t2	-
-		-
-	t3	ROLLBACK
-	↓	

그림 14.29 Uncommitted Dependency 문제.

Uncommitted change 문제[1]는 transaction B가 update한 것을 t2에서 A가 t 값을 DB에서 읽어 update후에 다시 DB에 쓰기한 경우이다. 그런데 t3에서 B가 취소되었으므로 A의 update는 uncommitted change가 된다.

Transaction A	Time	Transaction B
-		-
-		-
-	t1	UPDATE t
-		-
UPDATE t	t2	-
-		-
-	t3	ROLLBACK
-	↓	

그림 14.30 Uncommitted change 문제.

Inconsistent Analysis 문제[1]는 다른 transaction의 update가 commit 되었음에도 문제가 발생한 경우이다. transaction A는 3개의 계좌 acc1, acc2, acc3의 합을 구하고 transaction B는 acc1 := acc1 + 10, acc3 := acc3 - 10를 처리한다. 그런데 다음과 같이 2개의 transaction이 interleaving될 때 transaction A의 결과가 110이 나와 incorrect 결과가 발생한다. 만약 transaction A 다음에 B, 또는 역순으로 실행될 때는 항상 120이 나온다. 두 개의 transaction이 commit이 되었음에도 inconsistent 한 결과가 나오는 것은 A가 B의 두 계좌를 읽을 때 한 계좌는 uncommitted change 값을 읽고 다른 계좌는 committed change 값을 읽었기 때문에 발생하는 불일치 문제이다.

ACC 1	ACC 2	ACC 3
40	50	30

Transaction A	Time	Transaction B
-	|	-
RETRIEVE ACC 1 : Sum = 40	t1	-
-	|	-
RETRIEVE ACC 2 : Sum = 90	t2	-
-	|	-
-	t3	RETRIEVE ACC 3
-	|	-
-	t4	UPDATE ACC 3 : 30 → 20
-	|	-
	t5	RETRIEVE ACC 1
	|	-
	t6	UPDATE ACC 1 : 40 → 50
	|	-
	t7	COMMIT
	|	
RETRIEVE ACC 3 : Sum = 110, not 120	t8	
-	↓	

그림 14.31 Inconsistent Analysis 문제

동시에 실행되는 2개의 transaction의 Read, Write는 RR, RW, WR, WW 관계가 있다. 첫째 RR은 상호 간섭이 발생하지 않는 경우이다. 둘째 RW는 A가 데이터 item t를 Read하고 B는 t를 Write하는 경우로 RW conflict가 발생한다고 한다. RW conflict는 다음과 같이 unrepeatable read 문제가 발생한다: A가 t를 read한 후에 B가 t를 write하고 나서 다시 A가 t를 read하는 경우에 첫 번째 read 값과 두 번째 read 값이 다르게 되는 문제가 발생한다. 셋째 WR은 A가 t를 write한 후에 B가 t를 read하고 나서 A가 rollback을 하게 되는 경우로서 uncommitted dependency 문제가 발생하게 된다. 넷째 WW는 A가 t를 write한 후에 다시 B가 t를 write하는 경우로서 dirty write가 발생한다.

Locking은 2가지 종류가 있다. exclusive locks (X locks)은 write locks이고 shared locks (S locks)은 read locks이라 부른다. 두 개의 transaction이 S lock, X lock을 사용할 때 compatible(Y는 동시 진행 가능이고 N은 wait해야 하는 것을 말한다)한지를 결정한다. 한 transaction이 S 또는 X lock을 걸지만 다른 transaction이 lock이 제기되지 않는 경우는 항상 Y가 된다.

	X	S	-
X	N	N	Y
S	N	Y	Y
-	Y	Y	Y

그림 14.32 Locking protocol.

한 transaction이 같은 data item t를 먼저 read한 후에 write를 하게 되면 처음에 S lock이 X lock으로 promote 또는 upgrade된다고 한다. 이러한 lock의 promote는 한 transaction 내에서 read후에 update 순서로 진행되는 경우에 발생한다.

livelock은 A가 잡은 lock에 대하여 B가 conflict가 발생하면 B는 wait 상태로 가는 것을 말한다. 즉 livelock은 B가 영원히 wait하는 조건이다. 그런데 A가 잡은 lock을 풀 때 다른 transaction의 lock 요청이 grant되면 B는 무한정 기다려야 한다. 이것은 나중에 들어온 transaction에 대하여 계속 lock을 걸 수 있게 해주는 unfair한 waiting scheme 때문에 발생한다. 이러한 livelock(이것을 starvation이라 한다)에 대한 해결은 모든 lock 요청이 first-come/first-serve 순서로 처리해주는 방법을 사용하는 것이다.

lock으로 concurrency 문제[1]가 어떻게 해결되는지를 살펴본다. 먼저 lost update 문제는 lock를 사용하므로서 더 이상 발생하지 않으나 wait 상태가 계속되는 deadlock이 발생하게 된다.

Transaction A	Time	Transaction B
-		-
-		-
RETRIEVE t (acquire S lock on t)	t1	-
-		-
-	t2	RETRIEVE t (acquire S lock on t)
-		-
UPDATE t (request X lock on t)	t3	-
wait		-
wait	t4	UPDATE t (request X lock on t)
wait		wait
wait	↓	wait

그림 14.33 Lost update 문제 해결.

uncommitted dependency 문제[1]도 t2 시각에 A가 요청한 S lock이 B의 write lock이 충돌되어 wait 상태가 된다. B가 commit 또는 rollback한 후에 A의 lock을 얻게 된다(acquire S lock). 따라서 transaction A는 B의 uncommitted change를 볼 수 없게 된다.

Transaction A	Time	Transaction B
-	|	-
-	|	-
-	t1	UPDATE t (acquire X lock on t)
-	|	-
RETRIEVE t (request S lock on t)	t2	-
wait	|	-
wait	t3	COMMIT / ROLLBACK (release X lock on t)
wait	|	
resume : RETRIEVE t (acquire S lock on t)	t4	
-	↓	

그림 14.34 Uncommitted dependency 문제 해결.

B가 t에 대한 X lock을 잡은 후에 t2 시각에 A가 다시 t에 대하여 X lock을 요청하게 되면 A는 wait 상태가 된다. t3 시각에 B가 commit 또는 rollback 한 후에 비로소 A가 t에 대한 X lock을 얻게 된다. 이 경우에도 A는 B의 uncommitted change를 update하는 것이 허용되지 않으므로 uncommitted dependency 문제[1]가 해결된다.

Transaction A	Time	Transaction B
-	|	-
-	|	-
-	t1	UPDATE t (acquire X lock on t)
-	|	-
UPDATE t (request X lock on t)	t2	-
wait	|	-
wait	t3	COMMIT / ROLLBACK (release X lock on t)
wait	|	
resume : UPDATE t (acquire X lock on t)	t4	
-	↓	

그림 14.35 Uncommitted dependency 문제 해결.

inconsistent analysis 문제[1]도 t6 시각에 B에서 ACC1에 대한 X lock 요청이 wait 상태로 진입하게 된다. 그리고 t7 시각에 A의 ACC1에 대한 X lock 요청이 wait 상태로 진입하게 된다. 이 경우에 transaction A와 B가 서로 다른 쪽에서 lock을 해제하여 주기를 기다리는 deadlock 상태로 진입하게 된다.

ACC 1	ACC 2	ACC 3
40	50	30

Transaction A	Time	Transaction B
-	|	-
RETRIEVE ACC 1 : (acquire S lock on ACC 1) Sum = 40	t1	-
-	|	-
RETRIEVE ACC 2 : (acquire S lock on ACC 2) Sum = 90	t2	-
-	|	-
-	t3	RETRIEVE ACC 3 (acquire S lock on ACC 3)
-	|	-
-	t4	UPDATE ACC 3 : (acquire X lock on ACC 3) 30 → 20
-	|	-
	t5	RETRIEVE ACC 1 (acquire S lock on ACC 1)
	|	-
	t6	UPDATE ACC 1 : (request X lock on ACC 3)
	|	wait
RETRIEVE ACC 3 : (request S lock on ACC 3)	t7	wait
wait	↓	wait

그림 14.36 Inconsistent analysis 문제 해결.

Deadlock은 2개 이상의 transaction들이 동시에 wait 상태로 진입하는 것을 말한다. 이때 각 transaction은 다른 transaction에서 잡고 있는 lock을 release하기를 서로 기다리는 상황[1]이 된다.

Transaction A	Time	Transaction B
-	|	-
-	|	-
LOCK r1 EXCLUSIVE	t1	-
-	|	-
-	t2	LOCK r2 EXCLUSIVE
-	|	-
LOCK r2 EXCLUSIVE	t3	-
wait	|	-
wait	t4	LOCK r1 EXCLUSIVE
wait	|	wait
wait	↓	wait

그림 14.37 Deadlock 발생 문제.

Deadlock 방지를 위한 strict two-phase locking protocol은 growing phase는 acquire locks만 가능하며 shrinking phase에서는 release locks만 가능하다. transaction A는 lock r1과 r2를 모두 얻어야 진행이 가능하므로 deadlock이 발생하지 않는다. A가 r1과 r2를 모두 acquire하고 있으므로 B는 r2, r1을 acquire할 수 없게 된다. Deadlock을 탐지하여 해결하는 방법으로 wait-die 방법과 wound-wait 방법이 있는데 MySQL에서 deadlock 상태인지 파악하기 위한 show engine innodb status;를 사용하여 확인한다.

MySQL의 transaction isolation level은 1) read uncommitted, 2) read committed, 3) repeatable read, 4) serializable 로 구분된다. transaction isolation level은 동시에 여러 개의 transaction들이 실행될 때 한 transaction이 다른 transaction의 read 또는 write하는 데이터를 보거나 변경하는 것을 허용할지 말지를 결정하는 것이다.

Serializability는 concurrency control의 correctness를 check하는 기준이다. serializable하다는 것은 여러 개의 transaction들의 read, write operation의 interleaved execution의 결과가 correct하다는 것을 말한다. 다시 말하면 serializable은 transaction들의 interleaving execution이 transaction들의 serial execution의 결과와 같다는 의미이다. transaction들의 serial 실행은 T1 → T2 또는 T2 → T1 순서로 실행하는 것을 말한다.

```
T1:   read(A);
          A := A - 50;
          Write (A);
          Read (B);
          B := B + 50;
          Write(B)

T2:   read(A);
          Temp := A * 0.1;
          A := A - temp;
          Write(A)
          Read(B);
          B := B + temp;
          Write(B);
```

그림 14.38 동시 실행 transactions.

serial schedule은 interleaving 이 없는 한 번에 하나의 transaction만 실행한다. schedule1은 T1 다음에 T2가 실행되는 serial schedule이다.

schedule1:

T1	T2
read(A); A := A - 50; Write (A); Read (B); B := B + 50; Write(B)	
	read(A); Temp := A * 0.1; A := A - temp; Write(A) Read(B); B := B + temp; Write(B);

그림 14.39 schedule1: Serial schedule.

interlcaved schedule은 serial 이 아닌 schedule로서 schedule2 처럼 interleaving이 있다. transaction들의 interleaving으로 동시 실행으로 빠른 성능을 가져올 수 있다. schedule2는 interleaving을 허용하지만 schedule1과 동일한 schedule이다.

schedule2: T1과 T2가 interleaving 되어 있으나 T1의 Read(B), Write(B)는 T2의 Read(A), Write(A)와 conflict가 없으므로 schedule1과 같이 operation 순서를 바꿀 수 있다. 따라서 schedule2는 schedule1과 equivalent하다고 한다.

T1	T2
read(A); A := A - 50; Write (A);	
Read (B); B := B + 50; Write(B)	read(A); Temp := A * 0.1; A := A - temp; Write(A)
	Read(B); B := B + temp; Write(B);

그림 14.40 schedule2: Interleaving schedule.

schedule 3은 schedule1과 equivalent하지 않는 concurrent schedule이다. schedule3을 schedule1과 같게 되려면 T1의 Write(A)를 T2의 operation 보다 먼저 이동할 수 있어야 하는데 conflict가 발생하여 이동할 수가 없다. 따라서 schedule3은 schedule1과 equivalent하지 않기 때문에 serializable하지 않다.

T1	T2
read(A);	
A := A - 50;	
	read(A);
	Temp := A * 0.1;
Write (A);	A := A - temp;
Read (B);	Write(A)
B := B + 50;	Read(B);
Write(B)	
	B := B + temp;
	Write(B);

그림 14.41 schedule3: Interleaving schedule.

서로 다른 2개의 serial schedule은 2개의 transaction이 서로 종속적이면 T1 → T2의 결과와 T2 → T1의 결과가 다를 수 있다. 예를 들면 x = 10이라고 하자. T1은 x = x + 1;이고 T2는 x = 2 * x;라고 하자. T1 → T2는 x = 22이가 되고 T2 → T1은 x = 21이 된다. 이러한 2개의 serial schedule은 모두 correct하다.

transaction의 isolation level은 concurrent transaction의 operation들의 interference (상호 간섭으로 conflict가 발생하는 것을 말함) 정도를 말한다. serializability가 보장된다면 interference 가 없다는 것을 말한다. isolation level이 높을수록 interference는 낮게 된다. MySQL이 transaction isolation level에는 read uncommitted, read committed, repeatable read, serializable 네 종류가 있다.

read uncommitted는 다른 transaction의 committed되지 않은 데이터를 read하거나 write하는 경우이다. lock을 적용하지 않는 경우로서 dirty read, non-repeatable read, phantom read가 발생한다. read uncommitted를 실습하기 위해서 MySQL terminal을 2개 연다. 주어진 table에 대한 lock mode를 보기 전에 MySQL storage engine을 확인하는데 다음과 같이 3가지 방법이 있다.

1) select engine from information_schema.tables where table_name ='stock';

2) show table status where name ='stock';

3) show create table stock;

현재 설정된 lock 상태를 show variables로 확인한다.

```
mysql> show variables where variable_name='tx_isolation';
Empty set (0.00 sec)
```

<table>
<tr><th>T1:select</th><th>T2:update</th></tr>
<tr><td><pre>mysql> set session transaction isolation level
 read uncommitted;
Query OK, 0 rows affected (0.00 sec)</pre></td><td></td></tr>
<tr><td><pre>mysql> start transaction;</pre></td><td></td></tr>
<tr><td><pre>mysql> select * from stock;
+-----+-------+----------+
| pno | pname | stockQty |
+-----+-------+----------+
p1	bolt	97
p2	nut	50
p3	screw	33
p4	Cam	23
+-----+-------+----------+</pre></td><td></td></tr>
<tr><td></td><td><pre>mysql> start transaction;
Query OK, 0 rows affected (0.00 sec)

mysql> update stock set stockQty=88 where pno='p2';
Query OK, 1 row affected (0.00 sec)
Rows matched: 1 Changed: 1 Warnings: 0

mysql> insert into stock values("p5","pike",09);
Query OK, 1 row affected (0.00 sec)</pre></td></tr>
<tr><td><pre>mysql> select * from stock;
+-----+-------+----------+
| pno | pname | stockQty |
+-----+-------+----------+
p1	bolt	97
p2	nut	88
p3	screw	33
p4	Cam	23
p5	pike	9
+-----+-------+----------+
5 rows in set (0.00 sec)</pre></td><td></td></tr>
<tr><td><pre>mysql> insert into stock values("p6","nut",10)
;
Query OK, 1 row affected (0.00 sec)</pre></td><td></td></tr>
<tr><td></td><td><pre>mysql> select * from stock;
+-----+-------+----------+
| pno | pname | stockQty |
+-----+-------+----------+
p1	bolt	97
p2	nut	88
p3	screw	33
p4	Cam	23
p5	pike	9
+-----+-------+----------+
5 rows in set (0.00 sec)</pre></td></tr>
</table>

<pre>mysql> select * from stock;
+-----+-------+----------+
| pno | pname | stockQty |
+-----+-------+----------+
| p1 | bolt | 97 |
| p2 | nut | 88 |
| p3 | screw | 33 |
| p4 | Cam | 23 |
| p5 | pike | 9 |
| p6 | nut | 10 |
+-----+-------+----------+
6 rows in set (0.00 sec)</pre>	

<pre>mysql> show variables like '%isolation';
+-----------------------+------------------+
| Variable_name | Value |
+-----------------------+------------------+
| transaction_isolation | READ-UNCOMMITTED |
+-----------------------+------------------+</pre>
	<pre>mysql> show variables like '%isolation';
	+-----------------------+-----------------+
	| Variable_name | Value |
	+-----------------------+-----------------+
	| transaction_isolation | REPEATABLE-READ |
	+-----------------------+-----------------+</pre>

그림 14.42 두 개의 터미널에서 동시에 실행되는 두 개의 transaction.

T2에서 commit 하지 않은 데이터를 읽고(dirty read), T1에서 두 번의 select 문의 결과가 다르므로 non-repeatable read이고 두 번째 select 결과에서 첫 번째 결과에 없던 새로운 record가 나오는 phantom read가 발생한다. 그런데 T1에서 insert 한 후에 T2에서 select를 실행하면 T1에서 입력된 record가 나타나지 않는다. 반면에 T1에서 select 문으로 방금 입력된 p6를 확인할 수 있다. 이것을 확인하는 방법은 show variables를 사용하여 transaction isolation level를 확인하는 방법이다. 여기서 주목할 점은 T1에서 read uncommitted로 설정한 것은 T2의 select 문에 영향을 주지 않는다는 점이다. T2의 repeatable read는 default로 설정된 값이다.

현재 session과 global에 대한 isolation level은 그림 14.43과 같이 확인할 수 있다.

```
mysql> select @@global.transaction_isolation,@@local.transaction_isolation;
+--------------------------------+-------------------------------+
| @@global.transaction_isolation | @@local.transaction_isolation |
+--------------------------------+-------------------------------+
| REPEATABLE-READ                | READ-UNCOMMITTED              |
+--------------------------------+-------------------------------+
1 row in set (0.00 sec)
```

그림 14.43 isolation level 확인.

read committed는 다른 transaction의 committed된 데이터를 접근한다. 특정 transaction이 read committed이면 다른 transaction이 commit한 것을 접근할 수 있게 한다.

T1	T2
set session transaction isolation level read committed;	
start transaction;	
select * from p;	
	start transaction;
	update p set weight = 9999 where pname="bolt"; insert into p values("p7","pike", 12.34,"red");
select * from p;	
	commit;
select * from p;	

그림 14.44 read committed.

T2가 commit한 후에 T1이 select하면 변경된 값을 읽게 된다. 따라서 T1에서는 non-repeatable read이 t2에서 입력된 새로운 record가 나타나므로 phantom read가 발생한다.

repeatable read는 MySQL innoDB의 default 설정인 transaction isolation level이다.

T1	T2
set session transaction isolation level repeatable read;	
start transaction;	
select * from p;	
	start transaction;
	update p set weight = 9999 where pname="bolt"; insert into p values("p7","pike", 12.34,"red");
select * from p;	
	commit;
select * from p;	

그림 14.45 repeatable read.

T2가 commit하여도 T1의 select 결과는 항상 같다. 따라서 non repeatable read도 발생하지 않으며 phantom read도 발생하지 않는다. read committed와 repeatable read는 데이터베이

스의 snapshot 개념으로 지원된다. snapshot이란 특정 시간에 데이터 저장 장치의 상태를 별도의 file이나 image로 저장하는 기술이다. snapshot 기능을 이용하여 데이터를 저장하면 데이터 복원과 일정 시점의 상태로 데이터를 복원할 수 있다. repeatable read의 동작 원리를 이해하기 위해서는 snapshot에 의한 consistent nonlocking read를 이해해야 한다. consistent read는 InnoDB가 query를 실행한 시점의 DB의 snapshot으로 select 처리하는 multi-versioning을 사용하는 것이다. query는 select를 실행하기 전에 commit된 transaction의 변경 내용만 본다는 것이다. select 문의 실행 이후에 변경된 내용은 보지 않게 된다. transaction isolation level이 repeatable read(default level로 설정된다)이면 같은 터미널(이것을 session이라고도 하고 transaction이라고 함)에서의 모든 read는 첫 번째 read로 수립된 snapshot을 읽게 된다. read committed를 isolation level로 사용하면 다른 transaction의 commit으로 변경된 내용으로 fresh snapshot이 만들어지게 된다. 이러한 consistent read는 어떠한 lock도 사용하지 않는다.

serializable은 select문을 사용하면 shared lock이 걸리고 insert, delete, update는 exclusive lock이 걸리는 방법이다. 따라서 select문은 select ... for share문으로 변경되는 것이다.

T1	T2
select @@global.transaction_isolation,@@local.transaction_isolation;	select @@global.transaction_isolation,@@local.transaction_isolation;
set session transaction isolation level serializable;	
select @@global.transaction_isolation,@@local.transaction_isolation;	
start transaction;	
select * from p;	
	update p set weight=99 where color="Red";
select * from p for update;	mysql> update p set weight=99 where color="Red"; ERROR 1205 (HY000): Lock wait timeout exceeded; try restarting transaction

그림 14.46 serializable.

T2에서 update 문이 실행되지 않고 대기 상태가 된다. 어느 정도 시간이 지나가면 lock 대기 시간이 경과하였다는 메시지가 뜬다. serializable로 설정되면 select * from p;는 select * from p for share;로 변경되어 실행되며 shared lock이 설정된다. select * from s for update;는 exclusive lock을 걸게 된다.

T1	T2
select * from s for update;	
	select * from s;
	select * from s for update;
	mysql> select * from s for update; ERROR 1205 (HY000): Lock wait timeout exceeded try restarting transaction

그림 14.47 update 문의 실행 대기.

MySQL InnoDB 엔진은 여러 가지 lock을 통하여 concurrency를 제어하며 transaction isolation level를 유지한다. shared lock과 exclusive lock은 row-level lock이다. table-level lock은 intention lock 이며 특정 row에 대하여 shared lock 또는 exclusive lock을 걸게 된다. select ... lock in share mode;는 테이블에 IS lock이 걸리고 row에 S lock이 걸린다. select ... for update;는 테이블에 IX lock을 걸고 row에 X lock을 건다. select * from s for update;는 테이블 s에 IX lock을 걸고 모든 record에 대하여 X lock이 걸리므로 T2에서 어떤 lock도 걸 수가 없다.

T1	T2
start transaction;	start transaction;
select * from s for update;	
	mysql> select * from s for update; ERROR 1205 (HY000): Lock wait timeout exceeded; try restarting transaction
	mysql> select * from s lock in share mode; ERROR 1205 (HY000): Lock wait timeout exceeded; try restarting transaction

그림 14.48 Intention lock.

select ... for update;는 해당 transaction들이 update를 위해 lock을 걸 대상 row를 선택하여 X lock을 걸고 테이블에는 IX lock을 건다. 그리고 다른 transaction에서 해당 row를 update하려면 대기하게 만든다.

<table>
<tr><th>T1</th><th>T2</th></tr>
<tr><td>start transaction;</td><td>start transaction;</td></tr>
<tr><td>select * from s where sno="s1" for update;</td><td></td></tr>
<tr><td></td><td>select * from s where sno="s2" for update;</td></tr>
<tr><td></td><td>select * from s where sno="s1" for update;</td></tr>
<tr><td>commit;</td><td></td></tr>
<tr><td></td><td>+-----+-------+--------+--------+
| sno | sname | status | city |
+-----+-------+--------+--------+
| s1 | Smith | 30 | London |
+-----+-------+--------+--------+</td></tr>
</table>

그림 14.49 IS lock.

select * from s where sno="s1" for update;와 같이 unique index에 unique search condition을 사용하면 해당 record의 index에 record lock으로서 exclusive lock이 걸린다. unique index에 대한 unique search condition이 아니거나 range search condition을 사용하면 gap lock 또는 next-key lock으로 block시킨다. 테이블 s의 city는 unique index가 아니므로 record lock이 걸리지 않는다. city에 대하여 index가 없으므로 테이블 전체를 scan해야 하기 때문에 모든 row에 대하여 lock이 걸린다.

<table>
<tr><th>T1</th><th>T2</th></tr>
<tr><td>start transaction;</td><td>start transaction;</td></tr>
<tr><td>select * from s where city="London" for update;</td><td></td></tr>
<tr><td></td><td>select * from s where city="Busan" lock in share mode;</td></tr>
<tr><td></td><td>mysql> select * from s where city="Busan" lock i
n share mode;
ERROR 1205 (HY000): Lock wait timeout exceeded;
try restarting transaction</td></tr>
<tr><td></td><td>mysql> select * from s where sno="s7" for update;
ERROR 1205 (HY000): Lock wait timeout exceeded;
try restarting transaction</td></tr>
</table>

그림 14.50 테이블 레코드 전체에 대한 lock.

gap lock은 index record에 lock을 거는 것이 아니라 index 값의 범위에 대하여 lock을 건다.

<table>
<tr><th>T1</th><th>T2</th></tr>
<tr><td>start transaction;</td><td>start transaction;</td></tr>
<tr><td>select sno from s where sno between "s2" and "s6" for update;</td><td></td></tr>
<tr><td></td><td>mysql> select * from s where sno="s5" lock in s
hare mode;
ERROR 1205 (HY000): Lock wait timeout exceeded;
try restarting transaction</td></tr>
<tr><td></td><td>mysql> select * from s where sno="s7" lock in s
hare mode;
+-----+-------+--------+------+
| sno | sname | status | city |
+-----+-------+--------+------+
| s7 | NULL | 15 | NULL |
+-----+-------+--------+------+</td></tr>
</table>

그림 14.51 gap lock.

next-key lock은 index가 있는 column에 대한 범위를 지정한 select 문을 실행하면 record lock과 gap lock이 함께 적용된다. 테이블 s에 대한 범위 조건으로 lock을 걸면 해당 레코드에 대한 record lock이 걸리고 범위 값에 대하여 gap lock이 걸리게 되어 T2에서 insert와 update가 대기 상태로 진입한다.

T1	T2
start transaction;	start transaction;
select * from s where sno 〉 “s4” for update;	
	`mysql> insert into s values("s8","Lee",11,"Busan");` `ERROR 1205 (HY000): Lock wait timeout exceeded; try restarting transaction`
	`mysql> update s set sname="Kim" where sno="s6";` `ERROR 1205 (HY000): Lock wait timeout exceeded; try restarting transaction`

그림 14.52 next-key lock.

intention locking protocol은 table의 row에 대한 lock을 얻기 전에 테이블에 대한 lock을 거는 것을 말한다. 한 transaction이 table의 row에 대한 shared lock을 얻기 전에 테이블에 대한 IS lock을 얻어야 한다. 그리고 변경을 위해서 한 transaction이 table의 row에 대한 exclusive lock을 얻기 전에 테이블에 대한 IX lock을 얻어야 한다. table-level lock type compatibility는 그림 14.53과 같이 정리된다.

	X	IX	S	IS
X	Conflict	Conflict	Conflict	Conflict
IX	Conflict	Compatible	Conflict	Compatible
S	Conflict	Conflict	Compatible	Compatible
IS	Conflict	Compatible	Compatible	Compatible

그림 14.53 intention locking protocol.

기존 lock에 대하여 compatible하면 해당 transaction은 lock을 얻게 된다. 기존 lock에 대하여 conflict이면 해당 transaction은 lock을 얻지 못하게 되며 대기 상태로 들어간다. 테이블 자체에 대한 S lock은 mysql > lock table emp read;로, X lock은 mysql > lock table emp write;로 건다. 모든 lock의 해제는 mysql > unlock tables;로 처리한다.

15장

DB 연동 프로그래밍

15장 DB 연동 프로그래밍

15.1 DB 연동 인텔리제이 자바 프로그래밍

Ubuntu에서 Intellij IDEA, gradle, 자바, jdbc connector 자바 설치를 다음 순서로 진행한다. open source 도구를 사용하여 virtual box + ubuntu + mysql + IntelliJ IDEA + jdbc connector + 자바를 설치[22]하고 DB 연동 프로그래밍 실습을 한다. google 검색으로 필요한 도구를 설치하고 사용법을 스스로 직접 찾아 DB 연동 프로그래밍을 구현하는 실습을 한다.

```
$ sudo add-apt-repository ppa:openjdk-r/ppa
$ sudo apt update
$ sudo apt install openjdk-8-jdk openjdk-8-jre
$ javac -version
$ java -version
```

자바의 build tool로서 Gradle를 설치한다. Gradle은 Ant와 Maven과 같은 build tool이다. Gradle 은 자바 8.0 이상이 설치되어 있어야 한다.

```
$ sudo apt install gradle
$ gradle -v
```

IntelliJ IDEA는 JetBrains에서 개발한 상용화된 자바 통합 개발 환경을 설치한다. 우분투 FireFox 웹브라우저를 사용하여 http://www.jetbrains.com/idea/에서 IntelliJ IDEA[26]를 free version인 community를 download 받는다.

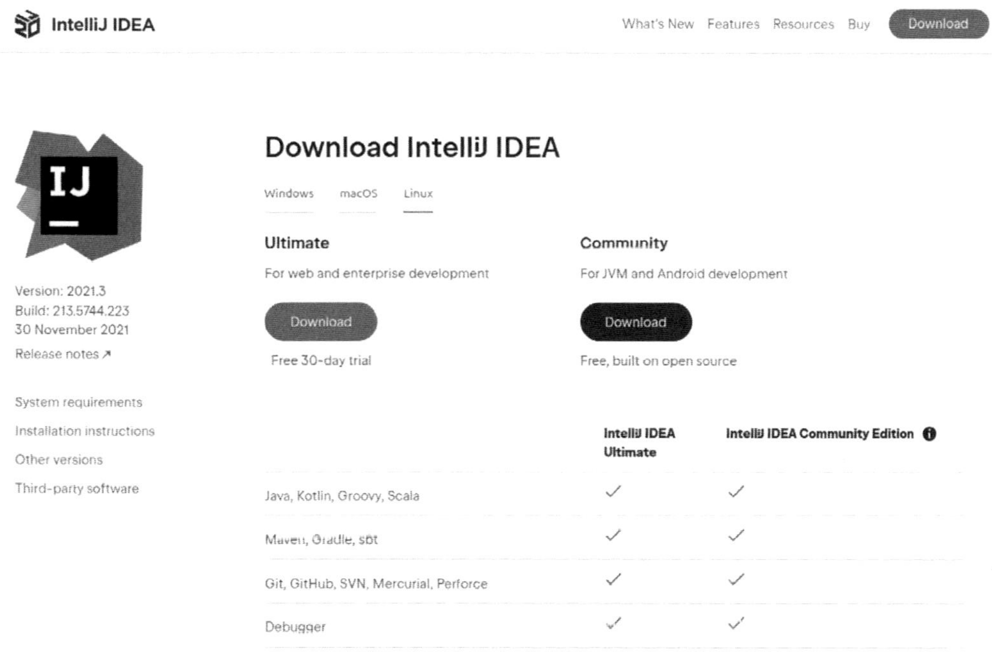

그림 15.1 IntelliJ IDEA 다운로드[26].

다운로드 받고 압축을 푼 후에 ~/다운로드/idea-IU-213.5744.223/bin에서 idea.sh를 실행하여 설치한다. $sh idea.sh 또는 $./idea.sh으로 Itellij Idea를 실행한다. New Project를 선택하여 시작한다.

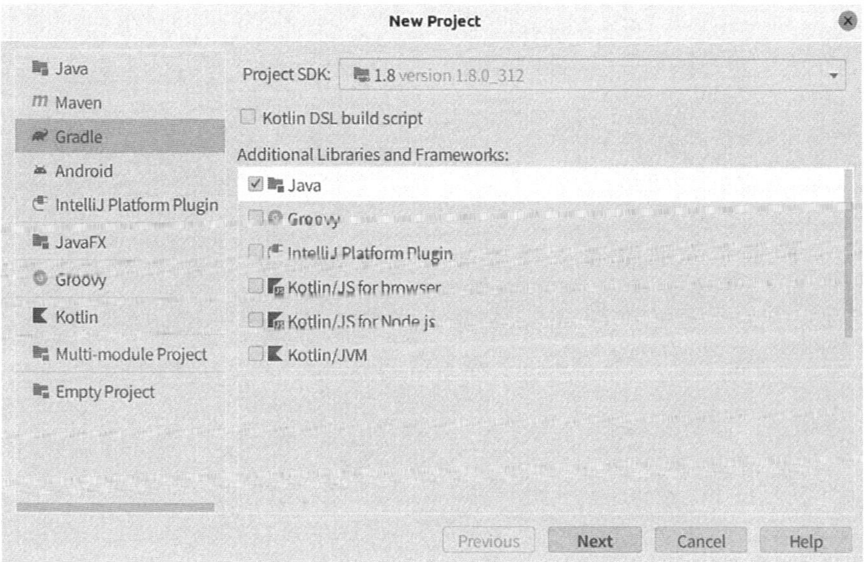

그림 15.2 Gradle 선택후 자바 프로젝트.

IntelliJ Idea의 New project 화면에서 Gradle를 선택하고 Additional Libraries and Frameworks에서 Java를 선택한 다음에 Next를 선택한 다음에 프로젝트명을 기입한다. 프로젝트 이름 하단에 src라는 folder가 만들어질 때까지 기다린다.

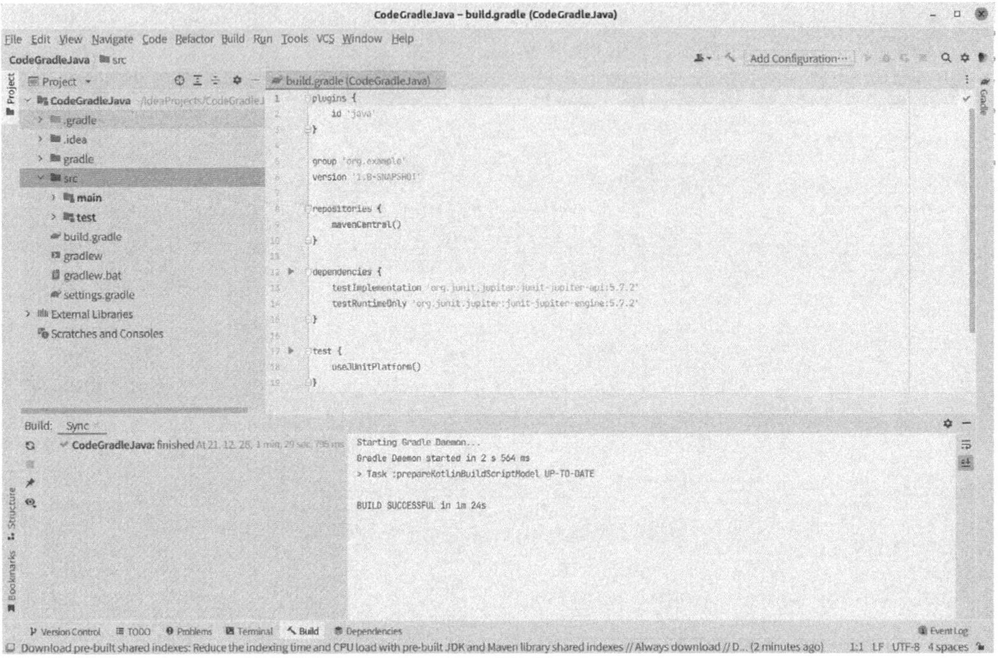

그림 15.3 src 폴더에서 java class 생성.

자바 프로그램은 src > main > java에서 우측 마우스를 눌러 New > Java Class를 선택하여 입력한다.

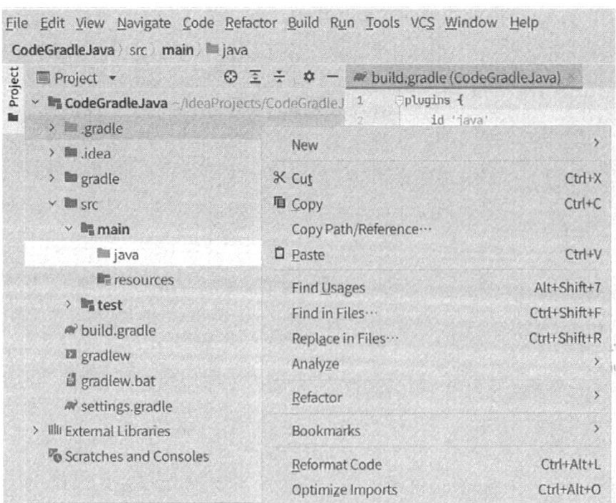

그림 15.4 src > main > java class 생성.

psvm을 입력하여 main( )함수를 선택하면 자동 생성된 코드를 이용할 수 있다. 그리고 src > main > java > testjava 코드가 생성된 것을 볼 수 있다. sout를 입력하면 System.out.println( ) 코드가 자동 생성된다.

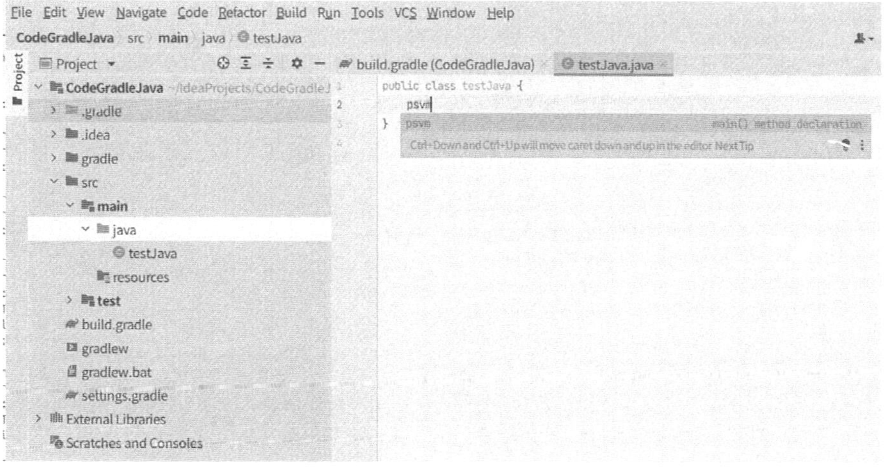

그림 15.5 자바 코드 생성.

자바 프로그램의 실행 파일 배포하기 위해서는 실행 가능한 jar file(runnable jar)을 만들어야 한다. gradle project에서 runnable jar를 생성하기 위해서 build.gradle을 수정한다. jar { ...}을 추가한다.

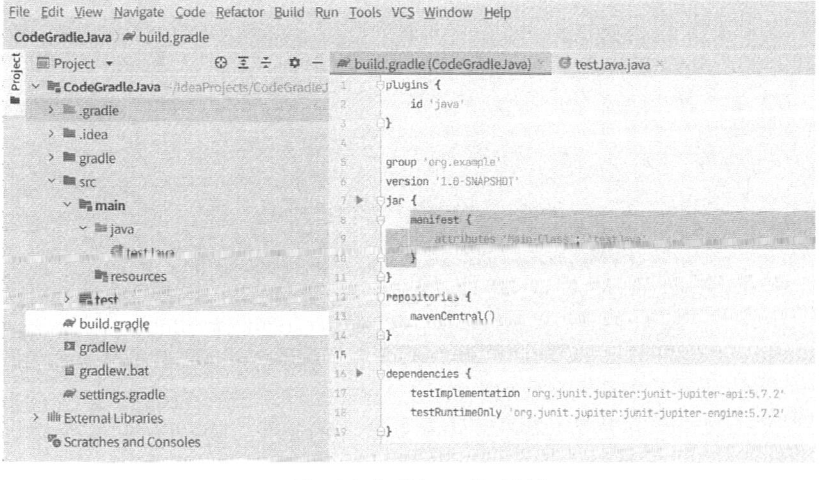

그림 15.6 build.gradle 작성.

gradle를 사용한 자바 프로그램의 실행을 위해 build.gradle을 수정한 후에 터미널에서 $gradle run으로 실행한다.

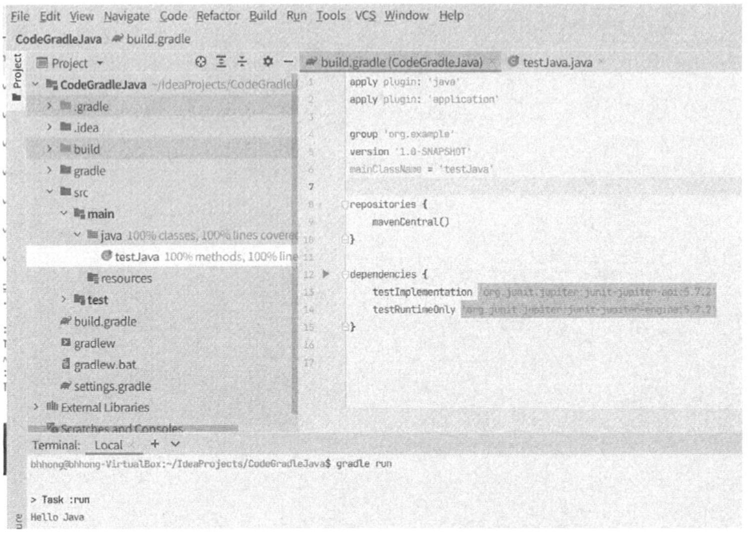

그림 15.7 터미널에서 gradle run 실행.

https://dev.mysql.com/downloads/connector/j/에서 Select Operating System:에서 Ubuntu Linux를 선택하여 최신 버전을 download를 누르면 그림 15.8 화면에서 하단의 "No thanks, just start my download"를 눌러 다운로드[27] 받는다.

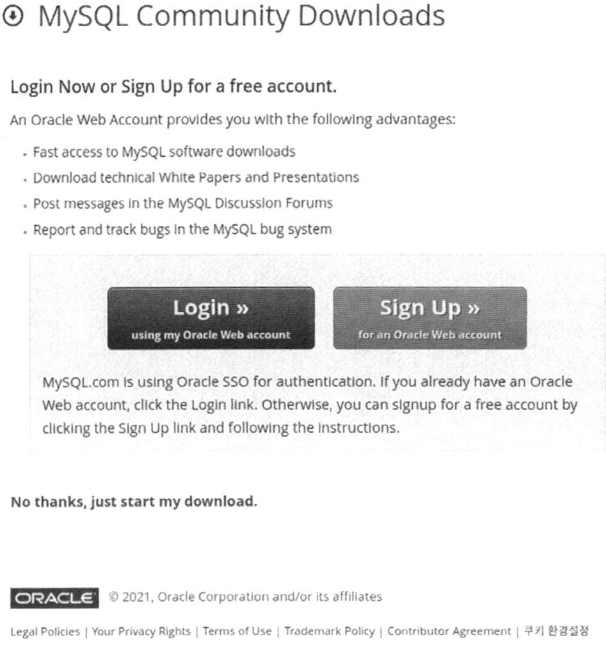

그림 15.8 JDBC connector 다운로드.

JDBC connector 설치는 IntelliJ IDEA 에서 MySQL connector 설정한다. MySQL 외부 접속 설정을 위해 IntelliJ Idea에서 File > Project Structure > Project Settings > Libraries 선택한다. 상단의 + 버튼을 선택하고 자바 선택한다. Select Libraries File 선택 시에 mysql-connector-java-8.0.23를 선택한다.

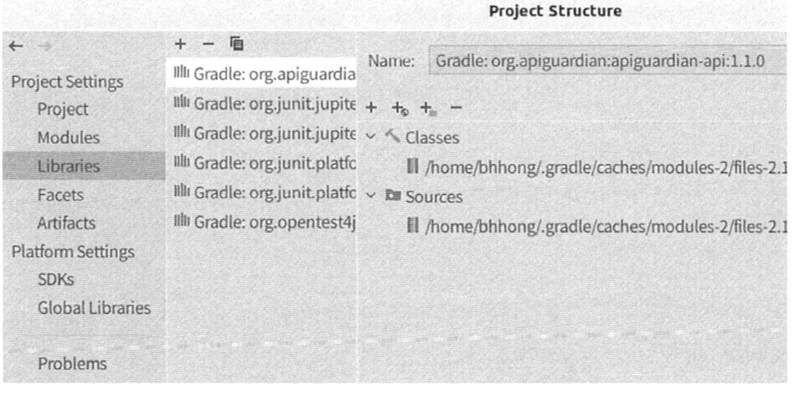

그림 15.9 MySQL connector java 설치.

/usr/share/java/mysql-connector-java-8.0.27.jar(version 번호는 달라질 수 있음)를 선택하여 connector 설치를 마무리한다.

MySQL root의 password를 변경한다.

```
mysql> alter user 'root'@'localhost' identified with mysql_native_password by '****';
mysql> flush privileges;
```

build.gradle을 수정하여 mainClassName = "com.javadb.gradle.jabaDBTest01"을 포함하고 dependencies에 mysql-connector-java를 포함하도록 수정한다.

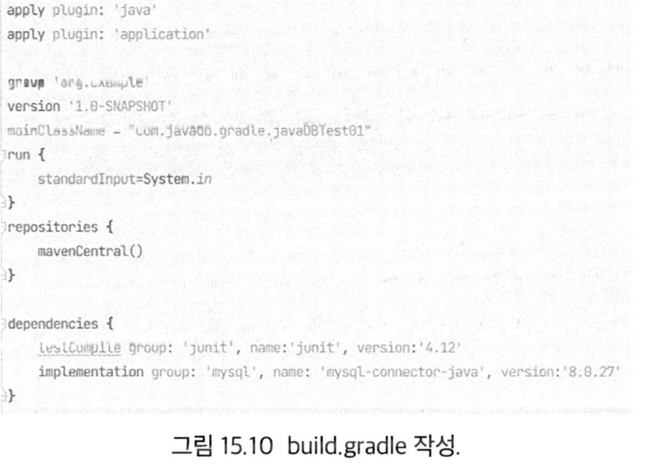

그림 15.10 build.gradle 작성.

```
plugins {
    id 'java'
}
apply plugin: 'application'

group 'org.example'
version '1.0-SNAPSHOT'

mainClassName = "com.javadb.gradle.JavadbTest01"
group 'org.example'
version '1.0-SNAPSHOT'

repositories {
    mavenCentral()
}

dependencies {
    testCompile group: 'junit', name: 'junit', version: '4.12'
    implementation group: 'mysql', name: 'mysql-connector-java', version: '8.0.21'
}
```

src > main > java에서 package로서 com.javadb.gradle을 만든 후에 DB 연동 프로그램으로 javaDBTest01를 java class로 생성한다. Project의 folder와 예제 코드는 다음과 같다.

java 프로그램에서 JDBC connector를 사용하여 MySQL을 접속하는 간단한 예제 프로그램이다[25].

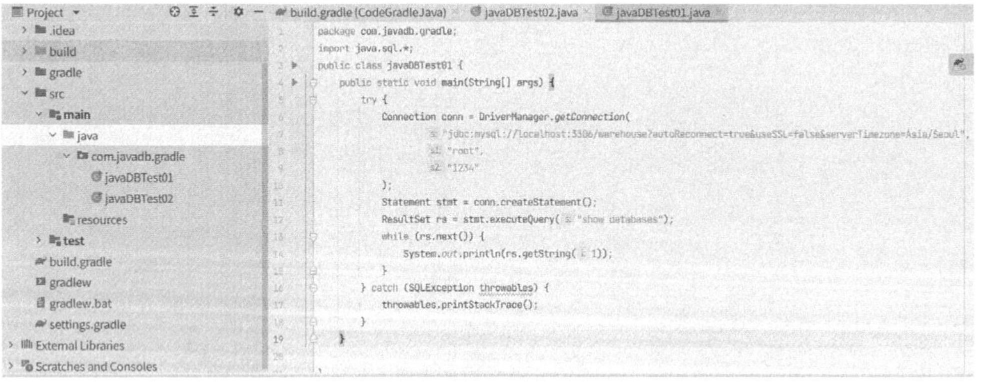

그림 15.11 jdbc 사용 자바-MySQL 접속 프로그램.

```
package com.javadb.gradle;
import java.sql.*;
public class JavadbTest01 {
```

```
        public static void main(String[] args) {
                try {
                        Connection conn = DriverManager.getConnection(
"jdbc:mysql://localhost:3306/warehouse?autoReconnect=true&useSSL=false&serverTimezone
=Asia/Seoul",
                                "root",
                                        "1234"
                        );
                        Statement stmt = conn.createStatement();
                        ResultSet rs = stmt.executeQuery("show databases");
                        while (rs.next()) {
                                System.out.println(rs.getString(1));
                        }
                } catch (SQLException throwables) {
                        throwables.printStackTrace();
                }
        }
}
```

jdbc를 사용하여 자바 프로그램에서 emp 테이블에 입력하는 프로그램 예제이다.

```
package com.javadb.gradle;
import java.sql.*;
public class JavaDbTest01 {
        public static void main(String[] args) {
                final String JDBC_DRIVER = "com.mysql.cj.jdbc.Driver";
                PreparedStatement pstmt = null;
                String SQL = "insert into emp(eno,ename,address) values(?,?,?)";
                try {
                        Class.forName(JDBC_DRIVER);
                        Connection conn = DriverManager.getConnection(
"jdbc:mysql://localhost:3306/warehouse?autoReconnect=true&useSSL=false&serverTimezone
=Asia/Seoul","root","1234");
                        Statement stmt = conn.createStatement();
                        ResultSet rs = stmt.executeQuery("show databases");
                        while (rs.next()) {
                                System.out.println(rs.getString(1));
                        }
                        stmt.executeQuery("use warehouse");
                        ResultSet rs1 = stmt.executeQuery("show tables");
                        while (rs1.next()) {
                                System.out.println(rs1.getString(1));
                        }
                        pstmt = conn.prepareStatement(SQL);
                        pstmt.setString(1, 111);
```

```
            pstmt.setString(2, "Hong");
            pstmt.setString(3, "Busan");
            int r = pstmt.executeUpdate();
            System.out.println("rows = "+ r);
        } catch (SQLException | ClassNotFoundException throwable) {
            throwable.printStackTrace();
        }
    }
}
```

insert 프로그램이 성공적으로 실행되고 나서 mysql로 insert를 그림 15.12와 같이 확인한다.

```
mysql> show tables;
+---------------------+
| Tables_in_warehouse |
+---------------------+
| emp                 |
+---------------------+
1 row in set (0.00 sec)

mysql> select * from emp;
+-----+-------+---------+
| eno | ename | address |
+-----+-------+---------+
| 111 | Hong  | Busan   |
+-----+-------+---------+
1 row in set (0.00 sec)
```

그림 15.12 자바 연동 프로그램의 실행 결과 확인.

emp 테이블의 모든 레코드를 출력하는 DB 연동 프로그램은 다음과 같다.

```
import java.sql.*;
import static java.lang.Integer.parseInt;
public class JavaDbTest02 {
    public static void main(String[] args) {
        final String JDBC_DRIVER = "com.mysql.jdbc.Driver";
        PreparedStatement pstmt = null;
        String SQL = "select * from s";
        try {
            Class.forName(JDBC_DRIVER);
            Connection conn = DriverManager.getConnection(
                "jdbc:mysql://localhost:3306/warehouse?autoReconnect=true&use
SSL=false&serverTimezone=CTT", "root", "1234");
            Statement stmt = conn.createStatement();

            // stmt.executeQuery("use blockchain");
            ResultSet rs1 = stmt.executeQuery(SQL);
```

```
                        while (rs1.next()) {
                                int enumber = Integer.parseInt(rs.getString("eno"));
                                String empname = rs.getString("ename");
                                String empaddress = rs.getString("address");
                                System.out.println(enumber + ", " + empname + ", " + empaddress);
                        }
                } catch (ClassNotFoundException e) {
                        e.printStackTrace();
                } catch (SQLException throwables) {
                        throwables.printStackTrace();
                }
        }
}
```

실습 예제로는 부품의 이름을 화면에서 입력받아 "부품 x를 공급하는 모든 공급자의 이름과 도시를 찾아라"를 구현한다.

15.2 DB 연동 이클립스 자바 프로그래밍

우분투 환경에서 이클립스를 설치한 후에 DB 연동 자바 프로그래밍을 실습한다. 이클립스 다운로드하여 설치한다[28].

https://www.eclipse.org/downloads/

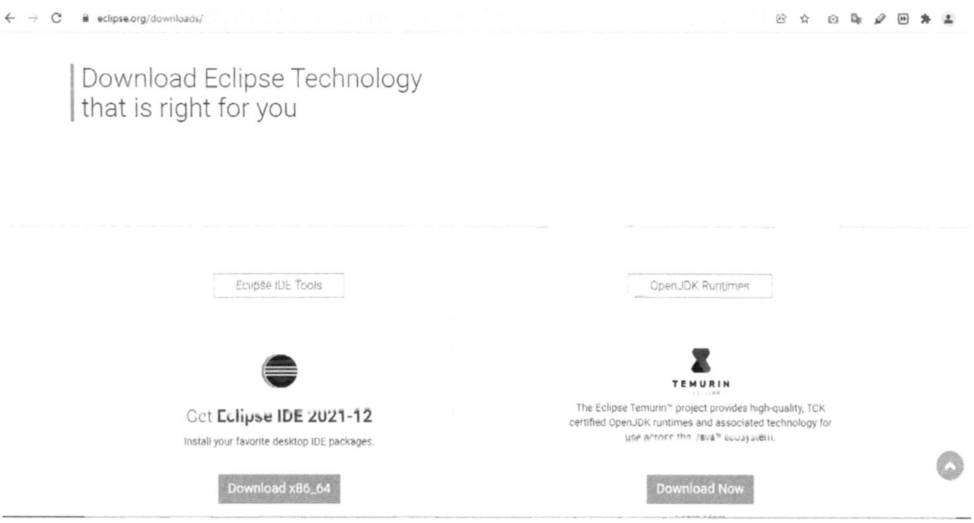

그림 15.13 Eclipse 다운로드.

설치가 완료된 후에 새로운 프로젝트를 만들기 위해 File > New > Java Project를 선택한다. Project Name을 입력하고 Finish를 선택한다.

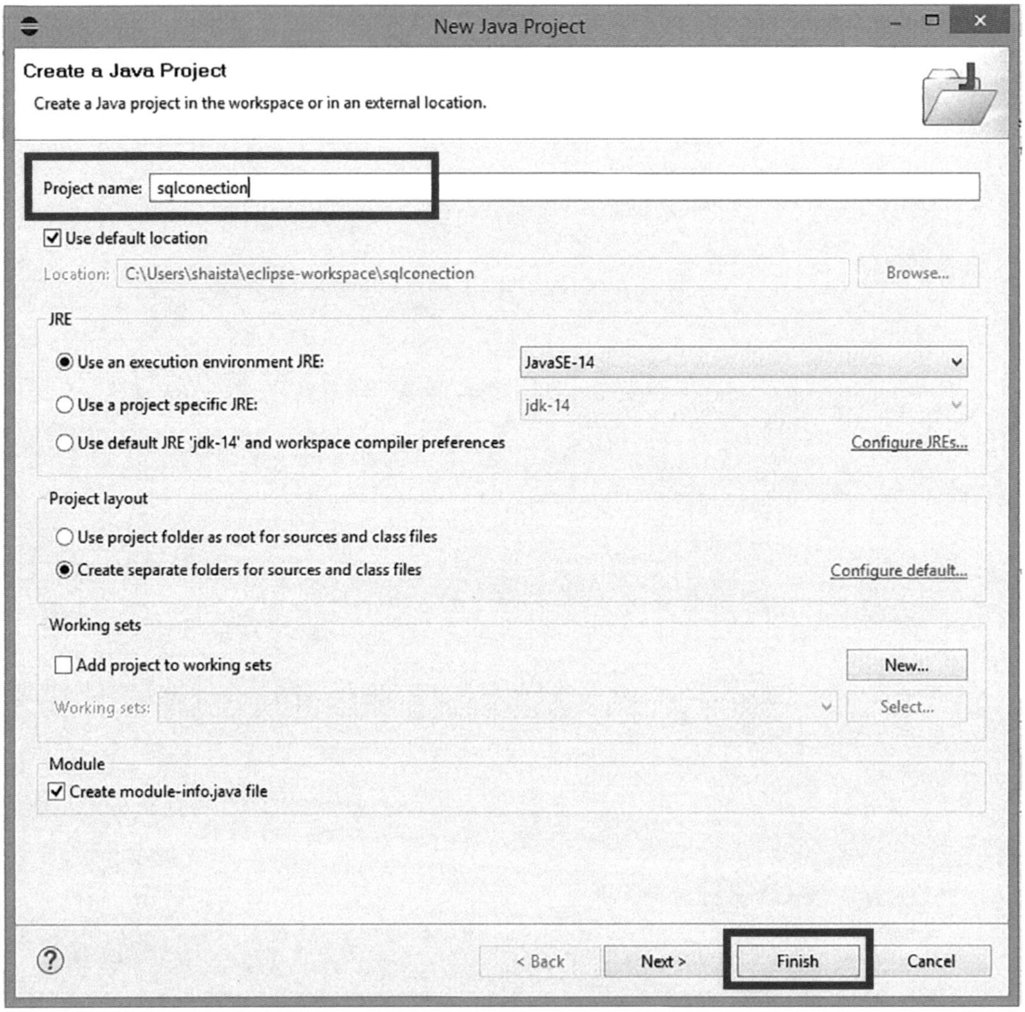

그림 15.14 이클립스 프로젝트 생성.

새로 생성된 프로젝트는 이클립스의 Package Explorer tab의 하단에서 볼 수 있다. 새로 생성된 프로젝트 이름을 우측 마우스로 클릭하여 configure > Convert to Maven Project를 선택한다. Maven은 자바 프로젝트에 사용되는 automation tool이다. 메이븐은 project object model에 기반을 둔 project management tool로서 build, dependency, 그리고 프로젝트 documentation에 사용된다.

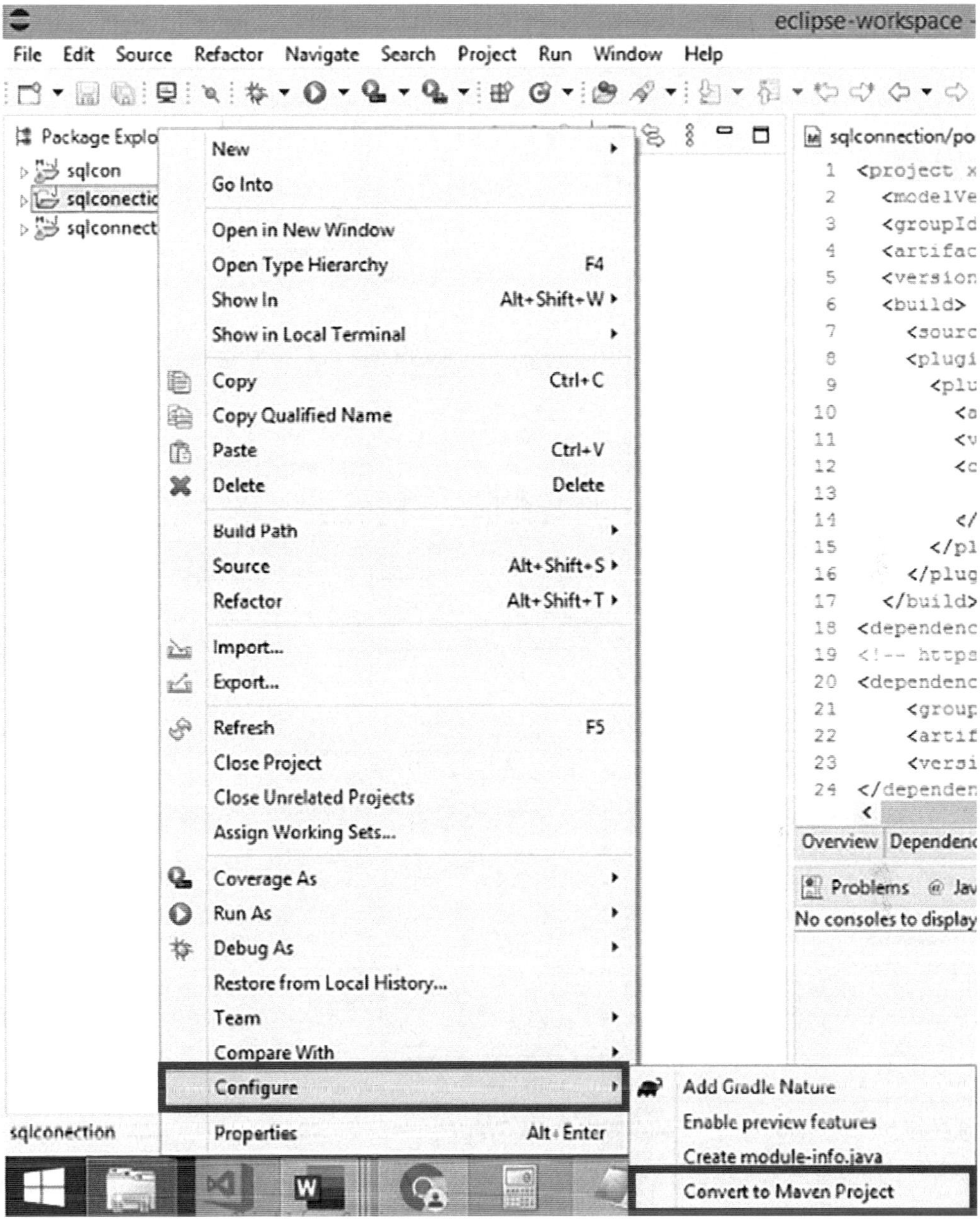

그림 15.15 이클립스 메이븐.

새로운 window 창으로 Create new POM이 열리며 Maven POM에서 finish를 선택한다. 이클립스 도구에서 plugin으로 Maven 설치가 완료되었다.

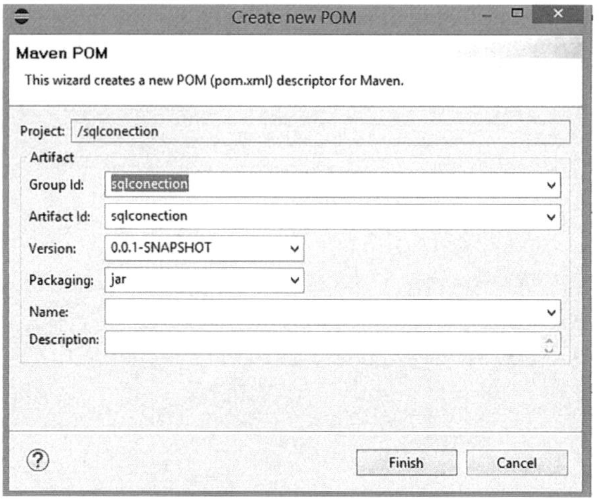

그림 15.16 메이븐에서 자바와 MySQL 연동.

메이븐에서 자바와 MySQL 연동을 위한 mysql Connector/J를 설치하기 위해 https://mvnrepository.com/에서 mysqlConnector/j를 search 창에서 입력한다. 바탕화면의 목록에서 MySQL Connector/J를 선택한다. 여러 버전들이 나올 때 최신 버전(8.0.27)를 선택한다.

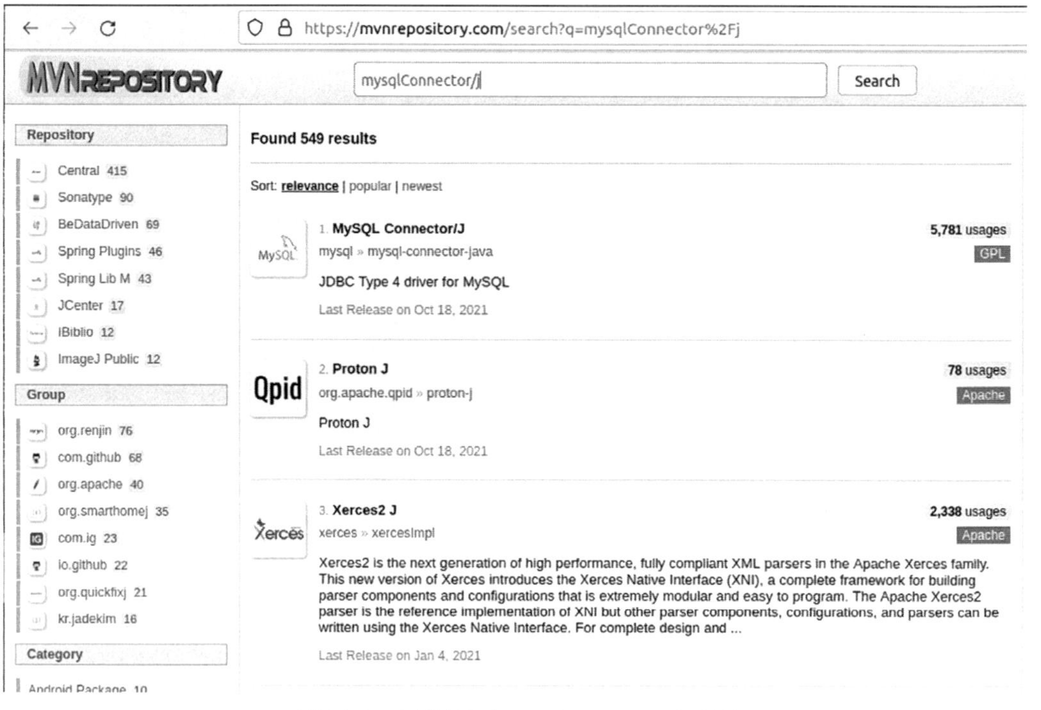

그림 15.17 메이븐에서 mysql connector/J 설치.

바탕화면의 목록에서 MySQL Connector/J의 하단에 mysql>>mysql-connector-java를 선택한다. 바탕화면의 최신 버전을 선택한다. 여기서는 8.0.27을 누른다.

그림 15.18 메이븐 mysql connector/J 설치.

바탕화면의 아래쪽에 Maven이 선택되고 <dependency> 등이 기술된 script가 나타난다.

그림 15.19 mysql connector/J의 dependency.

바탕 화면의 아래 코드를 복사하여 이클립스로 돌아간다.

```
〈!-- https://mvnrepository.com/artifact/mysql/mysql-connector-java --〉
〈dependency〉
        〈groupId〉mysql〈/groupId〉
        〈artifactId〉mysql-connector-java〈/artifactId〉
        〈version〉8.0.27〈/version〉
〈/dependency〉
```

이클립스에서 pom.xml 파일에서 </build> 태그를 찾는다

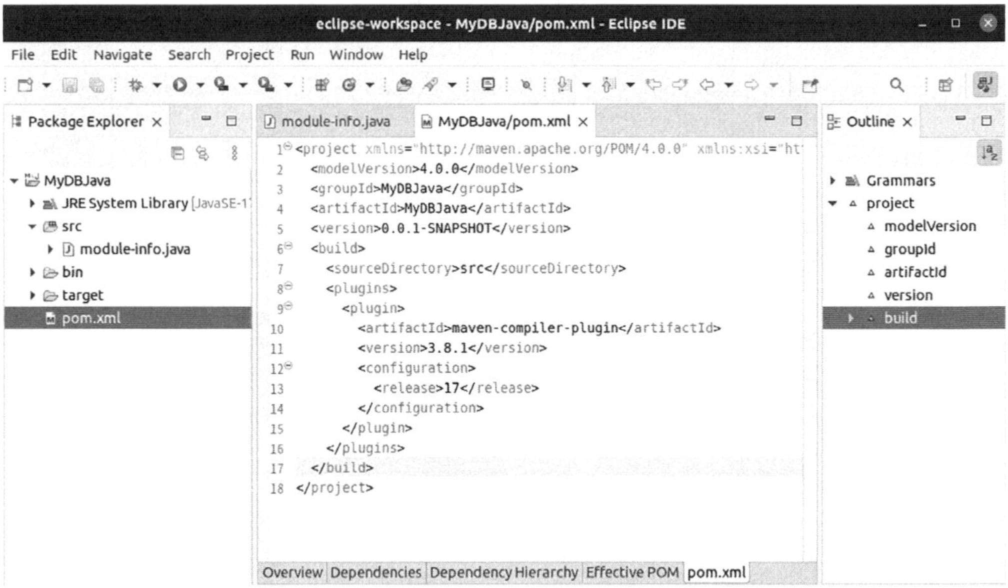

그림 15.20 이클립스 pom.xml 파일.

</build> 태그 밑에 <dependencies>를 입력하고 Maven에서 복사한 코드를 붙이기 한다. 코드 복사 후에 </dependencies>를 입력한다.

그림 15.21 pom.xml 파일에 dependency 입력.

File>Save all을 실행후 File > Refresh를 실행하며 Maven Dependencies folder에서 그림 15.22와 같이 나타나게 된다.

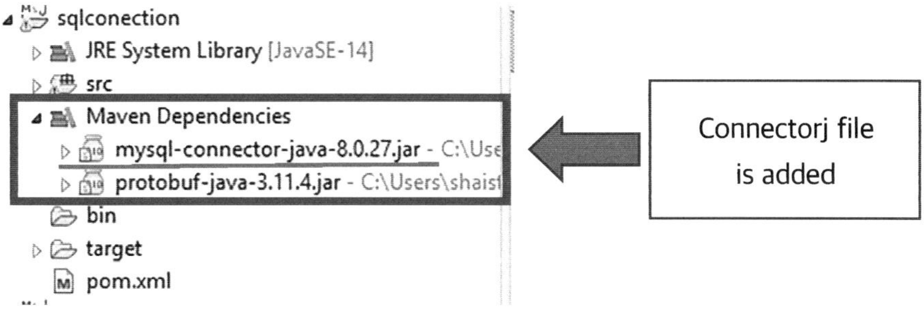

그림 15.22 메이븐 dependencies folder.

이클립스에 자바 코드를 만드는 방법으로 src 메뉴에서 우측 마우스를 클릭하여 New > Class를 선택한다.

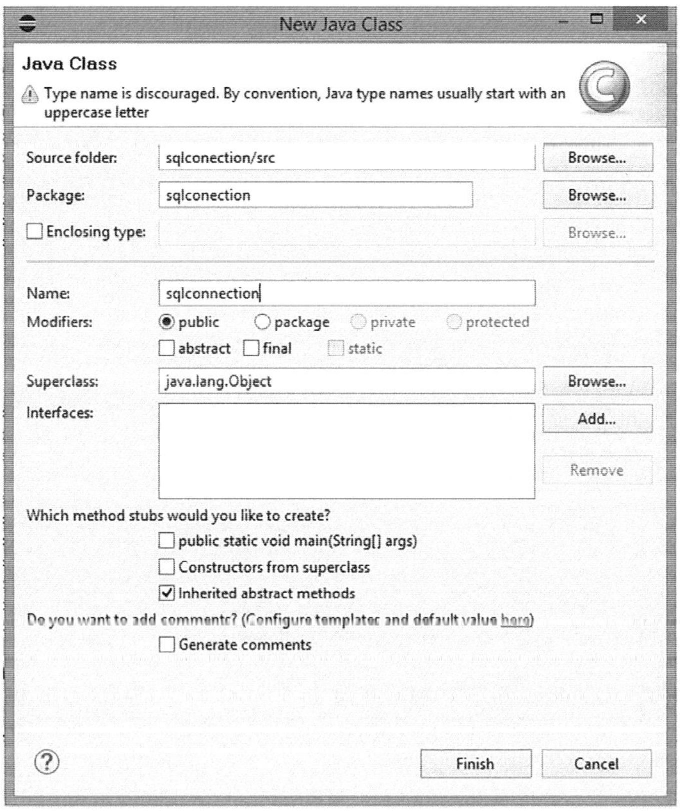

그림 15.23 이클립스에서 자바 클래스 생성.

src 폴더에서 우측 마우스를 클릭하여 New > Java Project를 선택하면 프로젝트가 생성된다. src 폴더에서 New > Class를 선택하여 default Project에 클래스 파일이 만들어진다. 자바 클래스에 다음과 같은 DB 연동 코드를 입력한다[26,27].

```
package sqlconection;
import java.sql.Connection;
import java.sql.DriverManager;
public class sqlconnection {
        public static void main(String[] args) {
                try {
                        String driver ="com.mysql.cj.jdbc.Driver";
                        String url ="jdbc:mysql://localhost:3306/datamodel"; //datamodel 은
MySQL에서 만든 데이터베이스 이름을 사용해야 한다.
                        String username ="root";
                        String password ="1234";//MySQL의 root의 password를 변경해야 한다.
                        //Step 1
                        Class.forName(driver);
                        //Step 2
                        Connection con = DriverManager.getConnection(url, username,
password);
                        System.out.println("Connection Succes");
                }catch(Exception e) {
                        e.printStackTrace();

                }
        }
}
```

입력된 자바 프로그램에서 import 문을 보게 되고 Problems tab에 "java.sql.Connection is not accessible"이라는 오류를 보게 된다. 이를 해결하기 위하여 src > module-info.java에서 그림 15.24와 같이 "requires java.sql;"를 추가하여 해결한다.

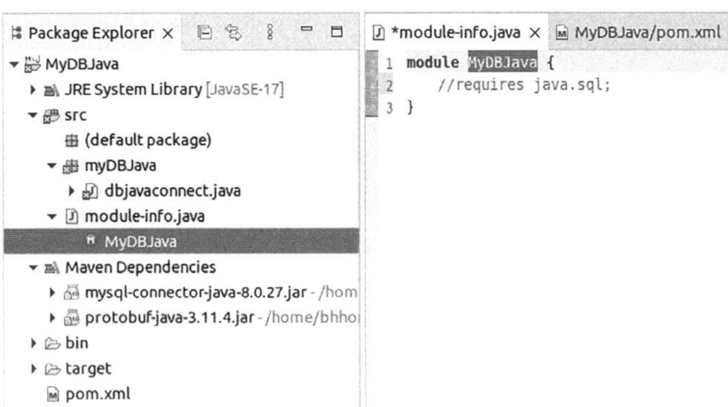

그림 15.24 module-info.java 수정.

이클립스에서 실행은 상단의 Run 메뉴를 사용하여 실행한다. connection이 연결되어 그림 15.25와 같이 나오면 자바에서 mysql 연동이 성공한 것이다.

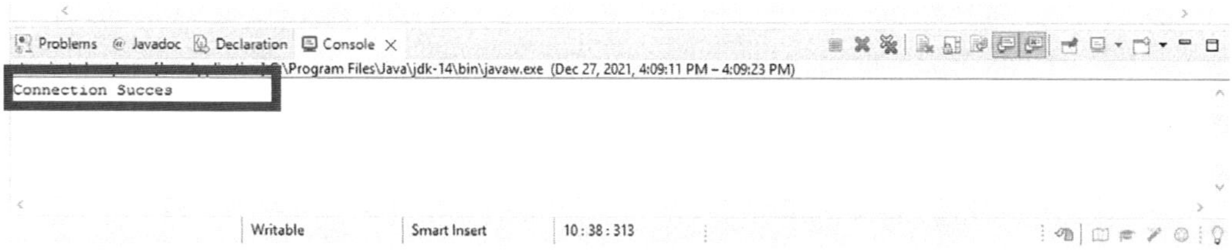

그림 15.25 자바와 mysql 연동 성공.

자바 개발자는 MVC 패턴을 학습해야 한다. MVC 패턴은 디자인 패턴으로 어떤 프로그램을 개발할 때 상황에 따라 간편하게 적용하여 사용할 수 있는 인터페이스를 정리하여 특정한 "규약"처럼 쉽게 쓸 수 있는 형태로 만든 것을 말한다. 즉 디자인 패턴이라 다음과 같은 model class처럼 "좀 더 쉽고 편리하게" 사용할 수 있는 인터페이스를 제공하는 것을 말한다. 디자인 패턴 중의 하나가 MVC이고 Model, View, Controller로 구성된다. model은 data storage, integrity, consistency, queries, mutations(조작)를 다룬다. controller는 입력의 receive, interpret, validate하는 것, views의 create와 update, models의 query와 modify를 다룬다. 즉 controller는 사용자가 데이터를 클릭하고 수정하는 view에 대한 "event"를 처리한다. view는 input 텍스트, checkbox와 같은 사용자 인터페이스를 나타내며 데이터 및 객체의 입력과 보여주는 출력을 담당한다.

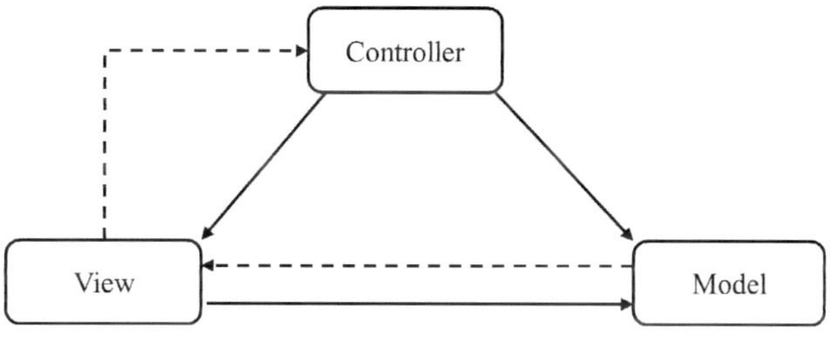

그림 15.26 MVC 구성.

간단한 모델 클래스로서 객체를 쉽고 편리하게 접근할 수 있다.

```
package sqlcon;
public class usermodel {
private int id;
private String fullname;
private String firstname;
private String lastname;
public int getId() {
        return id;
}
public void setId(int id) {
        this.id = id;
```

```
}
public String getFullName() {
        return fullname;
}
public void setFullName(String fullname) {
        this.fullname = fullname;
}
public String getFirstName() {
        return firstname;
}
public void setFirstName(String firstname) {
        this.firstname = firstname;
}
public String getLastName() {
        return lastname;
}
public void setLastName(String lastname) {
        this.lastname = lastname;
}
}
```

자바 프로그램에서 동적 SQL을 생성하여 DB 연동을 처리한다.

```
package sqlcon;
import java.sql.Connection;
import java.sql.DriverManager;
import java.sql.PreparedStatement;
import java.sql.ResultSet;
import java.sql.Statement;
public class dynamic {
        public static String driver ="com.mysql.cj.jdbc.Driver";
        public static String url ="jdbc:mysql://localhost:3306/datamodel";
        public static String username ="root";
        public static String password ="1234";
        public static void readAllUser() {
        try {
                //Step 1
                Class.forName(driver);
                //Step 2
                Connection con = DriverManager.getConnection(url, username, password);
                Statement stmt = con.createStatement();
                String sql = "select * from USERS";
                ResultSet rs = stmt.executeQuery(sql);

                while(rs.next()) {
```

```
                String fullname = rs.getString("fullname");
                String firstname = rs.getString("firstname");
                String lastname = rs.getString("lastname");
                System.out.println("fullname :: " + fullname + " :: firstname :: " +
                firstname + " :: lastname :: " + lastname);
            }
            con.close();
        }catch (Exception e) {
        e.printStackTrace();
        }
        }
        public static void main(String[] args) {
            readAllUser();
        }
}
```

```
mysql> select * from users;
+----+--------------+-----------+----------+
| id | fullname     | firstname | lastname |
+----+--------------+-----------+----------+
|  1 | Gildong Hong | Gildong   | Hong     |
|  2 | Nara Lee     | Nara      | Lee      |
+----+--------------+-----------+----------+
2 rows in set (0.00 sec)
```

그림 15.27 사용자 검색.

MySQL의 터미널 모드에서 나온 결과를 DB 연동 자바 프로그램에서도 그림 15.28과 같이 확인할 수 있다.

```
Problems  @ Javadoc  Declaration  Console ×
<terminated> myDynamicSQL [Java Application] /home/bhhong/.p2/pool
fullName: Gildong Hong, firstName: Gildong, lastName: Hong
fullName: Nara Lee, firstName: Nara, lastName: Lee
Connection Success
```

그림 15.28 자바 연동 프로그램에서 사용자 검색 결과.

앞에서 정의한 모델 클래스를 사용한 insert 문을 자바에서 구동시키는 실습이다. 이클립스에서 다음 DB 연동 프로그램을 실행시킨 후에 MySQL 터미널 모드에서 입력 결과를 확인한다. public static void readAllUser( ) 대신에 public static void insertUser(usermodel user)로 구성된 새로운 클래스를 만들어 그림 15.29와 같이 구현한다.

```
package myDBJava;

import java.sql.Connection;
import java.sql.DriverManager;
import java.sql.PreparedStatement;
import java.sql.ResultSet;
import java.sql.Statement;

public class insertSQL {
    public static String driver = "com.mysql.cj.jdbc.Driver";
    public static String url = "jdbc:mysql://localhost:3306/datamodel";
    public static String username="root";
    public static String password = "1234";
    public static void insertUser(usermodel usr) {
        try {
            Class.forName(driver);
            Connection con = DriverManager.getConnection(url, username, password);
            Statement stmt = con.createStatement();
            String sql = "insert into users(id, fullname, firstname, lastname) values(?
            PreparedStatement ps = con.prepareCall(sql);
            //System.out.println("id = "+ usr.getId());
            ps.setInt(1, usr.getId());
            ps.setString(2, usr.getFullName());
            ps.setString(3, usr.getFirstName());
            ps.setString(4, usr.getLastName());
            ps.executeUpdate();
            con.close();
            System.out.println("Insert Success");
        } catch (Exception e) {
            e.printStackTrace();
        }
    }
    public static void main(String[] args) {
        usermodel usr = new usermodel();
```

그림 15.29 자바 연동 프로그램.

```
public static void insertUser(usermodel user) {
        try {
            Class.forName(driver);
            Connection con = DriverManager.getConnection(url, username,
password);
            String sql = "INSERT INTO USERS( id, fullname , firstname, lastname)
VALUES (?,?,?,?)";
            PreparedStatement ps = con.prepareCall(sql);
            ps.setString(1, user.getId()); //1번은 insert 문의 (?,?,?,?)에서 첫번째
            ps.setString(2, user.getFullName()); //2번은 (?,?,?,?)에서 두번째
            ps.setString(3, user.getFirstName());
            ps.setString(4, user.getLastName());
            ps.executeUpdate();
            con.close();
            System.out.println("User Added");
        }catch(Exception e) {
            e.printStackTrace();
        }
```

```
        }
public static void main(String[] args) {

                usermodel user = new usermodel();
                user.setFullname("JabeenShaisata");
                user.setFirstname("shaisata");
                user.setLastname("jabeen");
                insertUser(user);
        }
}
```

insert 문을 동적 SQL로 구현한 자바클래스의 앞부분 코드이다.

insert 처리와 유사하게 update문을 동적 SQL로 구현한 코드이다.

```
public static void updateUser(usermodel user) {
                try {
                        Class.forName(driver);
                        Connection con = DriverManager.getConnection(url, username,
password);

                        String sql ="update users set fullname=?, firstname=?, lastname=? where
id=?";
                        PreparedStatement ps = con.prepareStatement(sql);
                        ps.setString(1, user.getFullName());//1번은 fullname=?에서 물음표
                        ps.setString(2, user.getFirstName());
                        ps.setString(3, user.getLastName());
                        ps.setInt(4, user.getId());
                        ps.executeUpdate();
                        con.close();
                        System.out.println("Updated Successfully");
                }catch (Exception e) {
                        e.printStackTrace();
                }
        }
public static void main(String[] args) {

                usermodel user = new usermodel();
                user.setId(4); //use id when update or delete is used
                user.setFullName("sqlconnection");
                user.setFirstName("sql");
                user.setLastName("jabeen");
                updateUser(user);
        }
}
```

delete문도 동적SQL으로 구현하는 실습을 한다.

```
public static void deleteUser(usermodel user) {
        try {
            Class.forName(driver);
            Connection con = DriverManager.getConnection(url, username, password);

            String sql ="DELETE from USERS where ID=?";

            PreparedStatement ps = con.prepareStatement(sql);
            ps.setInt(1, user.getId()); //1번은 delete 문에서 parameter가 1개 이다
            ps.executeUpdate();
            con.close();
            System.out.println("Deleted Successfully");
        }catch (Exception e) {
                e.printStackTrace();
         }
         }
public static void main(String[] args) {
        usermodel user = new usermodel();
        user.setId(4); //use id when update or delete is used
        deleteUser(user);
          }
}
```

```
package myDBJava;

import java.sql.Connection;
import java.sql.DriverManager;
import java.sql.PreparedStatement;
import java.sql.Statement;

public class updateSQL {
    public static String driver = "com.mysql.cj.jdbc.Driver";
    public static String url = "jdbc:mysql://localhost:3306/datamodel";
    public static String username="root";
    public static String password = "1234";
    public static void updateUser(usermodel usr) {
        try {
            Class.forName(driver);
            Connection con = DriverManager.getConnection(url, username, password);
            Statement stmt = con.createStatement();
            String sql = "update users set fullname=?, firstname=?, lastname=? where i
            PreparedStatement ps = con.prepareCall(sql);
            ps.setString(1, usr.getFullName());
            ps.setString(2, usr.getFirstName());
            ps.setString(3,  usr.getLastName());
            ps.setInt(4, usr.getId());
            ps.executeUpdate();
            con.close();
            System.out.println("Updateed Success");
        } catch (Exception e) {
            e.printStackTrace();
        }
    }
    public static void main(String[] args) {
        usermodel usr = new usermodel();
        usr.setId(4);
        usr.setFullName("NoSee Me");
```

그림 15.30 update 연동 프로그램.

```java
package myDBJava;

import java.sql.Connection;
import java.sql.DriverManager;
import java.sql.PreparedStatement;
import java.sql.Statement;

public class deleteSQL {
    public static String driver = "com.mysql.cj.jdbc.Driver";
    public static String url = "jdbc:mysql://localhost:3306/datamodel";
    public static String username="root";
    public static String password = "1234";
    public static void deleteUser(usermodel usr) {
        try {
            Class.forName(driver);
            Connection con = DriverManager.getConnection(url, username, password);
            Statement stmt = con.createStatement();
            String sql = "delete from users where id=?";
            PreparedStatement ps = con.prepareCall(sql);
            ps.setInt(1, usr.getId());
            ps.executeUpdate();
            con.close();
            System.out.println("Deleted Success");
        } catch (Exception e) {
            e.printStackTrace();
        }
    }
    public static void main(String[] args) {
        usermodel usr = new usermodel();
        usr.setId(4);
        deleteUser(usr);
    }
}
```

그림 15.31 delete 연동 프로그램

15.3 DB 연동 C++ 프로그래밍

Ubuntu에서 visual studio code의 설치는 “snap” package을 사용하여 설치할 수 있다.

```
$ sudo snap install --classic code
```

또는 “apt” package를 사용하여 Visual Studio Code를 설치한다.

```
$ sudo apt update
$ sudo apt install code
```

visual studio code를 설치한 후에 code의 실행은 그림 15.31과 같다.

```
$ code
```

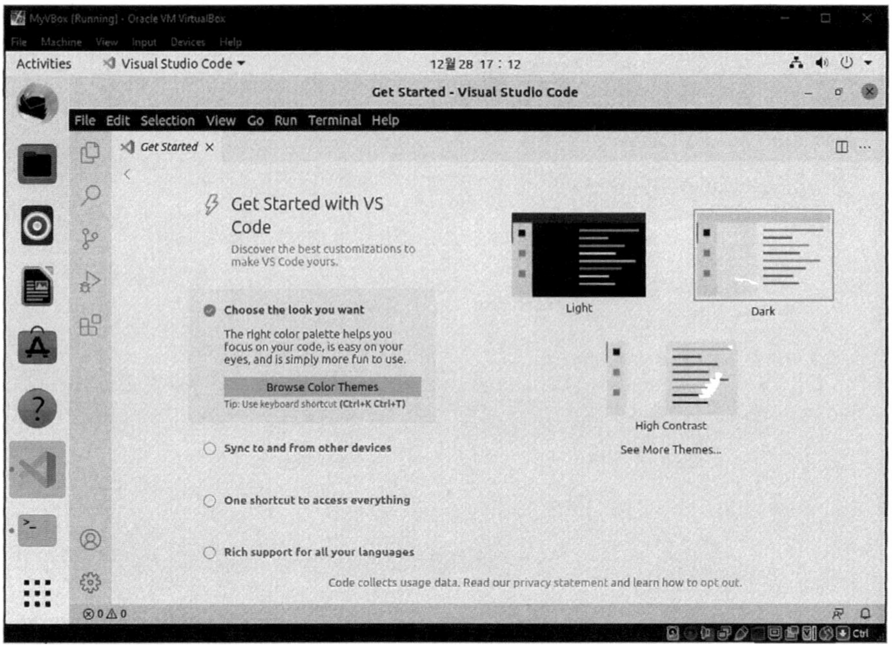

그림 15.31 Visual Code.

c++ code를 컴파일하기 위해 g++를 설치한다.
$ sudo apt install g++

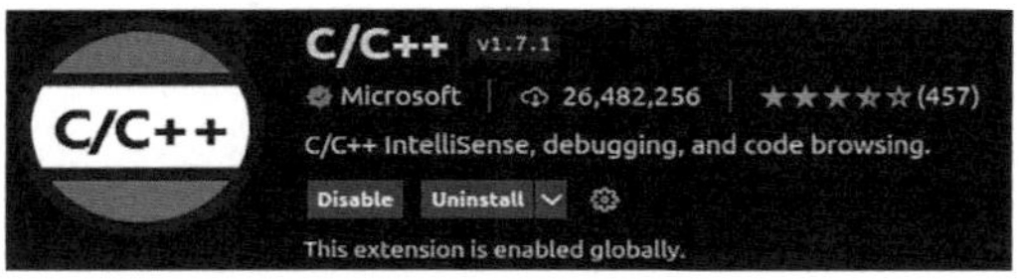

그림 15.32 g++ 설치.

MySQL과 연동을 위한 connector library를 설치한다.

```
$ sudo apt install libmysqlcppconn-dev
```

mysqlcppconn library가 설치된 우분투의 path를 파악하여 visual studio code의 cpp file에서 #include를 작성할 때 정확한 경로를 사용해야 한다. /usr/include에 mysql-cppconn-8 폴더가 있는지 찾아보고 $HOME directory 또는 $HOME/Code에 jdbc 폴더를 찾는다[28].

jdbc library를 사용하여 다음과 같이 cpp 프로그램을 작성할 때 #include의 경로를 우분투 터미널의 경로를 참조하여 작성한다. 컴파일 실행은 터미널 모드에서 실행한다.

```
bhhong@bhhong-VirtualBox:~/Code$ cd jdbc
bhhong@bhhong-VirtualBox:~/Code/jdbc$ ls
cppconn  mysql_connection.h  mysql_driver.h  mysql_error.h
bhhong@bhhong-VirtualBox:~/Code/jdbc$ cd cppconn
bhhong@bhhong-VirtualBox:~/Code/jdbc/cppconn$ ls
build_config.h  driver.h              prepared_statement.h  statement.h
config.h        exception.h           resultset.h           variant.h
connection.h    metadata.h            resultset_metadata.h  version_info.h
datatype.h      parameter_metadata.h  sqlstring.h           warning.h
bhhong@bhhong-VirtualBox:~/Code/jdbc/cppconn$
```

그림 15.33 jdbc library 경로.

```
bhhong@bhhong-VirtualBox:~/Code$ sudo g++ -Wall -I/usr/include/mysql-cppconn-8/jdbc/cppconn -o myoutput /home/bhhong
/Code/mysql_cpp_conn.cpp -L/usr/lib -lmysqlcppconn && ./myoutput
```

그림 15.34 g++ 사용.

```
#include <stdlib.h>
#include <iostream>
#include <string>
//"~/Code/jdbc/cppconn"이 생성된 경우
#include "/usr/inlude/mysql-cppconn-8/jdbc/mysql_connection.h"
#include "/usr/inlude/mysql-cppconn-8/jdbc/mysql_driver.h"
#include "jdbc/cppconn/driver.h"
#include "jdbc/cppconn/exception.h"
#include "jdbc/cppconn/resultset.h"
#include "jdbc/cppconn/statement.h"
#include "jdbc/cppconn/prepared_statement.h"
//jdbc 경로가 다르면 include되는 경로 수정이 필요함

using namespace std;
void CreateTable(sql::Statement *stmt, sql::Connection *con);
void InsertDefault(sql::PreparedStatement *pstmt, sql::Connection *con);
void InsertNew(sql::PreparedStatement *pstmt, sql::Connection *con, int courseId, string
courseName);
void DisplayAll(sql::PreparedStatement *pstmt, sql::ResultSet *res, sql::Connection *con);
void FindCourse(sql::PreparedStatement *pstmt, sql::ResultSet *res, sql::Connection *con, int
courseId);
void UpdateCourse(sql::PreparedStatement *pstmt, sql::Connection *con, int courseId, string
courseName);
void DeleteCourse(sql::PreparedStatement *pstmt, sql::Connection *con, int courseId);

int main(void)
{
	try
	{
		int opt, courseId;
```

```
		string courseName;
		sql::mysql::MySQL_Driver *driver;
		sql::Connection *con;
		sql::Statement *stmt;
		sql::ResultSet *res;
		sql::PreparedStatement *pstmt;
		driver = sql::mysql::get_driver_instance();
		con = driver->connect("tcp://127.0.0.1:3306", "root", "1234"); //mysql에서 password를 수정해야 함
		con->setSchema("sys");

		cout 〈〈 "₩n========= MySQL DB operations ==========₩n₩n";

		CreateTable(stmt, con);
		cout 〈〈 "Courses table created successfully!₩n₩n";

		InsertDefault(pstmt, con);
		cout 〈〈 "Default values inserted successfully!₩n₩n";

		cout 〈〈 "Displaying all the values...₩n";
		DisplayAll(pstmt, res, con);

		while (true)
		{
			cout 〈〈 "₩n₩n=== Other Options ===₩n₩n1. Insert a new course ₩n2. Display all the courses ₩n3. Search a course by ID ₩n4. Update a course name by ID ₩n5. Delete a course by ID ₩n6. Exit₩n₩nEnter Option:";
			cin 〉〉 opt;
			switch (opt)
			{
			case 1:
				cout 〈〈 "Enter course Id ₩n";
				cin 〉〉 courseId;
				cout 〈〈 "Enter course name₩n";
				cin 〉〉 courseName;
				InsertNew(pstmt, con, courseId, courseName);
				cout 〈〈 "Values are inserted successfully!₩n₩n";
				break;
			case 2:
				cout 〈〈 "Displaying all the values₩n";
				DisplayAll(pstmt, res, con);
				break;
			case 3:
				cout 〈〈 "Enter course Id to be found: ";
				cin 〉〉 courseId;
```

```
                    FindCourse(pstmt, res, con, courseId);
                    break;
                case 4:
                    cout << "Enter course Id to be updated: ";
                    cin >> courseId;
                    FindCourse(pstmt, res, con, courseId);
                    cout << "₩nEnter new course name₩n";
                    cin >> courseName;
                    UpdateCourse(pstmt, con, courseId, courseName);
                    cout <<  "Course name updated successfully!₩n₩n";
                    break;
                case 5:
                    cout << "Enter course Id to be deleted: ";
                    cin >> courseId;
                    DeleteCourse(pstmt, con, courseId);
                    break;
                default:
                    exit(0);
                }
            }
            delete con;
        }
        catch (sql::SQLException &e) {
            cout << "# ERR: SQLException in " << __FILE__;
            cout << "(" << __FUNCTION__ << ") on line " << __LINE__ << endl;
            cout << "# ERR: " << e.what();
            cout << " (MySQL error code: " << e.getErrorCode();
            cout << ", SQLState: " << e.getSQLState() << " )" << endl;
        }
        cout << endl;
        return EXIT_SUCCESS;
}

void CreateTable(sql::Statement *stmt, sql::Connection *con) {
        stmt = con->createStatement();
        stmt->execute("DROP TABLE IF exist Courses");
        stmt->execute("CREATE TABLE Courses(id INT, name varchar(50))");
        delete stmt;
}

void InsertDefault(sql::PreparedStatement *pstmt, sql::Connection *con) {
        pstmt = con->prepareStatement("INSERT INTO Courses VALUES (?, ?)");
        for (int i = 1; i <= 10; i++) {
            pstmt->setInt(1, i);
            std::string courseName = "Course_" + std::to_string(i);
```

```
            pstmt->setString(2, courseName);
            pstmt->executeUpdate();
        }
        delete pstmt;
}

void InsertNew(sql::PreparedStatement *pstmt, sql::Connection *con, int courseId, string
courseName) {
        pstmt = con->prepareStatement("INSERT INTO Courses VALUES (?, ?)");
        pstmt->setInt(1, courseId);
        pstmt->setString(2, courseName);
        pstmt->executeUpdate();
        delete pstmt;
}

void DisplayAll(sql::PreparedStatement *pstmt, sql::ResultSet *res, sql::Connection *con) {
        pstmt = con->prepareStatement("select * from Courses ");
        res = pstmt->executeQuery();
        cout << endl;
        cout << "₩t___________________________________________" <<endl;
        cout << "₩t|₩tCourse Id ₩t₩t|₩t Course Name₩t|"<< endl;
        cout << "₩t|__________________________________________|" <<endl;
        while (res->next())
        cout << "₩t|₩t₩t" << res->getInt("id") << "₩t₩t|₩t " << res -> getString("name") << "₩t|"
<<endl;
        cout << "₩t|__________________________________________|" <<endl;
        delete res;
        delete pstmt;
}

void FindCourse(sql::PreparedStatement *pstmt, sql::ResultSet *res, sql::Connection *con,
int courseId) {
        pstmt = con -> prepareStatement("select * from Courses where id =
"+std::to_string(courseId));
        res = pstmt->executeQuery();
        cout << endl;
        if (res->next()) {
            cout << "Course found !" << endl;
            cout << "Course Id :" << res->getInt(1) << endl;
            cout << "Course Name :" << res->getString(2) << endl;
        } else {
            cout << "Course not found!";
        }
        delete res;
        delete pstmt;
```

```
}

void UpdateCourse(sql::PreparedStatement *pstmt, sql::Connection *con, int courseId, string
courseName) {
        pstmt = con -> prepareStatement("UPDATE Courses SET name = '"+courseName+"'
where id ="+std::to_string(courseId));
        pstmt->executeUpdate();
        delete pstmt;
}

void DeleteCourse(sql::PreparedStatement *pstmt, sql::Connection *con, int courseId) {
        pstmt = con -> prepareStatement("DELETE from Courses where id =
"+std::to_string(courseId));
        pstmt->executeUpdate();
        delete pstmt;
}
```

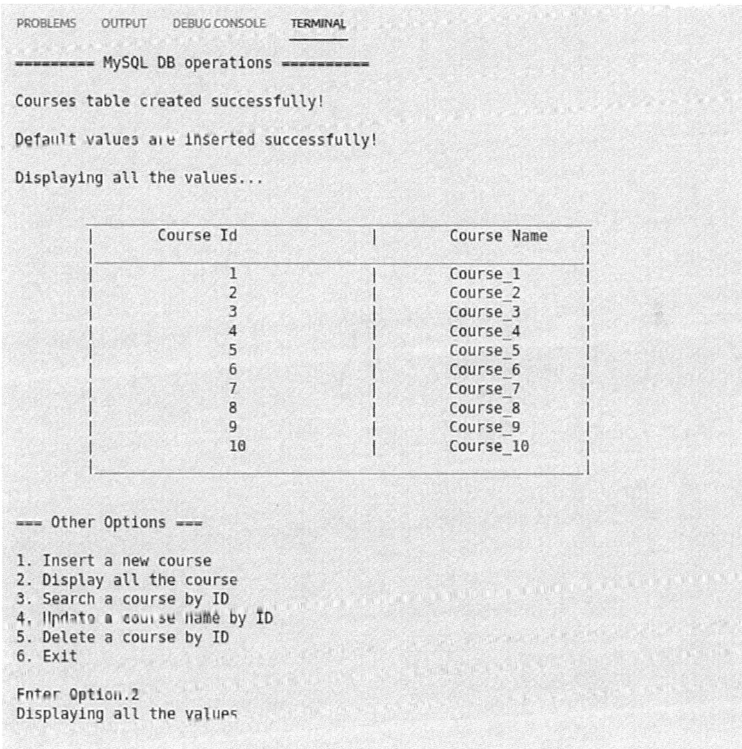

그림 15.35 C++ 연동 프로그램의 실행 결과

표준 header file 이외에 설치한 mysql connection library를 그림 15.36 예와 같이 포함한다. 여기서 주의할 점은 우분투에서 $sudo apt install libmysqlcppconn-dev을 사용하여 설치한 경로를 찾아 작성하는 것이다.

```
#include <stdlib.h>
#include <iostream>
#include <string>
#include "/usr/include/mysql-cppconn-8/jdbc/mysql_connection.h"
#include "/usr/include/mysql-cppconn-8/jdbc/mysql_driver.h"
#include "jdbc/cppconn/driver.h"
#include "jdbc/cppconn/exception.h"
#include "jdbc/cppconn/resultset.h"
#include "jdbc/cppconn/statement.h"
#include "jdbc/cppconn/prepared_statement.h"
```

그림 15.36 mysql connection library 포함.

sql::ResultSet은 SQL 실행 결과인 record들의 현재 레코드를 가리키는 cursor로 간주해야 한다. SQL이 실행되면 res 변수는 처음 레코드를 가리킨다. res->next( )를 호출할 때마다 res는 다음 레코드를 가리킨다.

```
sql::mysql::MySQL_Driver *driver;
sql::Connection *con;
sql::Statement *stmt;
sql::ResultSet *res;
sql::PreparedStatement *pstmt;
```

그림 15.37 SQL 변수 설정.

get_deriver_instance( ) 함수에 의해 MySQL 서버를 접속한다. setSchema( ) 함수로 데이터베이스를 설정한다.

```
driver = sql::mysql::get_driver_instance();          // Connecting to MySQL
con = driver->connect("tcp://127.0.0.1:3306", "root", "1234");
con->setSchema("sys");  // Connecting with mysql database
```

그림 15.38 MySQL 서버 접속.

stmt->execute( )를 사용하여 테이블을 생성한다.

```
void CreateTable(sql::Statement *stmt, sql::Connection *con) {
    stmt = con->createStatement();
    stmt->execute("DROP TABLE IF EXISTS Courses");
    stmt->execute("CREATE TABLE Courses(id INT, name varchar(50))");
    delete stmt;
}
```

그림 15.39 execute 실행.

Insert는 values(?,?)를 사용하여 C++의 변수를 전달하여 입력한다. pstmt->setInt(1,i);에서 1번은 values(?,?)의 첫 번째 parameter를 말한다.

```
void InsertDefault(sql::PreparedStatement *pstmt, sql::Connection *con) {
    pstmt = con->prepareStatement("INSERT INTO Courses VALUES (?, ?)");
    for (int i = 1; i <= 10; i++) {
        pstmt->setInt(1, i);
        std::string courseName = "Course_" + std::to_string(i);
        pstmt->setString(2, courseName);
        pstmt->executeUpdate();
    }
    delete pstmt;
}
```

그림 15.40 insert 문의 실행.

InsertNew( )함수에 parameter를 전달하고 이를 insert하는 프로그램이다.

```
void InsertNew(sql::PreparedStatement *pstmt, sql::Connection *con, int courseId, string
courseName) {
    pstmt = con->prepareStatement("INSERT INTO Courses VALUES (?, ?)");
    pstmt->setInt(1, courseId);
    pstmt->setString(2, courseName);
    pstmt->executeUpdate();
    delete pstmt;
}
```

그림 15.41 InsertNew() 전달된 parameter를 사용한 insert 실행.

select문의 실행 결과를 출력하는 프로그램으로 cursor인 res를 사용하여 한 레코드씩 출력하는 프로그램이다. res->next( )를 사용하여 res 변수가 다음 레코드를 가져온다.

```
void DisplayAll(sql::PreparedStatement *pstmt, sql::ResultSet *res, sql::Connection *con) {
    pstmt = con->prepareStatement("SELECT * FROM Courses ");
    res = pstmt->executeQuery();
    cout << endl;
    cout << "\t__________________________________________________" << endl;
    cout << "\t|\tCourse Id \t\t|\t Course Name\t|"<< endl;
    cout << "\t|__________________________________________________|" << endl;
    while (res->next())
    cout << "\t|\t\t" << res->getInt("id") << "\t\t|\t " << res->getString("name") << "\t|"
    <<endl;
    cout << "\t|__________________________________________________|" << endl;
    delete res;
    delete pstmt;
}
```

그림 15.42 select 문의 실행.

FindCourse( )는 parameter로 전달된 값에 대하여 SQL 조건문을 실행한 결과를 출력하는 프로그램이다.

```
void FindCourse(sql::PreparedStatement *pstmt, sql::ResultSet *res, sql::Connection *con, int courseId) {
    pstmt = con->prepareStatement("SELECT * FROM Courses WHERE id = "+std::to_string(courseId)
    );
    res = pstmt->executeQuery();
    cout << endl;
    if (res->next()) {
        cout << "Course found !" << endl;
        cout << "Course Id :" << res->getInt(1) << endl;
        cout << "Course Name :" << res->getString(2) << endl;
    } else {
        cout << "Course not found!";
    }
    delete res;
    delete pstmt;
}
```

그림 15.43 FindCourse() 함수를 사용한 SQL 문 실행.

주어진 변수를 UpdateCourse( )에 전달하여 update 조건문으로 사용한다.

```
void UpdateCourse(sql::PreparedStatement *pstmt, sql::Connection *con, int courseId, string courseName) {
    pstmt = con->prepareStatement("UPDATE Courses SET name = '"+courseName+"' WHERE id ="
    +std::to_string(courseId));
    pstmt->executeUpdate();
    delete pstmt;
}
```

그림 15.44 UpdateCourse()를 사용한 update 실행.

delete 조건문의 변수 값을 parameter로 전달받아 삭제한다.

```
void DeleteCourse(sql::PreparedStatement *pstmt, sql::Connection *con, int courseId) {
    pstmt = con->prepareStatement("DELETE FROM Courses WHERE id = "+std::to_string(courseId));
    pstmt->executeUpdate();
    delete pstmt;
}
```

그림 15.45 deleteCourse()를 이용한 delete 실행.

15.4 DB 연동 C# 프로그래밍

15.4.1 Mono 설치

Mono는 ECMA/ISO 표준을 기반으로 하는 cross 플랫폼 애플리케이션을 개발하고 실행하기 위한 플랫폼으로 Microsoft .NET 프레임워크의 open source이다.

기존 시스템 package를 업데이트 및 업그레이드한다.

```
$ sudo apt update
```

Mono 와 관련된 필수 package를 설치한다.

```
$ sudo apt install dirmngr gnupg apt-transport-https ca-certificates
software-properties-common
```

저장소의 GPC 키를 추출한다.

```
$ sudo apt-key adv --keyserver hkp://keyserver.ubuntu.com:80 --recv-keys
3FA7E0328081BFF6A14DA29AA6A19B38D3D831EF
```

```
ubuntu@ubuntu:~$ sudo apt-key adv --keyserver hkp://keyserver.ubuntu.com:80 --re
cv-keys 3FA7E0328081BFF6A14DA29AA6A19B38D3D831EF
Executing: /tmp/apt-key-gpghome.aHHJY2NRzT/gpg.1.sh --keyserver hkp://keyserver.
ubuntu.com:80 --recv-keys 3FA7E0328081BFF6A14DA29AA6A19B38D3D831EF
gpg: key A6A19B38D3D831EF: public key "Xamarin Public Jenkins (auto-signing) <re
leng@xamarin.com>" imported
gpg: Total number processed: 1
gpg:               imported: 1
ubuntu@ubuntu:~$ 
```

그림 15.46 저장소 GPC 키 추출.

Mono Repository를 시스템 source 목록에 추가한다.

```
$ sudo apt-add-repository 'deb https://download.mono-project.com/repo/ubuntu stable-focal
main'
```

```
ubuntu@ubuntu:~$ sudo apt-add-repository 'deb https://download.mono-project.com/
repo/ubuntu stable-focal main'
기존:1 http://repo.mysql.com/apt/ubuntu focal InRelease
받기:2 https://download.mono-project.com/repo/ubuntu stable-focal InRelease [4,4
16 B]
받기:3 https://download.mono-project.com/repo/ubuntu stable-focal/main amd64 Pac
kages [46.8 kB]
받기:4 http://security.ubuntu.com/ubuntu focal-security InRelease [114 kB]
기존:5 http://kr.archive.ubuntu.com/ubuntu focal InRelease
받기:6 http://kr.archive.ubuntu.com/ubuntu focal-updates InRelease [114 kB]
기존:7 http://kr.archive.ubuntu.com/ubuntu focal-backports InRelease
내려받기 274 k바이트, 소요시간 3초 (104 k바이트/초)
패키지 목록을 읽는 중입니다... 완료
N: Skipping acquire of configured file 'main/binary-i386/Packages' as repository
 'https://download.mono-project.com/repo/ubuntu stable-focal InRelease' doesn't
support architecture 'i386'
ubuntu@ubuntu:~$ 
```

그림 15.47 Mono Repository를 추가.

다시 시스템 package를 업데이트 및 업그레이드한다.

```
$ sudo apt update
```

Mono 설치를 위하여 mono-complete를 설치하는 데 Mono runtime, 개발 도구 및 모든 라이브러리를 설치하는 메타 package이다.

```
$ sudo apt install mono-complete
```

Mono 버전을 확인한다.

```
$ mono --version
```

텍스트 편집기로 테스트 프로그램을 코딩한다.

```
$ gedit
```

코드 작성을 다음과 같이 한다.

```
using System;
public class HelloWorld
{
        public static void Main(string[] args)
        {
                Console.WriteLine ("Hello World!");
        }
}
```

그림 15.48 gedit 사용.

상단 저장 버튼을 클릭한 후 hello.cs 파일로 저장한다. 우측 상단 X 버튼으로 텍스트 편집기를 닫는다. 생성된 hello.cs 파일을 확인한다.

```
$ dir
```

```
ubuntu@ubuntu:~$ dir
hello.cs                             공개      문서      비디오  음악
mysql-apt-config_0.8.15-1_all.deb    다운로드  바탕화면  사진    템플릿
ubuntu@ubuntu:~$ ▌
```

그림 15.49 저장 파일의 폴더 확인.

컴파일러를 사용해 실행파일을 생성한다.

```
$ csc hello.cs
```

생성된 hello.exe 파일을 확인한다.

```
$ dir
```

```
ubuntu@ubuntu:~$ csc hello.cs
Microsoft (R) Visual C# Compiler version 3.6.0-4.20224.5 (ec77c100)
Copyright (C) Microsoft Corporation. All rights reserved.

ubuntu@ubuntu:~$ dir
hello.cs    mysql-apt-config_0.8.15-1_all.deb  다운로드  바탕화면  사진  템플릿
hello.exe   공개                                문서      비디오    음악
ubuntu@ubuntu:~$
```

그림 15.50 C#의 csc 컴파일러의 생성 파일 확인.

실행 권한을 설정한다.

```
$ chmod +x hello.exe
```

실행한다.

```
$ ./hello.exe
```

```
ubuntu@ubuntu:~$ chmod +x hello.exe
ubuntu@ubuntu:~$ ./hello.exe
Hello World!
ubuntu@ubuntu:~$ ▌
```

그림 15.51 C# 실행 파일

15.4.2 MonoDevelop 설치

MonoDevelop을 사용하면 개발자가 Linux, Windows 및 macOS에서 데스크톱 및 웹 애플리케이션을 빠르게 작성하는 것이 가능하다. Visual Studio로 만든 .NET 응용 프로그램을 Linux 및 macOS로 쉽게 이식할 수 있으며 모든 플랫폼에 대해 단일 코드 기반을 유지한다. 참고 사이트는 https://www.monodevelop.com/이다.

시스템에 Repository를 추가한다.

```
$ echo "deb https://download.mono-project.com/repo/ubuntu vs-bionic main" | sudo tee
/etc/apt/sources.list.d/mono-official-vs.list
```

시스템을 다시 업데이트한다.

```
$ sudo apt update
```

MonoDevelop을 설치한다.

```
$ sudo apt-get install monodevelop
```

MonoDevelop 의 참조 경로를 수정하고 symbolic link를 생성한다.

```
$ cd /usr/lib
$ sudo mkdir gnome-terminal
$ cd gnome-terminal
$ sudo ln -s /usr/libexec/gnome-terminal-server
```

Home 위치로 이동한다.

```
$ cd ~
```

MonoDevelop를 실행한다.

```
$ monodevelop
```

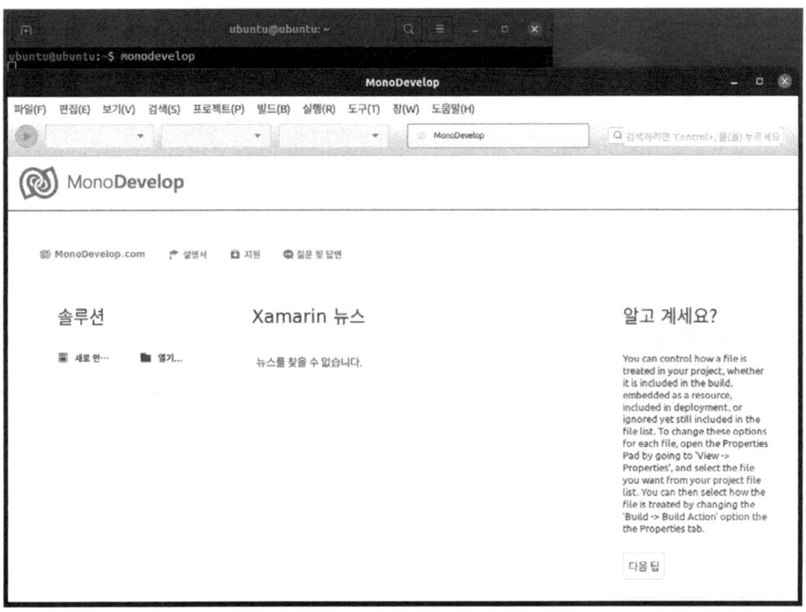

그림 15.52 MonoDevelop 실행.

상단 메뉴에서 파일 > 새 솔루션을 선택한다.

그림 15.53 파일 > 새 솔루션 선택.

.NET 선택한 후 콘솔프로젝트 (C#) 선택하고 다음 버튼을 클릭한다.

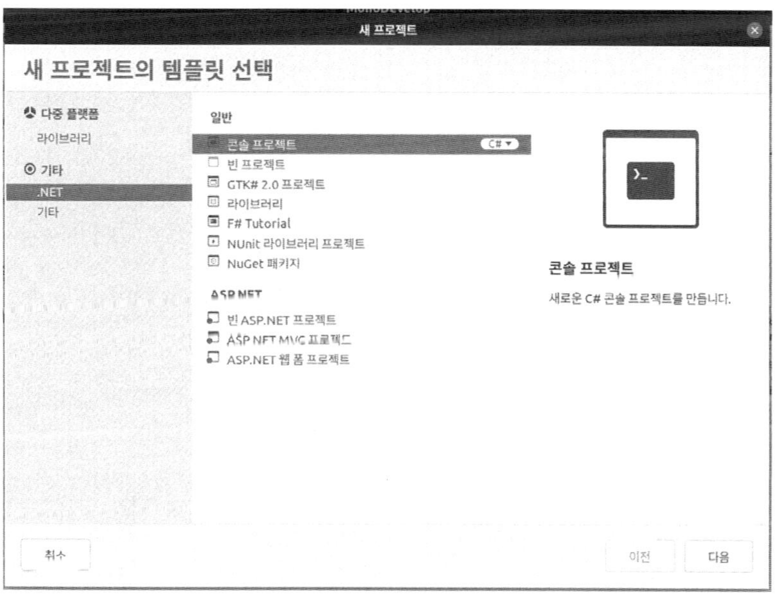

그림 15.54 새 프로젝트의 template 선택.

프로젝트 이름을 기술하고 솔루션 이름을 작성하고 만들기 버튼을 클릭한다.

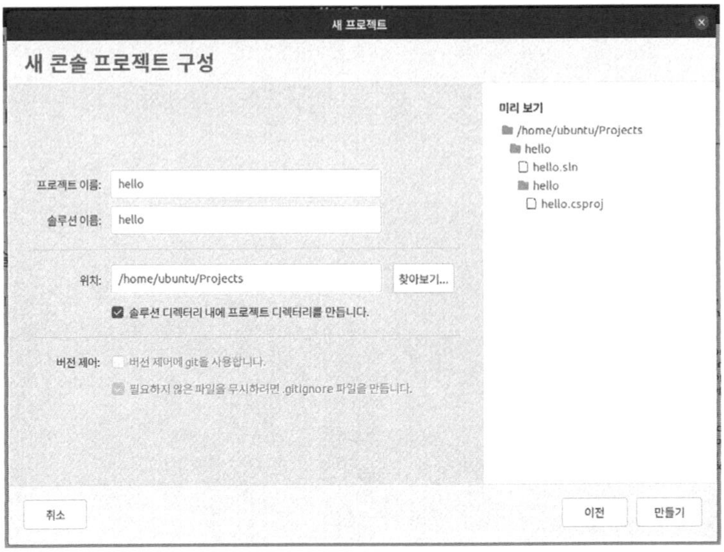

그림 15.55 프로젝트 이름 작성 후 만들기 버튼을 클릭.

생성된 프로젝트를 확인한다.

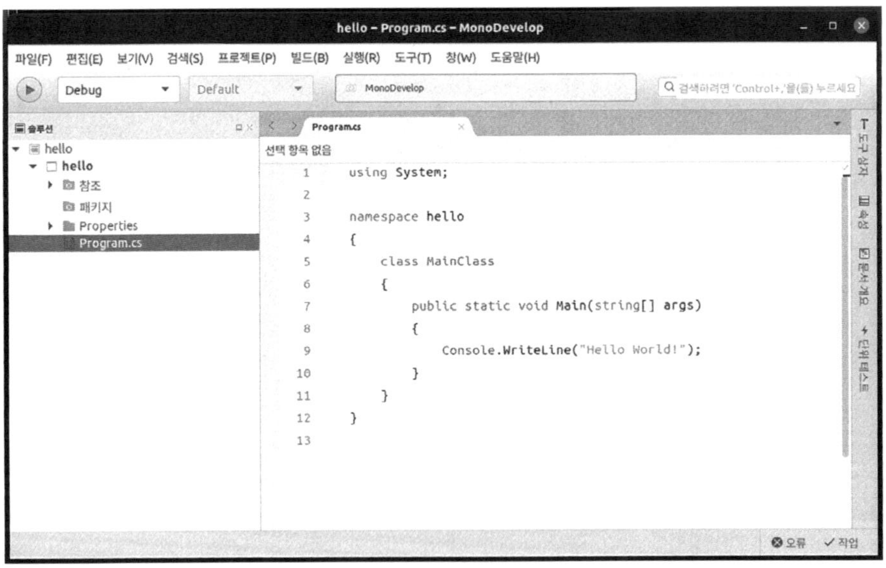

그림 15.56 program.cs 작성.

상단 메뉴에서 빌드 - [프로젝트 이름] 빌드 (F7)를 클릭한다.(hello 빌드(U)를 선택)

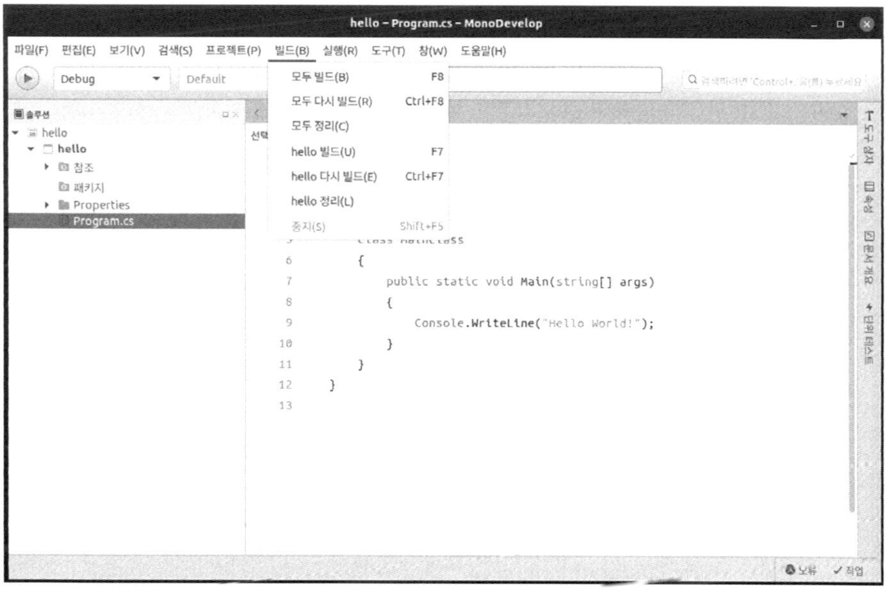

그림 15.57 빌드 > hello 빌드 선택.

상단 빌드 성공 메시지를 확인한다.

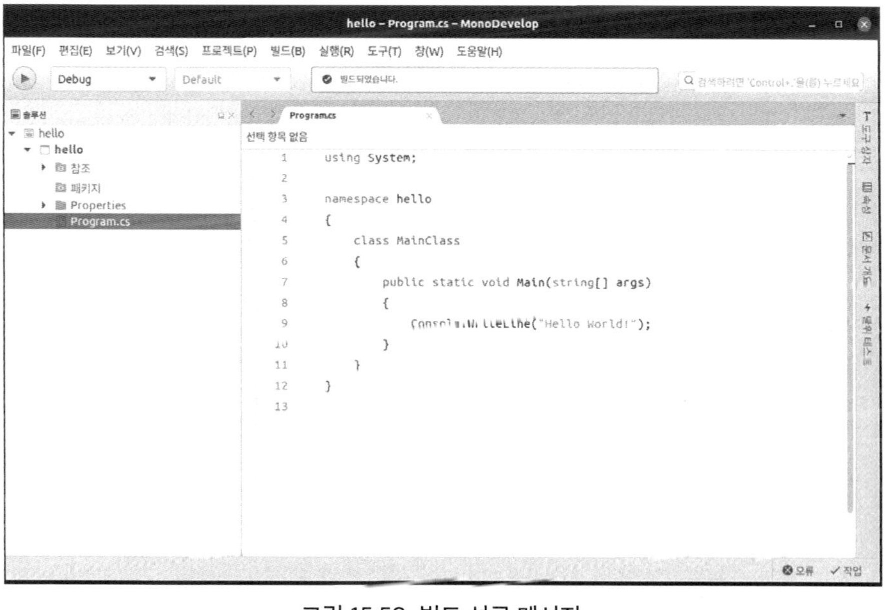

그림 15.58 빌드 성공 메시지.

상단 메뉴에서 실행 > 디버깅 시작 (F5)을 클릭한다.

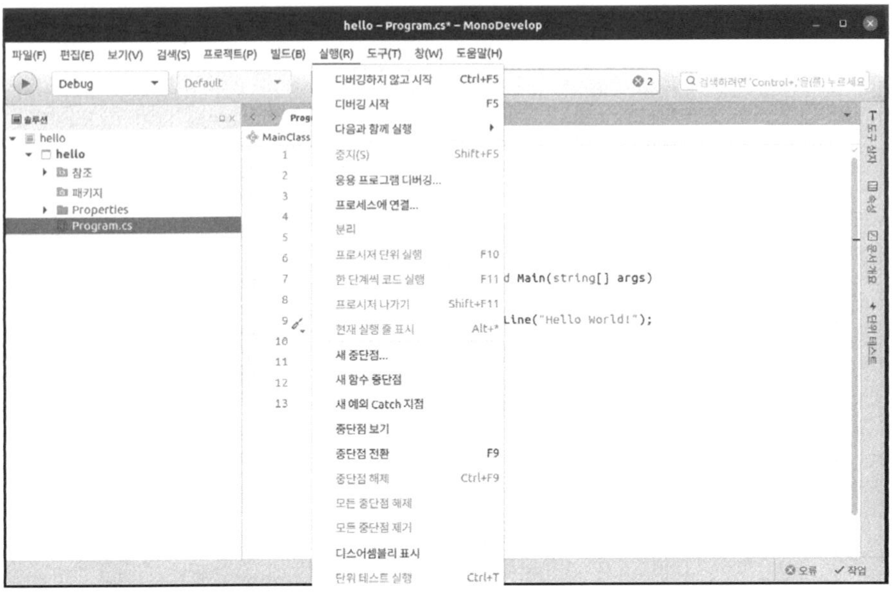

그림 15.59 실행 결과 확인.

실행 결과를 확인한다.

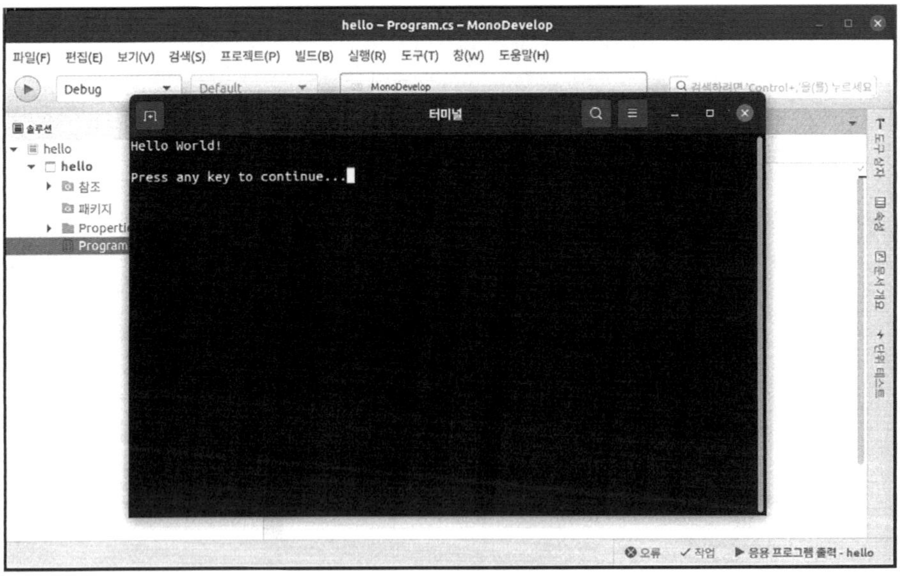

그림 15.60 실행 결과 확인.

15.4.3 MySQL Connector 설치

우분투 웹브라우저로 MySQL Connector 다운로드 페이지를 접속한다.

https://dev.mysql.com/downloads/ 에 접속하여 바탕 화면의 우측 열에 있는 Connector/NET을 클릭한다.

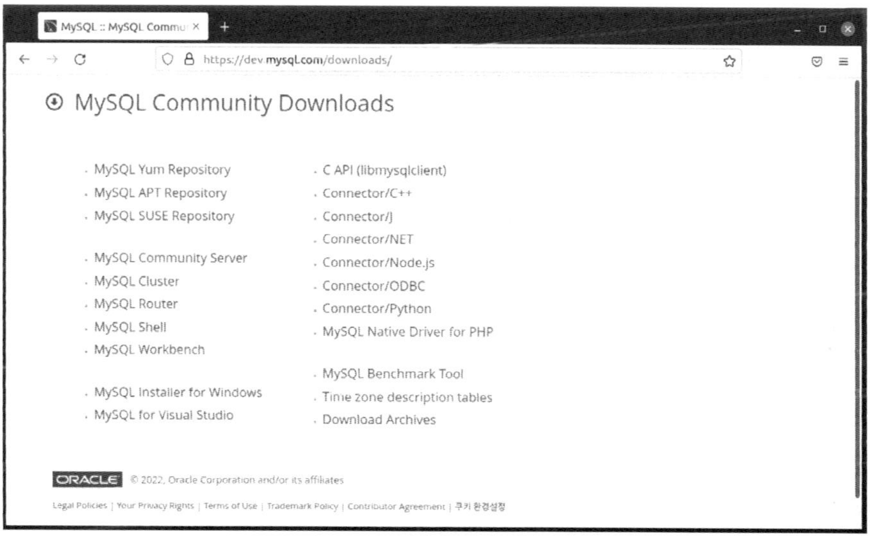

그림 15.61 MySQL connector 다운로드 페이지 접속.

Select Operating System에서 .NET & Mono 선택하고, Download 버튼을 클릭한다.

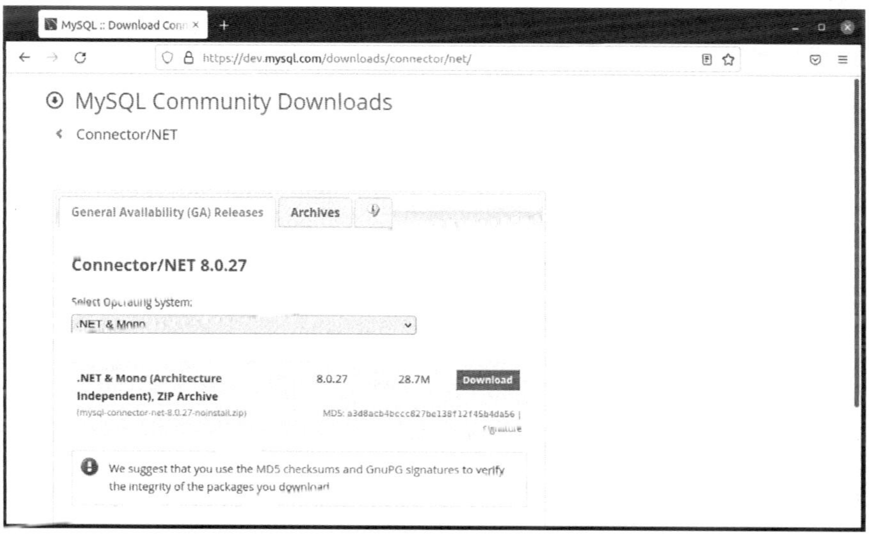

그림 15.62 OS로서 .NET & Mono 선택.

No thanks, just start my download을 클릭한다.

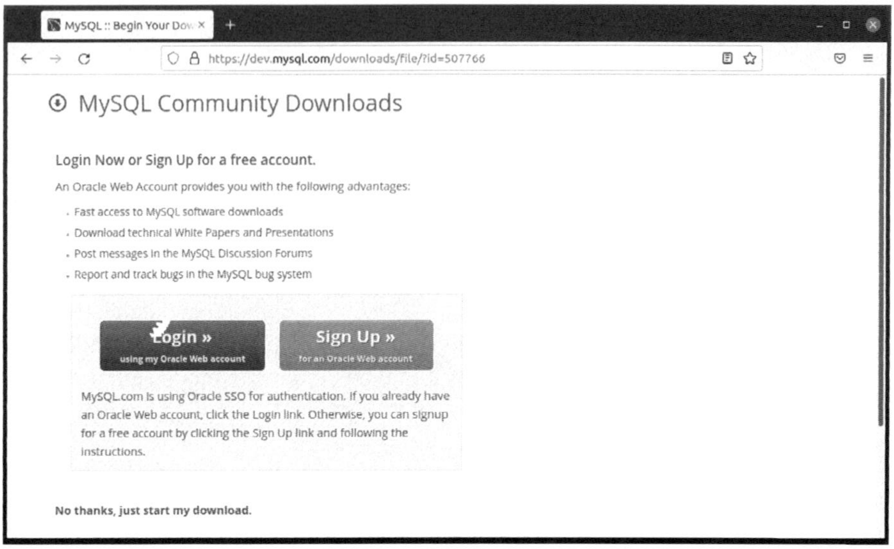

그림 15.63 No thanks, just start my download를 클릭.

파일 저장을 선택하고 확인을 클릭한다.

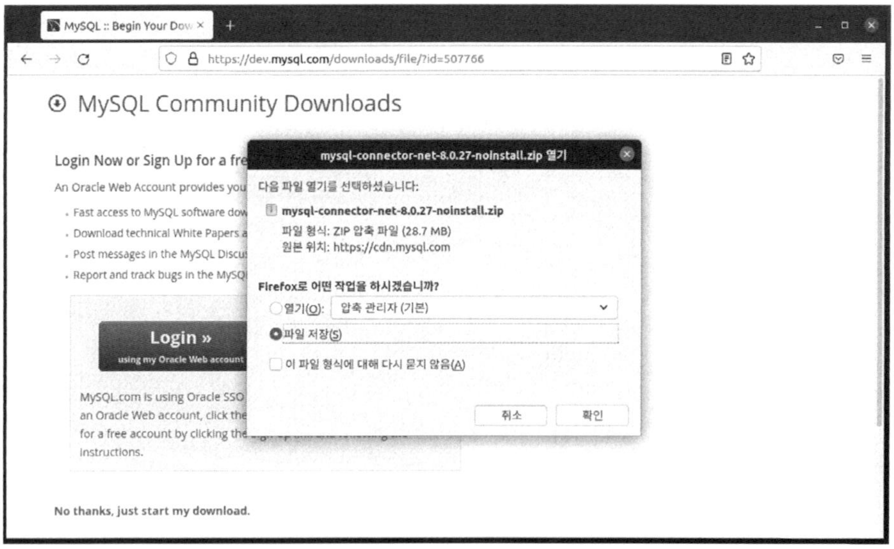

그림 15.64 다운로드 파일 열기.

다운로드 폴더에서 압축 파일을 우 클릭하고 여기에 풀기(E)를 클릭한다.

압축 해제된 폴더 내부에서 connector가 지원하는 .NET 버전을 확인 (v4.8)한다.

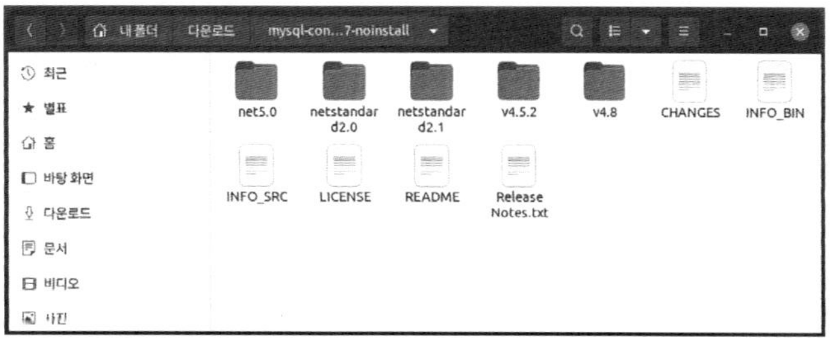

그림 15.65 connector가 지원되는 .NET 버전 확인.

15.4.4 MonoDevelop & MySQL 연동

MonoDevelop 상단 메뉴에서 파일 > 새 솔루션을 클릭한다. 다음에 .NET을 선택하고 콘솔 프로젝트 (C#)을 선택한다. 다음 버튼을 클릭한다.

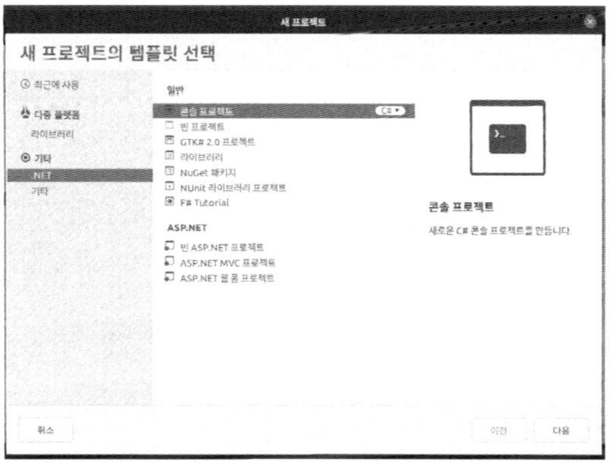

그림 15.66 새 프로젝트의 template 선택.

dbtest 프로젝트를 생성 (프로젝트 이름 입력 - 만들기 버튼 클릭)한다.

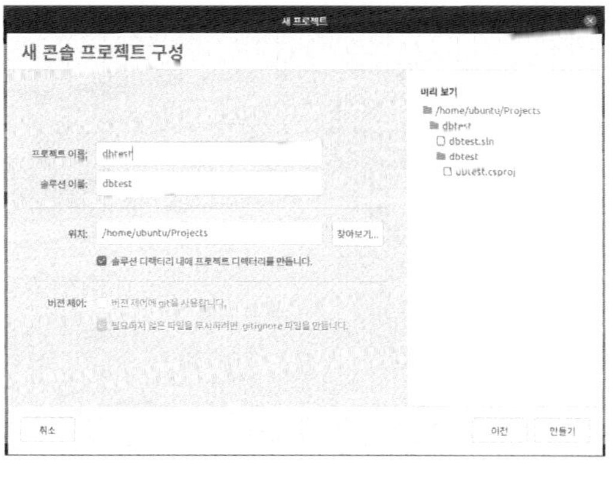

그림 15.67 새 프로젝트 이름 작성.

좌측 솔루션 탐색기에서 프로젝트(2번째 dbtest)를 우 클릭하고 옵션을 클릭한다.

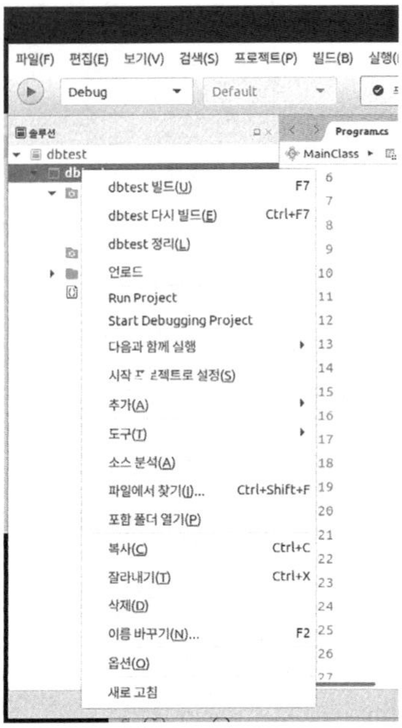

그림 15.68 dbtest 프로젝트의 우 클릭하여 옵션 보기.

빌드 > 일반 > 대상프레임워크 에서 .NET 프레임워크 버전(MySQL connector 다운로드에서 v4.8를 확인)을 변경 후 확인 버튼을 클릭한다.

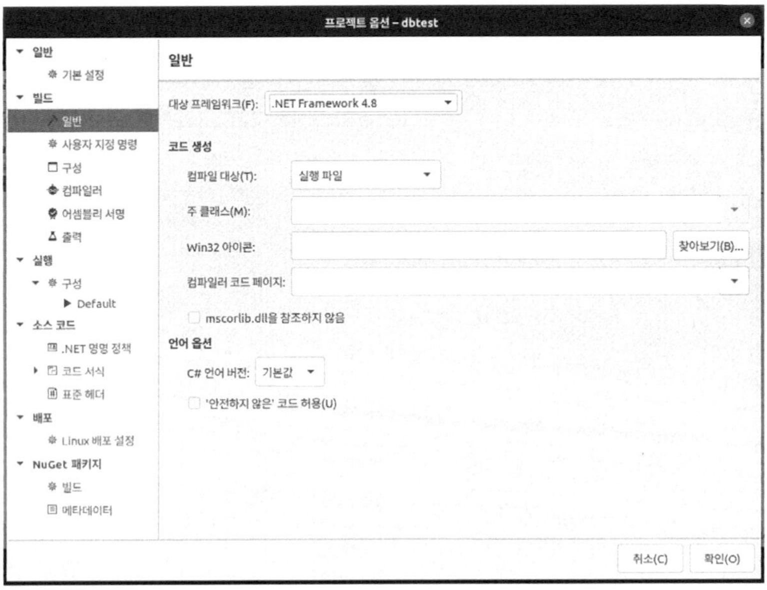

그림 15.69 대상 프레임워크 버전 확인.

좌측 솔루션 탐색기에서 프로젝트이름(dbtest) > 참조를 우 클릭하고 참조 편집(E)을 클릭한다.

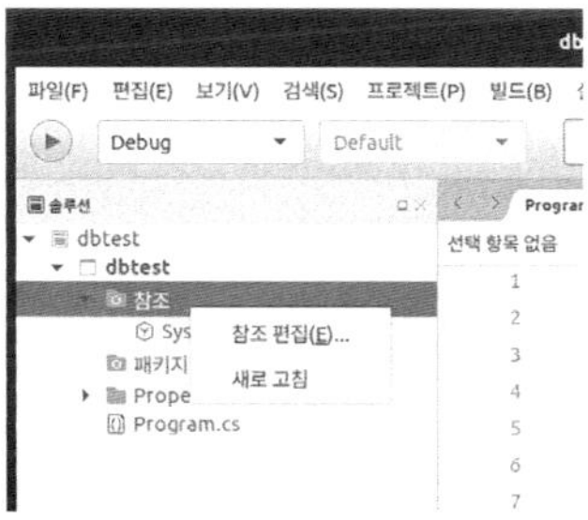

그림 15.70 참조 편집을 클릭.

.Net 어셈블리 탭 > 바탕화면 하단의 찾아보기… 버튼을 클릭한다.

그림 15.71 .Net 어셈블리 하단의 찾아보기 버튼 클릭.

mysql-connector-net-8.0.27을 다운로드한 폴더($HOME/다운로드/v4.8)에서 MySql.Data.dll 파일을 선택하고 열기 버튼을 클릭한다.

그림 15.72 MySql.Data.dll 선택.

참조 선택된 어셈블리 확인하고 확인 버튼을 클릭한다.

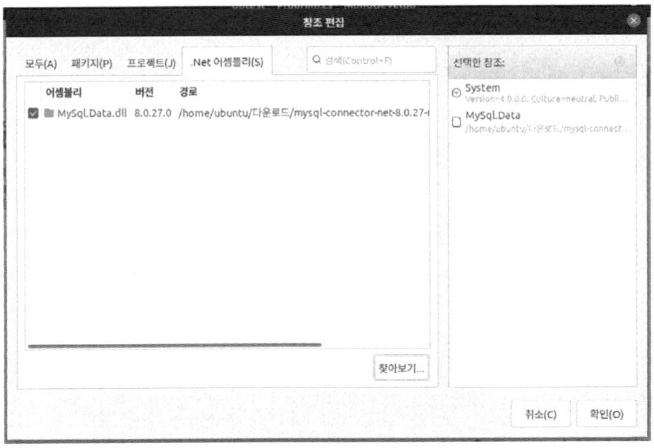

그림 15.73 선택된 어셈블리 확인.

좌측 솔루션 탐색기에서 참조에 추가된 어셈블리를 확인한다.

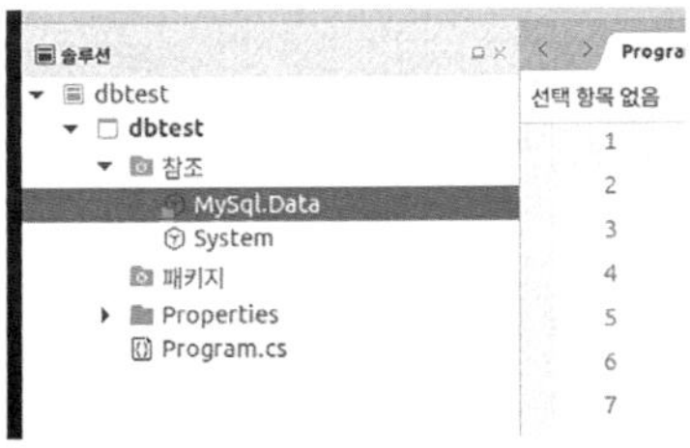

그림 15.74 참조의 MySql.Data의 우 클릭.

다시 참조 버튼을 우 클릭한 후 참조 편집(E)을 클릭한다. package(P) 탭에서 System.Data 체크 후 확인 버튼을 클릭한다.

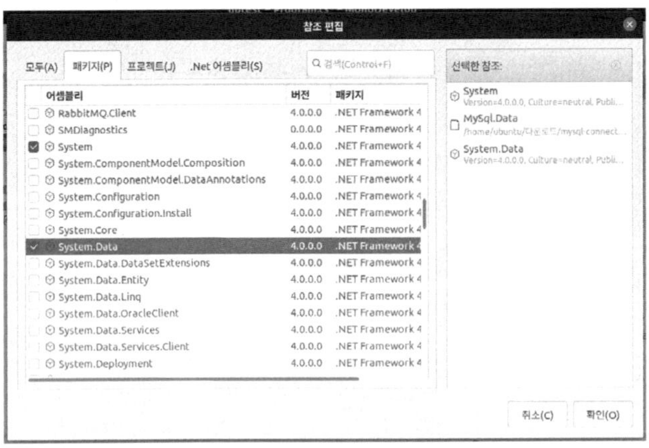

그림 15.75 package 탭에서 System.Data 확인.

참조된 어셈블리를 확인한다.

그림 15.76 참조된 System.Data 확인.

MySQL Workbench에서 상단의 Create a new schema 버튼 (2번째 아이콘 리스트에서 4번째)을 클릭한다. 스키마 이름 testdb(MonoDevelop에서 만든 프로젝트 이름과 같도록 한다)을 입력한 후 적용 버튼을 클릭한다.

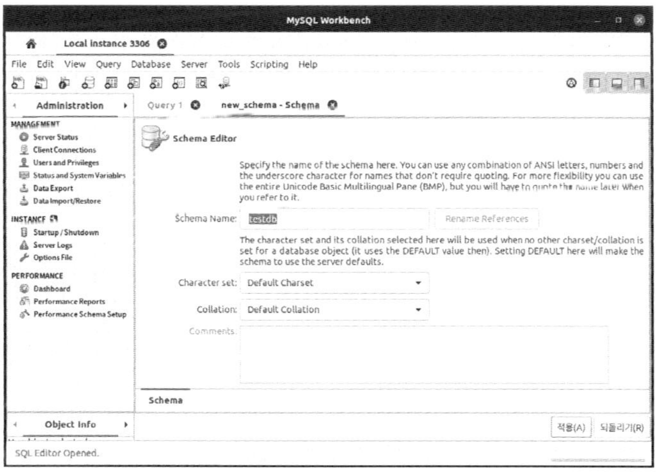

그림 15.77 Workbench에서 새로운 스키마 작성.

자동 생성된 query 확인 후 Apply 버튼을 클릭한다.

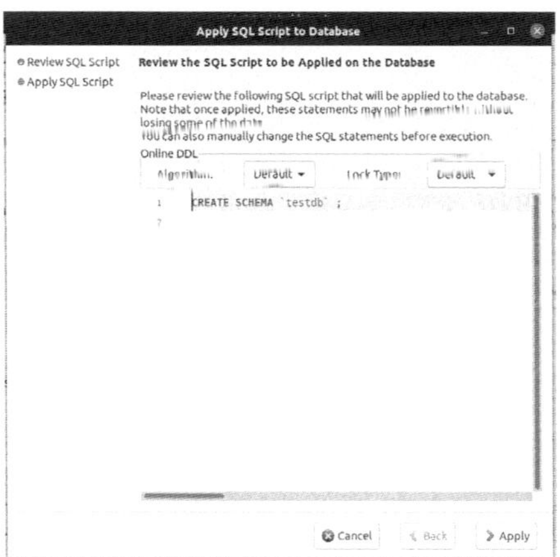

그림 15.78 create schema 생성 문 확인.

Close 버튼을 클릭한다.

그림 15.79 자동 생성된 SQL script의 적용.

WorkBench의 좌측 Schemas 탐색기에 생성된 testdb를 확인한다.

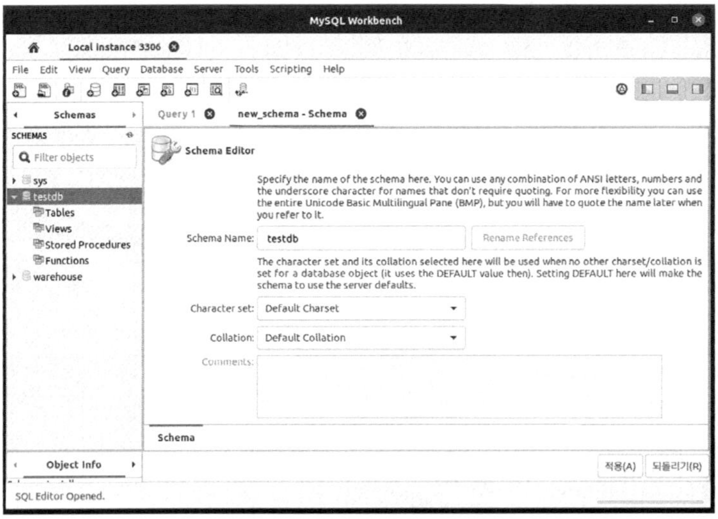

그림 15.80 Workbench에서 생성된 새로운 스키마 확인.

MonoDevelop에서 Program.cs 파일을 다음과 같이 수정한다.

```
using System;
using System.Data;
using MySql.Data.MySqlClient;
namespace dbtest
```

```
{
    class MainClass
    {
        public static void Main(string[] args)
        {
            string cs = @"server=127.0.0.1; userid=root;password=1234; database=testdb";
            var con = new MySqlConnection(cs);
            con.Open();
            var cmd = new MySqlCommand();
            cmd.Connection = con;
            // Version
            Console.WriteLine($"MySQL version : {con.ServerVersion}");
            // Version - Select statement
            cmd.CommandText = "select VERSION()";
            var version = cmd.ExecuteScalar().ToString();
            Console.WriteLine($"MySQL version : {version}");
            // Create Table
            cmd.CommandText = "DROP TABLE IF exists cars";
            cmd.ExecuteNonQuery();
            cmd.CommandText = @"CREATE TABLE cars(id INTEGER PRIMARY KEY
AUTO_INCREMENT, name TEXT, price INT)";
            cmd.ExecuteNonQuery();
            cmd.CommandText = "INSERT INTO cars(name, price) VALUES('Audi',52642)";
            cmd.ExecuteNonQuery();
            cmd.CommandText = "INSERT INTO cars(name, price)
VALUES('Mercedes',57127)";
            cmd.ExecuteNonQuery();
            cmd.CommandText = "INSERT INTO cars(name, price) VALUES('Skoda',9000)";
            cmd.ExecuteNonQuery();
            cmd.CommandText = "INSERT INTO cars(name, price) VALUES('Volvo',29000)";
            cmd.ExecuteNonQuery();
            cmd.CommandText = "INSERT INTO cars(name, price)
VALUES('Bentley',350000)";
            cmd.ExecuteNonQuery();
            cmd.CommandText = "INSERT INTO cars(name, price) VALUES('Citroen',21000)";
            cmd.ExecuteNonQuery();

            cmd.CommandText = "INSERT INTO cars(name, price)
VALUES('Hummer',41400)";
            cmd.ExecuteNonQuery();
            cmd.CommandText = "INSERT INTO cars(name, price)
VALUES('Volkswagen',21600)";
            cmd.ExecuteNonQuery();
            Console.WriteLine("Table cars created");
        }
    }
}
```

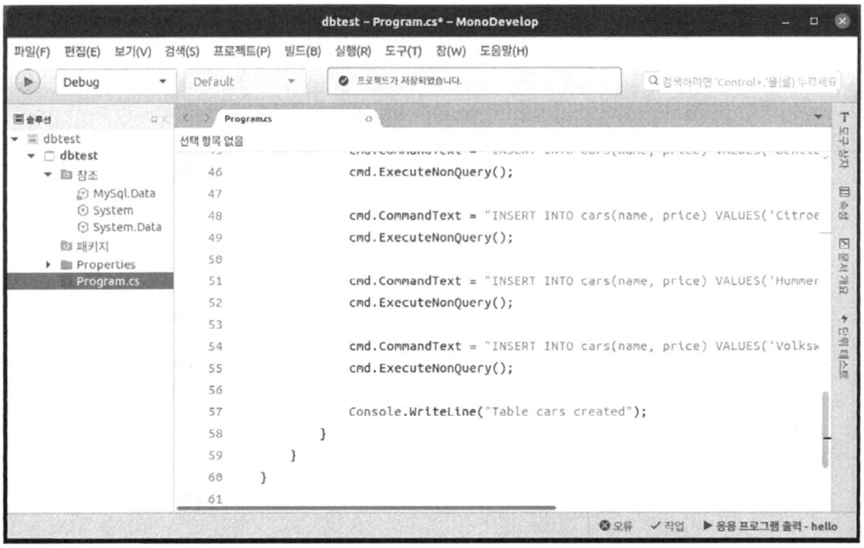

그림 15.81 MonoDevelop의 C# 프로그램 작성.

프로젝트 빌드 후 실행한다.

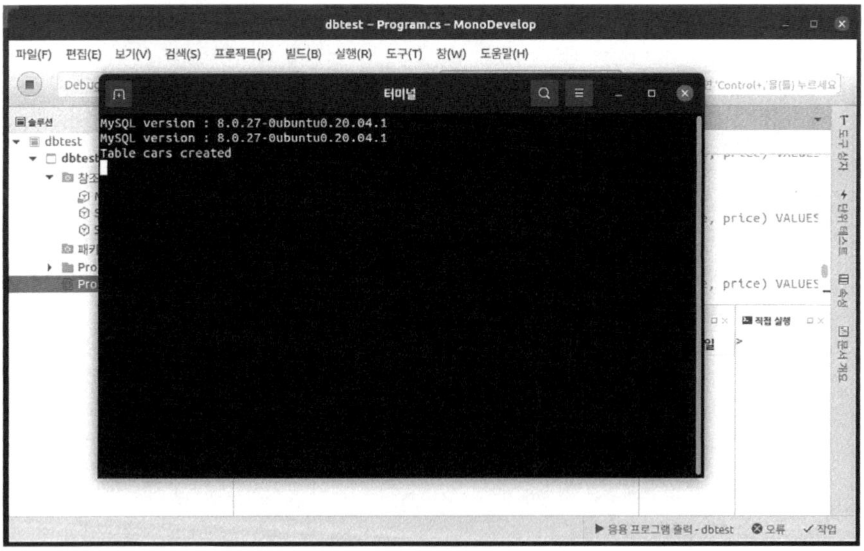

그림 15.82 프로젝트 빌드후 실행.

터미널에서 DB 테이블 생성 결과를 확인한다.

```
$ sudo /usr/bin/mysql -u root -p
mysql> use testdb;
mysql> select * from cars;
```

```
ubuntu@ubuntu:~$ sudo /usr/bin/mysql -u root -p
[sudo] ubuntu의 암호:
Enter password:
Welcome to the MySQL monitor.  Commands end with ; or \g.
Your MySQL connection id is 21
Server version: 8.0.27-0ubuntu0.20.04.1 (Ubuntu)

Copyright (c) 2000, 2021, Oracle and/or its affiliates.

Oracle is a registered trademark of Oracle Corporation and/or its
affiliates. Other names may be trademarks of their respective
owners.

Type 'help;' or '\h' for help. Type '\c' to clear the current input statement.

mysql> use testdb;
Reading table information for completion of table and column names
You can turn off this feature to get a quicker startup with -A

Database changed
mysql> SELECT * FROM cars;
+----+------------+--------+
| id | name       | price  |
+----+------------+--------+
|  1 | Audi       |  52642 |
|  2 | Mercedes   |  57127 |
|  3 | Skoda      |   9000 |
|  4 | Volvo      |  29000 |
|  5 | Bentley    | 350000 |
|  6 | Citroen    |  21000 |
|  7 | Hummer     |  41400 |
|  8 | Volkswagen |  21600 |
+----+------------+--------+
8 rows in set (0.00 sec)

mysql> █
```

그림 15.83 mysql 터미널에서 DB 연동 프로그램의 실행 결과를 확인.

15.4.5 Dynamic SQL 프로그래밍

1) MVC 패턴

개발자는 MVC 패턴을 학습해야 한다. MVC 패턴은 디자인 패턴으로 어떤 프로그램은 개발할 때 상황에 따라 간편하게 적용하여 사용할 수 있는 인터페이스를 정리하여 특정한 "규약' 처럼 쉽게 쓸 수 있는 형태로 만든 것을 말한다. 즉 디자인 패턴이라 다음과 같은 model class처럼" 좀 더 쉽고 편리하게"사용할 수 있는 인터페이스를 제공하는 것을 말한다. 디자인 패턴 중의 하나가 MVC이고 Model, View, Controller로 구성된다. model은 data storage, integrity, consistency, queries, mutations(조작)를 다룬다. controller는 입력의 receive, interpret, validate하는 것, views의 create와 update, models의 query와 modify를 다룬다. 즉 controller는 사용자가 데이터를 클릭하고 수정하는 view에 대한"event"를 처리한다. view는 input 텍스트, checkbox와 같은 사용자 인터페이스를 나타내며 데이터 및 객체의 입력과 보여주는 출력을 담당한다.

2) 테스트용 DB 테이블 생성 query

```
CREATE TABLE 'USERS' (
    'id' int NOT NULL,
    'fullname' varchar(45) DEFAULT NULL,
    'firstname' varchar(45) DEFAULT NULL,
    'lastname' varchar(45) DEFAULT NULL,
    PRIMARY KEY ('id')
);
```

3) 테스트용 DB 데이터 생성 query

```
insert into USERS (id, fullname, firstname, lastname) values (0, 'Gildong Hong', 'Gildong', 'Hong');
insert into USERS (id, fullname, firstname, lastname) values (1, 'Nara Lee', 'Nara', 'Lee');
```

4) 테스트용 USERS 테이블

```
mysql> select * from USERS;
+----+--------------+-----------+----------+
| id | fullname     | firstname | lastname |
+----+--------------+-----------+----------+
|  0 | Gildong Hong | Gildong   | Hong     |
|  1 | Nara Lee     | Nara      | Lee      |
+----+--------------+-----------+----------+
2 rows in set (0.00 sec)

mysql>
```

그림 15.84 users 검색.

MonoDevelop 상단 메뉴에서 파일 > 새 솔루션을 클릭한다. NET 선택한 후 콘솔 프로젝트(C#) 선택하고 다음 버튼을 클릭한다. dynamicsql 프로젝트를 생성한다.

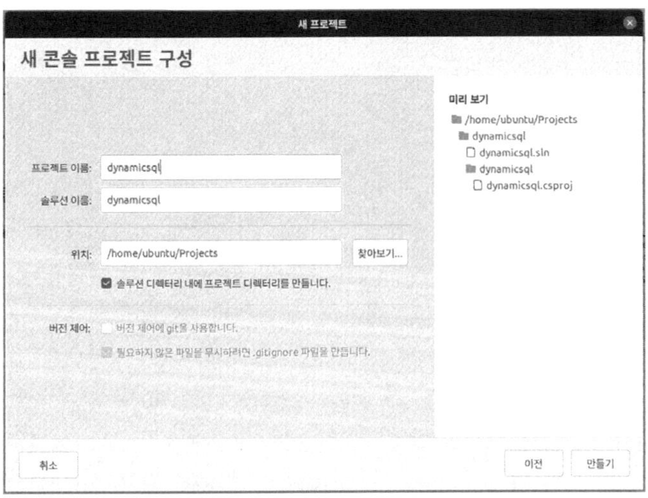

그림 15.85 새로운 console 프로젝트 구성.

솔루션 탐색기에서 참조를 우 클릭하여 참조 편집(E)을 클릭한다. 참조 편집 창의 package 탭에서 System.Data 체크 후 확인 버튼을 클릭한다. 참조 편집 창의 .NET 어셈블리 탭에서 MySql.Data.dll 파일 선택 후 확인 버튼을 클릭한다.

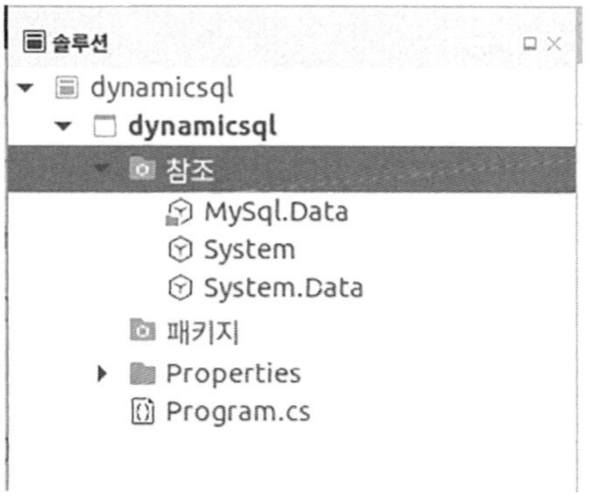

그림 15.86 솔루션 탐색기에서 프로젝트 파일 작성.

솔루션 탐색기에서 프로젝트 우 클릭하여 추가(A) > 새 파일(F)을 클릭한다.

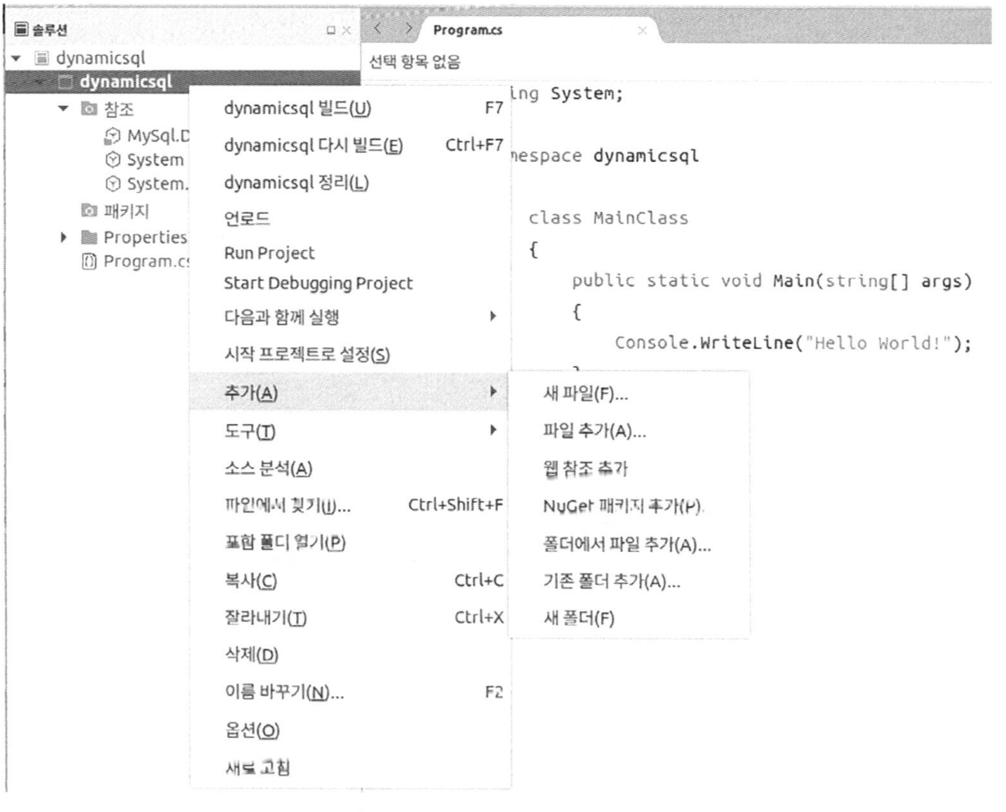

그림 15.87 dynamicsql 추가 만들기.

General - 빈 클래스 (C#)을 선택한 후 UserModel 입력하고 새로 만들기 버튼을 클릭한다.

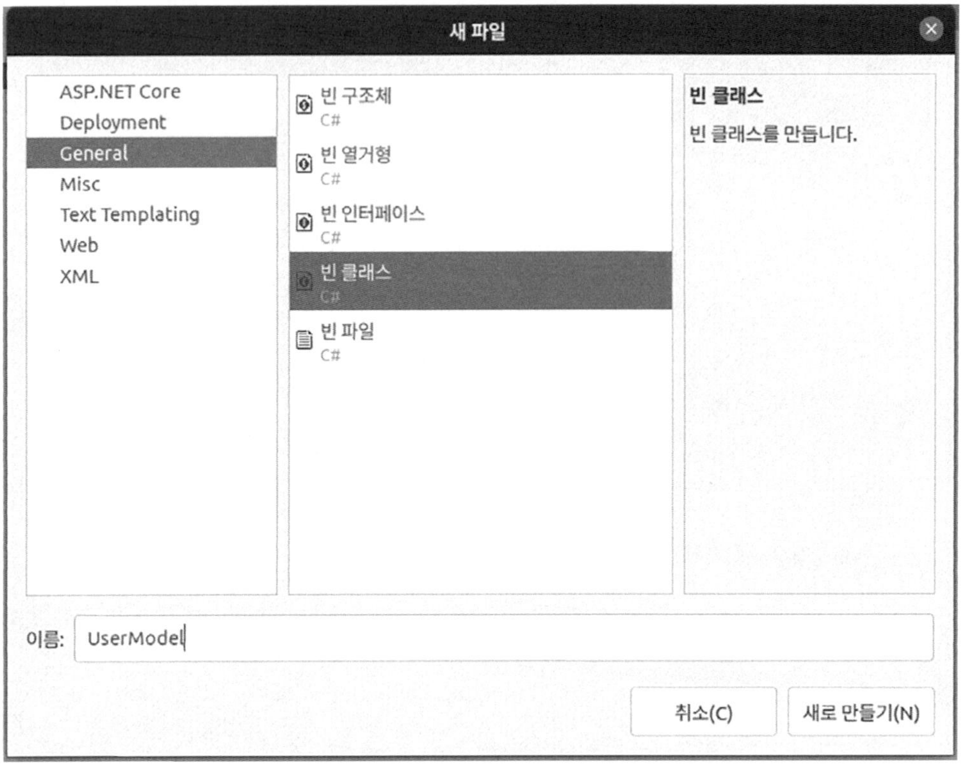

그림 15.88 새로운 user model 만들기.

생성된 UserModel.cs 파일을 확인한다.

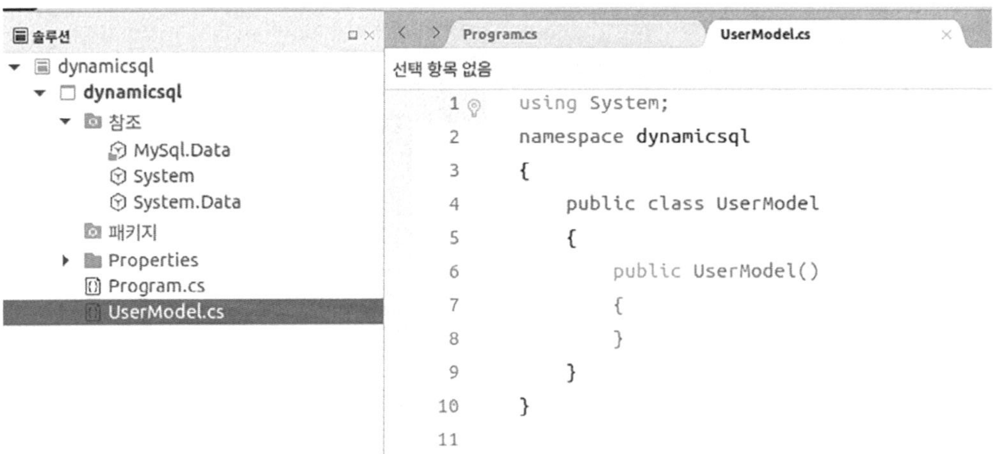

그림 15.89 생성된 usermodel.cs 파일 확인.

아래 예제와 같이 UserModel 클래스를 코딩한다.

```
using System;
namespace dynamicsql
{
    public class UserModel
    {
        private int id;
        private String fullname;
        private String firstname;
        private String lastname;
        public int GetId()
        {
            return id;
        }
        public void SetId(int id)
        {
            this.id = id;
        }
        public String GetFullName()
        {
            return fullname;
        }
        public void SetFullName(String fullname)
        {
            this.fullname = fullname;
        }
        public String GetFirstName()
        {
            return firstname;
        }
        public void SetFirstName(String firstname)
        {
            this.firstname = firstname;
        }
        public String GetLastName()
        {
            return lastname;
        }
        public void SetLastName(String lastname)
        {
            this.lastname = lastname;
        }
    }
}
```

5) Dynamic 클래스 생성

솔루션 탐색기에서 프로젝트를 우 클릭하여 추가(A) > 새 파일(F)을 클릭한다. General - 빈 클래스 (C#) 선택 후 Dynamic 입력 후 새로 만들기 버튼을 클릭한다. Dynamic.cs 파일 생성 결과를 확인한다.

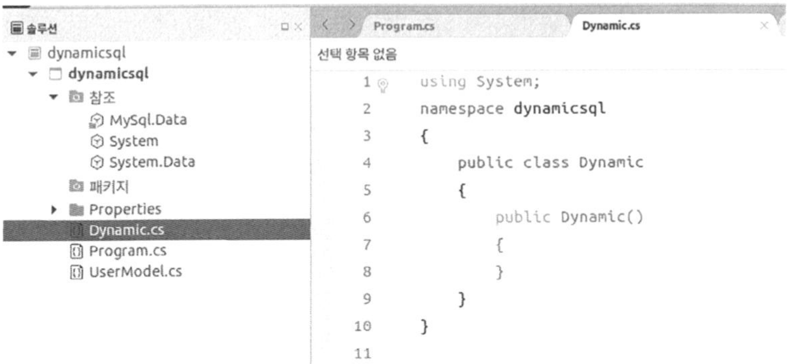

그림 15.90 dynamic.cs 파일 생성 확인.

Dynamic 클래스에 동적 SQL을 생성하여 DB 연동을 처리한다.

```
using System;
using System.Data;
using MySql.Data.MySqlClient;

namespace dynamicsql
{
        public static class Dynamic
        {
                public static void ReadAllUser()
                {
                        try
                        {
                                string cs = @"server=127.0.0.1;" + "userid=root;“
                                        + "password=1234;" + "database=testdb";
                                var con = new MySqlConnection(cs);
                                con.Open();
                                var cmd = new MySqlCommand();
                                cmd.Connection = con;

                                cmd.CommandText = "select * from USERS";

                                MySqlDataReader rdr = cmd.ExecuteReader();
                                while (rdr.Read())
                                {
```

```
                        String fullname = rdr["fullname"].ToString();
                        String firstname = rdr["firstname"].ToString();
                        String lastname = rdr["lastname"].ToString();
                        Console.WriteLine("fullname :: " + fullname +
                            " :: firstname :: " + firstname +
                            " :: lastname :: " + lastname);
                    }
                    rdr.Close();
                    con.Close();
                }
                catch (Exception e)
                {
                    Console.WriteLine(e.Message);
                }
            }
        }
    }
```

Program.cs 파일의 MainClass 클래스에 있는 Main 메서드를 코딩한다.

```
using System;

namespace dynamicsql
{
    class MainClass
    {
        public static void Main(string[] args)
        {
            // Select
            Dynamic.ReadAllUser();
        }
    }
}
```

프로그램 빌드 후 실행 결과를 확인한다. 테스트를 위해 생성했던 USERS 테이블을 C#프로그램에서도 다음과 같이 확인할 수 있다.

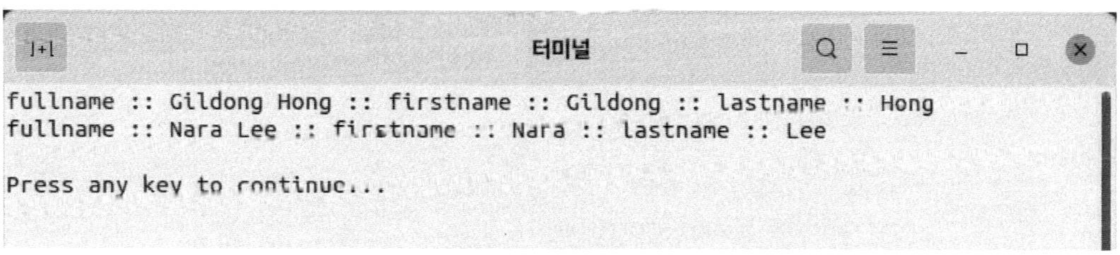

그림 15.91 C# 프로그램에서 users 테이블 검색 결과 확인.

모델 클래스를 활용한 Insert 문 코딩으로 앞에서 정의한 모델 클래스를 사용해 insert 문을 C#에서 구동시키는 실습을 한다. Dynamic 클래스에 InsertUser 메서드를 추가해 다음과 같이 구현한다. MonoDevelop에서 구현한 DB 연동 프로그램을 실행시킨 후에 MySQL 터미널 모드에서 입력 결과를 확인한다.

```
public static void InsertUser(UserModel user)
{
        try
        {
                string cs = @"server=127.0.0.1;" + "userid=root;"
                        + "password=1234;" + "database=testdb";
                var con = new MySqlConnection(cs);
                con.Open();
                var cmd = new MySqlCommand();
                cmd.Connection = con;

                cmd.CommandText = "INSERT INTO USERS"
                        + "( id, fullname , firstname, lastname) "
                        + "VALUES (@val1, @val2, @val3, @val4)";

                cmd.Parameters.AddWithValue("@val1", user.GetId().ToString());
                cmd.Parameters.AddWithValue("@val2", user.GetFullName());
                cmd.Parameters.AddWithValue("@val3", user.GetFirstName());
                cmd.Parameters.AddWithValue("@val4", user.GetLastName());
                cmd.Prepare();

                cmd.ExecuteNonQuery();
                con.Close();

                Console.WriteLine("User Added");
        }
        catch (Exception e)
        {
                Console.WriteLine(e.Message);
        }
}
```

Program.cs 파일의 MainClass 클래스에 있는 Main 메서드를 코딩한다.

```
public static void Main(string[] args)
{
        // Insert
        UserModel user = new UserModel();
        user.SetId(2);
        user.SetFullName("JabeenShaisata");
```

```
user.SetFirstName("shaisata");
user.SetLastName("jabeen");
Dynamic.InsertUser(user);
// Select
Dynamic.ReadAllUser();
}
```

프로그램 실행 결과를 확인한다.

```
User Added
fullname :: Gildong Hong :: firstname :: Gildong :: lastname :: Hong
fullname :: Nara Lee :: firstname :: Nara :: lastname :: Lee
fullname :: JabeenShaisata :: firstname :: shaisata :: lastname :: jabeen

Press any key to continue...
```

그림 15.92 c# 연동 프로그램 실행 결과 확인.

콘솔에서 변경된 DB 테이블을 확인한다.

```
mysql> select * from USERS;
+----+----------------+-----------+----------+
| id | fullname       | firstname | lastname |
+----+----------------+-----------+----------+
|  0 | Gildong Hong   | Gildong   | Hong     |
|  1 | Nara Lee       | Nara      | Lee      |
|  2 | JabeenShaisata | shaisata  | jabeen   |
+----+----------------+-----------+----------+
3 rows in set (0.00 sec)

mysql>
```

그림 15.93 터미널에서 user 테이블 검색 결과 확인.

모델 클래스를 활용한 Update 문을 동적 SQL로 코딩한다.

```
public static void UpdateUser(UserModel user)
{
    try
    {
        string cs = @"server=127.0.0.1;" + "userid=root;"
            + "password=1234;" + "database=testdb";
        var con = new MySqlConnection(cs);
        con.Open();
        var cmd = new MySqlCommand();
        cmd.Connection = con;

        cmd.CommandText = "update USERS set fullname=@val1, "
```

```
                + "firstname=@val2, lastname=@val3 where id=@val4";

            cmd.Parameters.AddWithValue("@val1", user.GetFullName());
            cmd.Parameters.AddWithValue("@val2", user.GetFirstName());
            cmd.Parameters.AddWithValue("@val3", user.GetLastName());
            cmd.Parameters.AddWithValue("@val4", user.GetId().ToString());
            cmd.Prepare();

            cmd.ExecuteNonQuery();
            con.Close();

            Console.WriteLine("Updated Successfully");
        }
        catch (Exception e)
        {
            Console.WriteLine(e.Message);
        }
    }
```

Program.cs 파일의 MainClass 클래스에 있는 Main 메서드를 코딩한다.

```
    public static void Main(string[] args)
    {
        // Update
        UserModel user = new UserModel();
        user.SetId(2); //use id when update or delete is used
        user.SetFullName("sqlconnection");
        user.SetFirstName("sql");
        user.SetLastName("jabeen");
        Dynamic.UpdateUser(user);

        // Select
        Dynamic.ReadAllUser();
    }
```

프로그램 실행 결과를 확인한다.

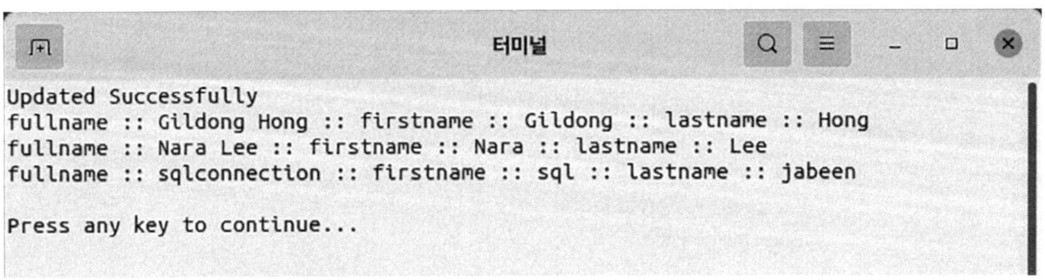

그림 15.94 program.cs update 실행 결과 확인.

콘솔에서 변경된 DB 테이블을 확인한다.

```
mysql> select * from USERS;
+----+---------------+-----------+----------+
| id | fullname      | firstname | lastname |
+----+---------------+-----------+----------+
|  0 | Gildong Hong  | Gildong   | Hong     |
|  1 | Nara Lee      | Nara      | Lee      |
|  2 | sqlconnection | sql       | jabeen   |
+----+---------------+-----------+----------+
3 rows in set (0.00 sec)

mysql>
```

그림 15.95 터미널에서 update 결과 확인.

모델 클래스를 활용한 Delete 문을 동적 SQL로서 코딩한다.

```
public static void DeleteUser(UserModel user)
{
    try
    {
        string cs = @"server=127.0.0.1;" + "userid=root;"
            + "password=1234;" + "database=testdb";
        var con = new MySqlConnection(cs);
        con.Open();
        var cmd = new MySqlCommand();
        cmd.Connection = con;

        cmd.CommandText = "DELETE from USERS where ID=@val1";

        cmd.Parameters.AddWithValue("@val1",
            user.GetId().ToString());
        cmd.Prepare();

        cmd.ExecuteNonQuery();
        con.Close();

        Console.WriteLine("Deleted Successfully");
    }
    catch (Exception e)
    {
        Console.WriteLine(e.Message);
    }
}
```

Program.cs 파일의 MainClass 클래스에 있는 Main 메서드를 코딩한다.

```
public static void Main(string[] args)
{
        // Delete
        UserModel user = new UserModel();
        user.SetId(2); //use id when update or delete is used
        Dynamic.DeleteUser(user);

        // Select
        Dynamic.ReadAllUser();
}
```

program.cs 프로그램 실행 결과를 터미널에서 확인한다.

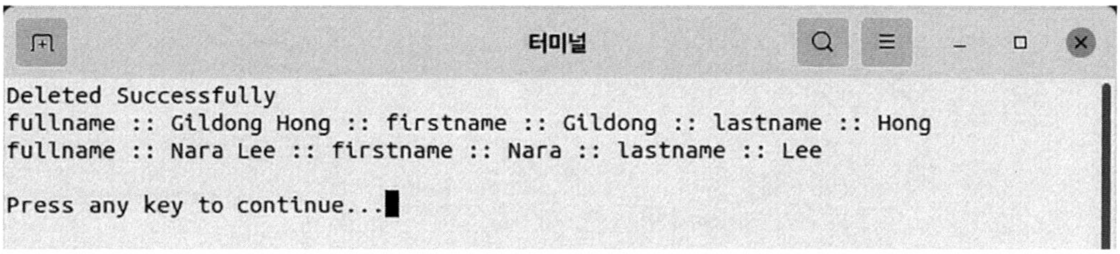

그림 15.96 터미널에서 변경 확인.

| 부록 | SQL 실습을 위한 질문과 SQL 작성 답안

다음 예제는 C.J. Date[1]에서 다룬 SQL 프로그래밍 사례로서 SQL 프로그래밍 실습 대상으로 가장 좋은 소재이다. DB에 대한 simple queries를 영문 원전[1]과 그 정답으로 정리한 것으로 가장 많이 활용되고 있다.

1. Get full details of all projects.
2. Get full detailes of all projects in London.
3. Get supplier numbers for suppliers who supply project J1, in supplier number order.
4. Get all shipments where the quantity is in the range 300 to 750 inclusive.
5. Get a list of all part-color/part-city combinations, with duplicate color/city pairs eliminated.
6. Get all supplier-number/part-number/project-number triples such that the indicated supplier, part, and project are all colocated.
7. Get all supplier-number/part-number/project-number triples such that the indicated supplier, part, and project are not all colocated.
8. Get all supplier-number/part-number/project-number triples such that no thwo of the indicated supplier, part, and project are colocated.
9. Get part numbers for parts supplied by a supplier in London.
10. Get part numbers for parts supplied by a supplier in London to a project in London.
11. Get all pairs of city names such that a supplier in the first city supplies a project in the second city.
12. Get part numbers for parts supplied to any project by a supplier the same city as that project.
13. Get project numbers for projects supplied by at least on supplier not in the same city.
14. Get all pairs of part numbers such that some supplier suppliers both the indicated parts.
15. Get the total number of projects supplied by supplier S1.
16. Get the total number of part P1 supplied by supplier S1.
17. For each part being supplied to a project, get the part number, the project number, and the corresponding total quantity.

18. Get part numbers of parts supplied to some project in an average quantity of more than 320.
19. Get all shipments where the quantity is nonnull.
20. Get project numbers and cities where the city has an "o" as the second letter of its name.
21. Get project names for projects supplied by supplier S1.
22. Get colors of parts supplied by supplier S1.
23. Get part numbers for parts supplied to any project in London.(exists를 사용하지 않고)
24. Get project numbers for projects using at least one part available from supplier S1.(exists를 사용하지 않고)
25. Get supplier numbers for suppliers supplying at least one part supplied by at least one suppler who supplies at least red part.
26. Get supplier numbers for suppliers with a status lower than that of supplier S1.
27. Get project numbers for projects whose city is first in the alphabetic list of such cities.
28. Get project numbers for projects supplied with part P1 in an average quantity greater than the greatest quantity in which any part is supplied to project J1.
29. Get supplier numbers for suppliers supplying some project with part P1 in a quantity greater than the average shipment quantity of part P1 for that project.
30. Get part numbers for parts supplied to any project in London.(exists를 사용한다)
31. Get project numbers for projects using at least one part available from supplier S1.(exists를 사용한다)
32. Get project numbers for projects not supplied with any red part by any London supplier.
33. Get project numbers for projects supplied entirely by supplier S1.
34. Get part numbers for parts supplied to all projects in London.
35. Get supplier numbers for suppliers who supply the same part to all projects.
36. Get project numbers for projects supplied with at least all parts available from supplier S1.
37. Get project numbers for projects that use only parts that are available from supplier S1.
38. Get project numbers for projects that are supplied by supplier S1 with some of every part that supplier S1 supplies.
39. Get project numbers for projects such that at least some ofevery part they use is supplied to them by supplier S1.

40. Get project numbers for projects that are supplied by every supplier who supplies some red part.

41. construct an ordered list of all cities in which at least one supplier, part, or project is located.

42. Change the color of all red parts to orange.

43. Delete all projects for which there are no shipments.

44. Insert a new supplier (S10) into table s. The name and city are Smith and NewYork, respectively; the status is not yet known.

45. Construct a table containing a list of part numbers for parts that are supplied either by a London supplier or to a London project.

46. Construct a table containing a list of project numbers for projects that are either located in London or are supplied by a London supplier.

SQL 작성 답안은 각 번호별로 다음과 같다(편의상 모두 소문지로 직싱함).

1. select jno, jname, city from j;

2. select jno, jname, city from j where city = 'London';

3. select distinct sno from spj where jno = 'J1' order by sno;

4. select sno, pno, jno, qty from spj where qty >= 300 and qty <= 750;

5. select distinct color, city from p;

6. select sno, pno, jno from s, p, j where s.city = p.city and p.city = j.city;

7. select sno, pno, jno from s, p, j where not (s.city = p.city and p.city = j.city);
또는 select sno, pno, jno from s, p, j where s.city <> p.city or p.city <> j.city;

8. select sno, pno, jno from s, p, j where s.city <> p.city and p.city <> j.city <> j.city <> s.city;

9. select distinct pno from spj, s where spj.sno = s.sno and city = 'London';

10. select distinct pno from spj, s, j where spj.sno = s.sno and spj.jno = j.jno and s.city = 'London' and j.city = 'London';

11. select distinct s.city, j.city from s, spj, j where s.sno = spj.sno and spj.jno = j.jno;

12. select distinct pno from spj, s, j where s.sno = spj.sno and spj.jno = j.jno and s.city = j.city;

13. select distinct j.jno from spj, s, j where s.sno = spj.sno and spj.jno = j.jno and s.city <> j.city;

14. select spjx.pno, spjy.pno from spj spjx, spj spjy where spjx.sno = spjy.sno and spjx.pno > spjy.pno;

15. select count(distinct jno) from spj where sno = ‘S1’;

16. select sum(qty) from spj where pno = ‘P1’ and sno = ‘S1’;

17. select pno, jno, sum(qty) from spj group by pno, jno;

18. select distinct pno from spj group by pno,jno having avg(qty) > 320;

19. select sno,pno,jno,qty from spj where qty is not null;
    또는 select sno,pno,jno,qty from spj where qty = qty;

20. select jno, city from j where city like ‘_o%’;

21. select jname from j where jno in (select jno from spj where sno = ‘S1’);

22. select distinct color from p where pno in (select pno from spj where sno = ‘S1’);

23. select distinct pno from spj where jno in (select jno from j where city = ‘London’);

24. select distinct jno from spj where pno in (select pno from spj where sno = ‘S1’);

25. select distinct sno from spj where pno in (select pno from spj where sno in (select sno from spj where pno in (select pno from p where color = ‘Red’)));

26. select sno from s where status < (select status from s where sno = ‘S1’);

27. select jno from j where city = (select min(city) from j);

28. select jno from spj where pno = ‘P1’ group by jno having avg(qty) > (select max(qty) from spj where jno = ‘J1’);

29. select distinct sno from spj spjx where pno = ‘P1’ and qty > (select avg(qty) from spj spjy where pno = ‘P1’ and spjy.jno = spjx.jno);

30. select distinct pno from spj where exists (select * from j where jno = spj.jno and city = ‘London’);

31. select distinct spjx.jno from spj spjx where exists (select * from spj spjy where spjy.pno = spjx.pno and spjy.sno = ‘S1’);

32. select jno from j where not exists (select * from spj where jno = j.jno and pno in (select pno from p where color = ‘Red’) and sno in (select sno from s where city = ‘London’));

33. select distinct jno from spj spjx where not exists (select * from spj spjy where spjy.jno = spjx.jno and spjy.sno <> ‘S1’);

34. select distinct pno from spj spjx where not exists (select * from j where city = 'London' and not exists (select * from spj spjy where spjy.pno = spjx.pno and spjy.jno = j.jno));

35. select distinct sno from spj spjx where exists (select pno from spj spjy where not exists (select jno from j where not exists (select * from spj spjz where spjz.sno = spjx.sno and spjz.pno = spjy.pno and spjz.jno = j.jno)));

36. select distinct jno from spj spjx where not exists (select pno from spj spjy where spjy.sno = 'S1' and not exists (select * from spj spjz where spjz.pno = spjy.pno and spjz.jno = spjx.jno));

37. select distinct jno from spj spjx where not exists (select * from spj spjy where spjy.jno = spjx.jno and not exists (select * from spj spjz where spjz.pno = spjy.pno and spjz.sno = 'S1'));

38. select distinct jno from spj spjx where not exists (select * from spj spjy where exists (select * from spj spja where spja.sno = 'S1' and spja.pno = spjy.pno) and not exists (select * from spj spjb where spjb.sno = 'S1' and spjb.pno = spjy.pno and spjb.jno = spjx.jno));

39. select distinct jno from spj spjx where not exists (select * from spj spjy where exists (select * from spj spja where spja.pno = spjy.pno and spja.jno = spjx.jno) and not exists (select * from spj spjb where spjb.sno = 'S1' and spjb.pno = spjy.pno and spjb.jno = spjx.jno));

40. select distinct jno from spj spjx where not exists (select * from spj spjy where exists (select * from spj spja where spja.sno = spjy.sno and spja.pno in (select pno from p where color = 'red') and not exists (select * from spj spjb where spjb.sno = spjy.sno and spjb.jno = spjx.jno)));

41. select city from s union select city from p union select city from j order by;

42. update p set color = 'Orange' where color = 'Red';

43. delete from j where jno not in (select jno from spj);

44. insert into s (sno, sname, city) values('S10', 'Smith', 'NewYork');

45. create table lp (pno char(6) not null, primary key(pno));
create unique index x46 on lp (pno);
insert into lp (pno) select distinct pno from spj where sno in (select sno from s where city = 'London') or jno in (select jno from j where city = 'London');

46. create table lj (jno char(4) not null, primary key (jno));
create unique index x47 on lj (jno);
insert into lj (jno) select jno from j where city = 'London' or jno in (select jno from spj where sno in (select sno from s where city = 'London'));

| 참고문헌 |

1. C. J. Date, “An Introduction to DataBase Systems”, 2004, Addison Wesley.
2. Elmasri & Navathe, “Fundamentals of Database Systems”, 5th Ed. 2007, Addison Wesley.
3. Ramakrishnan & Gehrke, “Database Management Systems”, 3rd Ed. 2003, McGraw-Hill.
4. Silberschatz, Korth, Sudarshan, “Database System Concepts”, 4th Ed. 2002, McGraw-Hill.
5. Terry Halpin, “Information Modeling and Relational Databases”, 2001, Morgan·Kaufmann.
6. Raghu Ramakrishnan, “Database Management Systems”,1998, McGraw-Hill.
7. Hector Garcia-Molina, Jeffry D. Ullman, Jennifer Wisdom, “Database Systems: The Complete Book”, 2nd Ed. 2009, Pearson Prentice Hall.
8. Jesper Wisborg Krogh, “MySQL 8 Query Performance Tuning: A Systematic Method for Improving Execution Speeds”, 2020, APress.
9. Joel Murach, “murach’s MySQL”, 3rd Ed. 2019, Mike Murach & Associates, Inc.
10. Chintan Mehta, Ankit Bhavsar, Hetal Oza, Subhash Shah, “MySQL 8 Administrator’s Guide,” 2018, Packt.
11. “Alan Beaulieu, ”Learning SQL“, 3rd Ed. 2020, O’Reilly.
12. Anthony DeBarros, “Practical SQL”, 2018, no starch press.
13. Milos Radivojevic, D. Sarka, W. Durkin, C. Cote and M. Lah, “Mastering SQL Server 2017”, 2019, Packt.
14. John L. Viescas, Douglas J. Steele, Ben G. Clothier, “Effective SQL”, 2017, Addison Wesley.
15. John L. Viescas, “SQL Queries”, 4th Ed. 2018, Addison Wesley.
16. C.L. Moffatt, codeproject.com/Articles/33052/Visual-Representation-of-SQL-Joins.
17. https://dev.mysql.com >doc>refman>8.0, MySQL 8.0 Reference Manual.

18. https://www.visual-paradigm.com/support/documents/vpuserguide/3563/3564/85378conceptual,l.html, Conceptual, Logical and Physical Data Model - Visual Paradigm

18. 조시형, "오라클 성능 고도화 원리와 해법 I", 2009, 비투엔컨설팅.

19. 이지훈, " 오라클로 배우는 데이터베이스 입문", 2020, 이지스퍼블리싱.

20. 홍봉희, "SW 코딩 역량을 위한 C++ 프로그래밍", 2017, 정익사.

21. https://dawitblog.tistory.com/4, [JDBC+MySQL]MySQL 설치부터 IntelliJ 연동까지.

22. www.virtualbox.org, VirtualBox 다운로드

23. https://ubuntu.com/download/desktop, 우분투 설치

24. https://flashsql.github.io/innodb-doc-kr/blog/innodb/5.1.buffer-pool.html, InnoDB.

25. https://m.blog.naver.com/pjok1122/221727915740.

26. https://yooniron.tistory.com/32.

27. https://shxrecord.tistory.com/97.

28. https://dev.mysql.com/doc/connector-cpp/8.0/en/.

29. https://www.monodevelop.com/.

30. https://pearlluck.tistory.com/46.

31. 우재남, "이것이 MySQL이다," 2020, 한빛미디어

32. Milos Radivojevic, Dejan Sarka, William Durkin, Christian Cote, Matija Lah, "Mastering SQL Server 2017," 2019, Packt.

33. Alan Beaulieu, "Learning SQL," 3rd Ed., 2020, O'REILLY.

34. Sam Lightstone, Toby Teorey, Tom Nadcau, "Physical Database Design," 2007, ELSEVIER.

35. John L. Viescas, Douglas J. Steele, Ben G. Clothier, "Effective SQL," 2017, Addison-Wesley.

36. 정희락, "불친절한 PL/SQL 프로그래밍," 2021, 디비안.